E-Learning

Handbuch für Hochschulen und Bildungszentren

Didaktik, Organisation, Qualität

Impressum

Bibliographische Informationen der Deutschen Bibliothek:
Die Deutsche Bibliothek verzeichnet diese Publikation in der
Deutschen Nationalbibliographie; detaillierte bibliographische Daten
sind im Internet über http://dnb.ddb.de abrufbar.

© 1. Auflage 2004
BW Bildung und Wissen
Verlag und Software GmbH
Südwestpark 82
90449 Nürnberg
Tel. 0911/9676-175
Fax 0911/9676-189
E-Mail: serviceteam@bwverlag.de
http://www.bwverlag.de

Umschlaggestaltung: Karin Lang, Nürnberg
Layout und Satz: Hans-Jörg Jolli, Nürnberg
Druck: AALEXX, Großburgwedel

ISBN: 3-8214-7235-9

Patricia Arnold, Lars Kilian, Anne Thillosen, Gerhard Zimmer

E-Learning
Handbuch für Hochschulen und
Bildungszentren

Didaktik, Organisation, Qualität

Herausgegeben von Gerhard Zimmer

Vorwort

Nachdem in den 1990er Jahren die Entwicklung multimedialer Lernsoftware und dann des E-Learnings mit viel Euphorie vorangetrieben wurde und bereits wenige Jahre später zu Beginn des 21. Jahrhunderts eine ebenso deutliche Ernüchterung eintrat, ist nun doch allmählich abzusehen, dass sich tragfähige technische, organisatorische und didaktische Formen des E-Learning herausbilden, die eine erfolgreiche Zukunft versprechen. Zunächst dominierten die rasanten informations- und kommunikationstechnischen Innovationen die Entwicklungen von Multimedia und E-Learning. Nach reichhaltigen Erfahrungen zeigt sich nun, dass die entscheidenden Erfolgsfaktoren die erprobte und evaluierte Entwicklung geeigneter Konzeptionen für die Didaktik, die Organisation und die Qualität von E-Learning-Angeboten sind. Mit den informations- und kommunikationstechnischen Innovationen entstanden die Voraussetzungen, um die für erfolgreiches virtuelles Lehren und Lernen erforderliche neue, ja revolutionäre pädagogische Infrastruktur schaffen zu können.

Das hier vorgelegte Handbuch thematisiert für die Praxis und die Wissenschaft sowohl die notwendige pädagogische Infrastruktur als auch die Erfolgsfaktoren Didaktik, Organisation und Qualität. Es will damit einen Beitrag zur praktischen, aber wissenschaftlich fundierten Konzeptualisierung erfolgreicher E-Learning-Angebote von Hochschulen und Bildungszentren leisten. Die Konzeption und die Inhalte des Handbuches entstanden aus unseren langjährigen Forschungen, Entwicklungen, Evaluationen und Erfahrungen, die wir vom November 1998 bis Dezember 2003 im Arbeitspaket „Didaktik und Methodik telematischen Lehrens und Lernens" (DIMETELL) im Teilvorhaben 2, „Neue Lehr- und Lernformen", des Bundesleitprojekts „Virtuelle Fachhochschule für Technik, Informatik und Wirtschaft (VFH)" durchgeführt und gemacht haben.

Das Bundesleitprojekt wurde von zwölf Fachhochschulen und zwei Universitäten sowie von Partnern aus der Wirtschaft im norddeutschen Raum unter Federführung der Fachhochschule Lübeck 1998 beantragt und in den folgenden Jahren erfolgreich durchgeführt. Es wurde mit Mitteln des Bundesministeriums für Bildung und Forschung (BMBF) unter dem Förderkennzeichen 21B8184 und mit Eigenleistungen der beteiligten Projektpartner gefördert. Das Bundesinstitut für Berufsbildung (BIBB) hatte die Projektträgerschaft für das BMBF übernommen. Ohne diese Förderung hätte dieses Handbuch nicht entstehen können. Dafür sind wir dem BMBF und dem BIBB sehr dankbar. Die Verantwortung für Konzeption und Inhalt dieses Handbuches liegen selbstverständlich bei uns, den Autorinnen und Autoren.

Unser Dank gilt ebenso allen Projektpartnern, für die wir unsere wissenschaftlichen Dienstleistungen in den mehr als fünf Jahren erbracht und die uns dabei durch ihre Aktivitäten unterstützt haben; ohne sie hätten wir unsere Forschungen, Entwicklungen, Evaluationen und Erfahrungen nicht machen können. Unser Dank gilt aber auch unserer Universität, der Helmut-Schmidt-Universität, Universität der Bundeswehr Hamburg, insbesondere ihrer Verwaltung, die uns in allen Phasen im Projektverlauf tatkräftig unterstützt hat. Nicht zuletzt haben wir unserer Projektassistentin, Frau Ute Klockmann, für ihre immer zuverlässige und engagierte Unterstützung über die gesamte Zeit unserer Projektarbeiten zu danken. Insbesondere danken wir Herrn Baier und Herrn Schrödel vom BW Bildung und Wissen Verlag für die sehr aufmerksame und kompetente Lektorierung unseres Manuskripts.

Hamburg, im Juni 2004

Patricia Arnold

Lars Kilian

Anne Thillosen

Gerhard Zimmer

Vorwort **5**

Kapitel 1   **Ziele und Struktur des Handbuchs** **11**

Kapitel 2   **Bildung mit E-Learning?** 19
   2.1   Der ausbleibende Erfolg virtueller Studienangebote 19
   2.2   Konstituierende Faktoren von Bildungsprozessen 24
   2.3   Konstituierende Faktoren des virtuellen Lehrens und Lernens 30
   2.4   Entwicklung der Lehr- und Lernkultur für virtuelle Bildungsangebote......... 34
   2.4.1   Potenziale virtueller Bildungsangebote 37
   2.4.2   Förderung einer neuen Lernkultur 39
   2.5   Handlungsfelder beim Aufbau virtueller Bildungsgänge 42
   2.6   Praxisbeispiel: Virtuelle Fachhochschule für Technik, Informatik und
      Wirtschaft 43
   2.7   Schlussfolgerungen und Empfehlungen 46

Kapitel 3   **Virtueller Lernraum** **47**
   3.1   Funktionsbereiche eines virtuellen Lernraums 49
   3.2   Infrastruktur für E-Learning 54
   3.2.1   Lernplattform 55
   3.2.2   Lernraum 57
   3.2.3   Lernumgebung 59
   3.3   Auswahl eines Lernraums 60
   3.3.1   Technische und wirtschaftliche Rahmenbedingungen 60
   3.3.2   Der Auswahlprozess..................................... 62
   3.4   Nutzung eines Lernraums 64
   3.4.1   Die Perspektive der Lernenden 65
   3.4.2   Die Perspektive der Lehrenden 67
   3.4.3   Technisch-organisatorische Anforderungen 70
   3.5   Praxisbeispiel: Der Lernraum in der Virtuellen Fachhochschule
      für Technik, Informatik und Wirtschaft 72
   3.6   Schlussfolgerungen und Empfehlungen 75

Kapitel 4   **Didaktische Konzeption** **77**
   4.1   Bedeutung der Didaktik für virtuelle Lernmodule 77
   4.2   Rahmenbedingungen der Entwicklung virtueller Lernmodule................. 79
   4.3   Grundlagen der Konzeption virtueller Lernmodule 82
   4.3.1   Lerntheoretische Grundlagen 83
   4.3.2   Die Bedeutung von Lernaufgaben 89
   4.3.3   Lernszenarien: Organisation virtuellen Lehrens und Lernens 91
   4.3.4   Präsentation, Navigation und Adaptivität 95
   4.3.5   Gender Mainstreaming 104
   4.3.6   Barrierefreies Webdesign................................ 106
   4.3.7   Technisches Grundwissen 109
   4.4   Aufgabenorientierte Entwicklung virtueller Lernmodule 109
   4.4.1   Theoretische Fundierung 110

4.4.2   Konzeptphase: Leitbild eines Lernmoduls 113
4.4.3   Didaktische Struktur: Arbeitsformen und Lernszenarien 119
4.4.4   Formale Struktur: Feinstrukturierung der Lerneinheiten 122
4.4.5   Operationale Struktur: Multimedia-Drehbuch und Durchführungsplan ... 125
4.5   Qualifizierung der Konzeptentwickler 130
4.6   Praxisbeispiel: Modulentwicklung in der Virtuellen Fachhochschule
         für Technik, Informatik und Wirtschaft 131
4.7   Schlussfolgerungen und Empfehlungen 137

Kapitel 5   Online-Betreuung **139**
5.1   Betreuung als Erfolgsfaktor im virtuellen Lernen 139
5.2   Teletutoren als ‚organisationale Vermittler' 143
5.3   Aufgaben und Kompetenzen von Teletutoren 145
5.3.1   Didaktische Gestaltung von Lernsituationen 146
5.3.2   Unterstützung selbst gesteuerten Lernens 150
5.3.3   Betreuung von kooperativem Tele-Lernen 152
5.3.4   Medienkompetenz 154
5.3.5   Kommunikationskompetenz 156
5.3.6   Fachkompetenz 162
5.4   Planung, Durchführung und Nachbereitung der Betreuung 163
5.5   Praxisbeispiel: Studienbetreuung in der Virtuellen Fachhochschule
         für Technik, Informatik und Wirtschaft 164
5.6   Qualifizierung von Teletutoren 167
5.7   Praxisbeispiel: Teletutoren-Schulungen an der Virtuellen Fachhochschule
         für Technik, Informatik und Wirtschaft 168
5.8   Schlussfolgerungen und Empfehlungen 171

Kapitel 6   Qualitätsmanagement und Evaluation **173**
6.1   Zentrale Begriffe des Qualitätsmanagements 174
6.1.1   Qualität von virtuellen Bildungsangeboten 174
6.1.2   Qualität managen, sichern oder entwickeln? 176
6.1.3   Evaluation, Zertifizierung und Akkreditierung 178
6.2   Bedeutung von Qualitätsmanagement 179
6.2.1   Hochschulpolitische Veränderungen 180
6.2.2   Vorteile und Grenzen des Qualitätsmanagements 181
6.3   Fünf Schritte zur Qualitätsentwicklung 183
6.3.1   Lernende als ‚Grundkategorie' 184
6.3.2   Entwicklung eines Konzepts 186
6.3.3   Festlegung von Qualitätsstandards 192
6.3.4   Qualitätsentwicklung als zyklischer Prozess 194
6.3.5   Stärkung der Lernkompetenzen 195
6.4   Evaluation als Instrument des Qualitätsmanagements 196
6.4.1   Priorität formativer Evaluation 197
6.4.2   Evaluation von Produkten oder Prozessen 198
6.4.3   Festlegung der Gegenstandsbereiche 199
6.4.4   Planung des Ressourceneinsatzes 200

6.4.5   Entwurf des Evaluationskonzepts 201

6.4.6   ,Fallstricke' bei der Evaluation 202

6.4.7   Methoden und Erhebungsverfahren 203

6.5   Leitlinien für ein Qualitätsmanagementkonzept 206

6.6   Praxisbeispiel: Qualitätsmanagement in der Virtuellen Fachhochschule für Technik, Informatik und Wirtschaft 208

6.6.1   Entwicklung eines ,Hauskonzepts' 208

6.6.2   Kritische Reflexion: Vorteile und Probleme eines ,Hauskonzepts' 212

6.7   Schlussfolgerungen und Empfehlungen 215

Kapitel 7   **Standardisierung** **217**

7.1   Standards im E-Learning 218

7.1.1   Bedeutung der Standardisierung im E-Learning 218

7.1.2   Gegenstandsbereiche der Standardisierung 221

7.1.3   Funktionen von Standards im E-Learning 223

7.1.4   Probleme der Standardisierung in pädagogischen Handlungsfeldern 227

7.2   Metadaten 231

7.3   Implementierung und Anwendung von Standards und Metadaten 237

7.3.1   Implementierung von Standards in E-Learning-Material 238

7.3.2   Beschreibung mit Metadaten 239

7.4   Praxisbeispiel: Standards und Metadaten in der Virtuellen Fachhochschule für Technik, Informatik und Wirtschaft 244

7.5   Schlussfolgerungen und Empfehlungen 248

Kapitel 8   **Nachhaltigkeit** **249**

8.1   Kostenführerschaftsstrategie oder Differenzierungsstrategie 252

8.2   Gestaltung einer aufgabenorientierten Didaktik 256

8.3   Organisation virtueller Lerngemeinschaften 258

8.4   Schaffung einer pädagogischen Infrastruktur 260

8.5   Organisation der Produktion virtueller Bildungsangebote 262

8.6   Reorganisation der Lehr- und Studienstruktur 265

8.7   Entwicklung einer Fachbereichs- und Universitätsstrategie 266

8.8   Entwicklung einer hochschulübergreifenden Strategie 269

8.9   Aufbau einer Online-Weiterbildungs-Agentur für Kontaktstudienangebote 271

8.10   Praxisbeispiel Nachhaltigkeit in der Virtuellen Fachhochschule für Technik, Informatik und Wirtschaft 272

8.10.1   Nachhaltigkeit durch Hochschulverbund 272

8.10.2   Nachhaltigkeit durch Angebote in der Weiterbildung 274

Literatur **277**

Anhang   Abkürzungen **301**

Abbildungen und Tabellen 304

Weiterführende Internet-Verbindungen 306

Sachwortregister 311

Autorenhinweise 319

Kapitel 1
Ziele und Struktur des Handbuchs

Praxis des E-Learnings unterstützen

Was unterscheidet dieses Handbuch von den zahlreichen weiteren Publikationen zum Modethema E-Learning? Das vorliegende Handbuch ist aus den Erfahrungen in der konkreten Gestaltungspraxis virtueller Bildungsangebote entstanden. Es basiert auf der Evaluation der eigenen Praxis für virtuelle Studienangebote von Fachhochschulen sowie der wissenschaftlichen Reflexion und Auswertung des 'State-of-the-Art' im Bereich virtueller Studienangebote von Hochschulen allgemein. Mit dem Handbuch möchten wir die Realisierung einzelner virtueller Bildungsangebote per E-Learning bis hin zum kompletten Aufbau virtueller Studiengänge wissenschaftlich fundiert unterstützen. Dabei werden virtuelle Bildungsangebote von Bildungszentren ebenso wie Studienangebote im grundständigen Studium oder im Rahmen der wissenschaftlichen Weiterbildung behandelt. Das Handbuch ist daher gleichermaßen für alle diejenigen interessant, die sich dem Thema E-Learning aus der Perspektive einer allgemeinen oder beruflichen Bildungseinrichtung nähern wollen. Relevant ist es auch für Unternehmen, die in Kooperation mit Bildungszentren oder Hochschulen wissenschaftliche Weiterbildung für ihre Mitarbeiterinnen und Mitarbeiter organisieren möchten.

Adressaten des Handbuchs

Adressaten des Handbuchs sind daher alle, die sich in Fachhochschulen, Akademien, Universitäten, Bildungseinrichtungen der Erwachsenenbildung, Instituten der wissenschaftlichen oder beruflichen Weiterbildung sowie in betrieblichen Bildungsabteilungen mit der Bildungsplanung, der inhaltlichen und didaktischen Konzeption, der multimedialen Produktion sowie der Organisation, Betreuung und Qualitätssicherung von Bildungsangeboten befassen. Es werden einerseits alle beteiligten Fachpersonen angesprochen: Hochschullehrerinnen und Hochschullehrer, Dozentinnen und Dozenten, Teletutorinnen und Teletutoren sowie alle diejenigen, die sich mit der Entwicklung, Durchführung und Evaluation virtueller Bildungsangebote in praktischer und wissenschaftlicher Perspektive befassen.[1] Darüber hinaus sind aber auch alle Planenden, Entscheidungsbefugten, Lehrenden

---

1) Erwägungen zur besseren Lesbarkeit haben auch unsere Entscheidung zur Verwendung männlicher und weiblicher Bezeichnungen geprägt. Inhaltlich halten wir es für sinnvoll, die Beteiligung beider Geschlechter an Bildungseinrichtungen durch explizite Nennung männlicher wie weiblicher Berufsbezeichnungen etc. sichtbar zu machen (vgl. Gender Mainstreaming im Abschnitt 4.3.5). Um den Lesefluss dennoch zu gewährleisten, haben wir aber häufig geschlechtsneutrale Formen, wie z. B. Lehrende oder Studierende, verwendet und nur gelegentlich beide Geschlechter explizit genannt. Im Literaturverzeichnis werden Vornamen ausgeschrieben, um auch hier die Beteiligung beider Geschlechter an der Entwicklung des E-Learnings hervorzuheben.

sowie Mitarbeiter/-innen angesprochen, die in Präsenzhochschulen, Bildungseinrichtungen oder Betrieben virtuelle Bildungsangebote entwickeln, organisieren und durchführen möchten.

Wissenschaftlich fundierter Praxisbezug

Das Handbuch ist für die Praxis geschrieben, aber gleichwohl wissenschaftlich fundiert. Alle für die Praxis relevanten Fragen der Auswahl von Lernräumen, der didaktisch-methodischen Konzeption, der Online-Betreuung der Lernenden, der Evaluation und Qualitätssicherung virtueller Bildungsangebote, der Standardisierung der Angebote für Kompatibilität und Wiederverwendbarkeit und der Faktoren zur Sicherung der Nachhaltigkeit werden in den folgenden Kapiteln behandelt.

Entstehungs-hintergrund

Das Buch speist sich zu einem großen Teil aus den wissenschaftlichen Ergebnissen und dem Erfahrungsschatz einer gemeinsamen fünfjährigen Tätigkeit der Autorinnen und Autoren im Bundesleitprojekt „Virtuelle Fachhochschule für Technik, Informatik und Wirtschaft (VFH)" des Bundesministeriums für Bildung und Forschung in den Jahren 1999 bis 2003. Mit unserer Tätigkeit in der VFH haben wir in allen Projektphasen aktiv beim Aufbau und der Gestaltung virtueller Studiengänge mitgewirkt und den Fortbestand des Studienangebots auch über die Projektlaufzeit hinaus vorbereitet. Vor allem aber haben wir, als ‚Kerngeschäft' der Begleitforschung, kontinuierlich den ‚State-of-the-Art' des E-Learning-Einsatzes im Rahmen wissenschaftlicher Bildungsangebote beobachtet, ausgewertet und in unsere eigene Forschungspraxis einfließen lassen. Damit können wir in diesem Handbuch weit über die im eigenen Projekt realisierten Studienangebote und Verfahrensweisen hinausgehen. Mit einem Blick ‚über den Tellerrand' eines Einzelprojekts hinaus stellen wir den Stand der Forschung und die Ergebnisse vielfältiger nationaler und internationaler Praxis kompakt und praxisorientiert dar.

Kritisch nüchterne Perspektive

Weiterhin haben wir den Wechsel von einer E-Learning-Euphorie zu Zeiten des Projektbeginns zur momentan eingetretenen Ernüchterung in Bezug auf die Potenziale des E-Learnings miterlebt und kritisch in unsere Arbeit einbringen können. Wenn wir in diesem Handbuch daher die Potenziale des E-Learnings für eine veränderte Studienkultur an Hochschulen beschreiben, dann erfolgt dies nicht getragen von einer unkritischen Anfangseuphorie, sondern aus einer nüchtern abwägenden Position. Wir wissen, dass nur qualitativ hochwertige Studienangebote nachhaltige virtuelle Bildungsangebote darstellen können. Um die Konzeption und Umsetzung solcher Studienangebote zu unterstützen, zeigen wir in diesem Handbuch wissenschaftliche Grundlagen auf, veranschaulichen Gestaltungsoptionen in den einzelnen Handlungsfeldern am Praxisbeispiel der VFH und reflektieren Entscheidungen und Erfahrungen kritisch. Das Beispiel der VFH dient in diesem Sinne gleichzeitig der Darstellung guter Praxis und kritisch reflektierter Erfahrungen.

Drei zentrale Charakteristika

Damit dieses Buch als *Handbuch* ein Fundament für zukünftige Vorhaben sein kann, Bildungsangebote per E-Learning zu organisieren, waren uns drei Charakteristika besonders wichtig: Es

- behandelt das Thema „Virtuelle Bildungsangebote" umfassend aus verschiedenen Akteursperspektiven sowie Koordination und Zusammenwirken dieser Akteure,

- ist durchgängig anwendungsorientiert geschrieben auf der Basis wissenschaftlicher Erkenntnisse,

- nimmt konsequent aus einer didaktisch-methodischen Perspektive alle zentralen Handlungsfelder in den Blick.

Verschiedene Akteursperspektiven

An Entscheidungen in virtuellen Studiengängen und an der Gestaltung von virtuellen Bildungsangeboten sind grundsätzlich unterschiedliche Personengruppen beteiligt: Bildungsplaner/-innen, Hochschullehrer/-innen, Teletutorinnen und -tutoren, Multimedia-Produzentinnen und -Produzenten, Evaluatorinnen und Evaluatoren – um nur einige wichtige Gruppen zu benennen. Damit diese unterschiedlichen Akteure Gewinn bringend mit dem Handbuch arbeiten können, war es wichtig, das Thema in allen relevanten Facetten zu behandeln und darüber hinaus über Querverweise Zusammenhänge zwischen den einzelnen Tätigkeitsfeldern der beteiligten Personen aufzuzeigen. Die Frage, wie Bildung überhaupt mit E-Learning an Hochschulen und Bildungszentren unterstützt werden kann, ist damit ebenso wichtig wie die Frage nach der Konzeption und Gestaltung virtueller Lernräume oder Konzepte des Qualitätsmanagements für das E-Learning. Wir gehen davon aus, dass je nach eigenem Tätigkeitszuschnitt ein oder mehrere Kapitel unmittelbar für die eigene Praxis relevant sind, die übrigen aber ebenso lesenswert sind, um einen Überblick und ein Grundverständnis für die Akteursperspektiven der Kooperationspartner im eigenen Projekt bzw. an der Hochschule oder im Bildungszentrum zu erhalten.

Anwendungs-orientierung

Da wir das Buch mit dem Ziel geschrieben haben, die zukünftige Praxis für virtuelle Bildungsangebote zu unterstützen und zu verbessern, war uns eine durchgängige Anwendungsorientierung wichtig. Wir stellen in allen Kapiteln die wissenschaftlichen Grundlagen und die aktuellen Forschungsergebnisse zum jeweiligen Themenaspekt zusammen, um sie für die Handlungspraxis der für diesen Bereich Verantwortlichen verfügbar zu machen. Gleichzeitig stellen wir am Beispiel unseres eigenen Projekts dar, wie die VFH bestimmte Gestaltungsaufgaben löste, z. B. wie wir das virtuelle Studienangebot evaluierten und welche Verfahren wir zum Qualitätsmanagement einsetzten. Durch die kritische Reflexion der in diesem Projekt getroffenen Entscheidungen vor dem Hintergrund des aktuellen wissenschaftlichen Diskurses bieten wir eine Folie an, mit der Verantwortliche für das E-Learning ihre Handlungen in ihrem Zuständigkeitsbereich wissenschaftlich fundiert planen können.

Didaktisch-metho-
dische Perspektive

Erst passende und durchdachte didaktisch-methodische Konzepte machen virtuelle Studienangebote zu Bildungsangeboten für Studierende. Wird die didaktisch-methodische Planung gegenüber technologischen oder finanziellen Überlegungen vernachlässigt, bleiben virtuelle Studienangebote häufig erfolglos. Auch Nachhaltigkeit, oft ausschließlich unter finanziellen Aspekten diskutiert, lässt sich nur durch ausgereifte didaktisch-methodische Konzepte erreichen. Didaktisch-methodische Überlegungen haben daher einen zentralen Stellenwert für alle Handlungsschritte beim Aufbau virtueller Studiengänge. Entsprechend haben wir diese Perspektive zur zentralen Perspektive in diesem Handbuch erhoben: Wenn hier also auf Geschäftsmodelle oder technologische Aspekte eingegangen wird, erfolgt dies unter didaktischer Perspektive.

Struktur des
Handbuchs

Aus dem Ziel, virtuelle Bildungsangebote umfassend, anwendungsorientiert und konsequent aus didaktisch-methodischer Perspektive zu behandeln, ergibt sich auch die *Struktur des Handbuchs*:

Zentrale Handlungsfelder bei der Entwicklung virtueller Bildungsangebote werden in einzelnen, auch für sich allein lesbaren Kapiteln behandelt. Folgende Themen werden unterschieden:

- Grundlagen der Gestaltung virtueller Bildungsangebote bzw. virtueller Studiengänge, konstituierende Faktoren der Entwicklung der virtuellen Lehr- und Lernkultur (Kapitel 2),

- Gestaltung, Implementierung und Nutzung virtueller Lernräume sowie Auswahl von Lernplattformen (Kapitel 3),

- Konzeption und Entwicklung virtueller Studienangebote einschließlich didaktischer Grundüberlegungen vor dem Hintergrund lerntheoretischer Ansätze (Kapitel 4),

- Online-Betreuung durch Teletutoren einschließlich einer Kompetenzanalyse dieses neu entstehenden Tätigkeitsprofils und zugehöriger Qualifizierungskonzepte (Kapitel 5),

- Evaluation und Qualitätsmanagement mit einer grundlegenden Diskussion des Qualitätsbegriffs im Bildungsbereich und einem Überblick über gängige Evaluationsverfahren bei virtuellen Bildungsangeboten (Kapitel 6),

- Standardisierung virtueller Bildungsangebote, das heißt, Diskussion der Frage, wie Angebote leicht auffindbar und ihre Bestandteile wiederverwertbar gestaltet werden können, ohne didaktische Qualitätsmerkmale zu gefährden (Kapitel 7),

- Strategien und Elemente zur Erzielung von Nachhaltigkeit virtueller Bildungsangebote und Studiengänge (Kapitel 8).

Den Rahmen bilden zwei zentrale Kapitel (2 und 8) zum Einsatz von E-Learning: Wie kann überhaupt *Bildung* durch E-Learning ermöglicht werden? Und: Unter welchen Voraussetzungen und mit welchen Gestaltungsoptionen lassen sich virtuelle Bildungsangebote *nachhaltig* entwickeln? Die Grundüberlegungen zu Bildung durch E-Learning bestimmen die konstitutiven Faktoren erfolgreicher Bildungsprozesse mit Hilfe von E-Learning und begründen die zentralen Handlungsfelder. Die resümierenden Ausführungen zur Nachhaltigkeit greifen diese Gedanken auf und verankern sie mit Empfehlungen zu den einzelnen Handlungsfeldern in einem strategischen Nachhaltigkeitskonzept.

Jedes Kapitel behandelt das jeweilige Handlungsfeld in ähnlicher Weise: Im Sinne einer Akteursperspektive werden Verantwortliche und Tätigkeitsprofile für das Feld identifiziert und ein Überblick über die Ergebnisse aktueller Forschung gegeben. Aus Forschungsergebnissen und vielfältigen Praxisbeispielen wird in der Regel ein 'positiver Entwurf' in Form von Leitlinien oder Handlungsschritten entwickelt und anschließend die Praxis der VFH dargestellt und ausgewertet. Schlussfolgerungen und Empfehlungen fassen die zentralen Aussagen des Kapitels noch einmal zusammen.

Herausforderung Begriffsvielfalt

Beim Schreiben dieses Handbuches standen wir vor einem grundsätzlichen Problem: Im Bereich des E-Learnings existiert eine enorme Begriffsvielfalt, und für viele Teilbereiche hat sich noch kein einheitlicher Sprachgebrauch etabliert. Bereits die in dieser Einführung verwendeten Begriffe wie „E-Learning" und „virtuelle Bildungsangebote" bzw. „virtuelle Studiengänge" sind kaum präzise zu definieren. Alternativ hätten wir auch von „telematischen Lehr- und Lernformen", „Online-Studienangeboten" etc. sprechen können. Grundsätzlich führen wir im Handbuch im Sinne umfassender Information in jedem Kapitel die breite Palette der Begriffe auf, die im jeweiligen Kontext verwendet werden, z. B. die zahlreichen alternativen Bezeichnungen für Teletutoren, wie „Tele-Coach", „Mentor", „Online-Coach".

In jedem Kapitel klären wir die Begrifflichkeiten und verwenden dann stringent den Begriff, der uns entweder fachlich am präzisesten oder am etabliertesten erscheint. Wie die Bezeichnungen „E-Learning" und „virtuell" (in Zusammensetzung mit Bildungsangebot, Studienangebot oder Studiengang) zeigen, sind die etabliertesten nicht immer die präzisesten Begriffe. Um Lehr- und Lernformen allgemein zu bezeichnen, die *Tele*kommunikationstechnik und Infor*matik* nutzen, z. B. über Personalcomputer mit Internetverbindung, ist „telematisch" präziser als „virtuell" und wir haben in früheren Publikationen deswegen auch den Begriff „telematisch" dem Begriff „virtuell" vorgezogen (Zimmer 1997; Arnold 2001).

Begriffsklärung „Virtuelles Studium"/ „E-Learning"

Andererseits möchten wir gerade in einem Handbuch, das den unterschiedlichsten Personengruppen einen leichten Zugang zum Thema verschaffen soll, keine unnötigen begrifflichen Hürden aufbauen. Wir folgen deshalb dem Sprachgebrauch, der sich in der breiten öffentlichen Diskussion zu etablieren scheint. „E-Learning" ebenso wie „virtuelles Bildungsangebot" oder „virtuelles Studium" sollen im Folgenden also allgemein Lehr- und Lernformen bezeichnen, die Informatik und Telekommunikationstechniken, insbesondere das Internet, wesentlich zu ihrer Unterstützung nutzen. Ob zusätzlich auch klassische Präsenzangebote, wie Seminare, das Lehr- und Lernangebot ergänzen, ist damit nicht weiter präzisiert, ebenso wenig wie die Art der benutzten Technologien im Einzelnen. „Virtuell" hat in den vielfachen Projektbezeichnungen, wie in der „Virtuellen Fachhochschule", der „Virtuellen Hochschule Bayern" etc., und den entsprechenden Publikationen zu „Virtuellem Lernen" (Schulmeister 2001) die ursprüngliche Konnotation des ‚Nicht-Realen' verloren. Wir verwenden daher in diesem Buch den Begriff „virtuell" in den gängigen Zusammensetzungen wie „virtuelle Bildungsangebote" und „virtuelle Studiengänge", die sehr ‚reale' Neuerungen an Hochschulen und Bildungszentren beschreiben. „E-Learning an Hochschulen" bzw. „E-Learning an Bildungszentren" gebrauchen wir als allgemeine Bezeichnungen synonym zu „virtuellen Studienangeboten" bzw. „virtuellen Bildungsangeboten" und benutzen beide Begriffe, um sprachlich abwechslungsreicher schreiben zu können.

Virtuelle Studien-
module als
Einheiten des virtu-
ellen Studiums

Die Einheiten im virtuellen Studium, die im Präsenzstudium einer Semesterlehrveranstaltung entsprechen, werden häufig als „virtuelle Studienmodule" bezeichnet, so auch innerhalb der VFH. Wir verwenden den Begriff „Modul" hier ebenfalls in diesem Sinne. Ein virtuelles Studienmodul entspricht vom Umfang und Zuschnitt in der Regel einer Lehrveranstaltung im Präsenzstudium. Allerdings ist auch dieser Begriff problematisch, weil sich mit ihm die generelle Diskussion um die Modularisierung im Studium verbindet. Weiterhin wird mit Studienmodul leicht ein vorgefertigtes, inhaltlich abgeschlossenes, von den Lernenden zu ‚konsumierendes Produkt' assoziiert, mit dem aber kein echtes Bildungsangebot realisiert werden kann (ausführlich Kapitel 2). Wir verwenden den Begriff „Studienmodul" entgegen diesen Assoziationen neutral als ‚Einheit des virtuellen Studiums' (an Hochschulen) bzw. als ‚Einheit virtueller Kurse' (in Bildungszentren) und werden in den unterschiedlichen Kapiteln dieses Handbuchs zeigen, was bei Konzeption und Entwicklung einer solchen Grundeinheit des virtuellen Lehrens und Lernens berücksichtigt werden muss, damit virtuelle Studienmodule oder Lernmodule Bestandteile eines Bildungsangebots von Hochschulen oder Bildungszentren werden.

Abgrenzungen:
Was das Handbuch
nicht bieten kann

Mit der Hervorhebung der didaktisch-methodischen Perspektive sind auch Abgrenzungen verbunden: Das Handbuch liefert keine technischen Detailinformationen, z. B. zu Lernplattformen, Autorenwerkzeugen oder Produktionsprozessen. Ebenso wenig finden sich hier ausführliche Informationen für eine betriebswirtschaftliche Kostenrechnung zu virtuellen Studienangeboten. In den einzelnen Handlungsfeldern (und damit in den einzelnen Kapiteln) wird vielmehr die Bedeutung technischer Details aus didaktisch-methodischer Perspektive aufgezeigt. Für Kostenkalkulationen werden zentrale Kostenfaktoren benannt, ohne aber präzise Zahlen anzugeben, da diese ohnehin je nach Rahmenbedingungen stark variieren. Für Details zu beiden Aspekten verweisen wir auf weiterführende Literatur, die wir umfassend in die einzelnen Kapitel integriert haben, um eine eigene, weiterführende Recherche zu ermöglichen. Dazu dient auch die angehängte Zusammenstellung einer umfangreichen Liste weiterführender Internetverbindungen.

Kapitel 2
Bildung mit E-Learning?

Kritische Fragen sind zu beantworten Hochschulen und Bildungszentren beschreiten mit virtuellen Studien- bzw. Lernangeboten neue Wege in der Bildungslandschaft. Ihr Auftrag, ein Ort zu sein und sei es ein virtueller, an dem Studierende bzw. Lernende ihre Bildungsprozesse verankern können und an dem sie Unterstützung erfahren, sich Bildung im Sinne wissenschaftlicher Grundlagen, Verfahrensweisen und Handlungskompetenzen anzueignen, bleibt gegenüber Präsenzhochschulen bzw. Präsenzbildungszentren aber unverändert. In jeglichem Bildungsprozess geht es um die Erweiterung der individuellen Handlungsfähigkeit und gesellschaftlichen Teilhabe, also um die Überwindung einer Kompetenzdiskrepanz (bzw. Lerndiskrepanz; HOLZKAMP 1993, 211ff.). Um den Lernenden eben diesen Zugewinn an Kompetenzen auch an virtuellen Hochschulen und Bildungszentren bzw. durch virtuelle Bildungsangebote zu ermöglichen, sind vom Standpunkt der Lernenden die bisher entwickelten und erprobten virtuellen Bildungsangebote unter einigen zentralen Fragestellungen zu untersuchen.

Gliederung des Kapitels Diese Fragestellungen strukturieren dieses Kapitel: Wie nutzen die Studierenden die virtuellen Studienangebote und was sind die Gründe für ihre mangelnde Akzeptanz (Abschnitt 2.1)? Was sind die konstituierenden Faktoren von Bildungsprozessen und des virtuellen Studiums (Abschnitte 2.2 und 2.3)? Wie ist dementsprechend die virtuelle Studienkultur bzw. Lehr- und Lernkultur zu entwickeln (Abschnitt 2.4)? Was sind die relevanten Handlungsfelder bei der Entwicklung virtueller Bildungsgänge (Abschnitt 2.5)? Das durchgängige Praxisbeispiel dieses Buches, die Virtuelle Fachhochschule für Technik, Informatik und Wirtschaft (VFH), wird mit seinen Eckdaten beschrieben, um den Kontext für die Reflexion der in diesem Projekt getroffenen Gestaltungsentscheidungen zu liefern (Abschnitt 2.6). Schlussfolgerungen und Empfehlungen, die die zentralen Ergebnisse dieses Kapitels aufgreifen und zusammenfassen, runden das Kapitel ab (Abschnitt 2.7).

2.1 Der ausbleibende Erfolg virtueller Studienangebote

Offene Fragen Im vergangenen halben Jahrzehnt wurden zahlreiche Entwicklungsprojekte zur Virtualisierung des Hochschulstudiums mit mehrstelligen Millionenbeträgen durch Bund und Länder und mit großem Engagement der Beteiligten gefördert. Viele sind ohne nachhaltigen Erfolg beendet worden oder werden in der nächsten Zeit wahrscheinlich ohne nachhaltige Überführung der entwickelten Studienangebote in anerkannte Regelangebote nach Auslaufen der Projektförderung beendet werden (UHL 2003). Für viele Fragen sind noch keine zufrieden stellenden und akzeptierten Lösungen in Sicht, wie z. B. für die Gestaltung der telematischen Infrastruktur, die Didaktik und Methodik virtueller Lehr- und Lernprozesse, die Professionalisierung der Handlungen der Lehrenden und der Studierenden für eine effiziente virtuelle Studienkultur, die Anpassung der Studien- und Prüfungsstrukturen, die fachbereichs- und hochschulübergreifende Kooperation zur Entwicklung und Durchführung virtueller Studienangebote sowie für die Erschließung des Weiterbildungsbereichs für virtuelle Studienmodule.

Vielen scheint sowohl der Aufwand für die Entwicklung und Durchführung virtueller Studienangebote als auch für das Studium per Internet viel zu groß zu sein (BEUSCHEL 2002), sodass die verbliebenen Engagierten nach einfacheren und das Präsenzstudium ergänzenden Konzepten suchen, statt die Gründe für das Scheitern zu erkennen und daraus für eine bessere didaktische Gestaltung durchaus zukunftsfähiger virtueller Studienangebote bzw. Studienarrangements zu lernen.

Bisherige Bemühungen blieben erfolglos

Mit Blick auf diese Entwicklungen stellt KERRES bereits früher (2001c, 17) lapidar aber treffend fest, dass „der Wirkungsgrad dieser Aktivitäten im Hinblick auf qualitative Veränderungen im Lehrbetrieb [...] überraschend gering [blieb]. Ansätze zur nachhaltigen *Veränderung* von Lehre sind bislang nur punktuell sichtbar. Oft enden Bemühungen zu didaktischer Reform mit dem Ende von Projektförderungen." Die Erwartungen waren offensichtlich zu sehr an der technischen Machbarkeit orientiert, getrieben von der Hoffnung auf Erzielung finanzieller Gewinne, während die Frage einer sinnvollen didaktischen Gestaltung und Einbettung virtueller Studienangebote in Bildungsprozesse weitgehend unbeachtet blieben. SCHULMEISTER fordert daher ebenfalls bereits 2001 (363) eine Korrektur falscher Einschätzungen. Auch SEUFERT / EULER (2003, 2) sehen die Zukunft des E-Learnings „an einem Scheideweg: entweder etabliert sich eLearning zunehmend als integraler Bestandteil der Lehre an Hochschulen, oder eLearning bleibt dort ein Fremdkörper und der bildungstechnologische Friedhof wird neben dem Schulfernsehen, der programmierten Instruktion und dem Sprachlabor um eLearning erweitert." Sie stellen in ihrer jüngst erschienenen Delphi-Studie zur „Nachhaltigkeit von eLearning Innovationen" fest, dass selbst nach optimistischen Schätzungen „derzeit deutlich weniger als 10% der Hochschuldozierenden eLearning in der Lehre" einsetzen (SEUFERT / EULER 2004, 2).

Sind alle weiteren Bemühungen aussichtslos?

Dieser Befürchtung lässt sich entgegenhalten, dass in der Vergangenheit keineswegs alle bildungstechnologischen Innovationen gescheitert sind, sondern nur jene, die den Anspruch hatten, die Lehrenden komplett ersetzen zu wollen. Überall, wo die bildungstechnologischen Innovationen als *Medium* – und nicht als *Ersatz* von Menschen – im pädagogischen Verhältnis zwischen Lehrenden und Lernenden, also in den unterschiedlichen Formen der diskursiven Prozesse des Lehrens und Lernens verwendet werden, sind sie keineswegs misslungen, sondern tragen unbestritten zur Verbesserung der Qualität, der Effektivität und Effizienz des Lehrens und zu einem motivierten und erfolgreichen Lernen bei. Offensichtlich ist die Funktionsbestimmung der Medien im pädagogischen Verhältnis als *vermittelndes Medium* für ihre Akzeptanz und Nutzung entscheidend. Dies gilt insbesondere – aufgrund ihrer Interaktivität – für die modernen computer- und internetgestützten interaktiven Multi-Medien.

Akzeptanz wächst erst langsam

Wie nutzen die Studierenden die virtuellen Studienangebote bisher? Worin liegt die in vielen Fällen zutage tretende mangelnde Akzeptanz begründet? Zur Beantwortung dieser Fragen kann eine aktuelle Untersuchung des Erfolgs und der Potenziale virtueller Hochschulen von UHL (2003) herangezogen werden.

Projekt „Virtus"

So hat die Evaluation des Projekts „Virtus" der Wirtschafts- und Sozialwissenschaftlichen Fakultät der Universität zu Köln, das nach Auslaufen der Förderung nur noch in geringem Umfang weitergeführt wird, ergeben, „dass die Studierenden die virtuellen Lernangebote von Virtus kaum für den Erwerb von neuem Wissen, sondern primär zur gezielten Suche nach Informationen, zur Wiederholung und insbesondere zur Prüfung des eigenen Wissens nutzen." (ebd., 50) Dies zeigen auch die geringen Nutzungszeiten von zwei Drittel der Studierenden von weniger als zehn Minuten pro Sitzung (ebd., 48). Ganz offensichtlich ziehen die Studierenden die klassischen Präsenzlehrveranstaltungen den virtuell angebotenen Lehrveranstaltungen deutlich vor und nutzen die virtuellen Studienangebote nicht anstelle von Präsenzveranstaltungen, sondern nur zu deren Ergänzung.

Teilangebot „Winfoline"

Im virtuellen Teilangebot „Winfoline" der Universität Saarbrücken im Studiengang Wirtschaftsinformatik zeigen die „Studierenden eine hohe Akzeptanz für den Zusatznutzen der Internetangebote, die eine höhere Flexibilität des Studiums gewähren, ohne dass die Studierenden durch dieses Medium ihr Kommunikationsverhalten grundsätzlich ändern würden." (ebd., 56) Sie nutzen die Lerneinheiten, die Übungsaufgaben und die E-Mail-Funktion „situations-, fach- und lernspezifisch [...], ohne eine ausschließliche Präferenz zu signalisieren" (ebd., 57), und zwar als zusätzliche Angebote zu den Präsenzveranstaltungen.

Als zentraler Engpass der Kooperation mit vier Hochschulen erweist sich die mentorielle Betreuung der großen Zahl zeit- und ortsunabhängig Studierender durch die wissenschaftlichen Mitarbeiter/-innen, insbesondere weil die Studierenden häufiger mit den Lehrenden und den Kommilitonen über den Computer kommunizieren als sie dies in Präsenzveranstaltungen tun (ebd., 57f.). Hinzu kommt, dass die asynchrone Online-Kommunikation sich nicht nur zeitlich über Tage und Wochen verteilen kann, sondern als schriftliche – trotz Missachtung von Formen – deutlich mehr Zeit für jeden einzelnen Kommunikationsakt beansprucht als dies bei mündlicher Kommunikation der Fall ist. Zudem erfolgt jeder schriftliche Kommunikationsakt immer eindirektional ohne unmittelbare Wahrnehmung des Gegenübers in der Erwartung einer zu einem nicht vorhersehbaren späteren Zeitpunkt erfolgenden Antwort. Mit vereinbarten oder sich allmählich herausbildenden Kommunikationsregeln kann und muss die Unsicherheit in der Aufeinanderfolge der asynchronen Kommunikationsakte eingegrenzt werden. Im Unterschied zu Präsenzveranstaltungen, bei denen die Kommunikation im Wesentlichen auf die Veranstaltungszeit begrenzt ist, wächst bei virtuellen Veranstaltungen der Kommunikationsaufwand und damit auch die zeitliche Belastung durch Kommunikation doch ganz erheblich.

„Virtuelle Hochschule Bayern"

Auch bei der „Virtuellen Hochschule Bayern" hat sich die pädagogische Arbeit der mentoriellen Betreuung der Studierenden an den beteiligten Hochschulen, ohne die offenbar die virtuellen Studienangebote nicht erfolgreich studiert werden können, als ein zentrales Kapazitätsproblem herausgestellt (ebd., 62). Hinzu kommt das Problem der inhaltlichen Vereinheitlichung der virtuellen Studienangebote. Einerseits soll durch die Vereinheitlichung eine große Zahl von Studierenden erreicht werden, damit sich die hohen Kosten der Erstellung der Studienangebote im Vergleich zu den Präsenzangeboten rechnen. Andererseits kollidiert die Vereinheitlichung mit der fachwissenschaftlichen Profilbildung der beteiligten Universitäten (ebd., 63). Dies wiederum hat das Problem der Zertifizierung und Anerkennung von Prüfungsleistungen an den jeweils anderen Universitäten zur Folge. Zudem verliert das Studium durch die inhaltliche Vereinheitlichung der Lehrangebote an Aktualität und Lebendigkeit.

„Virtueller Hochschulverband Karlsruhe"

Bei den Studienangeboten des „Virtuellen Hochschulverbundes Karlsruhe" scheinen die Studierenden noch widerständiger gegenüber den neuen virtuellen Studienangeboten zu sein. Zwar existiere „eine positive Grundeinstellung gegenüber dem Computerlernen [...], allerdings [werden] kaum Angebote auf freiwilliger Basis genutzt" (ebd., 75). In der Projektevaluation wird zwar die grundsätzliche Akzeptanz bestätigt, jedoch beklagt, dass die Studierenden die Angebote primär nach der Nützlichkeit für ihre individuellen Lernstrategien beurteilen, also offensichtlich nur als neue Form zusätzlicher Studienmaterialien ansehen, aber nicht als möglichen Ersatz für das Präsenzstudium. Diese Haltung der Studierenden wird auch dadurch bestätigt, dass es weder gelungen ist, „die Studierendenrolle in Richtung einer Kundenrolle" zu verschieben, noch eine „Online-Community zwischen Lehrenden und Lernenden" aufzubauen (ebd.).

„Virtuelle Fachhochschule (VFH)"

Auch bei der VFH zeigte sich in der Pilotphase, dass die Studierenden im grundständigen Präsenzstudium den Wechsel in ein komplett virtuelles Studium weitgehend ablehnen würden. Sie sehen den direkten Kontakt zwischen den Lehrenden und Lernenden als einen zentralen Bestandteil des Fachhochschulstudiums an (Zimmer / Rogner / Thillosen 2001). Diese Ansicht ist auch leicht nachvollziehbar, denn die Lehrenden bringen ihre Praxiserfahrungen aus den Bereichen, in denen später die Fachhochschulabsolventen arbeiten werden, auch in die Präsenzvorlesungen und Seminare anhand von Fallbeispielen und Berichten ein. Die angebotene mentorielle Betreuung durch wissenschaftliche Tutorinnen und Tutoren kann diese ‚nachgefragten' Erfahrungen nicht ausgleichen. Ganz anders im berufsbegleitenden Studium: Hier werden virtuelle Studienangebote aufgrund der Multimedialität, Interaktivität und Online-Kommunikation als bessere Studienmöglichkeiten begrüßt.

Erkenntnisse aus den virtuellen Hochschulprojekten

Die Resultate dieser kurzen Betrachtung umfangreicher Hochschulprojekte zur Entwicklung und Einführung virtueller Studienangebote im grundständigen Studium sind – man kann es aufgrund der Ergebnisse der Studie von Uhl (2003) nicht anders sagen – niederschmetternd:

- Die Studierenden ziehen ganz offensichtlich das Präsenzstudium dem virtuellen Studium vor, obwohl sie keineswegs computer- und internetfeindlich sind, sondern Computer und Internet zur Informationsverarbeitung, Informationssuche und Telekommunikation vielfältig und intensiv nutzen.

- Trotz der jederzeit verfügbaren und umfassenden mentoriellen Betreuung reicht den Studierenden diese Kommunikation für ein erfolgreiches Studium offensichtlich nicht aus. Die unmittelbare Kommunikation mit den Lehrenden über die Studieninhalte ist dazu anscheinend unverzichtbar notwendig.

- Die Studierenden wollen auch den direkten sozialen Kontakt in Präsenz mit den Kommilitoninnen und Kommilitonen nicht missen.

- Die für erforderlich gehaltene unmittelbare Kommunikation mit Lehrenden und Kommilitonen schließt aber überhaupt nicht aus, dass die Studierenden auch die Möglichkeiten der Telekommunikation (vor allem per E-Mail) ausgiebig und in wachsendem Maße nutzen.

- Es ist auch keineswegs so, dass die Studierenden die virtuellen Studienangebote nicht nutzen. Allerdings verwenden sie diese offensichtlich in einer anderen Weise als sich dies die Projektförderer und Projektentwickler ursprünglich vorgestellt haben. Sie ziehen Gewinn aus den virtuellen Studienangeboten, indem sie diese zwar als interaktive und multimediale, aber eben nur als weitere neu hinzugekommene Studienmaterialien neben Büchern, Zeitschriften, Arbeitsblättern etc. ansehen und verwenden.

Diese Ergebnisse führen zu zwei daran anschließenden Fragen: (1) Was sind die Stärken des klassischen Präsenzstudiums, weshalb es anscheinend unverzichtbar ist? Oder anders gefragt: Was sind die konstituieren-den Faktoren von Bildungsprozessen? (2) Wo liegen die Stärken virtueller Studienangebote und wie können sie in Bildungsprozessen nutzbar ge-macht werden?

2.2 Konstituierende Faktoren von Bildungsprozessen

Die beobachteten Umgangsweisen der Studierenden mit den virtuellen Studienangeboten zeigen, dass sie keineswegs die Nutzung der neuen Medien im Studium generell ablehnen und ausschließlich die klassischen Präsenzformen des Studiums bevorzugen. Wogegen sie offensicht-lich entschiedenen ‚stillen' Widerstand leisten, ist die heute verbreitete Organisationsform der virtuellen Studienangebote, durch die beinahe vollständig oder zunächst in Teilen Präsenzlehrveranstaltungen ersetzt werden sollen. Da die Studierenden in den Evaluationen anscheinend nicht nach den Gründen für ihre unerwartet zurückhaltende bzw. widerständige Nutzung gefragt wurden, können diese nur aus den jeweiligen Umständen logisch rekonstruiert werden.

Defizitäre lerntheo-retische Basis

Die Sichtung unterschiedlicher virtueller Studienangebote und vieler multimedialer und interaktiver Lernprogramme zeigt, dass diese überwie-gend, wenn auch nicht durchgängig, nach Konzeptionen lerntheoretisch begründeter ‚eindirektionaler' Instruktionsdesigns modelliert sind: „Die Masse der Lernangebote im Netz [...] richten sich in der Regel nach altbe-kannten Lernkonzepten, häufig behaviouristischer Provenienz. [...] Noch ist die Präsenzausbildung der virtuellen Ausbildung in der Regel überlegen." (SCHULMEISTER 2001, 363) Das bedeutet, dass die multimedial und interaktiv präsentierten Lerninhalte, die in allen Einzelheiten – Aktionen und erwar-teten Reaktionen – in den Instruktionsstrukturen des Mediums fixiert sind, von den Studierenden von einem vorgegebenen Ausgangspunkt zu einem ebenso vorgegebenen Endpunkt eines Lernprozesses linear oder in wähl-baren Verzweigungen fortschreitend durchzuarbeiten sind. Was sie dabei nach jedem definierten Lernschritt behalten haben, können sie mit den ebenfalls im Medium vorgegebenen Tests (meist Fragen mit vorgegebe-nen Auswahlantworten) oder programmierten Übungsaufgaben jeweils selbstständig prüfen. Der Unterschied zur gescheiterten Programmierten Unterweisung in den 60er Jahren des vergangenen Jahrhunderts liegt in der komfortabler eingebauten Interaktivität, die dem Lernenden einen be-grenzten Spielraum in den Wegen des Erlernens der vorgegebenen Inhalte lässt.

Missverhältnis von Lerngrund und Lernziel

Diese Vorgehensweisen medialen Lehrens folgen – metaphorisch ausge-drückt – dem Modell des industrialisierten ‚Abfüllens von Flaschen', das von den Studierenden völlig zurecht zurückgewiesen wird, weil es nicht den Ansprüchen ihrer subjektiven Lern- bzw. Bildungsprozesse entspricht.

Die ihnen zugrunde liegende Vorstellung des Verhältnisses von Lehren und Lernen hat HOLZKAMP (1993, 385ff., 391, 408) ausführlich analysiert und als ‚Lehrlernkurzschluss' bezeichnet und zurückgewiesen. Weil die Lerngründe der lernenden Subjekte nicht der Ausgangspunkt ihrer Lernaktivitäten sind, sondern die Lernziele unabhängig von den subjektiven Lerngründen planmäßig bis in alle Einzelheiten vorgegeben werden, wird das Lehren mit dem Lernen gleichgesetzt. Wenn der erhoffte Lernerfolg nicht eintritt, so wird die Ursache entweder in der mangelnden Begabung der Lernenden oder in der mangelnden Motivierungs- und Vermittlungsfähigkeit der Lehrenden gesucht – bei virtuellen Bildungsangeboten werden die Ursachen analog darin gesehen, dass sie entweder nicht gut genug für unterschiedliche Begabungen programmiert sind oder nicht hinreichend motivieren bzw. erfolgreiche Behaltensleistungen nach jedem Lernschritt nicht hinreichend durch ‚lobende' Icons verstärken.

Begrenzte Chancen zum Diskurs

Systematisch ignoriert wird dabei, dass die Lernenden durch ihre Bevorzugung des Lernens in Präsenzveranstaltungen zum Ausdruck bringen, dass sie zu einem erfolgreichen Lernen offensichtlich die unmittelbare Kommunikation bzw. den Diskurs mit den Lehrenden und auch mit den Kommilitonen brauchen und suchen. Es geht ihnen also um die Lebendigkeit der Kommunikation über die Ziele, Inhalte, Abläufe und Kontexte ihres Studiums, das Kommunizieren unterschiedlicher Wahrnehmungen, Einschätzungen, Erfahrungen, Vorstellungen, Bedeutungszuschreibungen und Empfehlungen in den konkreten Situationen, in denen sich die Lehrenden und Lernenden hier und heute in Hochschule, Bildungszentrum und Gesellschaft bewegen. Daher wird in den privaten ‚Eliteuniversitäten' auch in kleinen Studiengruppen mit engem Kontakt zu den Professoren studiert (GLOGER 2003). Die virtuellen Bildungsangebote bieten den Lernenden bisher noch kein Forum für diese Diskurse, durch die Bildung und Kompetenzentwicklung überhaupt erst ermöglicht werden, wie dies die traditionellen Bildungseinrichtungen tun.

Diese Lebendigkeit der Diskurse in traditionellen Bildungseinrichtungen kann prinzipiell durch kein multimediales und interaktives Bildungsangebot ersetzt werden – auch nicht durch „Intelligente Tutorielle Systeme", wie die vergangenen und misslungenen Versuche gezeigt haben. Auch die Ausweitung und Intensivierung der Telekommunikation in virtuellen Bildungsangeboten können die gefragte Lebendigkeit des Lernens, z. B. durch die mentorielle Betreuung mit erheblich höherem Kommunikationsaufwand, offensichtlich nur sehr begrenzt wieder herstellen, wie die Evaluationsergebnisse zeigen. Asynchronizität und Aufwand der (obwohl meist recht formlosen) Schriftlichkeit gegenüber der Mündlichkeit der Kommunikation sind hier die entscheidenden Hemmnisse.

Was konstituiert ein Studium bzw. erfolgreiches Lernen?

Was ist also der konstitutive Kern eines Studiums bzw. erfolgreichen Lernens? In der gesuchten Lebendigkeit der Kommunikation mit den Lehrenden und Kommilitonen zeigt sich, dass das Studium bzw. das Lernen als das Eindringen in einen gesellschaftlich relevanten Gegenstandsbereich offensichtlich erst durch den Diskurs mit den anderen, also vor allem mit den Lehrenden oder den Kommilitonen oder auch anderen Experten oder Partnern, konstituiert wird. Der Lerngegenstand, die Ziele, Inhalte und Herangehensweisen sind das gemeinsame Dritte, auf das sich das Lehren begründet darstellend und das Lernen reflektiert fragend jeweils beziehen. Aufgrund der Kompetenzdifferenzen zwischen den Beteiligten ist die Konstituierung des Gegenstandes des Lernens ein Prozess jeweils subjektiv begründeter und reflektierter Auseinandersetzung mit dem im Zuge dieser Auseinandersetzung immer besser zu differenzierenden und in seinen Kontexten zu bestimmenden Gegenstand.

Kompetenzerwerb in Lerngemein- schaften Dies geschieht in Praxisgemeinschaften oder in sich auf Praxis beziehenden Lern- oder Studiengemeinschaften (Lave / Wenger 1991; Arnold 2003b). Darin zeigt beispielsweise der Lehrende oder ein Lernender, wie er an einen Gegenstand wissenschaftlich fundiert herangeht oder herangehen würde, gibt eine Einführung in die theoretischen und methodischen Grundlagen und praktischen Herangehensweisen, zeigt die Bedeutung in unterschiedlichen Praxisfeldern auf – und all dies im Diskurs mit den Teilnehmern bzw. in der Lerngemeinschaft. Die Lernenden erfahren die Grundlagen und Aufgaben einer Fachdisziplin im Kontext der Wissenschaften und der gesellschaftlichen Praxis durch reflektierte Erfahrungen und kritische Auseinandersetzungen mit dem Denken und Handeln eines Lehrenden als Experten seiner Disziplin und eigenem Handeln im Praxisbezug. Sie erwerben dadurch zugleich reflexive und soziale Kompetenzen zur eigenen erfolgreichen Teilhabe in Wissenschafts- und Praxisfeldern. Durch die unmittelbaren Diskurse in Lerngemeinschaften erfahren sie eine wichtige, oft auch prägende Förderung der Entwicklung ihrer Persönlichkeit. Nicht von ungefähr werden Absolventen bei Einstellungen oft gefragt, wo und bei wem sie studiert bzw. gelernt haben, und die Antwort auf diese Frage kann durchaus entscheidend sein.

Bildung ist subjek- tives Ergebnis des Lehrens und Lernens Durch das reflexive und lernende Handeln im Studium gleichen die Lernenden so zunehmend ihre Kompetenzdifferenzen zu den Lehrenden und Fachexperten aus. Dies geschieht jedoch nicht in der Weise, dass sie zu einem 'Klon' des Lehrenden werden, sondern dass sie ein eigenständiges Kompetenzprofil durch ihre begründeten Lernhandlungen herausbilden. Im Diskurs mit den Lehrenden bzw. den jeweils anderen werden die ausgetauschten Informationen erst zu Wissen im Subjekt umgearbeitet, indem die Lernenden den Informationen individuelle Bedeutungen zuschreiben. Wissen ist immer eine subjektive Leistung und nur im Subjekt existent als ein wesentliches Fundament seiner Kompetenzen. Daher kann das Wissen, das sich beispielsweise ein Lehrender im Laufe seiner Ausbildung und Tätigkeit erworben hat, niemals direkt, in Inhalt und Form gleich, auf einen Lernenden übertragen werden. Vielmehr muss er sein Wissen in Informationen und Handlungen transformieren, die für die Lernenden Anlass sein können, sich aus vorhandenen oder gewonnenen eigenen Begründungen heraus damit aktiv zu befassen, wenn es für sie daraus etwas zu lernen gibt. Erst dadurch wird ein Lern- bzw. Studiengegenstand als ein gemeinsamer konstituiert und in der begründeten Auseinandersetzung damit erwirbt der Lernende seine Lernfähigkeit.

Lernerfolg ist keine Frage des Behaltens der dargebotenen Informationen, sondern entscheidend ist allein, welche Kompetenzen durch selbst erarbeitetes Wissen herausgebildet werden konnten, und dies zeigt sich erst im weiteren Verlauf des Lernens oder in der späteren Arbeit, nicht in punktuellen Tests. Denn Wissen und Kompetenzen von Experten und Novizen unterscheiden sich nicht nur quantitativ, sondern aufgrund der mit dem Lernen zugleich stattfindenden Prozesse der „Wissenskompilierung" auch qualitativ (KERRES 2001a, 163). *Bildung* als erworbenes Kompetenzprofil einer Person *ist immer* ein komplexes ‚kompiliertes' *Ergebnis der Leistungen des Lehrens und der Leistungen des Lernens.* Sie kann daher weder einfach gemessen noch verkauft oder gekauft werden wie ein gewöhnliches Produkt. Bildung als ‚Qualität' einer Person ist auf keinem Markt handelbar.

Bildung ist kein handelbares Produkt Wenn interaktive Lernprogramme und virtuelle Bildungsangebote häufig als ‚Bildungsprodukte' bezeichnet werden (BERTELSMANN STIFTUNG / HEINZ NIXDORF STIFTUNG 2000, 14, 18, 27, 54 usw.), so wird kurzschlüssig Lehren und Lernen einfach identisch gesetzt und das Subjekt zum Objekt der lehrenden Modellierung gemacht – schon die Alltagserfahrung zeigt, dass das unsinnig ist. Ein Lernender ist kein Brötchenteig, der bei richtiger Hitze nach bestimmter Zeit zu einem lecker verzehrbaren Brötchen wird. Genauso wenig macht es Sinn, in quantifizierender Redeweise wie bei industriellen Prozessen von „Lerneffektivität" und „Nutzen- / Kosteneffizienz" zu sprechen (ebd., 55) und diese am ‚Behalten' messen zu wollen. Informationen hersagen zu können, ist – wie gesagt – kein brauchbarer Indikator für Wissen und Kompetenz. Zwar lassen sich die Kosten von Bildungsprozessen berechnen, aber nicht ihre Wirksamkeit und ihr Nutzen, weil diese bzw. dieser sich erst im weiteren Lernen bzw. in der späteren Arbeit der Ausgebildeten, in ihrer Teilhabe an der gesellschaftlichen Lebensgestaltung und in ihrem lebenslangen Lernen offenbaren. „Wir müssen umdenken und begreifen, dass die Kosten von Bildung in Wahrheit Investitionen in unser aller Zukunft sind, an der wir ein existenzielles gesellschaftliches Interesse haben." (KLUGE 2003, 240; ZIMMER / PSARALIDIS 2000)

Bildungsinhalte benötigen einen Kontext Im Hochschulbereich ist die Integration von Forschung und Lehre für die permanente Aktualität der Studieninhalte und damit zur Erhaltung ihrer gesellschaftlichen Relevanz außerordentlich wichtig. Dies hat notwendig zur Konsequenz, dass die Studiengegenstände, die Ziele, Inhalte und Herangehensweisen nie abschließend bestimmt und festgelegt werden können. Daher kann keine Lehrveranstaltung der anderen gleichen, was die Voraussetzung für ihre Vereinheitlichung und mediale Objektivierung wäre.

Natürlich gibt es in der Bestandszeit von Studiengegenständen durchaus bedeutsame Unterschiede. So kann es einerseits geschehen, dass eine junge Theorie schon bald durch noch jüngere Theorien ersetzt wird, andererseits gibt es theoretische und wissenschaftliche Grundlagen von langer Dauer, wie z. B. die physikalischen Gesetze der technischen Mechanik. Letztere könnten dazu verleiten anzunehmen, dass zumindest diese Grundlagen gut für virtuelle Studienangebote geeignet seien. Dabei wird jedoch übersehen, dass diese Grundlagen ihren Stellenwert im Studium erst aus ihrer Bedeutsamkeit für den im Diskurs immer wieder neu zu bestimmenden Studiengegenstand erhalten. Das bedeutet, dass die jeweiligen Grundlagen nur bezogen auf den jeweiligen Studiengegenstand vereinheitlicht werden können, also jeweils auch mit diesem aktualisiert werden müssen. Daher bietet auch die Standardisierung von kleinsten, noch sinnvollen Learning Objects (vgl. Abschnitt 7.2) keine angemessene Lösung.

Förderung des selbst organisierten Lernens

Je mehr wissenschaftliche Grundlagen für die Beschäftigung mit einem Studiengegenstand für erforderlich gehalten werden, umso mehr können die Lehrenden auch im Präsenzstudium geneigt sein, diese vor allem durch Präsentation und Nachvollziehenlassen zu vermitteln. Zweifelsohne wird dadurch das selbst organisierte Studieren, also das eigenständige Mitbestimmen und Mitbearbeiten eines Lerngegenstandes nicht gefördert, sondern auf spätere Studienphasen verschoben, nämlich meist auf die die Studien abschließende selbstständige Erarbeitung der Diplomarbeit. Zwischenzeitliche Ausarbeitungen von Referaten und Hausarbeiten führen über die angeleitete selbstständige Bearbeitung ausgewählter Texte auf diesen Weg eigenständiger wissenschaftlicher Arbeit.

Modularisierung darf nicht zu stupidem Auswendiglernen führen

Auch die aktuelle, vor allem unter ökonomischen Prämissen geführte Diskussion um die Modularisierung des Studiums und Lernens, der jedes Verständnis von Bildung und Didaktik fehlt, scheint in einer durchgehenden Vereinheitlichung aller Lerninhalte den besten Weg zu einem kürzeren und effektiveren Studium zu sehen. Der Erwerb der Inhalte soll jeweils direkt am Ende eines Moduls geprüft und mit Punkten belohnt werden. Nicht bedacht wird dabei, dass eine solche Form von Modulen zum Auswendiglernen von Antworten auf in immer gleicher Weise gestellte Fragen führt und so geradewegs die von den gleichen Diskutanten lauthals geforderte Kompetenzentwicklung für komplexe und sich verändernde berufliche Anforderungen behindert. Lebendigkeit und Aktualität des Lernens werden so gerade verhindert. Denn Kompetenzen und Expertenwissen entstehen erst in der integrativen, ‚kompilierenden' Auseinandersetzung mit allen Lerninhalten in Lern- oder Praxisgemeinschaften. Wenn Module dagegen als offene Studienabschnitte mit problembezogenen selbstständig zu erbringenden Leistungen verstanden werden, dann machen sie das Studium nicht zu einem Prozess stupiden Nachvollziehens und Auswendiglernens, sondern geben ihm Lebendigkeit und können in der Tat zu einem engagierten und praxisorientierten Lernen beitragen. Gerade die Virtualisierung von Modulen verleitet zu einer Vereinheitlichung der Inhalte, statt die neuen telematischen Möglichkeiten für ein lebendiges virtuelles Lernen zu nutzen (mehr dazu in den folgenden Kapiteln).

Verbesserung der traditionellen Fernlehre durch Virtualisierung

Auch an der Fernuniversität Hagen, die quasi als Hochschule für Berufstätige (ca. 80% der Studierenden) eine Sonderstellung in der Hochschullandschaft einnimmt, sind die gleichen konstituierenden Faktoren für Bildungsprozesse wirksam: Zum einen sind Berufstätige, darunter ein erheblicher Teil an Gasthörern und Zweithörern von anderen Universitäten, in berufliche Kommunikationen eingebunden, die auch für ihr Fernstudium bedeutsam sind. Zum anderen sollen „die Potenziale des Internets primär für die Intensivierung der Kommunikationsbeziehungen zwischen den Lernenden und der Hochschule genutzt werden." (UHL 2003, 65) Diese Intensivierung dient dazu, das bestehende Defizit in der unmittelbaren Kommunikation mit den Lehrenden, das bislang hilfsweise durch Mentoren in reduzierten Präsenzveranstaltungen in dezentralen Studienzentren etwas ausgeglichen wird, nunmehr zumindest über asynchrone Telekommunikation stärker in Gang zu setzen. Auch hier zeigt sich, welche Bedeutung dem Dialog bzw. dem Diskurs zwischen Lehrenden und Lernenden für den Studienerfolg zukommt.

„Blended Learning" in der Weiterbildung

Eine ähnliche Entwicklung zeigt sich in der beruflichen Weiterbildung. Hier werden seit einiger Zeit Ansätze des „Blended Learning", also der Kombination von Präsenzveranstaltung und virtuellem Angebot, favorisiert, weil die ausschließlich mediengestützte Weiterbildung letztlich doch defizitär blieb. Mit dem „Blended Learning" findet eine Funktionsverschiebung der interaktiven Multimedien vom Ersatz der Lehrenden zu einem *vermittelnden Medium* der Lehrenden statt, ohne dass dies weiter reflektiert wird. Denn diese Funktionsverschiebung bedeutet nichts anderes, als den Diskurs wieder zur führenden Form in Weiterbildungsprozessen zu erheben.

Dennoch: Die Zukunft gehört dem virtuellen Lehren und Lernen

Aus der Darlegung der konstituierenden Faktoren von Bildungsprozessen könnte nun der Schluss gezogen werden, dass virtuelle Bildungsangebote prinzipiell keinen Erfolg haben können und es daher angebracht ist, gänzlich zu Präsenzveranstaltungen zurückzukehren. Das wäre jedoch ein unangemessener Kurzschluss, der die zweifelsohne vorhandenen Vorteile der interaktiven Medien und des Internets für Bildungsprozesse missachtet. Es stellt sich also die Frage, *welche* Stärken der neuen Medien *wie* in Bildungsprozessen genutzt werden können, ohne die Vorteile des Lehrens und Lernens in Präsenzveranstaltungen aufgeben zu müssen. Was sind also die konstituierenden Faktoren virtueller Lernangebote für Bildungsprozesse? Auf diese Frage soll im folgenden Abschnitt eine Antwort zu geben versucht werden.

2.3 Konstituierende Faktoren des virtuellen Lehrens und Lernens

Ein pädagogisches Verhältnis kann nur zwischen Menschen bestehen

Aus der logischen Rekonstruktion[1] der Gründe des bislang ausgebliebenen Erfolgs virtueller Studienangebote und der konstituierenden Faktoren erfolgreicher Bildungsprozesse lassen sich die grundlegenden Voraussetzungen wie die konstituierenden Faktoren für ein erfolgreiches virtuelles Studium bzw. virtuelles Lehren und Lernen herleiten. Die bisher geltende – bewusst hergestellte oder unbewusst befolgte – generelle Funkionsbestimmung der interaktiven Multimedien im virtuellen Lehren und Lernen als *Ersatz* personaler Lehre ist danach vollständig aufzugeben. Ein *pädagogisches Verhältnis zwischen Lehren und Lernen*, das erst durch den Diskurs über die gesellschaftlichen Bedeutungen von Lerngegenständen und die subjektive Zuschreibung von Bedeutungen konstituiert wird, *kann prinzipiell nur zwischen Personen bestehen.* Ein pädagogisches Verhältnis zwischen Lehrenden und Lernenden oder zwischen gemeinsam Lernenden ist, bezogen auf das gemeinsame Dritte, nämlich die Studiengegenstände, immer kommunikativ vermittelt durch die Benutzung vielfältiger Symbolsysteme (z. B. gesprochene Sprache, Schriftsprache, Grafik, Bild, Film), deren Träger jeweils sehr unterschiedliche Medien (z. B. Buch, Zeitschrift, Software) sein können.

Zwischen Mensch und Maschine (Computer) kann prinzipiell kein Diskurs über gesellschaftliche Bedeutungszuschreibungen geführt werden – jedenfalls solange der Computer nicht vollständig in Körper und Geist ‚Mensch' geworden ist. Alles, was ein Computer bzw. die darauf laufende Lernsoftware einem Lernenden bieten kann, ist immer von anderen (z. B. Lehrenden, Experten, Studierenden bzw. Lernenden) Vorgedachtes, präsentiert im Design einer interaktiven Software – auch „Intelligente Tutorielle Systeme" arbeiten nur nach einer begrenzten Zahl vorgedachter Regeln. Insofern kann eine interaktive oder gar ‚intelligente' Lernsoftware niemals eine lehrende Person ersetzen.

Computer als exzellente Arbeitsmittel im pädagogischen Verhältnis

Wohl aber kann der Computer bzw. die Lernsoftware als ein neues und exzellentes Arbeitsmittel im pädagogischen Verhältnis zwischen Lehrenden und Lernenden genutzt werden. Dessen Funktionsbestimmung bleibt dabei immer die eines Mittels und kann prinzipiell auch gar keine andere werden. Allerdings erfordert bzw. ermöglicht die Nutzung des Computers als pädagogisches Arbeitsmittel aufgrund seiner universellen Funktionalitäten für die Informationsverarbeitung und die Telekommunikation ganz neue didaktische und methodische Konzepte für das Lehren und Lernen. Die Entwicklung einer geeigneten Didaktik und Methodik für das virtuelle Studium bzw. für das virtuelle Lehren und Lernen steht noch am Anfang. Klar geworden ist inzwischen nur so viel: Die bisherigen didaktischen und

---

1) Zur Methode der logischen Rekonstruktion siehe Projektgruppe Automation und Qualifikation: Automationsarbeit: Empirische Untersuchungen Teil 1. Berlin: Argument-Verlag 1980, S. 19-62.

methodischen Konzepte virtueller Studienangebote sind ganz offensichtlich unzureichend, weil allzu lange an falschen Vorstellungen über das Lernen als Resultat des Lehrens und über die Substitution personaler Lehre durch den Computer festgehalten wurde.

Neue Beteiligungs-
chancen für die
Lernenden

Die im Unterschied zu allen bisherigen Medien neue Funktionalität vernetzter Computer, nämlich die universelle Informationsverarbeitung und Telekommunikation, macht eine grundlegende Veränderung bzw. Weiterentwicklung der in Präsenzveranstaltungen bewährten didaktischen und methodischen Strukturen notwendig. Wenn Ausgangspunkt und Kern eines Studiums die diskursive Bestimmung, Differenzierung und Kontextualisierung des Studiengegenstandes im Hinblick auf den Erwerb von Kompetenzen für eine spätere Berufstätigkeit und Teilhabe an der gesellschaftlichen Lebensgestaltung in den verschiedenen Praxisfeldern ist, dann eröffnen Computer und Internet den Teilnehmern vor allem breite Möglichkeiten kooperativ selbst organisierter und selbst bestimmter Beteiligung an diesen Diskursen. Den Teilnehmern eröffnet sich die Chance, viel weiter gehender als in den regelmäßigen, aber terminlich eng begrenzten Präsenzveranstaltungen an der Bestimmung ihres Lerngegenstandes mitwirken und die übliche unbefragte Dominanz der Lehrenden durch das Einbringen eigener Vorstellungen hinterfragen oder relativieren zu können. Dies fördert die Entwicklung der eigenen fachlichen, methodischen und sozialen Kompetenzen.

Diskursive
Ausgliederung von
Lernaufgaben

Für die didaktische Konzeption eines virtuellen Bildungsangebotes bedeutet dies, die gemeinsame diskursive Ausgliederung von Lernaufgaben bzw. Studienaufgaben aus den jeweiligen wissenschaftlichen und / oder praktischen Aufgabenfeldern in das Zentrum der lehrenden und lernenden Bemühungen zu stellen. Die Ausgliederung schließt auch den Diskurs über die vorherrschenden Ziel- und Handlungsorientierungen ein. Computer und Internet können dazu als ortsunabhängiges und zeitflexibles multisymbolisches Präsentations- und Kommunikationsmedium genutzt werden. Es bietet gute Chancen für eine breitere aktive Beteiligung der Lernenden, die sich nicht nur in Rezeption erschöpft, sondern an der Ausgliederung und Definition der konkreten Lern- bzw. Studienaufgaben mitwirkt, beispielsweise in kooperativ selbst organisierten Lerngruppen. Durch eine flexible Aufteilung zwischen Präsenz- und Online-Phasen können die methodischen Vor- und Nachteile beider Phasen zur Erhöhung der Qualität und Effizienz des Lernens ausgeglichen werden, beispielsweise indem die Präsenzphasen vor allem zur inhaltlichen Diskussion und die Online-Phasen zur inhaltlichen Vorbereitung in kleinen Lerngruppen genutzt werden. Zwischenergebnisse der Lerngruppen können im Internet wiederum den anderen Lernenden wie den Lehrenden zur kritischen Stellungnahme präsentiert werden.

Computer und Internet ermöglichen vielfältige Kooperationen und Kommunikationen sowie Informationsbeschaffungen und Präsentationen der Studierenden im Studium bezogen auf die jeweils gemeinsam bestimmten Lernaufgaben. Sie können sich dadurch mit Unterstützung der Lehrenden selbst organisiert in die aktuellen Probleme und Aufgaben in Wissenschaft und Praxis hineinarbeiten und somit bereits im Studium die beruflich relevanten Kompetenzen erwerben. Dementsprechend sind auch neue, aufgabenorientierte Prüfungsformen zu entwickeln (ZIMMER / DIPPL 2003).

Aufgabenorientierte Didaktik

Diese Skizze eines die Studienbedürfnisse aufgreifenden und die neuen Funktionalitäten von Computer und Internet nutzenden virtuellen Lehrens und Lernens zeigt, dass dafür die Konzeption einer aufgabenorientierten Didaktik angemessen und erforderlich ist (Kapitel 4). Denn anders als das Präsenzstudium wird das virtuelle Studium erst dann Wirklichkeit, wenn die Ausgliederung und Definition der Lernaufgaben zum gemeinsamen Verhandlungsgegenstand im pädagogischen Verhältnis gemacht werden. Und die Produkte aus der Lösung der vereinbarten Lernaufgaben selbst wiederum Gegenstand des Diskurses werden. Lernaufgaben führen zugleich zu einer größeren Differenzierung des Studiums nach Studienschwerpunkten bzw. nach zu erwerbenden Kompetenzprofilen. Dies wiederum impliziert die Organisation von kooperativ selbst organisierten Lerngruppen, die gemeinsam an ausgewählten bzw. vereinbarten Lernaufgaben, unterstützt durch Lehrende oder andere Experten, arbeiten. Durch die hohe Arbeitsteiligkeit in Lehre und Forschung wird den Studierenden nicht nur eine aufgabenbezogene Differenzierung ihres Studiums ermöglicht, sondern auch das Hineinwachsen in wissenschaftliche Herangehensweisen an aktuelle Problemstellungen. Alle Differenzierungen beruhen auf gemeinsamen allgemeinen oder fachspezifischen wissenschaftlichen Grundlagen, die bezogen auf die ausgegliederten Lernaufgaben notwendigerweise zu erarbeiten sind, wozu die Inhalte gut über interaktive Medien im Kontext der jeweiligen Lernaufgaben zur Verfügung gestellt werden können.

Generelle Anforderungen an Multimedia- Einheiten

Für die Aufgabenorientierung im virtuellen Lehren und Lernen ist daher nicht die Entwicklung abgeschlossener Hightech-Multimedia-Einheiten entscheidend, sondern die entwickelten interaktiven Multimedien müssen für die Bearbeitung der vereinbarten Lernaufgaben vor allem ziel- und inhaltsangemessen und ergonomisch benutzerfreundlich gestaltet sein. Gerade weil die interaktiven Multimedien sich auf immer wieder neu verhandelte und vereinbarte und sich daher immer mehr oder weniger unterscheidende Lernaufgaben inhaltlich beziehen müssen, sind ihre Brauchbarkeit und dauerhafte Nutzung im virtuellen Studium vor allem von ihrer jederzeitigen leichten Erweiterbarkeit und Aktualisierbarkeit abhängig. Ist dies nicht der Fall, werden sie von den Studierenden nicht zur flexiblen Nutzung herangezogen, wie die gescheiterten Projekte zeigen.

Medienkompetenzen der Lehrenden und der Lernenden

Dies erfordert als weiteren konstitutiven Faktor des virtuellen Lehrens und Lernens von allen Beteiligten – von den Lehrenden wie von den Lernenden – Medienkompetenz, und zwar nicht nur für die passive Nutzung der interaktiven Medien, sondern auch für deren aktive Nutzung, zumindest für einfache multisymbolische Präsentationen von Informationen. Sicher werden komplexe und umfangreiche interaktive Medien auch zukünftig arbeitsteilig von den Lehrenden in Zusammenarbeit mit Konzeptentwicklern und Programmierern erstellt werden. Aber diese Zusammenarbeit erfordert von den Lehrenden zumindest das Verständnis des gesamten Erstellungsprozesses, weil sie sonst nicht in der Lage sind, die Lerninhalte in der für die virtuelle Präsentation erforderlichen Weise vorzubereiten.

Neue Professionalisierung der Lehrenden

Bei der Professionalisierung der Lehrenden geht es aber nicht nur um den Erwerb von Medienkompetenzen, sondern auch um die Veränderung ihrer primären Lehrhandlungen. Im Zentrum stehen nicht mehr allein die hervorragende mündliche Vorlesung und das Präsenzseminar. Vielmehr werden von den Lehrenden gefordert: die Moderation des Diskurses (in Präsenz oder Online) zur Ausgliederung von Lernaufgaben, die Vorbereitung von Lerninhalten für die Erstellung von interaktiven Medien, die fachlich und methodisch beratende Unterstützung der Teilnehmer im Verlauf der Bearbeitung ihrer übernommenen Lernaufgabe sowie die Moderation des Diskurses über die von den Teilnehmern erbrachten Ergebnisse im Kontext der Fachwissenschaft und der relevanten Praxisfelder (Abschnitt 2.4).

Sicherlich sind diese notwendigen Veränderungen im Lehren an Hochschulen am schwierigsten zu erreichen, weil sie im Grunde einen gravierenden Bruch mit den jahrhundertealten Traditionen universitärer Lehre bedeuten. Gleichwohl, das zeigt auch die Untersuchung von UHL (2003, 43ff.), ist die bislang fast durchgängig fehlende medienbezogene Professionalisierung der Lehrenden für das virtuelle Studium, neben den mediendidaktisch konzeptionellen Defiziten, der entscheidende konstituierende Faktor, ohne den ein virtuelles Studium nicht erfolgreich etabliert werden kann. Dies zeigt auch das Verhalten der Studierenden, die – wie oben rekonstruiert – so außerordentlich großen Wert auf den Diskurs mit den Lehrenden legen, für den ihnen die Lernsoftware offensichtlich überhaupt keinen Ersatz liefern kann. Die Etablierung des virtuellen Studiums wird daher nur erfolgreich sein, wenn der Diskurs zwischen Lehrenden und Studierenden im virtuellen Studium in neuen Formen wieder hergestellt wird (Kapitel 5).

Zentrale Erfolgsfaktoren des virtuellen Lehrens und Lernens

Eine aufgabenorientierte Didaktik, die Professionalisierung der Lehrenden und die aktiv Lernaufgaben ergreifenden Lernenden sind die zentralen konstituierenden ‚Faktoren' des virtuellen Lehrens und Lernens. Ihr erfolgreiches Zusammenwirken erfordert die Entwicklung einer neuen Kultur virtuellen Lehrens und Lernens. Dafür konstituierend ist vor allem auch die Herausbildung einer neuen Zeitstruktur, in der die Handlungen der Lehrenden und Lernenden zueinander angeordnet werden müssen. Dabei geht es nicht allein um einen Wechsel zwischen Präsenz- und Online-Phasen, sondern vielmehr darum, wie die neuen Formen der Telekooperation und Telekommunikation sowie die aufeinander folgenden und parallel laufenden aufgabenorientierten Diskursphasen und die damit verbundenen Handlungen der Lehrenden und Lernenden zeitlich strukturiert werden. Hierüber gibt es erste Erfahrungen, z. B. über wachsende Kommunikatio nsbelastungen, die als negative Veränderung wahrgenommen werden, aber bislang keine Diskussion, wie die erforderlichen neuen Zeitstrukturen für alle Beteiligten so gestaltet werden können, dass sie einen deutlichen qualitativen Zugewinn bringen. Denn die klassische Vorlesung oder das klassische Seminar haben durch ihre definierten Zeitgrenzen für die gemeinsame Arbeit und die je individuell zu definierenden Zeiten für Vor- und Nacharbeiten ein hoch effizientes Zeitmanagement entwickelt.

Die notwendigen Gestaltungsoptionen der neuen Kultur des virtuellen Lehrens und Lernens werden im folgenden Abschnitt ausführlich diskutiert. Diese neue virtuelle Lehr- und Lernkultur lässt sich nicht herausbilden ohne die adäquate Entwicklung aller Elemente und Grundlagen, die sie konstituieren.

2.4 Entwicklung der Lehr- und Lernkultur für virtuelle Bildungsangebote

Entwicklung der Lehr- und Lernkultur noch offen

Wenn Bildungsprozesse erfolgreich durch virtuelle Bildungsangebote gefördert und ermöglicht werden sollen, reicht es – wie aufgezeigt – nicht aus, multimediale Lernmaterialien in Form von Modulen zu erstellen. Vielmehr muss umfassend die Entwicklung einer neuen Lehr- und Lernkultur gefördert werden, die die konstituierenden Faktoren virtuellen Lehrens und Lernens aufgreift und die vorhandenen Potenziale von Telekommunikati onstechnik und Informatik zur Unterstützung von Lernen und Lehren an Bildungseinrichtungen zur Entfaltung bringt. Die vorhandenen Potenziale werden, wie inzwischen immer deutlicher wird, in keiner Weise automatisch durch den Einsatz einer internetbasierten Infrastruktur für das Lehren und Lernen realisiert. Im Gegenteil, unterschiedliche Autoren weisen zu Recht darauf hin, dass der Interneteinsatz an Hochschulen und Bildungszentren eine Veränderung der Lehr- und Lernkultur in zwei ganz unterschiedliche Richtungen bewirken kann.

Transport- perspektive

Schon deutlich vor dem E-Learning-Hype an Hochschulen haben BROWN / DUGUID (1996) zwei gegensätzliche Entwicklungsrichtungen skizziert: Internettechnologien können entweder unter einer *Transportperspektive* oder einer *Gemeinschaftsperspektive* eingesetzt werden, um das Lernen an Hochschulen zu unterstützen. Bei knappen Ressourcen an Hochschulen können virtuelle Studienangebote als willkommene Möglichkeit zur Rationalisierung des Lehr-/Lernbetriebs aufgegriffen werden. Bei dieser Betrachtung nimmt man eine *Transportperspektive* ein, bei der Studierende Wissen*empfänger* und Universitäten Wissen*lieferanten* darstellen. Das Internet fungiert so gesehen als eine geeignete Technologie, die ‚Durchflussgeschwindigkeit' und Reichweite von Wissen zu erhöhen. Erfolgreiche Bildungsprozesse bleiben dabei aber eher ein Zufallsprodukt.

Gemeinschafts-
perspektive

Soll gelingendes Lernen im Sinne eines Zuwachses an Handlungskompetenz und gesellschaftlicher Teilhabe durch den Interneteinsatz gefördert werden, muss statt der Transportperspektive eine *Gemeinschaftsperspektive* die Veränderung der Hochschulkultur bestimmen: Virtuelle Lehr- und Lernformen müssen dazu verwendet werden, Lernenden einen Zugang und eine schrittweise wachsende Teilhabe an den wissensschaffenden Gemeinschaften an Universitäten und Akademien zu ermöglichen. Konkret knüpft diese Forderung an das zuvor skizzierte Prinzip an, im Studium den Diskurs zwischen Lehrenden und Lernenden über den Studiengegenstand in den Mittelpunkt zu stellen. Lernenden sollte zusätzlich der direkte Kontakt zu Experten bzw. Wissenschaftlern ihres Faches und somit ein ,Hineinwachsen' in die Wissenschaftspraxis sowie die Berufspraxis der jeweiligen Disziplin ermöglicht werden.

Maßstab gemein-
schaftlicher Diskurs

Der Technologieeinsatz an Hochschulen und Bildungszentren ist also daran zu messen, inwieweit er einen solchen Dialog und die Entstehung entsprechender sozialer Kontexte fördert: Lerngruppen oder Studiengemeinschaften, die in Verbindung zu Lehrenden und anderen Fachexperten stehen und in einem diskursiven Prozess ihre Lernaufgaben definieren, ausarbeiten sowie die Praxis der Bearbeitung der Aufgaben gemeinschaftlich reflektieren.

Studierende als
Konsumenten …

FISCHER (2002) skizziert unter einem leicht anderen Blickwinkel zwei ähnliche Entwicklungsoptionen der Veränderung der Lehr- und Lernkultur durch virtuelle Studienangebote: Mit dem plakativen Bild „Beyond ‚Couch Potatoes': From Consumers to Designers and Active Contributors" zeigt er auf, dass der Interneteinsatz an Hochschulen einerseits eine Konsumentenhaltung fördern kann, indem eine Vielfalt an Informationen und unterschiedlichen Studienangeboten relativ leicht zugänglich ist. Diese Angebote und Informationen können unaufwendig konsumiert werden, sind aber ohne aktiven Erschließungsaufwand, eigene Informationsbewertung und aktive Aneignung des Studiengegenstands für Bildungsprozesse relativ wertlos.

… oder als
„Designer"?

Andererseits kann der Interneteinsatz aber auch dazu beitragen, dass Studierende zu aktiven „Designern" von Lehr- und Lernprozessen werden. Mithilfe der Internettechnologie können Lernende eigene Anfragen, Diskussionsbeiträge sowie Arbeits- und Rechercheergebnisse leicht anderen Lernenden und auch Externen zugänglich machen und ihre Beiträge im Rahmen des Studiums zur Diskussion stellen. Darüber hinaus können vollständig selbst organisierte virtuelle Lernkontexte geschaffen werden, die zwar von den Beteiligten nicht notwendig als *Lern*kontexte bezeichnet werden, in denen aber durchaus erfolgreiches Lernen stattfindet. Solche internetbasierten Lerngemeinschaften sind z. B. PerlMonks, ein Zusammenschluss von Perl-Programmierern (WILEY / EDWARDS 2002), oder die FESA-Community, ein selbst organisierter Zusammenschluss von Fernstudierenden (ARNOLD 2003b).

Expansives oder defensives Lernen?

ZIMMER (2001) betrachtet den gegenwärtigen Stand der Entwicklungen im Bereich der virtuellen Lehre unter der Fragestellung, ob virtuelle Lehr- und Lernformen eher Chancen für expansives Lernen fördern oder eher den Ausbau defensiven Lernens unterstützen. Expansives Lernen ist hier in Anlehnung an HOLZKAMP (1993) im Sinne erfolgreicher Bildungsprozesse gemeint: Es setzt bei der Erfahrung eines Kompetenzdefizits an, das Lernende für sich als bedeutsam erleben. Ihr Lernen erfolgt somit mit der Intention, einen subjektiv bedeutsamen Kompetenzzuwachs zu erreichen. Defensives Lernen hingegen entsteht, wenn Lernende keine für sie bedeutsamen Lerngründe identifizieren können und ausschließlich aus Angst vor Sanktionen die Anforderungen der Lehrenden mit möglichst geringem Einsatz erfüllen.

Auch unter diesem Blickwinkel betrachtet ist die Entwicklung der Lehr- und Lernkultur prinzipiell offen. Der skizzierte häufig eintretende Verlust des pädagogischen Dialogs durch die mediale Objektivierung der Lehrhandlungen in virtuellen Studien- bzw. Lernmodulen bringt die Gefahr eines weiteren Ausbaus defensiv begründeten, eng begrenzten Lernens mit sich. Im Gegensatz dazu kann durch eine höhere Individualisierung des Lernens, eine größere Auswahl an Lernressourcen, vielfältige ortsunabhängige Kontakte sowie die Entstehung neuer sozialer Kontexte in virtuellen Bildungsangeboten auch die Reflexion der Bedeutsamkeit einzelner Lerngegenstände angeregt werden. Weiterhin können Lernende sich bei größerer Differenzierung ihrer Lerntätigkeiten leichter an ihren subjektiven Lernbegründungen und -intentionen orientieren. Dominieren allerdings kurzfristig gedachte ökonomische Kalkulationen die Gestaltung virtueller Bildungsangebote, ist die Gefahr groß, dass der für Bildungsprozesse notwendige Dialog zu kurz kommt.

Vision der Veränderung der Lehr- und Lernkultur

Ist die Entwicklung der Lehr- und Lernkultur – verstanden als sich gesellschaftlich-historisch herausbildende „Muster institutionalisierter Anordnungen pädagogischer Handlungen" (ZIMMER 2001, 121) – also in allen genannten Aspekten offen, gilt es, in einem ersten Schritt das Potenzial virtueller Lehr- und Lernformen für die Entwicklung einer Lehr- und Lernkultur zu fassen, die

- sich statt an einer Transportperspektive an einer Gemeinschaftsperspektive (im Sinne BROWN / DUGUIDS 1996) orientiert,

- Lernende wie Lehrende in gleichem Maße als aktiv Gestaltende und Teilhabende am Lehren und Lernen in Hochschulen und Bildungszentren fördert sowie

- statt defensives Lernen auszubauen, die Chancen für expansives Lernen und damit für erfolgreiche Bildungsprozesse zielgerichtet vermehrt.

2.4.1 Potenziale virtueller Bildungsangebote

Vier zentrale Potenziale für erfolgreiche Bildungsprozesse

Wie lassen sich die neuen Potenziale, die virtuelle Lernangebote für erfolgreiche Bildungsprozesse haben, beschreiben? Vier zentrale Dimensionen lassen sich unterscheiden, die den Raum der möglichen Veränderungen aufspannen, auch wenn sie eng miteinander zusammenhängen und somit keine trennscharfen Kategorien sind. Für alle Dimensionen gilt in gleichem Maße, dass sie nicht automatisch erfolgreiches Lernen begründen. Fehlt in virtuellen Lehr- und Lernformen eine entsprechende Gestaltung, bleiben die Potenziale ungenutzt und können nicht zu erfolgreichen Bildungsprozessen beitragen.

(1) Orts- und Zeitflexibilität beim Lernen und Lehren

Lernen wird zeitlich flexibilisiert und zunehmend ortsungebunden. Lehren und Lernen verlieren ihre unmittelbare Kopplung. Durch virtuelle Lehr- und Lernformen wird „die prinzipielle Unmittelbarkeit und Gleichzeitigkeit des Lehrens und Lernens" aufgehoben (ZIMMER 2000b, 103). Lernende und Lehrende gewinnen in dieser Hinsicht bei der Gestaltung ihrer Lern- und Lehrhandlungen neue Freiheitsgrade. Ein berufsbegleitendes Fernstudium bzw. Fernlernen wird leichter möglich, Lehrende können wesentlich eher als zuvor andere Fachexperten in ihre Lehre, z. B. als virtuelle Gastexperten, einbeziehen.

... benötigt jedoch auch feste Lernzeiten

Zeitliche und örtliche Flexibilität verweist aber auch auf neue Gestaltungsnotwendigkeiten. Der Slogan „learning any time" kehrt sich ebenso leicht in „no time for learning" um, wenn man an den Einsatz von E-Learning im Prozess der Arbeit denkt. Ohne feste Lernzeiten werden Lernhandlungen oft extrem fragmentarisiert oder finden mangels Arbeitsbelastung gar nicht erst statt.

(2) Offenheit und Vielfalt von Lernressourcen

Offenheit und Vielfalt der Lernressourcen stellen eine weitere entscheidende Veränderung bei virtuellen Bildungsangeboten dar. Selbstverständlich war auch vor dem Einzug von Telematik in die Lehre jede Auseinandersetzung mit einem Lerngegenstand prinzipiell unabgeschlossen und die Studienmaterialien durch Fachbücher nach Belieben ergänzbar, aber die Internettechnologie hat diese Offenheit auf eine qualitativ neue Stufe gehoben: Durch die Rechnervernetzung ist die Recherche und das Auffinden von Materialien ungleich einfacher und beschleunigter, der Kontakt zu Fachautoren und Experten kann direkt und weltweit aufgenommen werden, Lernmaterialien aus anderen Kontexten sind oft frei zugänglich (vgl. die OpenCourseWare-Initiative des Massachusetts Institute for Technology, die mittelfristig anstrebt, das gesamte Studienmaterial frei zugänglich im Internet zur Verfügung zu stellen, http://ocw.mit.edu/, Feb. 2003). Zu diesen, mit Lehrintention hergestellten, Studienmaterialien kommen Arbeitsergebnisse von Lernenden hinzu, die aufgrund der leichten Veröffentlichungsmöglichkeiten im Internet ebenfalls weltweit zur Verfügung stehen. Sie stellen oft eine wertvolle Lernressource für andere Lernende dar, auch wenn sie ohne Lehrintention hergestellt wurden.

... erfordert zudem Orientierungshilfen

In dieser Offenheit und Vielfalt benötigen aber Lernende wie Lehrende Orientierung, Recherchetechniken und insbesondere Bewertungskompetenzen, um aus der vorhandenen ‚Informationsflut' für ihre Zwecke und mit angemessenem zeitlichem Aufwand geeignete Ressourcen zu erschließen – und nicht in der Masse an unverbundenen Materialien unterzugehen. Eine Gestaltungsoption ist dabei die Standardisierung und Katalogisierung von Lehrmaterialien, sodass die jeweilige individuelle Suche danach erleichtert wird. Dieser Lösungsweg beinhaltet aber auch die Gefahr, dass sich virtuelle Lernmodule immer mehr in Bezug auf ihr pädagogisches Design angleichen. Nur wenn sie über eine schematisch zu erfassende innere Struktur verfügen, sind sie über automatisierte Suchvorgänge auffindbar. Durch diesen Umstand wird aber der ursprüngliche Vorteil der Vielfalt an Lernressourcen wieder reduziert (ausführlich Kapitel 7).

(3) Differenzierung und Diversität von Lern- und Lehrhandlungen

Ein weiteres Potenzial virtueller Lehr- und Lernformen besteht in ihrer prinzipiellen Differenzierung und Diversität: Durch virtuelle Bildungsangebote können die Lernhandlungen hochgradig individualisiert werden, das heißt, die Studierenden können gemäß ihren Präferenzen Schwerpunkte bei der Auseinandersetzung mit dem Lerngegenstand durch die Auswahl von Lernaufgaben setzen, sie können in virtuellen Studienmodulen ihre eigenen Lernpfade auswählen, die Bearbeitungsschritte und ihre Reihenfolge bestimmen und dafür ihren eigenen zeitlichen Rhythmus festlegen. Dieser Individualisierung entspricht eine Diversifizierung der Lehrhandlungen aufseiten der Lehrenden: Bestanden ihre Lehrhandlungen bislang zu einem großen Teil in der Präsentation von Fachwissen und der gemeinschaftlichen Diskussion über selbiges in Seminaren etc., beraten und betreuen sie Lernende in virtuellen Bildungsangeboten als Tutoren, geben Orientierungen für die Erschließung zusätzlicher Quellen, moderieren Fachdiskussionen im virtuellen Raum und kooperieren mit Multimedia-Entwicklern und Programmierern bei der Erstellung von virtuellen Studienmodulen. Zumindest ist eine derartige Ausdifferenzierung notwendig, wenn virtuelle Lernangebote auf Akzeptanz stoßen und zum gelingenden Lernen beitragen sollen. Entsprechende Personalkosten sind daher in Kostenkalkulationen unbedingt zu berücksichtigen.

... erzeugt aber auch neue Unsicherheiten

Die Individualisierung und Ausdifferenzierung unter Auflösung tradierter Formen des Lernens und Lehrens an Universitäten und Bildungszentren schafft auf beiden Seiten aber auch Verunsicherung: Lernende müssen lernen, mit den erweiterten Wahlmöglichkeiten und Freiheitsgraden umzugehen. Lehrende müssen entsprechende neue und zusätzliche Kompetenzen erwerben und sich mit ihrer veränderten Rolle und den neuartigen Arbeitsformen auseinander setzen.

(4) Neue soziale Kontexte und Kooperationsformen

Virtuelle Bildungsangebote ermöglichen kooperatives Lernen und Arbeiten, erstmalig auch unter den Bedingungen eines Fernstudiums, das heißt, trotz weit gehender zeitlicher und örtlicher Flexibilisierung. Durch virtuelle Kommunikations- und Kooperationsmöglichkeiten entstehen zum Teil ganz neue soziale Kontexte, in denen beispielsweise in international zusammengesetzten Gemeinschaften Studierende und Berufstätige sich gemeinsam mit einem Interessengebiet auseinander setzen. Aufgrund der freien Verfügbarkeit von entsprechenden Softwarelösungen werden auch vollständig selbst organisierte Gemeinschaften möglich (WILEY / EDWARDS 2002; ARNOLD 2003b).

In diesen virtuellen Gemeinschaften wirken veränderte Kooperationsökonomien: Eine passive Teilnahme ist beispielsweise ohne großen Aufwand und ohne andere Mitglieder zu beeinträchtigen möglich, ein aktiver Beitrag hat bei gleich bleibendem Aufwand potenziell eine sehr große Reichweite, abhängig von der Größe der Gemeinschaft (KOLLOCK 1999).

... können aber die Kommunikation erschweren

Gleichzeitig kann die potenziell größere Heterogenität der Teilnehmenden in solchen Gemeinschaften sowie die in Bezug auf Gestik, Mimik etc. reduzierte Kommunikation sowie das Übergewicht der Asynchronizität auch dazu führen, dass wichtige Kontextinformationen verloren gehen und Lernprozesse dadurch beeinträchtigt werden (ARNOLD / SMITH 2003). In textbasierten Diskussionsforen kann es beispielsweise schnell unübersichtlich werden. Sequenzialität ebenso wie Spontaneität von Dialogen laufen so Gefahr, verloren zu gehen.

Zur Aufgabe von Lehrenden bei der Moderation diskursiver Aushandlungsprozesse in solchen Gemeinschaften gehört daher auch, Mittel und Wege zu finden, die es ermöglichen, dass auch in der computerunterstützten Kommunikation die relevanten Kontexte der Beteiligten sichtbar bleiben. Außerdem lassen vorhandene virtuelle Kommunikations- und Kooperationsräume nicht automatisch kooperative Lernkontexte entstehen. Kommunikation und Kooperation müssen vielmehr sinnvoll in ein Gesamtkonzept integriert sein und auf vielfältige Weise unterstützt werden. Werden diese Gestaltungsnotwendigkeiten nicht beachtet, resultieren schnell die oft zitierten „leeren virtuellen Foren" mit äußerst spärlicher Beteiligung.

2.4.2 Förderung einer neuen Lernkultur

An welchen Punkten muss man ansetzen, um die Entstehung einer neuen Lernkultur zu fördern, die die beschriebenen Potenziale virtueller Bildungsangebote aufgreift und gelingende Bildungsprozesse ermöglicht?

Lernen als situierte soziale Handlung

Ausgangspunkt für alle Überlegungen muss dabei ein Verständnis von Lernen als situierter sozialer Handlung der Partizipation an gesellschaftlichen Praxisformen zur Gewinnung subjektiver Handlungskompetenz sein, das heißt, auch Studieren an Hochschulen ist, wie jedes Lernen, kontextgebunden. Die häufig verbreitete Annahme, Schule und Hochschule seien als „privileged noncontext" (LAVE 1997, 126) ein Ort dekontextualisierten Lernens, führt in die Irre.

Erfolgreiches Lernen setzt an den Lerninteressen und -gründen der Studierenden an und ist eine Anstrengung, die durch die Aussicht auf eine erweiterte Teilhabe an gesellschaftlichen Praxisformen und Gestaltungsmöglichkeiten getragen ist. Universitäre Lehre und speziell virtuelle Studienangebote können dabei einen Kontext für derart begründetes und motiviertes Lernen im sozialen Diskurs schaffen – erzwingen können sie expansive Lernprozesse bzw. erfolgreiche Bildung aber nicht. Diese stellen die Studierenden selbst her, deswegen müssen die Studierenden im Mittelpunkt aller Überlegungen stehen. Dies gilt in gleicher Weise auch für die Lernenden in Bildungszentren.

Entwicklung virtueller Bildungsangebote

Im Einzelnen sind sechs Ansatzpunkte bei der Entwicklung virtueller Bildungsangebote zu berücksichtigen:

(1) Aufgabenorientierte didaktische Konzepte:

Didaktische Konzepte müssen den Erwerb von Handlungskompetenzen für eine spätere Berufstätigkeit (HAHNE 2003) sowie die Teilhabe an der gesellschaftlichen Lebensgestaltung in den verschiedenen Praxisfeldern als auch die wissenschaftliche Weiterentwicklung des aktuellen Wissensbestands im Lernbereich in ihr Zentrum stellen. Primäres methodisches Mittel ist dabei, dass Lernende und Lehrende gemeinsam diskursiv entsprechende Aufgabenstellungen bestimmen. Dieser Aushandlungsprozess dient dem tieferen Eindringen in den Lerngegenstand, seiner Ausdifferenzierung und Kontextualisierung. Gleichzeitig ermöglicht ein solches Vorgehen den Lernenden, subjektiv bedeutsame Defizite wahrzunehmen und auszugleichen, subjektiv bedeutsame Teilelemente auszuwählen und durch kooperative Bezüge (Studiengruppen oder Gesamtseminargruppe; Dialog mit den Lehrenden; Kontakt mit weiteren Fachexperten etc.) auch kooperative Lernprozesse zu erfahren und auf diese Weise in die Prozesse und Methoden schrittweise ‚hineinzuwachsen'.

Aushandlung von Lernaufgaben

Aushandlung von Studienaufgaben bzw. Lernaufgaben bedeutet dabei nicht, dass ein Kompetenzvorsprung der Lehrenden negiert wird. Im Gegenteil, Lehrende bringen ihren Kompetenzvorsprung auch in virtuelle Bildungsangebote ein, indem sie Aufgabenvorschläge erarbeiten und Prozesshilfen bei der Bearbeitung geben. Aushandlung soll vielmehr darauf verweisen, dass auch die Interessen, Lerngründe und Arbeitsergebnisse der Lernenden als wichtige Lernressourcen anzusehen sind. Eine Rückkopplung der Arbeitsergebnisse der Studierenden an die Gesamtgruppe gehört also unverzichtbar zu aufgabenorientierten didaktischen Konzepten.

Mit derartigen didaktischen Konzepten wird gleichzeitig auch immer zur Kontextualisierung von Studiengegenstand und Lernsituation beigetragen. Weitere Vorkehrungen, um den notwendigen Kontext für Lernen herzustellen, können beispielsweise Erfahrungsgeschichten und Fallstudien sein, aber auch Reflexionshilfen zur jeweiligen Lernsituation und -strategie (Arnold / Smith 2003).

(2) Förderung autodidaktischer Kompetenzen

Zeitlich und örtlich flexibilisiertes Lernen mit vielfältigen Lernressourcen und einem hohen Grad an Individualisierung sowie in neu entstehenden virtuellen sozialen Kontexten stellt hohe Anforderungen an die autodidaktischen Kompetenzen der Teilnehmer am virtuellen Studium. Sie müssen ihre Zeitplanung organisieren, sich Lernorte schaffen, Lernressourcen erschließen und bewerten, eigene Lernschritte planen und überprüfen, sich Hilfe organisieren und in dieser Vielfalt an Handlungsschritten Prioritäten setzen. Virtuelle Bildungsangebote sollten daher Vorkehrungen beinhalten, mit denen Teilnehmer die notwendigen autodidaktischen Kompetenzen erwerben können sowie Raum für einen Erfahrungsaustausch und die Reflexion der eigenen Lernpraxis bereitstellen (Kapitel 5).

Für Lehrende bedeutet dies, ihre eigenen Kompetenzen dahin gehend zu erweitern, dass sie die Teilnehmer beim selbst gesteuerten Lernen und bei dem dazu notwendigen Kompetenzerwerb unterstützen können.

(3) Förderung von Medienkompetenzen

Lehrende wie Lernende brauchen für erfolgreiches Lernen in virtuellen Bildungsangeboten Medienkompetenz. Ein wichtiger Aspekt dabei ist für beide die Medien*nutzungskompetenz* zur Erschließung der Lernquellen. Sowohl Lernende als auch Lehrende brauchen aber auch ein Minimum an Mediengestaltungskompetenz: Studierende, die ihre Arbeitsergebnisse in der Gruppe präsentieren wollen, müssen dies im virtuellen Raum können. Lehrende, die virtuelle Lernmodule aktuell ergänzen wollen, brauchen ebenso ein Minimum an Know-how in diesem Bereich. Auch wenn ein Großteil der Erstellung virtueller Studienangebote auf medialer Ebene in einem arbeitsteiligen Prozess durch andere Experten (z. B. Multmedia-Entwickler/-innen) abgedeckt wird, brauchen Lehrende dennoch ein Grundverständnis der ablaufenden Produktionsprozesse und der technischen Zusammenhänge, um hier sinnvoll kooperieren und agieren zu können.

(4) Professionalisierung des Lehrens und Lernens

Im gewissen Sinne muss eine Professionalisierung aufseiten der Lernenden wie auch aufseiten der Lehrenden angeregt werden. Lernende müssen den Erwerb von autodidaktischen Kompetenzen und Medienkompetenz als Teil ihrer Berufskompetenz in der Wissensgesellschaft begreifen und entsprechend aktive und mitgestaltende Rollen einnehmen können.

Lehrende müssen das Arbeiten mit virtuellen Bildungsangeboten ebenfalls als Chance der Professionalisierung und Erweiterung ihrer Kompetenz bzw. Verschiebung ihrer Tätigkeitsschwerpunkte begreifen können. Tätigkeiten wie Lernberatung und -begleitung, Moderation von Diskussionen im virtuellen Raum, diskursive Aushandlung von komplexen Lernaufgaben fordern ein anderes Kompetenzprofil von Hochschullehrenden und Dozenten als bislang und eine entsprechende Professionalisierung.

(5) Gestaltung benutzerfreundlicher virtueller Lernmodule

Die Gestaltung virtueller Lernmodule sollte sich am Prinzip der Benutzerfreundlichkeit (für Studierende und Lehrende) orientieren und nicht am technisch Machbaren bzw. an neuester Technologie. Es geht also nicht um Verwendung von viel Multimedia-Technik, sondern um eine dem didaktischen Konzept und den Lerngründen der Studierenden untergeordnete funktionsorientierte Gestaltung, die vor allem auch leichte Aktualisierung und Erweiterung berücksichtigt.

(6) Lernförderliche Zeitstrukturen entwickeln

Wie bereits unter 2.1 angesprochen, besteht eine wesentliche Herausforderung bei der Gestaltung einer Studienkultur, die erfolgreiches Lernen fördert, darin, geeignete Zeitstrukturen zu entwickeln und anzuwenden. Im virtuellen Raum wird dem ökonomischen Umgang mit Zeit angesichts des Einsatzes einer ‚schnellen‘ Technologie oft nicht die nötige Aufmerksamkeit geschenkt. Erfolgreiches Lernen braucht immer eine *Eigenzeit*, ein ausreichendes Zeitbudget zur Bearbeitung der Lernaufgaben und für die Aushandlungsprozesse muss daher eingeplant werden. Ebenso müssen Lehrende berücksichtigen, dass viele Lehrhandlungen aufgrund der Neuheit zunächst mehr Zeit benötigen. Lehrende ebenso wie Lernende müssen bedenken, dass die überwiegende Schriftlichkeit der Kommunikation ebenso neue, zusätzliche Zeitbedarfe entstehen lässt.

2.5 Handlungsfelder beim Aufbau virtueller Bildungsgänge

Sechs Handlungsfelder für eine neue Lehr- und Lernkultur

Die oben genannten Ansatzpunkte zur Förderung einer neuen Lehr- und Lernkultur müssen nun auf zahlreichen Ebenen konkretisiert und in mehreren Handlungsfeldern kontextspezifisch umgesetzt werden. Die Gestaltungsoptionen, die dabei entstehen und die Fragen, die bei der Entwicklung virtueller Bildungsangebote dazu für die spezifischen Bedingungen zu beantworten sind, gliedern sich in sechs zentrale Komplexe. Sie werden im Folgenden jeweils in einem eigenen Kapitel dieses Handbuchs gesondert betrachtet:

(1) Gestaltung von Lernräumen

Wie sind virtuelle Lernräume als neue Lernorte zu gestalten? Welche Anforderungen bestehen an Lernräume aus didaktischer Sicht? Wie geht man am besten bei der Auswahl eines geeigneten Lernraums vor, wie bei der Nutzung im Studienbetrieb? Welche Probleme und welche Lösungsansätze hat die bisherige Praxis gezeigt? (Kapitel 3)

(2) Konzeption und Entwicklung virtueller Lernmodule

Wie geht man bei der Konzeption und Entwicklung virtueller Lernmodule vor? Welche Didaktik sollte als Bezugsrahmen zugrunde gelegt werden? Welche konkreten Entwicklungsschritte sind in diesem Bereich von der ersten Idee bis zur programmtechnischen Umsetzung notwendig? Welche Probleme und welche Lösungsansätze hat die bisherige Praxis gezeigt – und wie lassen sich diese Erfahrungen auf die eigene Praxis übertragen? (Kapitel 4)

(3) Gestaltung der tutoriellen Betreuung

Welchen Stellenwert hat die Online-Betreuung und wie ist sie zu gestalten? Welche Aufgaben erfüllen Teletutoren und welche Kompetenzen benötigen sie dafür? Wie kann geeignetes Personal für die Ausübung dieser Aufgaben qualifiziert werden? (Kapitel 5)

(4) Qualitätsmanagement und Evaluation

Wie entsteht Qualität in virtuellen Bildungsangeboten? Was überhaupt ist Qualität in Hinblick auf erfolgreiches Lernen in virtuellen Bildungsangeboten? Welche Bedeutung haben Qualitätsmanagement, Qualitätssicherung und Qualitätsentwicklung und welche Ansätze dazu gibt es? Was kann Evaluation im Rahmen der Qualitätsentwicklung beitragen? Wie evaluiert man virtuelle Bildungsangebote? (Kapitel 6)

(5) Standardisierung virtueller Bildungsangebote

Wie lassen sich virtuelle Bildungsangebote standardisieren? Welche Vorteile bietet die Standardisierung? Wie lassen sich pädagogische Metadaten bestimmen? Drängen Bestrebungen zur Standardisierung virtueller Bildungsangebote didaktische Überlegungen in den Hintergrund? (Kapitel 7)

(6) Nachhaltigkeit virtueller Bildungsangebote

Wie entwickelt man nachhaltige Online-Bildungsgänge? Welche Hochschulstrategien, welche Geschäftsmodelle (Kröpelin 2003) und welche Formen der Personal- und Organisationsentwicklung an Hochschulen sichern langfristig erfolgreiches Lernen in virtuellen Studienangeboten? (Kapitel 8)

2.6 Praxisbeispiel: Virtuelle Fachhochschule für Technik, Informatik und Wirtschaft

Diese zentralen Handlungsfelder werden mit ihren jeweiligen Gestaltungsnotwendigkeiten und -optionen in den folgenden Kapiteln an einem Praxisbeispiel, dem Aufbau virtueller Studiengänge, veranschaulicht. Als durchgängiges Beispiel dient das Bundesleitprojekt „Virtuelle Fachhochschule für Technik, Informatik und Wirtschaft (VFH)". Die Konzepte, die in der VFH entwickelt wurden, werden dargestellt und kritisch reflektiert – ebenso wie die Gestaltungsentscheidungen, die getroffen wurden. Damit verarbeitet das Handbuch die Erfahrungen eines fünfjährigen Forschungsund Entwicklungsprojekts und bereitet sie für den Transfer auf nachfolgende Virtualisierungen an Hochschulen und in Bildungszentren auf.

Was ist die VFH?

Das Bundesleitprojekt VFH wurde von 1999 bis 2003 vom Bundesministerium für Bildung und Forschung (BMBF) gefördert. Ziel des Projektes war es, innerhalb der fünfjährigen Laufzeit zwei virtuelle Fachhochschulstudiengänge einzurichten: Medieninformatik und Wirtschaftsingenieurwesen. Projektpartner waren zwölf norddeutsche Fachhochschulen, die Helmut-Schmidt-Universität – Universität der Bundeswehr Hamburg und die Medizinische Universität Lübeck sowie weitere Partner aus der Wirtschaft. Das Projekt bestand aus fünf untereinander vernetzten Teilvorhaben, die ihrerseits in weitere Arbeitspakete unterteilt waren. Die konkrete Entwicklung der zwei Studiengänge bzw. der einzelnen Studienmodule erfolgte in studiengangspezifischen Teilvorhaben. Die einzelnen Arbeitspakete waren an den verschiedenen beteiligten Partnerhochschulen angesiedelt. Die Studienmodule für das virtuelle Studium wurden entsprechend an den unterschiedlichen Partnerhochschulen von den jeweiligen Entwicklerteams in den Arbeitspaketen realisiert. Ob es sich dabei um große Multimedia-Produktionsteams mit hoher Arbeitsteilung handelte oder um eher kleine Arbeitseinheiten mit wenigen Mitarbeitern und eher ganzheitlichen Arbeitsabläufen, variierte von Standort zu Standort. Die entwickelnden Arbeitspakete wurden dabei von den anderen Teilvorhaben in den Bereichen Studienorganisation, Methodik und Didaktik sowie Technik unterstützt.

Studienbetrieb

Die entwickelten Studienmodule wurden dann im Studienbetrieb von den einzelnen durchführenden Hochschulen eingesetzt. Nicht alle Projektpartner haben unmittelbar den Studienbetrieb aufgenommen. Diejenigen Hochschulen, die die Studiengänge über die Forschung und Entwicklung hinaus auch sofort an ihrer Hochschule für Fernstudierende einsetzen wollten und konnten, haben sich in einem organisatorisch getrennten Durchführungsverbund „Virtuelle Fachhochschule" zusammengeschlossen. Sie haben weitere Organisationsstrukturen geschaffen, um den Studienbetrieb auch nach Ende des Projektförderzeitraums zu gewährleisten (SIEGL 2002).

Der Studienbetrieb der VFH wurde zum Wintersemester 2001/2002 aufgenommen. Ende 2003 waren ca. 400 Studierende an der VFH eingeschrieben. Forschungs- und Entwicklungsaktivitäten im Rahmen des Projektes VFH und die Durchführung des Studienbetriebs im Durchführungsverbund überlappten sich also ca. zwei Jahre. Die Komplexität des gesamten Organisationsgefüges nahm damit noch einmal deutlich zu.

Arbeitspaket DIMETELL der Autoren

Im Arbeitspaket „Didaktik und Methodik telematischen Lehrens und Lernens (DIMETELL)" waren die didaktischen Forschungs- und Entwicklungsaufgaben gebündelt. Dieses Arbeitspaket war an der Professur für Berufs- und Betriebspädagogik im Fachbereich Pädagogik der Helmut-Schmidt-Universität – Universität der Bundeswehr Hamburg angesiedelt und bildete den unmittelbaren Erfahrungshintergrund der Autorinnen und Autoren dieses Handbuches. Sie bildeten den Stamm der Mitarbeiter/-innen in diesem Arbeitspaket während der fünfjährigen Laufzeit. Als „Querschnittsarbeitspaket" hatte DIMETELL die Funktion, „alle Projektpartnerinnen in der didaktischen, methodischen und ergonomischen Gestaltung der multimedialen und telematischen Studieneinheiten [...] zu unterstützen. Auf der Grundlage der Sichtung, Analyse und Auswertung bisheriger Pilotprojekte und Forschungsresultate und der Erhebung und Definition von Studienanforderungen [...] [waren] wissenschaftlich fundierte Gestaltungskriterien und Leitlinien für die Entwicklung multimedialer

Studieneinheiten sowie für die Organisation telematischer Lehr- und Lernformen zu entwickeln [und] zu erproben" (VFH-Projektantrag 1998, 7). Ein Arbeitsschwerpunkt lag in der „Erstellung von Qualitätsanforderungen und Prüfungsanforderungen im Netz", neben der „begleitenden Evaluation der Durchführung des virtuellen Lehrens und Lernens ist insbesondere der Studienerfolg zu evaluieren" (ebd.).

Die Arbeitsaufgaben von DIMETELL lassen sich vier zentralen Arbeitsfeldern zuordnen:

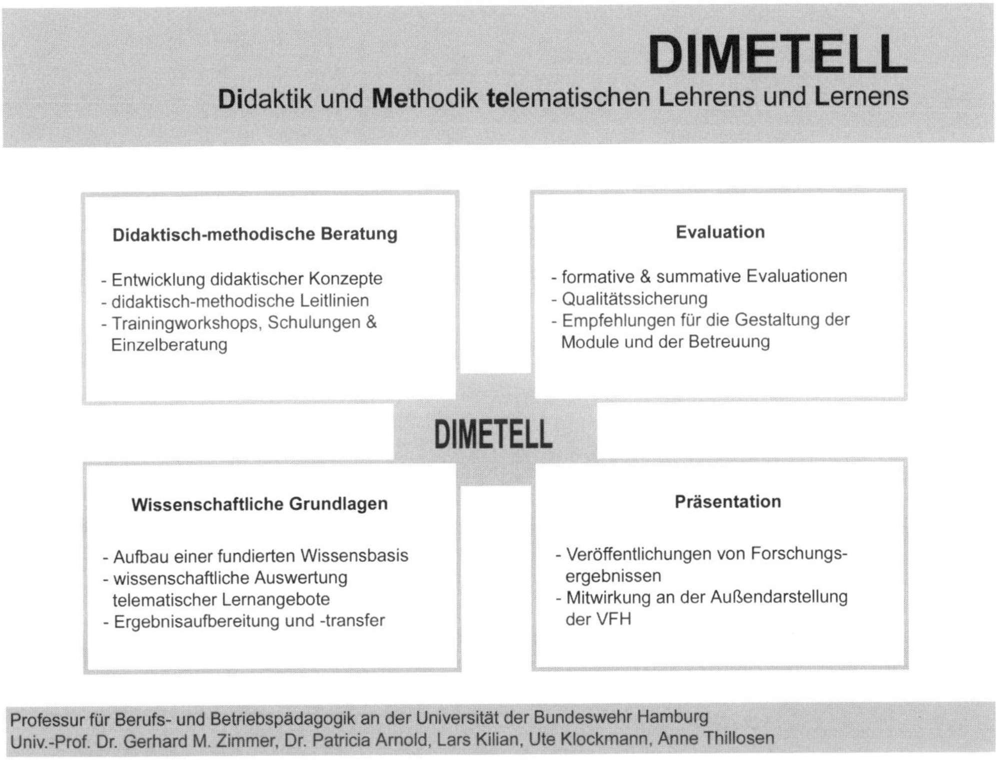

DIMETELL
Didaktik und Methodik telematischen Lehrens und Lernens

Didaktisch-methodische Beratung

- Entwicklung didaktischer Konzepte
- didaktisch-methodische Leitlinien
- Trainingworkshops, Schulungen & Einzelberatung

Evaluation

- formative & summative Evaluationen
- Qualitätssicherung
- Empfehlungen für die Gestaltung der Module und der Betreuung

DIMETELL

Wissenschaftliche Grundlagen

- Aufbau einer fundierten Wissensbasis
- wissenschaftliche Auswertung telematischer Lernangebote
- Ergebnisaufbereitung und -transfer

Präsentation

- Veröffentlichungen von Forschungsergebnissen
- Mitwirkung an der Außendarstellung der VFH

Professur für Berufs- und Betriebspädagogik an der Universität der Bundeswehr Hamburg
Univ.-Prof. Dr. Gerhard M. Zimmer, Dr. Patricia Arnold, Lars Kilian, Ute Klockmann, Anne Thillosen

Abbildung 1   Arbeitsfelder des Arbeitspakets DIMETELL im Bundesleitprojekt VFH

Vor dem Hintergrund dieser Arbeitsaufgaben können die Projekterfahrungen in der VFH unmittelbar dazu genutzt werden, Empfehlungen für den Aufbau virtueller Bildungsgänge aus didaktisch-methodischer Perspektive zu entwickeln. Die Empfehlungen werden durch die konkrete gestalterische Praxis innerhalb der VFH fundiert. Irrwege und Fehler werden ebenso aufgezeigt wie erfolgreiche Lösungen.

2.7 Schlussfolgerungen und Empfehlungen

Wie muss eine Hochschule oder ein Bildungszentrum vorgehen, wenn Studierenden bzw. Teilnehmern ein virtuelles *Bildungs*angebot gemacht werden soll? Ist Bildung mit E-Learning überhaupt möglich?

Dieses Kapitel hat den grundsätzlichen Weg aufgezeigt, den eine Bildungseinrichtung und die an ihr beteiligten Akteure beschreiten müssen, wenn virtuelle Studien- bzw. Bildungsmöglichkeiten geschaffen werden sollen: Diskurs und die reflexive, gemeinschaftliche Bestimmung und Kontextualisierung des Lerngegenstandes sind für erfolgreiche Bildungsprozesse konstitutiv. Fallen diese konstitutiven Faktoren im Zuge der Virtualisierung von Studienangeboten weg, ist die Gefahr groß, dass Lernende virtuelle Studienangebote nur in geringem Maß akzeptieren und sie noch weniger als Bildungsmöglichkeiten für sich aufgreifen. Sind virtuelle Bildungsangebote im Gegensatz dazu so konzipiert, dass sie die diskursive Ausgliederung von Lernaufgaben aus den wissenschaftlichen und berufsfeldtypischen Aufgabenfeldern in den Mittelpunkt stellen, rückt die Vision von ‚Bildung mit E-Learning' in greifbare Nähe. Computer und Internettechnologie werden bei einem solchen Ansatz zu mächtigen Arbeitsmitteln und Werkzeugen, die Lernende wie Lehrende als Medium nutzen, um eine neue Kultur des Lehrens und Lernens herauszubilden. Diese neue Kultur ermöglicht erfolgreiche Bildungsprozesse, da sie die Potenziale virtueller Bildungsangebote bewusst aufgreift: Lernenden wie Lehrenden wird so eine aktive Teilhabe im Sinne einer wissensschaffenden Gemeinschaft möglich.

Die dargestellten Potenziale wie Orts- und Zeitflexibilität beim Lernen und Lehren, Offenheit und Vielfalt von Lernressourcen, Differenzierung und Diversität von Lehr- und Lernhandlungen sowie die neu entstehenden sozialen Kontexte und Kooperationsformen kommen aber nicht automatisch zum Tragen, sondern eine entsprechende Lehr- und Lernkultur muss aktiv gefördert werden. Die Gestaltungsoptionen und relevanten Handlungsfelder, die es dazu zu bearbeiten gilt, betreffen die Gestaltung virtueller Lernräume, die Konzeption und Entwicklung virtueller Bildungsangebote, die Gestaltung der tutoriellen Betreuung, das Qualitätsmanagement und die Evaluation, die Standardisierung sowie die Nachhaltigkeit der Bildungsangebote. Sie werden systematisch in den nachfolgenden Kapiteln behandelt.

Kapitel 3
Virtueller Lernraum

‚Reale' und ‚virtuelle'
Lernräume

Die Frage nach dem Ort des Lernens, dem ‚Lernraum', stellt sich bei der Planung und Durchführung von Präsenzlernveranstaltungen in der Regel nicht. Bildungszentren oder Hochschulgebäude bilden das gemeinsame Umfeld, in dem sich Lehrende und Lernende treffen und stellen Räume für die Gestaltung der unterschiedlichen Anforderungen und Situationen des Lernens und Studierens sowie des Lebens in Bildungseinrichtungen zur Verfügung:

- Hörsäle, Seminarräume und Sprechzimmer für verschiedene Arbeitsformen und Diskurssituationen bis hin zur Einzel- und Studienberatung,

- Bibliotheken und Lesesäle zum Einzelstudium,

- Caféterien als Räume zur informellen Kommunikation,

- Verwaltungsräume zu unterschiedlichen Zwecken (Studentensekretariat, Sekretariate für Fachbereiche, Professoren und Dozenten, Verwaltung der Hochschule oder des Bildungszentrums, Rektorat etc.).

E-Learning dagegen findet zunächst einmal vor dem Bildschirm eines Computers statt, sei es in einem PC-Raum an einer Bildungseinrichtung (bei der zunehmenden Ausstattung mit drahtlosen lokalen Netzwerken – Wireless LAN [Local Area Network] – auch an beliebigen Orten des jeweiligen Bildungszentrums) oder am heimischen Arbeitsplatz. Obwohl es zutrifft, dass „Lernen [...] immer real [ist], unabhängig ob es mit physischen oder elektronischen Materialien, in realen oder virtuellen Umgebungen stattfindet" (SCHULMEISTER 1999, 1), zieht die Virtualisierung des ‚Lernraums' eine Fülle von Konsequenzen nach sich. Sie betreffen nicht nur die Organisation des Lehrens und Lernens, sondern auch die Didaktik, die Bereitstellung und den Zugriff auf Lernmaterialien sowie deren Aufbereitung, die Gestaltung der Lernszenarien und die Kommunikation der Beteiligten.

Bedeutung
virtueller
Lernräume

Während es zu Beginn der Entwicklung von E-Learning-Angeboten – die zunächst individuell zu nutzende Lernprogramme waren, z. B. Computer Based Training (CBT) – noch kaum ein Bewusstsein für die Bedeutung virtueller Lernräume gab, wuchs mit dem Angebot an webbasierten, Kommunikation und Gruppenarbeit integrierenden Kursen die Nachfrage nach geeigneten technischen Lösungen (TERGAN / ZENTEL 2003). Inzwischen bietet der Markt eine kaum noch überschaubare Fülle unterschiedlicher Lösungen für die Softwarebasis eines virtuellen Lernraums. Zwar ist es prinzipiell durchaus möglich, dass die Teilnehmer eines einzelnen virtuellen Kurses auch ohne einen virtuellen Lernraum mithilfe der im Internet vorhandenen Dienste (wie E-Mail, Newsgroups, Chat) miteinander kommunizieren. Jedoch erleichtert ein gemeinsamer ‚virtueller Ort', der Zugriff auf alle möglichen Bereiche des Kurses bietet, die Lernaktivitäten erheblich. So kann z. B. auf alle wichtigen Informationen (zu den Lehrenden, den Teilnehmern, zum Kursablauf, zu aktuellen Terminen, Prüfungen etc.), Lernmaterialien und Kommunikationsfunktionen (wie E-Mail, Chat, Discussion Board, Schwarzes Brett) zugegriffen werden. Dies ist für ein komplett virtuelles Lehren und Lernen unabdingbar.

Was einen guten virtuellen Lernraum kennzeichnet, ist „derzeit erst in groben Strukturen erkennbar", da auch die Anforderungen der Lehrenden und Lernenden erst mit der Zeit konkreter werden und sich noch in der Entwicklung befinden (ZIMMER 2003, 12). Eine einzige ‚optimale' Lösung kann es nicht geben; auch die Räume in Präsenzhochschulen sind unterschiedlich ausgestattet, je nachdem ob es sich um Hörsäle für Germanisten oder chemische Versuchslabore handelt.

Gliederung des Kapitels

Dieses Kapitel befasst sich mit Lernräumen und thematisiert damit eine Nahtstelle von Technik und Didaktik. Dabei wird mit einer systematischen Betrachtung der Funktionsbereiche virtueller Lernräume aus pädagogischer Sicht begonnen (Abschnitt 3.1). Im Anschluss daran werden die Merkmale von Lernplattformen und didaktische Gestaltungsmöglichkeiten von Lernräumen erläutert (Abschnitt 3.2). Zur verwendeten Begrifflichkeit soll bereits hier angemerkt werden, dass im Folgenden die zugrunde liegende informations- und kommunikationstechnische Basis bzw. Softwarelösung als „Lernplattform" bzw. „Lernraumsystem" bezeichnet wird; von einem „virtuellen Lernraum" wird gesprochen, wenn es um den didaktisch gestalteten Einsatz einer solchen Lernplattform geht (Abschnitte 3.2.1 und 3.2.2). Danach werden der Prozess der Auswahl einer geeigneten Lernplattform für die konkreten Anforderungen eines Bildungsangebots (Abschnitt 3.3) und die Implementierung und Nutzung des ausgewählten Lernraums (Abschnitt 3.4) thematisiert. Am Praxisbeispiel der „Virtuellen Fachhochschule für Technik, Informatik und Wirtschaft (VFH)" werden die Auswahl und der Einsatz eines virtuellen Lernraums im Rahmen eines umfangreichen Studienangebots illustriert (Abschnitt 3.5). Das Kapitel schließt mit Hinweisen und Schlussfolgerungen (Abschnitt 3.6), eine Zusammenstellung weiterführender Links findet sich am Ende des Handbuches im Verzeichnis der Internetverbindungen.

3.1 Funktionsbereiche eines virtuellen Lernraums

Pädagogische Infrastruktur des Lernraums

Zur Entfaltung der Potenziale des E-Learnings (Kapitel 2) bedarf es nicht nur einer technischen Grundlage, sondern einer neuen „pädagogischen Infrastruktur" (ZIMMER 2000a, 2000b). In der Literatur finden sich hierfür verschiedene Modelle mit unterschiedlichen Funktionsbereichen. Dabei lassen sich bei den einzelnen Modellen Überschneidungen und Gemeinsamkeiten feststellen. So nennt ZIMMER (2003, 12ff.) sechs Funktionsbereiche bzw. Aktivitätsklassen eines virtuellen Lernraums, die sich um einen zentralen Arbeitsbereich gruppieren, in dem die Studien- oder Lernmodule bearbeitet werden, und die sich aus den Aktivitäten der Lernenden ergeben: Angebot und Auskunft, Planung und Verwaltung, Mediathek und (studentische Arbeits-)Ergebnisse, Schnittstellen zu Anwendungssoftware, Kommunikation und Kooperation sowie Prüfung und Evaluation.

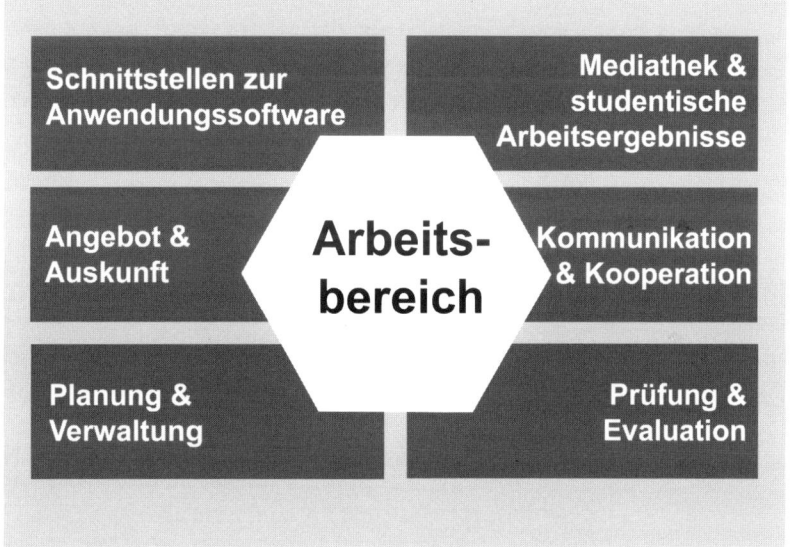

Abbildung 2   *Sechs Funktionsbereiche eines Lernraums nach ZIMMER (2003)*

Die fünf von BAUMGARTNER / HÄFELE / MAIER-HÄFELE (2002, 26f.) vorgestellten Bereiche gehen in den von ZIMMER vorgeschlagenen Bereichen auf. BAUMGARTNER / HÄFELE / MAIER-HÄFELE unterteilen in: (1) die Präsentation von Inhalten, (2) Kommunikationswerkzeuge, (3) Werkzeuge zur Aufgaben- und Übungserstellung, (4) Hilfen für die Bewertung und Evaluation und (5) die Administration.

Der von SCHULMEISTER (2003) im Rahmen einer Untersuchung von Lernplattformen für Hamburger Hochschulen vorgestellte Katalog mit den wichtigsten Merkmalen einer Lernplattform umfasst zehn Abteilungen.

49

Dort finden sich über die von ZIMMER (2003) vorgeschlagenen Merkmale hinaus z. B. Anforderungen wie Design, Support und weitere.

Design einer
Lernplattform

Die Bedeutung des Designs einer Lernplattform, das so genannte „Graphic User Interface" (GUI) liegt darin, dass es dazu beitragen muss, dass die Nutzer sich leicht zurechtfinden. Ein Lernraum sollte einen übersichtlichen und ‚aufgeräumten' Eindruck machen. Symbole und Bezeichnungen sollten eindeutig sein. Hierzu trägt auch die Unterstützung von Mehrsprachigkeit bei, die es dem Benutzer ermöglicht, die jeweiligen Beschreibungen der Funktionen in seiner Muttersprache zu erhalten. Auch sollte das Design einer Lernplattform an das „Corporate Design" der jeweiligen Bildungseinrichtung anpassbar sein. Auf weitere bei SCHULMEISTER genannte Merkmale, wie Technologie und wirtschaftliche Gesichtspunkte, wird in Abschnitt 3.3.2 noch genauer eingegangen.

Sechs Funktions-
bereiche eines
virtuellen Lernraums

Bei der folgenden inhaltlichen Erläuterung der Funktionsbereiche eines Lernraums wird auf das Modell von ZIMMER (2003, 12f.) mit seinen sechs Abteilungen zurückgegriffen. Dabei sei darauf hingewiesen, dass in einem solchen Modell die Funktionsbereiche eines Lernraums *systematisch* beschrieben werden; die *konkrete* Umsetzung in den unterschiedlichen Lernraumsystemen kann andere Abteilungen enthalten, wichtig ist jedoch, dass die jeweiligen Funktionen vorhanden sind. Dies zeigt sich auch darin, dass einige Funktionen und Werkzeuge über eine Abteilung hinaus durchaus in mehreren Bereichen verwendet werden können und sollen.

(1) Angebot und
Auskunft

In dieser Abteilung finden die Lernenden zum einen kurze allgemeine Beschreibungen zu den Bildungsangeboten, z. B. zu Zeitplänen, Zugangsvoraussetzungen, Lernzielen, Zertifikaten und Kosten. Zum anderen muss es auch aktuelle Ankündigungen, z. B. zu den belegten Kursen, geben – etwa zu Sprechzeiten, Gruppenarbeitszeiten, Terminverschiebungen –, die von den Lehrenden eingestellt und aktualisiert werden können.

Es muss Hinweise und Auskünfte auf alle erwartbaren Fragen der Lernenden geben. Da jedoch nicht alle Fragen vorhersehbar sind, muss es auch eine Möglichkeit für persönliche Auskünfte geben, z. B. per E-Mail. Ein Online-Hilfesystem sollte integriert sein, Listen mit regelmäßig gestellten Fragen („Frequently Asked Questions" (FAQs)) müssen regelmäßig aktualisiert werden.

Da dieser Bereich zentral für die Orientierung, Planung und Organisation des Studiums, eines Lehrganges oder eines Bildungsangebotes ist, ist es hilfreich, wenn die Lernenden die Möglichkeit haben, diese Seite individuell zu gestalten, damit sie die für sie notwendigen Informationen auf einen Blick erfassen können.

(2) Planung und
Verwaltung

Dieser Bereich dient zum einen der Planung individueller und der Abstimmung gemeinsamer Lernaktivitäten. Dazu müssen den Lernenden entsprechende Hinweise und Instrumente zur Verfügung gestellt werden, z. B. die Möglichkeit, über verschiedene Kalenderfunktionen eigene Termine wie auch Gruppentermine einsehen und verwalten sowie passwortgeschützt Informationen zu eigenen Lernaktivitäten und Lernerfolgen abrufen zu können. Zur Abstimmung und Information ist die Anbindung an Kommunikationswerkzeuge notwendig; hilfreich ist es, wenn biografische Hinweise zur eigenen Person von Kursteilnehmern, Lehrenden und Teletutoren sowie ggf. auch externen Fachexperten eingestellt werden können.

Außerdem wird dieser Bereich für die Kursverwaltung genutzt, z. B. die Online-Registrierung für Studiengänge und einzelne Seminare. Auch die Zuordnung von einzelnen Nutzern zu bestimmten Gruppen, Aufgaben oder Inhalten findet hier statt. Lehrende können Informationen über die Kursbelegungen abrufen oder die Erstellung neuer Inhalte weitermelden, damit diese in das System eingepflegt werden. Die Verwaltung muss Nutzerdaten und Kursangebote einfügen können, um die Teilnehmerverwaltung, die Gebührenerhebung, aber auch die Lehrplanverwaltung durchzuführen. Für Interessenten, die sich über ein virtuelles Bildungsangebot informieren wollen, kann ein Gastzugang mit beschränkten Rechten und zeitlicher Begrenzung geschaffen werden.

(3) Mediathek und Ergebnisse

Hier finden die Lernenden die für sie zugänglichen Lernmaterialien sowie verschiedene Werkzeuge, auf die sie zur Unterstützung ihres Lernprozesses zugreifen können, z. B. die Möglichkeit, Lesezeichen zu setzen, um wichtige Inhalte schnell wiederzufinden oder Annotationen zu den Lernmaterialien zu erstellen. Auch sollten in diesem Bereich ein Glossar und eine Suchfunktion integriert sein. Die einzelnen Kurse sind mit Inhaltsverzeichnissen und Navigationssystemen zu versehen.

Um eigene Arbeitsergebnisse zu präsentieren und mit anderen Kursteilnehmern und Lehrenden bzw. Teletutoren zu diskutieren und ggf. weiterzubearbeiten, müssen Lernende eigene Dokumente selbst einstellen können wie auch Dokumente aus diesem Bereich auf ihren eigenen PC herunterladen können (Up- und Downloadfunktion). So ist es möglich, Inhalte anderen zugänglich zu machen bzw. im Ergebnisbereich abzulegen, um sie von anderen Orten entweder selbst weiter zu bearbeiten oder sie anderen Personen zur weiteren Bearbeitung zur Verfügung zu stellen. Eine Vorschaufunktion für das Einstellen eigener Dokumente (Wie sehen meine Ergebnisse am Bildschirm aus?) sowie eine Versionskontrolle inklusive einer eigenen Rechtevergabe für die selbst erstellten Inhalte können den Funktionsumfang ergänzen. Um sich mit anderen Lernenden auszutauschen, Hilfe zu erfragen und Gruppenarbeiten zu initiieren, muss dieser Bereich stark mit dem Bereich der Kommunikation und Kooperation verbunden sein. Auch Schnittstellen ins World Wide Web sollten vorhanden sein, damit auf externe Informationsquellen zugegriffen werden kann.

Hilfreich ist es auch, wenn Lernende die Arbeit an dem Punkt wieder aufnehmen können, an dem sie bei der letzten Sitzung aufgehört hatten. Damit verbunden ist eine Verlaufsübersicht („Historie" / „History") über bereits bearbeitete Einheiten und eine Fortschrittsanzeige, die ihnen hilft, den Lernfortschritt und den notwendigen Zeitaufwand einzuschätzen. Ergänzt werden kann dies durch eine Statistikfunktion, mithilfe derer die Lernenden beispielsweise ihre Anwesenheiten, zu erledigende Aufgaben oder Prüfungsergebnisse einsehen können. Benutzeraktionen – z. B. Lernwege – können durch eine Art der automatischen Protokollierung („Tracking") verfolgt und von den Teletutoren oder auch von den Lernenden selbst ausgewertet werden, um das Lernverhalten und ggf. Lernbarrieren zu analysieren (bei Auswertung durch Lehrende und Tutoren ist auf die Wahrung des Datenschutzes zu achten).

Für die Lehrenden wie auch für die Lernenden sollten in diesem Bereich auch Autorenwerkzeuge zur Verfügung stehen, um Lernmaterialien zu ergänzen oder neue Aufgaben zu gestalten.
Die einzelnen Lerneinheiten sollten so benutzerfreundlich verwaltet werden, dass Lehrende Materialien leicht aktualisieren, ergänzen und erweitern können. Zugleich muss das Verwaltungssystem aber auch Schutz vor unbefugten Zugriffen und Veränderungen bieten.

(4) Schnittstellen zur Anwendungssoftware Dieser Bereich ist eng an den Bereich *Mediathek und Ergebnisse* angebunden. Es geht darum, Lernenden bereits während der Bearbeitung der Module die Chance zu bieten, Zwischenergebnisse in möglichen Anwendungsfeldern zu erproben (soweit diese auf dem Rechner darstellbar und zugänglich sind) und dafür auf die entsprechende Anwendungssoftware zurückzugreifen. Dies ist auch für die Präsentation von Arbeitsergebnissen notwendig. Für Lehrende bietet sich hier die Möglichkeit, (externe) Autorenwerkzeuge zu nutzen und selbst erstellte Inhalte zu generieren. Gleichzeitig können sie die Arbeitsergebnisse und Zwischenergebnisse einsehen, dokumentieren und zurückfließen lassen.

Lernende und Lehrende können (abhängig von den rechtlichen Regelungen) Lernmaterialien auf ihren lokalen Rechner laden, dort bearbeiten und wieder in den Lernraum einstellen, z. B. um die eigenen Ergebnisse in eine Gruppenaufgabe einzufügen. Auch die Synchronisation des Kalenders im Lernraum mit dem lokalen Kalender (beispielsweise MS Outlook) ist eine wichtige Funktion, da es für die Nutzer umständlich ist, verschiedene Terminplaner separat zu koordinieren.

In diesem Bereich müssen Import- und Exportfilter integriert sein, die eine Vielzahl von Dateiformaten unterstützen. Auch externe Kommunikationswerkzeuge, beispielsweise zur Gruppenwahrnehmung („Awareness" unterstützende Werkzeuge, Abschnitt 5.3.5) können hier eingebunden sein.

(5) Kommunikation und Kooperation

Da die Kommunikation für den Lernprozess eine entscheidende Rolle spielt (Kapitel 2) und die Lernenden einer virtuellen Hochschule oder Bildungseinrichtung in der Regel ortsverteilt arbeiten, muss der virtuelle Lernraum Möglichkeiten für Kommunikation und Kooperation intensiv unterstützen. Dazu müssen sowohl synchrone Kommunikationsmittel, wie Chat oder Instant Messenger (Kombination einer Anzeigefunktion „Wer ist online?" mit der Möglichkeit, schriftliche Kurzmitteilungen zu versenden), vorhanden sein als auch asynchrone Kommunikationswerkzeuge, wie E-Mail, Mailinglisten und Diskussionsforen (inklusive einer „What's New?"-Funktion). Zunehmend werden auch Audio- und Videokonferenzen, Application-Sharing, ein geteiltes Whiteboard sowie weitere Anwendungen zur gemeinsamen Bearbeitung von Aufgaben immer wichtiger (GAISER 2002). Um die Kooperation zu unterstützen, sollten die Studierenden auch von hier aus auf den Gruppenkalender zugreifen können, um Arbeitstreffen oder synchrone Kommunikationstermine zu planen und abzustimmen.

Für die Lehrenden stehen die gleichen Funktionen zur Verfügung. Zusätzlich haben sie die Möglichkeit, Rechte für die Nutzung von Kommunikationswerkzeugen zu vergeben. Synchrone Kommunikationsmittel sollten eine Protokoll- und Archivierungsfunktion beinhalten, damit es für die Nutzer möglich ist, Chats nachzulesen, um beispielsweise einen Lösungsweg nachzuvollziehen. Solche Protokolle bzw. Diskussionsmitschnitte stellen außerdem eine zusätzliche Arbeitsressource dar.

Da in virtuellen Lernräumen die Kommunikation und Kooperation dadurch erschwert wird, dass soziale und nonverbale Hinweise (Mimik, Gestik usw.) sowie gemeinsames Hintergrundwissen fehlen, können spezielle Werkzeuge eingesetzt werden, um diese Defizite auszugleichen. Solche Werkzeuge – teilweise befinden sie sich allerdings noch im Entwicklungsprozess – sind z. B. so genannte Lernnetze (grafische Repräsentationen des gemeinsamen Wissenshintergrundes), Lernprotokolle (schrittweise Anleitungen für gemeinsame Arbeitsprozesse) und Maßnahmen zur Gruppenwahrnehmung (ARNOLD 2001, 38).

(6) Prüfung und Evaluation

Dieser Bereich innerhalb eines Lernraums bietet den Lernenden die Möglichkeit, ihre Lernleistungen und Lernerfolge zu überprüfen und anderen eine Rückmeldung über ihre Studienerfahrungen, z. B. eine Bewertung der Lernunterstützung zu geben; wichtig ist deshalb, dass er passwortgeschützt ist und nur von autorisierten Nutzern betreten werden kann.

Lernräume sollten den Lehrenden ermöglichen, ohne großen Aufwand Tests zu erstellen (z. B. Multiple-Choice-Tests, Drag-and-Drop- oder True-False-Aufgaben), die den Studierenden zur Selbstüberprüfung dienen, aber auch in die Gesamtbewertung eines Moduls eingehen können. Jedoch sind, gerade in einem virtuellen Studium wie auch bei komplexeren Lernaufgaben, solche automatisch auswertbaren Aufgaben keineswegs ausreichend. Auf die Bedeutung und Entwicklung umfangreicherer Studien- und Lernaufgaben für Einzelne und Lerngruppen, die von den Lehrenden oder den Tutoren bewertet werden, wird ausführlich in den Abschnitten 4.3.2 und 5.3.1 eingegangen.

Außerdem müssen Bereiche für die Evaluation der Lernmaterialien, der Studienmodule, der Betreuung, des Lernraums usw. zur Verfügung gestellt werden. Es trägt zur Transparenz und zur Qualitätsverbesserung bei, wenn die Ergebnisse, die hier erzielt werden (und zu Veränderungen des Bildungsangebots führen), allen Beteiligten mitgeteilt werden (zu Qualitätssicherung und Evaluation vgl. ausführlich Kapitel 6). Wenn Lernende die eigene Lernleistung und die Zusammenarbeit mit Kommilitonen und Lehrenden sowie Tutoren bewerten, erhalten alle Beteiligten wertvolle Hinweise für die weitere Gestaltung des Bildungsangebots und der Lernkultur.

3.2 Infrastruktur für E-Learning

Um eine solche Fülle didaktischer und auch organisatorischer Anforderungen technisch umsetzen zu können, ist die Entwicklung komplexer Systeme notwendig.

Gestaltung einer Lernumgebung

Solange nur einzelne Lehrende virtuelle Bildungsangebote planen und selbst durchführen und dies auch nur Einzelfälle an einer Bildungseinrichtung sind, ist es relativ leicht möglich, eine Kursumgebung für die Zwecke der eigenen Veranstaltung selbst zu entwickeln (REINMANN-ROTHMEIER 2003). Eine solche Kursumgebung kann auf der Basis von allgemeiner Internettechnologie und Standardwerkzeugen wie www-Seiten, E-Mail und Newsgroups zusammengestellt werden; auch lassen sich Groupware-Plattformen (wie beispielsweise BSCW) integrieren oder als Seminarlernraum nutzen (ARNOLD 2001, 35; ARNOLD / PUTZ 2000).

Sobald jedoch an einer Bildungseinrichtung – und erst recht im Rahmen eines kompletten virtuellen Studiums – viele virtuelle Veranstaltungen angeboten werden, ist es sinnvoll, über die Gestaltung und Nutzung von virtuellen Lernräumen gemeinsame Abstimmungen zu treffen. Dies erscheint schon allein deshalb notwendig, damit die Lernenden entlastet werden und sich nicht jedes Mal in einer neuen Kursumgebung zurechtfinden müssen. Für die einzelnen Lehrenden kann dies zunächst einmal mehr Arbeit, Abstimmung oder auch Einschränkung der eigenen Interessen bedeuten. Lernräume können aber Lehrende, Kursentwickler und Teletutoren auch entlasten, da sie Rahmenbedingungen bieten, über die man sich nicht jedes Mal erneut selbst Gedanken machen muss.

3.2.1 Lernplattform

Wie bereits erwähnt, werden die Begriffe „Lernplattform" oder „Lernraumsystem" hier für die informations- und kommunikationstechnische Basis bzw. für die Software verwendet, die entwickelt wurde, um Lehr- und Lernprozesse zu unterstützen, aber auch Lernmaterialien und Nutzerdaten zu verwalten. Hier gibt es eine Vielzahl von Entwicklungen (Baumgartner / Häfele / Maier-Häfele 2002; Trahasch / Kraus / Efferth 2002; Schulmeister 2003), sowohl von kommerziellen Anbietern als auch auf der Basis von Open-Source-Software mit kostenlosen Lizenzen. In den vergangenen Jahren kristallisierten sich zwei unterschiedliche Entwicklungsrichtungen heraus, zum einen Content Management Systeme (CMS) und zum anderen Learning Management Systeme (LMS).

Content Management Systeme CMS waren „ursprünglich für die Organisation und das Management von Inhalten konzipiert" (Baumgartner / Häfele / Maier-Häfele 2002, 34). Inzwischen haben sie sich „zu komplexen Redaktionssystemen entwickelt, die sowohl die Abläufe eines kooperativen webbasierten Arbeitsprozesses koordinieren, als auch bei der Online-Erstellung der Inhalte […] helfen" (ebd.). CMS können zum Erstellen, Verwalten, Recherchieren und Wiederverwenden von Online-Inhalten genutzt werden und vereinfachen dem Nutzer den Umgang mit diesen. Nach Baumgartner / Häfele / Maier-Häfele (2002, 34f.) sind CMS durch drei Merkmale gekennzeichnet:

1. die Trennung von Layout und Inhalt (das Layout von Online-Inhalten wird automatisch vom CMS erstellt),

2. das Komponenten-Management (Inhalte werden mit Metadaten versehen – vgl. dazu Kapitel 7 – in einer Datenbank abgelegt, bei Bedarf wieder abgerufen und zu neuen Inhalten zusammengesetzt),

3. das Workflow-Management (Steuerung der Arbeitsabläufe).

Learning Management Systeme Während CMS stark auf die Organisation von Inhalten ausgerichtet sind, wurden Learning Management Systeme (LMS) vor allem entwickelt, um virtuelle Lehr- und Lernprozesse zu unterstützen. In den LMS „wird selbst erstellter oder zugekaufter Content in einer Datenbank verwaltet und den Lernenden zur Verfügung gestellt. Dabei wird der individuelle Lernprozess […] vom System mitverfolgt (Tracking) und protokolliert. Die Lernenden können miteinander über synchrone (z. B. Chat) oder asynchrone (z. B. Diskussionsforum, File-Sharing) Kommunikationswerkzeuge kommunizieren und kollaborieren" (ebd., 30). Darüber hinaus unterstützen LMS auch die (Kurs- und Lerner-)Verwaltungsabläufe oder bieten Hilfsmittel zur Erstellung von Online-Material für die Dozenten und Teletutoren an.

Learning Content Management Systeme Jedoch zeigte sich in der Praxis, dass ein LMS allein virtuelles Lehren und Lernen nicht ausreichend unterstützt, da diese Systeme nur bedingt für die Erstellung, Verwaltung und Bearbeitung von Lernmaterial ausgelegt waren.

55

Dies ist insofern ein wichtiger Faktor, als die Produktion multimedialer Lernmaterialien ein sehr zeit- und kostenaufwendiger Prozess ist. Nicht nur selbst erstellte Inhalte, sondern auch extern produzierte und zugekaufte Lernmaterialien müssen von einem System gut verwaltet werden können und (wieder-)verwendbar sein. Aus diesem Grund wurden die Vorteile der LMS mit denen der CMS zu Learning Content Management Systemen (LCMS) kombiniert.

Autorenwerkzeuge Zur eigenen Erstellung von multimedialen Lerninhalten werden zusätzlich Autorenwerkzeuge angeboten, die entweder bereits in einem LMS bzw. LCMS enthalten sind, oder als zusätzliche Software genutzt werden können. Die Funktion solcher Software ermöglicht es den Lehrenden, ohne Programmierkenntnisse eigene Inhalte für die Distribution über das Internet aufzubereiten. Mit diesen Werkzeugen ist es Lehrenden beispielsweise möglich, relativ einfach weiterführende Aufgaben oder zusätzliche Erläuterungen zu einer virtuellen Lernsequenz zusammenzustellen.

Virtuelle Lernwelten Eine Gruppe von Lernraumsystemen stellt den Lernraum als ‚betretbare dreidimensionale Lernwelt' dar, in der Klassenräume und darin befindliche Gegenstände wie Tafel, Tische und andere Arbeitsgeräte räumlich abgebildet werden (SCHULMEISTER 2003, 104). Personen, also Lehrende und Lernende, können sich als zwei- oder dreidimensionale Abbildungen oder Spielfiguren (Avatare) durch diese Räume bewegen und in Echtzeit kommunizieren. Solche Lernraumsysteme haben ihren Ursprung in den virtuellen Spielwelten der textbasierten, so genannten MUDs (Multi User Domain) und der MOOs (Multi User Domain Object-Oriented). Letztere beziehen grafische Repräsentationen wie 3D-Objekte und Virtual Reality-Objekte mit ein.

Inwieweit eine solche realistische Umsetzung der Raummetapher auch in Lernkontexten über eine erste spielerische Annäherung hinaus sinnvoll ist, wird kontrovers diskutiert. Jedoch nutzen auch andere Lernplattformen oft die Raummetapher, wenn sie einzelne Bereiche oder Abteilungen mit Raumnamen belegen (Gruppenraum, Bibliothek, Café usw.; vgl. ARNOLD 2001, 36): „Eine nahe liegende Reaktion auf den zunächst noch ungewohnten, ungegliederten und unstetigen virtuellen Lernraum sind die Versuche, Vorstellungen von realen Lernräumen in den virtuellen Raum zu übertragen" (PETERS 1999, 19).

Virtuelle Klassenzimmer Als *Virtuelle Klassenzimmer* (VK) werden häufig Konferenzsysteme bezeichnet, die für synchrone Seminare genutzt werden und z. B. einen Audiochat oder eine Video-Übertragung mit einem Whiteboardsystem verbinden. So können beispielsweise Power-Point-Vorträge synchron an ortsverteilte Teilnehmer übertragen werden oder gemeinsam am Whiteboard über geteilte Anwendungen Aufgaben bearbeitet werden. Solche Systeme sind teilweise in virtuelle Lernraumsysteme integriert; sie werden aber von einigen Anbietern auch als Einzellösungen angeboten. Die Durchführung von Seminaren in virtuellen Klassenräumen unterscheidet sich von „Face-to-Face"-Veranstaltungen und muss gut geplant werden (Abschnitt 5.3.4; Gaiser 2002).

Arnold (2001, 38) weist in leichter Modifikation von Britain / Liber (1999, Online) darauf hin, dass zwar jede der am Markt angebotenen Komplettlösungen spezifische Funktionalitäten zur Unterstützung der oben erläuterten Aktivitätsklassen der Lernenden aufweist, dass jedoch fast alle virtuellen Lernplattformen inzwischen über folgende Komponenten verfügen:

- Ankündigungen / Aktuelles
- E-Mail-Bereich
- Teilnehmerverzeichnis
- Terminverwaltung
- Lernkontrollen
- Multimediale Ressourcen
- Suchmöglichkeiten
- Navigationsmodell
- Kursbeschreibung
- Diskussionsgruppen
- Metadaten
- Aufgabenbereich
- Werkzeuge für synchrone Zusammenarbeit
- Studentischer Arbeitsbereich
- Lesezeichen setzen
- Annotationen

3.2.2 Lernraum

Didaktische Vorteile eines virtuellen Lernraums Was macht nun die – von ihren Funktionalitäten her teilweise sehr unterschiedlichen, teilweise aber auch recht ähnlichen – Lernplattformen zu ‚Lernräumen', das heißt, zu virtuellen, das Lernen unterstützenden Räumen?

Aus pädagogischer Perspektive reicht dabei ein Vergleich der jeweils angebotenen Funktionen oder Werkzeuge nicht aus. Arnold (2001, 39f.) schlägt deshalb vor, zum Vergleich virtueller Lernräume solche Kriterien heranzuziehen, die den mit dem Potenzial virtuellen Lernens verbundenen möglichen Wandel der Lernkultur unterstützen, also z. B. Interaktivität, Abbau der traditionellen Dominanz der Lehrenden, erleichterten Zugriff auf das weltweit verfügbare Wissen, Austausch mit anderen Lernenden sowie Fachexperten (vgl. dazu auch Kapitel 2). Sie leitet daraus in Anlehnung an einen Evaluationsansatz für virtuelle Lernplattformen von Britain / Liber (1999, Online) folgende Beurteilungsfragen ab:

- Unterstützen die Lernräume die *Aushandlung von Lernressourcen* (z. B. durch Einflussnahme der Lernenden auf Lerninhalte, die Möglichkeit, eigene Arbeitsergebnisse für alle sichtbar einzustellen oder, auf Informationen zu verweisen)?

- Unterstützen sie *Koordinationsprozesse* bei der Zusammenarbeit von Lernenden (z. B. durch Werkzeuge zur Gruppenwahrnehmung, Gruppenarbeitsräume, gemeinsame Terminkalenderverwaltung)?

- Welche Möglichkeiten bieten sie Lehrenden und Lernenden, Lernprozesse und Lernfortschritte mitzuverfolgen (*Monitoring*) (z. B. durch individuelle Abfrage des Lernstands, Möglichkeiten der Rückmeldung oder tutoriellen Betreuung)?

- Gibt es Möglichkeiten der *individuellen Anpassung* des Lernraums (z. B. durch die Wahl individueller Lernwege oder Repräsentation der Lernmaterialien, die Möglichkeit, Annotationen zu machen, Lesezeichen zu setzen, die Oberfläche individuell anzupassen)?

- Welche Hilfen werden für *selbst organisiertes Lernen* von Einzelnen oder Lerngruppen bereitgestellt (z. B. durch Werkzeuge zur Zeitplanung, durch das Einrichten von Webseiten, Diskussionsforen oder Mailinglisten)?

- Ermöglicht der Lernraum *Adaptivität*, das heißt, Änderungen am Konzept und an den Lernressourcen (z. B. durch eine Rubrik „Aktuelles")?

In Bezug auf die Unterstützung solcher Merkmale können die auf dem Markt angebotenen Lernplattformen sehr unterschiedliche Lernräume darstellen, und nicht alle Merkmale sind in bestimmten Lernzusammenhängen gleich wichtig. Ein solcher Fragenkatalog kann aus didaktischer Perspektive zur Bestimmung von Kriterien für den eigenen Kontext beitragen.

Zehn neue Lernräume Beim Einsatz in Lernsituationen ermöglichen virtuelle Lernräume damit gegenüber den ‚traditionellen' Präsenzlernräumen eine Fülle neuer Lern- und Lehraktivitäten (Peters 1999, 22ff.):

- *Präsentation und Information:* Die digitale Lernumgebung stellt ein besonders wirkungsvolles Medium dar, um Inhalte darzubieten und zu veranschaulichen.

- *Beschaffung von Informationen:* Mithilfe des weltweiten Zugriffs auf Datenbanken kann vom heimischen Rechner aus sehr schnell nach gewünschten Informationen gesucht werden.

- *Kommunikation:* Es ist möglich, jederzeit und von jedem Ort aus Gespräche mit Lehrenden und Lernenden aufzunehmen.

- *Kollaboration:* Verschiedene Formen des gemeinsamen Planens, Entwickelns und Auswertens können von jedem Ort aus realisiert werden.

- *Exploration:* Die besondere Struktur des Hypertextes ermöglicht Entdeckungslernen und fördert autonomes Lernen.

- *Dokumentation:* Der PC entlastet durch das Speichern, Verwalten und Auffinden das Gedächtnis der Lernenden und auch der Lehrenden.

- *Multimedia:* Lehrinhalte und Lernergebnisse können besonders überzeugend dargestellt werden.

- *Elektronische Textverarbeitung:* Aus dem Zusammenhang von Lesen, Denken und Schreiben ergibt sich ein „spezifisches Lernverhalten, bei dem Aktivitäten konzentriert und integriert werden, die in realen Lernräumen weit auseinander liegen."

- *Simulation:* Das Erleben neuer Räume wird ermöglicht.

- *Virtuelle Realität:* Die Aufmerksamkeit der Lernenden kann auf vorgegebene Punkte gerichtet und gegen Ablenkungen abgeschirmt werden. Auch stehen den Lernenden Räume zur Verfügung, in welchen sie „den Ernstfall nur simulieren, weshalb die Konsequenzen von Fehlern nicht zu befürchten sind".

Dementsprechend entstehen nach PETERS (1999) zehn neue Lernräume. Diese „konfrontieren uns mit der Notwendigkeit der didaktischen Innovation. Sie bieten uns eine vorher nie gekannte Fülle neuer Lern- und Lehrmöglichkeiten." (ebd., 26f.)

3.2.3 Lernumgebung

Einbeziehung der Lernumgebung

Schließlich soll an dieser Stelle darauf hingewiesen werden, dass die virtuelle Welt ‚außerhalb' des ‚umgrenzten' virtuellen Lernraums für Lernende und Lehrende immer nur einen Mausklick entfernt ist. Die „virtuelle Lernumgebung", die durch das Internet selbst als Darstellungsraum (welcher Inhalte präsentiert), Ereignisraum (in welchem Interaktionen stattfinden und Zugänge zu Daten und Informationen geboten werden) und Bedeutungsraum (in welchem die Informationen durch „von Intentionen und Zielen gesteuertes ‚Navigieren'" eine Bedeutung bekommen) gegeben ist (SCHULMEISTER 1997, 25ff.), gehört zu den Chancen und Potenzialen des E-Learnings (EULER 1999). Sie sollte durch Verweise, Aufgaben, Recherchen, Einbindung externer (Experten-)Meinungen usw. unbedingt in die Gestaltung von Lehr-/Lernszenarien einbezogen werden. (Der Begriff „virtuelle Lernumgebung" wird hier abweichend von einigen anderen Veröffentlichungen nicht im Sinne von „bewusst gestalteter Umgebung" gebraucht; vgl. z. B. KERRES 1998, 16.)

Zugleich ist bei der Gestaltung von Szenarien darauf zu achten, dass Lehrende und Lernende jeweils auch an einem ‚realen' Lernort sitzen; anders als in „Face-to-Face"-Seminaren wird dieser Lernort nicht geteilt. Zudem hat es sich als sinnvoll erwiesen, in synchronen Kommunikationssituationen die je konkreten Gegebenheiten zumindest in der Einstiegsphase kurz zu thematisieren (Abschnitt 5.3.5).

3.3 Auswahl eines Lernraums

Akzeptanz von Lernräumen

Der beste Lernraum ist nicht der mit den meisten Funktionen oder Werkzeugen. Im Gegenteil, zu viele Funktionen, die dann nicht genutzt werden, können dazu beitragen, dass ein Lernraum schlecht akzeptiert wird. Oberquelle (2002) und Kieren (2003) sprechen in diesem Zusammenhang von „Featuritis".

Ein Lernraum sollte möglichst passgenau für die speziellen Anforderungen eines bestimmten Studienzusammenhangs oder eines Projekts ausgesucht werden. Auswahl, Implementierung und Nutzung einer Lernplattform sind komplexe Prozesse, die weitreichende Konsequenzen für den Lehr- und Lernbetrieb haben und deshalb strategisch geplant und möglichst transparent gestaltet werden müssen (siehe auch Hagenhoff / Schuhmann / Schellhase 2001).

Alle Beteiligten berücksichtigen

Einen entscheidenden Faktor für die zukünftige Akzeptanz bei der Implementierung und Nutzung einer Lernplattform sieht Kiedrowski (2001a) in der Erhebung und Berücksichtigung der „Kundenanforderungen". Dabei versteht er unter ‚Kunden' eines Lernraums alle am Bildungsprozess beteiligten Personen, also sowohl die Lernenden und Lehrenden bzw. Tutoren als auch die Administration, die Entwickler, die Verwaltung oder die möglichen Auftraggeber. Diese unterschiedlichen Personengruppen mit ihren jeweils spezifischen Anforderungen sollten deshalb in die Planungs- und Entscheidungsprozesse einbezogen werden, auch wenn sich dies als ein komplizierterer Prozess erweisen sollte. Denn gerade im Hinblick auf die zukünftige didaktische Gestaltung eines virtuellen Bildungsangebotes ist die Nutzerorientierung eine entscheidende Komponente. Die Erfahrungen des Lehrpersonals, der Dozenten, Professoren und wissenschaftlichen Mitarbeiter für das jeweilige Fachgebiet sind für den Auswahlprozess sehr wichtig. Darüber hinaus ergeben sich aus den unterschiedlichen Fachgebieten teilweise spezifische Anforderungen an den virtuellen Lernraum. So sind eventuell Formeleditoren für ein virtuelles Studium der Naturwissenschaft unverzichtbar, für ein virtuelles Sprachstudium kann die Unterstützung verschiedener Zeichensysteme, wie beispielsweise des kyrillischen Alphabets, ein K.-o.-Kriterium darstellen.

3.3.1 Technische und wirtschaftliche Rahmenbedingungen

Konkrete Auswahlentscheidungen müssen über die bisher diskutierten pädagogischen bzw. didaktischen Kriterien hinaus natürlich weitere Aspekte in Betracht ziehen. Schulmeister (2000) geht in diesem Zusammenhang auf das Design, die Technologie, den Support sowie wirtschaftliche Gesichtspunkte ein. Arnold (2001, 41) nennt Wirtschaftlichkeit, Performance (Reaktionszeiten, Stabilität etc.), Skalierbarkeit (das heißt Erweiterbarkeit, z. B. in Bezug auf die Größe der Nutzergruppe), Integration in die bestehende IT-Landschaft und Komfortabilität des Kursmanagements. An dieser Stelle soll nur auf wenige, zentrale Punkte eingegangen werden, im Übrigen wird auf die erwähnte Fachliteratur verwiesen.

Die verwendete Technologie

Bei der Auswahl einer Lernplattform sollte darauf geachtet werden, dass die verwendete Technologie kompatibel zu den bereits verwendeten Systemen ist. Dabei stellen sich z. B. die Fragen, auf welcher Client-Server-Architektur das System aufbaut, welche Datenbanken integriert werden können oder welche Protokolle und Formate unterstützt werden. Besitzt eine Plattform beispielsweise keine Schnittstellen zu der Software bzw. den Datenbanken, die in der Verwaltung genutzt werden, entstehen ggf. hohe Folgekosten für neue Datenbanklizenzen. Solche Schnittstellen sind etwa für die Übertragung und Verwaltung von Nutzerdaten unerlässlich; dies betrifft alle Prozesse von der Einschreibung bis zur Vergabe von Zertifikaten und muss der Verwaltung beispielsweise ermöglichen, über den Lernraum die Studienleistung abzufragen.

Auch die Erweiterbarkeit um Zusatzsoftware bzw. die Möglichkeit, eine Plattform, die den eigenen Anforderungen gerecht wird, aus einzelnen Modulen aufzubauen, sind wesentliche Kriterien.

Wirtschaftliche Gesichtspunkte

Kosten bei der Auswahl einer Lernplattform ergeben sich nicht nur bei der Anschaffung. Ein weiterer wesentlicher Kostenfaktor sind die jeweiligen Lizenzbedingungen. Hier gibt es unterschiedliche Lösungen: zum einen Jahreslizenzen, mit denen beliebig viele Lernende arbeiten können, zum andern Lizenzen pro Nutzer bzw. Arbeitsplatz. Die Kosten für Lizenzen sind sehr unterschiedlich und können durchaus mehrere 10.000 bis über 100.000 EURO für Jahresverträge betragen (BAUMGARTNER / HÄFELE / MAIER-HÄFELE 2002). So können nutzerunabhängige Jahreslizenzen gerade bei großen Hochschulen von Interesse sein, während kleine Bildungsanbieter mit Nutzer- oder Arbeitsplatzlizenzen besser beraten sind. Eine strategische Planung der Entwicklung des virtuellen Bildungsangebots (erwartete Teilnehmerzahl, Nutzungsdauer etc.) ist hier unerlässlich, um sich für eine optimale Gestaltung der Lizenzen zu entscheiden.

Folgekosten beachten

Auch für die technische Administration ist die Implementierung einer neuen Lernplattform häufig neu. Deshalb sollte bei der Finanzplanung auch darauf geachtet werden, welchen Support der Hersteller hierbei anbietet und welche Garantien übernommen werden. Nicht alle Hersteller bieten Handbücher oder (auf bestimmte Nutzergruppen ausgerichtete) Hilfestellungen an, die jedoch ein wichtiges Hilfsmittel sind.

Häufig nicht berücksichtigte Kosten fallen außerdem bei der Anpassung vorhandener Systeme an eine Lernplattform, der Bereitstellung notwendiger Hard- und Software und die Weiterentwicklung eines Systems an.

Auch die derzeit stark diskutierte und an Bedeutung zunehmende Standardisierung von E-Learning-Materialien (Kapitel 7) sollte bei der Auswahl einer Lernplattform berücksichtigt werden. Selbst wenn es derzeit noch kaum verbindliche Standards gibt, ist absehbar, dass die Verwaltung, Nutzung und Wiederverwertung von Lernmaterialien durch Lernplattformen, die wesentliche Standards unterstützen, erheblich erleichtert wird und zu deren Rentabilität beiträgt.

3.3.2 Der Auswahlprozess

Formulieren von Anforderungen

Alle am Auswahlprozess Beteiligten müssen über die gegebenen Rahmenbedingungen – etwa die finanzielle Ausstattung, die Ressourcen im Rechenzentrum des Projekts oder der Hochschule – informiert werden. In einem nächsten Schritt werden Anforderungen an die benötigte Lernplattform formuliert. Hierzu ist es hilfreich, einen Kriterienkatalog zu entwickeln, in dem alle Kriterien gesammelt, geordnet und gewichtet werden. Dabei kann es für einige der Beteiligten schwierig sein, konkrete Kriterien für einen Lernraum aus ihrer Sicht zu formulieren, „weil sich diese Erwartungen noch in der Entwicklung befinden und daher auch noch nicht immer hinreichend artikuliert werden können" (ZIMMER 2003, 12); eventuell müssen sie sich die dafür notwendigen Kenntnisse erst aneignen.

Vorhandene Anforderungskataloge als Anregung

Um diesen Prozess anzuregen und zu unterstützen, kann inzwischen auf bereits vorliegende Kriterienkataloge zurückgegriffen werden. Verwiesen sei z. B. auf den sehr umfangreichen Kriterienkatalog aus der Untersuchung von SCHULMEISTER (2003, 36ff.), bei der die Kriterien unter Heranziehung von 23 internationalen Studien gewonnen wurden, sowie auf die Untersuchung von BAUMGARTNER / HÄFELE / MAIER-HÄFELE (2002). Anzumerken ist, dass solche vorgefundenen Kataloge als *Anregung* betrachtet werden sollten. Sie können in der Regel nicht eins-zu-eins auf andere Projekte übertragen werden. Jede Hochschule und Bildungseinrichtung wird für das für sie spezifische Profil jeweils andere Kriterien als wichtig erachten.

Gewichtung von Auswahlkriterien

Nützlich ist die Unterscheidung in K.-o.-, Soll- und Kann-Kriterien. Insbesondere die Definition von K.-o.-Kriterien ist eine Hilfe bei der Beurteilung der Eignung einer Lernplattform für die Bedürfnisse des jeweiligen Projekts. Die Kriterien und deren Gewichtung sollten von allen Beteiligten gemeinsam erarbeitet und diskutiert werden, um die für den späteren Einsatz notwendige Akzeptanz zu schaffen. Danach kann ein Fragebogen entwickelt werden, bei dem beispielsweise den einzelnen Kriterien die Felder „vorhanden", „nicht vorhanden" und „wird derzeit entwickelt" zugeordnet werden.

Recherche nach Angeboten

Anhand des erstellten Kriterienkataloges kann nun die Recherche nach geeigneten Lernplattformen beginnen. Grundsätzlich besteht zunächst Wahlmöglichkeit zwischen kommerziellen Anbietern und Open-Source-Produkten. Natürlich ist es auch möglich, eine Plattform selbst zu entwickeln, jedoch ist dies zeit- und ressourcenintensiv und dürfte häufig die Lizenzgebühren kommerzieller Anbieter erheblich übersteigen. Da sich der Markt ständig wandelt, ist es schwierig, auf bestehende Listen zu verweisen. (In der Linkliste am Ende dieses Handbuches werden einige Hinweise gegeben.) Viele Anbieter werden vom Markt verdrängt oder fusionieren, neue Produkte entstehen. Dennoch sollten die Entscheidungträger in den Bildungseinrichtungen eine möglichst umfangreiche Auswahl an Plattformen zusammenstellen. Diese können dann anhand des ausgearbeiteten Kriterienkatalogs geprüft werden.

Produkt-
präsentationen
und Testbetrieb

Es ist unwahrscheinlich, dass auf Anhieb eine Plattform gefunden wird, die alle Kriterien hinreichend erfüllt, zumal sich die Anforderungen an diese Systeme von Bildungsanbieter zu Bildungsanbieter unterscheiden. Da der Markt hart umkämpft ist, spezialisieren sich viele Hersteller auf bestimmte Bereiche und Segmente, die sie bedienen können. Dennoch werden einige Plattformen eher für die eigenen Bedürfnisse geeignet erscheinen als andere.

Diese Favoriten sollten im Projekt bzw. an der Bildungseinrichtung mit einer Produktpräsentation vorgestellt werden, damit sich das Auswahlgremium ein erstes Bild über deren Aufbau und die Funktionsweise machen kann. Da solche Präsentationen allerdings noch nicht den Einsatz im Alltag virtuellen Lehrens und Lernens widerspiegeln, wäre es vorteilhaft, wenn zusätzlich Testversionen der Plattformen erprobt werden, da hierbei die tatsächlichen Vor- und Nachteile einer Lernplattform klarer erkennbar werden. Allerdings ist ein solcher Testbetrieb arbeits- und zeitintensiv, zumal dies unter Umständen bedeutet, dass sich die Nutzer mehrmals auf ein neues System einstellen müssen. Dieses Vorgehen ist also nur bedingt möglich.

Auf Erfahrungen
anderer Nutzer
zurückgreifen

Statt des Testbetriebs einer Plattform im eigenen Projekt kann alternativ auch erfragt werden, welche Erfahrungen andere Hochschulen oder Bildungseinrichtungen mit einer bestimmten Lernplattform gemacht haben. Ein solcher Erfahrungsaustausch bietet außerdem den Vorteil, dass die Erfahrungen verschiedener Nutzergruppen – etwa technische Administratoren, Rechenzentren, Lehrende und Lernende – einbezogen werden können. Renommierte Anbieter von LMS und LCMS verweisen in der Regel in ihren Webpräsentationen auf eine Referenzliste.

Eine weitere Möglichkeit, sich ein Urteil über eine Lernplattform zu bilden, besteht darin, persönliche Beurteilungen und Rezensionen von Nutzern im Internet oder in Zeitschriften zu sammeln. Einige Gutachter rezensieren Lernplattformen bewusst aus Verbrauchersicht. Gerade diese Perspektive zeigt häufig erst die Probleme und Chancen sowie die Umsetzung der Konzepte der Plattformentwickler konsequent auf.

Alternative
Lösungen

Stellt sich heraus, dass keiner der Anbieter die Kriterien ausreichend erfüllt, müssen alternative Lösungen gesucht werden (ZÜRCHER 2002). Zunächst kann der Kriterienkatalog noch einmal in gemeinsamer Arbeit anhand der gewonnenen Erkenntnisse überarbeitet und ggf. neu erstellt werden.

Zum anderen kann nun noch einmal die Entwicklung eines speziell auf die eigenen Bedürfnisse zugeschnittenen Lernraums ins Blickfeld genommen werden. Eine günstigere Alternative zu der aufwendigen Entwicklung eines komplett neuen Systems könnte auch die Modifikation einer Open-Source-Software sein. Solche Produkte wurden häufig in Forschungsprojekten für die Unterstützung von E-Learning entwickelt, beispielsweise ILIAS an der Universität zu Köln (http://www.ilias.uni-koeln.de, Feb. 2004). Gerade in Open-Source-Projekten besteht oft auch ein aktiver Austausch der nutzenden Institutionen untereinander und eine gemeinsame Arbeit an möglichen Verbesserungen des Lernraums, sodass hier zugleich ein unterstützender Rahmen bei der Nutzung gegeben ist.

Technische Implementierung einer Lernplattform

Nach der Auswahl eines Lernraumsystems erfolgt die technische Implementierung und die Einführung der Anwender – der Lernenden und der Lehrenden – in die Nutzung. Für die meisten Beteiligten, oft auch für die Rechenzentren der Bildungseinrichtungen bzw. die technischen Administratoren, ist dieser Bereich Neuland. Die Unterstützung der Anbieterfirmen aus technischer Sicht kann dabei stark variieren. Teilweise wird die Anpassung einer Plattform an das jeweilige System einer Hochschule durch das Personal des Anbieters vorgenommen. Andere Firmen halten den Support sehr gering, sodass vor allem die Mitarbeiter des Rechenzentrums oder andere Verantwortliche die Installation und Pflege der Lernplattform durchführen müssen.

Die Nutzer bei der Implementierung berücksichtigen

Allgemein wird der Aufwand für die technische Einbindung einer Lernplattform als sehr wichtig eingeschätzt, während die Nutzer weniger beachtet werden. Da jedoch gerade die Akzeptanz der zukünftigen Nutzer wesentlich für den späteren Erfolg der Lehr- und Lernprozesse ist, sollte hierfür eine „Marketingstrategie" entwickelt werden. Es kann hilfreich sein, Testgruppen auf der Plattform in einem geschützten Bereich arbeiten zu lassen, um so bereits vor der öffentlichen Inbetriebnahme mögliche Mängel zu erkennen. Dabei sollte auch das Zusammenspiel aller Nutzergruppen in Pilotphasen getestet werden, so etwa die Zusammenarbeit zwischen den Lehrenden und der Verwaltung oder den Lehrenden und dem Rechenzentrum (HETTRICH / KOROLEVA 2003, 79).

3.4 Nutzung eines Lernraums

Neue Erfahrungen für Lernende und Lehrende

Ein technisch erfolgreich implementierter Lernraum wird nicht schon deswegen (sinnvoll) genutzt, weil seine Funktionen zur Verfügung stehen. Für die Akzeptanz eines Lernraums ist es wichtig, dass Lernende und Lehrende verstehen, wie durch den Lernraum Lern- und Lehrprozesse gestaltet und gefördert werden können. Einführungen sollten deshalb nicht nur die Funktionen eines Lernraums erläutern, sondern auch darauf eingehen, wie diese Funktionen effektiv genutzt werden können. Dies betrifft sowohl Hinweise darauf, wie der Lernraum an einer Hochschule oder in einem Projekt ‚normalerweise' genutzt wird als auch darauf, wie er kursspezifisch eingesetzt werden kann und welche Möglichkeiten es gibt, ggf. je nach Lerninhalt oder bevorzugter Arbeitsmethode auch individuelle Einstellungen vorzunehmen.

Neu ist für die meisten Beteiligten zu Beginn auch die Erfahrung, dass man sich in einem virtuellen Lernraum durch schriftliche Beiträge ‚sichtbar' machen muss. Erst durch schriftliche Beiträge wird ein Lernraum ‚lebendig' und motiviert dazu, die einzelnen Bereiche zu besuchen und sich an der Kommunikation zu beteiligen.

Frustrierende Erfahrungen zu Beginn lassen sich meist nur schwer ausgleichen, ebenso wie einmal etablierte Arbeitsroutinen oft nur mühsam geändert werden können, auch wenn sie umständlich oder zeitaufwendig sind. In den folgenden Abschnitten wird die Nutzung des Lernraums deshalb aus den Perspektiven der unterschiedlichen Akteure betrachtet. Dies ist natürlich – je nach Lernplattform und Projekt – zu modifizieren. Dabei geht es an dieser Stelle *nicht* vorrangig darum, inwiefern sich z.B. die Betreuung und die Kommunikation in virtuellen Lernszenarien ändert und was dabei zu beachten ist – dieses Thema wird in Kapitel 5 ausführlich behandelt –, sondern um die Bedeutung der *Lernraumfunktionen und -nutzung* in diesem Zusammenhang.

3.4.1 Die Perspektive der Lernenden

Themen und Formen der Einführung in einen Lernraum

Mit dem ‚ersten Besuch' des virtuellen Lernraums treten die Lernenden in eine neue (Lern-)Welt ein. Für Lernende, die noch keine Erfahrungen mit E-Learning haben, stellt die Arbeit in einem virtuellen Lernraum eine Herausforderung dar. Bisher gewohnte Arbeitsprozesse verlaufen völlig anders, z. B. das Auffinden von Informationen, der Umgang mit Arbeitsmaterialien, die Kommunikation und Zusammenarbeit in Lerngruppen. Auf alle diese Bereiche muss in einführenden Veranstaltungen – ähnlich wie für Studienanfänger an einer Präsenzhochschule – eingegangen werden.

Der Rahmen für Einführungen in den virtuellen Lernraum kann sehr unterschiedlich sein. Sie können z. B. während einer Präsenzveranstaltung stattfinden (die natürlich auch weitere Themen behandeln kann), in die auch Praxisübungen integriert werden können. Möglich ist aber auch eine Einführung als Online-Kurs, ggf. auch mit Möglichkeiten zum Üben und Ausprobieren. Begleitende schriftliche Unterlagen mit Abbildungen bzw. Screenshots können hilfreich sein.

Erklärt werden müssen alle Abteilungen des Lernraums und die vorhandenen Funktionen und Werkzeuge sowie deren Nutzung im Lernprozess. Technische Aspekte der Arbeitswerkzeuge, wie die Unterstützung von Dateiformaten, Down- und Uploadprozeduren, die Arbeit im eigenen Speicherbereich usw., müssen erläutert werden, ggf. teilweise mit Unterstützung durch eingebaute Hilfeprogramme. Dies ist notwendig, um Probleme bei der Erstellung, Sicherung oder Präsentation der Arbeitsergebnisse zu vermeiden. Die Lernenden müssen sich mit den Funktionsweisen des Systems auseinander setzen und dabei im Laufe der Nutzung eigene, effiziente Arbeitsstrategien entwickeln.

Auch eine Einweisung in die Nutzung der Kommunikationswerkzeuge ist notwendig, z. B. in das Versenden von E-Mails über einen Verteiler oder notwendige Plug-ins für die Nutzung des Application-Sharing. Für alle Funktionen, Arbeits- und Kommunikationswerkzeuge im Lernraum gilt, dass das Lernen damit zunächst ungewohnt ist und erst eingeübt werden muss; so müssen z. B. virtuelle Gruppenarbeiten wegen des damit verbundenen Koordinationsaufwands langfristiger angelegt werden, die Gruppenarbeiten in Präsenzgruppen und die Kommunikation muss auf die jeweiligen Arbeitsphasen abgestimmt werden. Auf diese veränderten Arbeitsprozesse wird in Kapitel 5 ausführlich eingegangen.

Alle Hilfefunktionen erläutern

Bei der Einführung in den Lernraum müssen alle Hilfefunktionen vorgestellt werden, das heißt, sowohl Hilfestellungen des Systems als auch z. B. „Frequently Asked Questions" (FAQs), Online-Hilfen oder Newsgroups, damit die Lernenden auch zu einem späteren Zeitpunkt die Möglichkeit haben, spezielle Fragen zu klären und sich weiter in den Lernraum einzuarbeiten.

Information über Ansprechpartner

Bei der Einführung in den virtuellen Lernraum müssen die Lernenden darüber informiert werden, an welche Ansprechpartner sie sich bei inhaltlichen, organisatorischen und technischen Fragen wenden können. Hierfür sollte es im Lernraum einen Bereich geben, in dem sich Lehrende, Tutoren, Verwaltung und Administratoren vorstellen und ihren Zuständigkeitsbereich beschreiben. Ein Foto trägt dazu bei, dass der ‚virtuelle Kontakt' weniger anonym ist. Angegeben werden sollten jeweils Kontaktmöglichkeiten (per E-Mail und Telefon, ggf. auch mit Postanschrift) und Sprechzeiten, ebenso zu erwartende Bearbeitungszeiten bei Anfragen oder für die Auswertung von Prüfungsergebnissen (wichtig bei der Nutzung asynchroner Kommunikationswerkzeuge).

Klärung von Rechten

Wichtig für Lernende ist auch die Information über die Rechte der einzelnen Personen in einem Lernraum, etwa die Schreib- und Leserechte: Wer kann die Chatprotokolle lesen? Wer kann Test- und Prüfungsergebnisse einsehen? Wie kann ich Kommilitonen in meinen Ergebnisbereich einladen? In diesen Bereich fallen auch Informationen über das Copyright von Lern- und Arbeitsmaterialien sowie Software, damit die Lernenden nicht unwissentlich Rechtsbruch begehen.

Die Arbeit mit dem Lernraum

Oft gibt es vor dem ‚inhaltlichen‘ Beginn eines Kurses eine Vorlaufzeit, in der sich die Lernenden mit dem Lernraum vertraut machen können. Dabei ist es wichtig, dass der Lernraum bereits ‚vorbereitet‘ ist, also z. B. Informationen zum Modul, zu Lehrenden und Tutoren und Anregungen zu ersten eigenen Aktionen enthält. Das bloße ‚Ansehen‘ eines ‚leeren‘ Lernraums, dessen Funktionen unklar sind, ist nicht hilfreich.

Die persönliche Vorstellung

Häufig ist eine solche erste Aktion die persönliche Vorstellung auf einer eigenen Seite, z. B. mit Bild, Kontaktmöglichkeiten und Studienschwerpunkten. Dies gehört auch zu der zu entwickelnden Kultur, sich im Lernraum ‚sichtbar zu machen‘. Gerade zu Beginn einer Bildungsveranstaltung, wenn die Lernenden sich noch nicht kennen, ist es motivierend, zumindest auf diesem Weg andere Teilnehmer kennen zu lernen. Es kann die Bereitschaft zum Austausch und zur Kommunikation stark senken, wenn sich nicht alle Teilnehmer eines Kurses virtuell vorstellen.

Ausbilden von Arbeitsstrategien

Gerade wenn Lernende mehrere Module besuchen, kann ein virtueller Lernraum schnell unübersichtlich werden. Die Suche nach Informationen und Neuigkeiten und die Kommunikation in verschiedenen Kursräumen kann dazu führen, dass sie sich weniger auf die eigentlichen Lerninhalte als auf den Umgang mit dem Lernraum konzentrieren. Es ist deshalb hilfreich, wenn Lernende von Beginn an eigene Strategien im Umgang mit dem Lernraum entwickeln, beispielsweise immer zuerst in den kursübergeordneten Kalender sehen, dann überprüfen, ob es neue Mitteilungen in einem Studienmodul gibt (Ankündigungen der Lehrenden, neue Diskussionsbeiträge in Foren und Gruppenarbeitsräumen) und regelmäßig ihren aktuellen Arbeits- bzw. Lernstand abfragen, um den weiteren Studienverlauf und die notwendigen Lernzeiten zu planen.

Hilfreich ist es auch, wenn zentrale Informationen zu einem Modul immer in derselben Abteilung eines Kursraums zu finden sind bzw. wenn bei einer anderen Nutzung des Lernraums explizit darauf hingewiesen wird.

3.4.2 Die Perspektive der Lehrenden

Die Aufgabe der Lehrenden bzw. der Teletutoren ist es, den Lernprozess zu unterstützen. Dazu müssen sie die Besonderheiten des virtuellen Lernens kennen (z. B. Lernszenarien, Kommunikationsformen und Gruppenarbeiten; vgl. dazu ausführlich Kapitel 5).

Mit dem Lernraum vertraut machen

Zunächst jedoch müssen die Lehrenden mit dem Lernraum und dessen Funktionen gut vertraut sein, und zwar *aus der Perspektive der Lernenden und aus der Perspektive der Lehrenden*. Letztere beinhaltet in den meisten Lernraumsystemen erweiterte Rechte, z. B. die Möglichkeit, Ankündigungen und neue Inhalte einzustellen, Tests zu generieren oder Evaluationen durchzuführen. Sie müssen auf Neuerungen im System aufmerksam gemacht werden und sich damit auseinander setzen, beispielsweise bei der Anbindung von zusätzlicher Software oder sonstigen Erweiterungen im Lernraum. Außerdem müssen Lehrende wissen, an wen sie selbst sich bei Fragen wenden können und an wen sie die Kursteilnehmer verweisen können.

Abstimmungen zur Nutzung des Lernraums treffen

In größeren Projekten und kompletten virtuellen Studiengängen – sobald die Lernenden mehr als ein Modul belegen – ist es sinnvoll, wenn die Lehrenden sich bei der Nutzung des Lernraums abstimmen, das heißt, bestimmte Bereiche und Funktionen einheitlich verwenden, damit die Lernenden z. B. Terminpläne, Hinweise auf Lehrmethoden in allen Lernmodulen an derselben Stelle finden (was sich nicht von selbst ergibt und keineswegs selbstverständlich ist). Eine solche Abstimmung hat beispielsweise an einem Standort der VFH dazu geführt, dass eine der ursprünglich vorgesehenen Abteilungen des Lernraums nicht genutzt bzw. auch nicht angezeigt wurde, da sie den Betreuern nicht hilfreich erschien. Eine solche Entscheidung kann sinnvoll sein, da 'leere' Abteilungen auch demotivieren.

Neu hinzukommende Lehrende sollten sich an etablierte Routinen halten. Natürlich kann der Lernraum in einzelnen Modulen auch anders genutzt werden, wenn es dafür inhaltliche oder didaktische Gründe gibt; dies sollte den Teilnehmern aber auf jeden Fall explizit mitgeteilt werden. Nur durch die kontinuierliche Nutzung des Lernraums gewinnen die Lehrenden Routine, auch bei Tätigkeiten, die möglicherweise zunächst umständlich, aber für die Unterstützung des Lernprozesses trotzdem sinnvoll sind (dies war in der VFH etwa mit dem Kalender der Fall).

Hilfe bei der Gestaltung von Lernprozessen

Gerade in der Anfangszeit benötigen neue Lernende Hilfen bei der Nutzung des Lernraums. Solche Hilfen können darin bestehen, dass die Lehrenden sich selbst an klare Nutzungsstrukturen halten oder dazu anregen, bestimmte Funktionen zu verwenden, z. B. die Teilnehmer auffordern, sich auf einer eigenen Homepage vorzustellen oder Gruppenarbeitsräume zu nutzen. Wie bereits erwähnt, sind dazu Kompetenzen zur Unterstützung von virtuellen Lernprozessen notwendig. Lernraumfunktionen, wie etwa Kommunikationswerkzeuge, müssen *sinnvoll* eingesetzt werden; so ist z. B. ein Diskussionsforum, das kaum benutzt wird, demotivierend; wenn es aber zu bestimmten Zeiten zur Diskussion spezieller Fragen genutzt wird, kann es ein hilfreiches Arbeitsinstrument sein. Wichtig ist, dass die Lernenden sinnvolle Routinen bei der Nutzung des Lernraums entwickeln.

Den Lernraum beleben

Wenn Lernende feststellen, dass sich in einem Kursraum auf Dauer 'nichts tut', das heißt, keine neuen Ankündigungen vorhanden sind, keine neuen Beiträge in Forendiskussionen gemacht werden, sinkt auch die Motivation, sich selbst zu beteiligen. Der Lernraum muss 'lebendig' sein. Damit ist verbunden, dass sich eine Kultur des 'Sichtbar-Machens' in einem virtuellen Lernraum entwickelt. Für Lernende und Lehrende ist es oft eine neue Erfahrung, dass sie sich schriftlich äußern müssen, um etwas darüber zu erfahren, welche Fortschritte die anderen machen, welche Probleme es bei der Bearbeitung von Aufgaben gibt. Es ist die Aufgabe von Tutoren bzw. Lehrenden, dies den Lernenden bewusst zu machen und zugleich durch Ankündigungen und Mitteilungen, aber auch durch Anregungen zur Diskussion die Entwicklung einer solchen ‚Lebendigkeit' im virtuellen Lernraum zu fördern. Persönliche Nachrichten, wie z. B. Neujahrsgrüße, lockern die Atmosphäre auf, sollten aber die inhaltlichen Informationen nicht überdecken. Auch hier werden im Einzelfall die Maßnahmen unterschiedlich aussehen. Anfänger benötigen mehr Anregungen als erfahrene Lernende oder Studierende, die parallel mehrere Module belegt haben. Sie werden – anders als Lernende, die nur einen Kurs absolvieren – durch zu viele Bewegungen im Lernraum eher belastet als angeregt.

Mit der Zeit werden die Lehrenden ein Gespür dafür bekommen, was in welchem Kurs notwendig ist. Hier gilt der Grundsatz: so viel Unterstützung wie notwendig, so wenig wie möglich.

Welche Tätigkeiten im Lernraum sind nun konkret mit der Durchführung eines Moduls verbunden? (Siehe zu den folgenden Vorschlägen auch Abschnitt 5.4.)

Tätigkeiten vor Beginn eines Kurses

Vor Beginn eines Studien- bzw. Lernmoduls können folgende Tätigkeiten sinnvoll sein:

- *Vertraut machen* mit dem Lernraum und seinen Bereichen und Funktionen,

- *Informieren* über Nutzungsroutinen in einem Projekt,

- *Planen*, wie das konkrete Modul im Lernraum eingebunden sein muss,

- *Abgleichen* mit allgemeinen Nutzungsregeln und der Frage, ob es im Kurs Besonderheiten gibt, die ein Abweichen davon sinnvoll machen,

- *Einstellen* von Informationen in den Lernraum, z. B.

  - Informationen zur Durchführung des Moduls (zum Lernszenario, zu Lernformen, zum Terminplan, Vorschläge zum Umgang mit dem Lernmaterial, zu Prüfungen),

  - Informationen zur eigenen Person (Erreichbarkeit, E-Mail-Adresse, Telefonnummer, Sprechzeiten, Angabe zu Antwortgeschwindigkeiten, Foto, eventuell auch einige persönliche Informationen),

  - Einstellen von Links, Literaturlisten usw.,

  - Begrüßen der Teilnehmer im Ankündigungsbereich,

  - Erste Aufgaben für die Lernenden (z. B. sich mit einer Homepage allen Kursteilnehmern vorzustellen, eine Mitteilung zur Begrüßung in einem Diskussionsforum zu machen).

Tätigkeiten während eines Kurses

Während des Kursverlaufs können folgende Tätigkeiten sinnvoll sein:

- regelmäßig Ankündigungen *einstellen* (dabei ist die ·Häufigkeit von unterschiedlichen Faktoren abhängig – z. B. wie viele Module die Lernenden belegt haben – und muss im Einzelfall geprüft werden),

- im Lernraum eine Rückmeldung *geben*, z. B. über die Bearbeitung von Aufgaben oder den Stand der Gruppe,

- zur Nutzung der verschiedenen Werkzeuge im Lernraum *anregen,*

- Gruppenarbeitsprozesse *anregen*: Nutzung der Gruppenräume und Kommunikationswerkzeuge etc. (Vorschläge, Hilfestellungen),

- zur Kommunikation *anregen,*

- *‚Aufräumen'* von Diskussionsforen,

- *Erstellen und Einstellen* von Tests,

- zusätzliche Lernmaterialien, Links, Literaturverweise usw. *einstellen* und darauf jeweils mit einer Ankündigung *hinweisen.*

Tätigkeiten nach Beendigung eines Kurses

In die Reflexion über den Verlauf eines virtuellen Kurses nach der Durchführung sollten die Lehrenden auch die Nutzung des Lernraums einbeziehen. Damit ihre Erfahrungen in der Lehre dazu genutzt werden können, den Lernraum zu optimieren – z. B. durch Erweiterungen, technische Veränderungen, aber auch durch andere Arbeitsroutinen –, sollten die Projektleitungen die Rahmenbedingungen schaffen, damit entsprechende Vorschläge gesammelt, mit Kolleginnen und Kollegen diskutiert und an die technische Administration weitergegeben werden können.

3.4.3 Technisch-organisatorische Anforderungen

Kommunikation zwischen den Bereichen

Auch wenn technische Administration und Verwaltung nicht unmittelbar in den Lernprozess involviert sind, können sie durch die Bereitstellung studien- bzw. kursrelevanter Auskünfte, technischer Hilfestellungen usw., erheblich zu einem reibungslosen Lehr- und Lernbetrieb beitragen. Schnittstellen zum Lernraum müssen das Einstellen solcher Informationen und die Kommunikation zwischen Mitarbeitern dieser Bereiche und den Lernenden und Lehrenden ermöglichen. Kommunikationsroutinen (und Kommunikationsregeln) sollten von Beginn an etabliert werden: beispielsweise, indem sich die jeweiligen Ansprechpartner für Lernende und Lehrende mit Foto und Kontaktmöglichkeiten im Lernraum vorstellen. Informations- und Unterstützungsangebote sollten vorgestellt und regelmäßig aktualisiert und Listen mit häufig gestellten Fragen (FAQs) gepflegt werden. Alle relevanten Informationen (z. B. über Änderungen, Termine) sind explizit an die Nutzer in den anderen Bereichen zu kommunizieren. Umgekehrt müssen die Nutzer wissen, welche Informationen die Verwaltung und technische Administration von ihnen benötigen.

Die Aufgaben der Verwaltung

In der Verwaltung werden das Angebot, die Belegung der Veranstaltungen sowie die dafür zur Verfügung stehenden Lehr- und Betreuungskapazitäten geplant. Dazu müssen Werkzeuge zur Ressourcenplanung und Verwaltung der Teilnehmer zur Verfügung stehen, die Daten müssen koordiniert abgefragt und verwaltet werden können, eine Schnittstelle zum Lernraum sollte vorhanden sein.

Für die Lernenden stellt die Verwaltung zum einen Auskünfte über das Bildungsangebot zur Verfügung, z. B. über Curricula und Prüfungsordnungen. Zum anderen stellt sie Informationen über organisatorische Abläufe bereit, z. B. über Veranstaltungsorganisation, Einschreibung oder Kursbelegungen. Lernende wenden sich in diesen Zusammenhängen mit Anliegen und Fragen an die Verwaltung, umgekehrt kann die Verwaltung Lernende an Rückmeldungen erinnern oder Kurseinschreibungen bestätigen.

Dazu ist es notwendig, dass die Verwaltung von den Lehrenden die entsprechenden Auskünfte erhält, z. B. über neu erstellte Inhalte, die dann in das Angebotsprofil der Hochschule oder des Bildungszentrums eingepflegt werden. Auch kann die Verwaltung unter Rücksprache mit den Lehrenden studien- und kursrelevante Informationen – etwa über Praktikumsplätze und Fördermöglichkeiten (BAföG) – in den Lernraum einstellen.

Technische Administration ist eine Dienstleistung

Aufgabe der technischen Administrationist die Bereitstellung und Pflege der technischen Infrastruktur eines virtuellen Lernangebots, beispielsweise die Pflege der Verwaltungsdatenbanken sowie deren Anbindung an den Lernraum oder Fragen der IT-Sicherheit, der Schutz der lokalen Client-Rechner vor Übergriffen, die Sicherung und Archivierung von Daten. In Absprache mit dem Lehrpersonal können Zugriffsrechte auf die einzelnen Bereiche des Lernraums vergeben werden.

Von zentraler Bedeutung für den Studienbetrieb ist die schnelle Beseitigung technischer Fehler, z. B. bei Systemausfällen, aber auch bei kleineren Problemen.

Eine wesentliche Aufgabe der technischen Administration ist die Optimierung der eingesetzten Lernplattform für den Studienbetrieb (soweit sie dazu Möglichkeiten bietet), z. B. die Erweiterung der verfügbaren Funktionen um andere Werkzeuge oder Zusatzsoftware. Wichtig sind dabei die Kommunikation und Abstimmung mit allen Beteiligten. Auf jeden Fall müssen Veränderungen der Lernplattform den Nutzern mitgeteilt werden. Außerdem sollte die Projektleitung die Rahmenbedingungen schaffen, um diesbezügliche Hinweise und Anregungen von Lernenden und Lehrenden zu sammeln, gemeinsam zu diskutieren und abzustimmen.

3.5 Praxisbeispiel: Der Lernraum in der Virtuellen Fachhochschule für Technik, Informatik und Wirtschaft

Gründung der Arbeitsgruppe Lernraum zu Projektbeginn

Der Projektantrag für die VFH wurde in einer Zeit eingereicht und begutachtet, als der Bedeutung eines virtuellen Lernraums noch kaum Aufmerksamkeit geschenkt wurde; so waren hierfür zunächst keine Kapazitäten eingeplant. Jedoch wurde schon bei dem ersten Arbeitstreffen des Gesamtprojekts nach der Bewilligung des Projektantrags die Gründung einer Arbeitsgruppe (AG) Lernraum initiiert. Beteiligt an dieser Arbeitsgruppe waren Mitglieder aus den technischen, didaktischen und modulentwickelnden Arbeitspaketen. Bis zur Auswahl des Lernraumsystems „Blackboard" für die VFH arbeitete die AG Lernraum etwa anderthalb Jahre kontinuierlich und intensiv zusammen. Danach wurden zunächst die Mitarbeiter der VFH im Umgang mit „Blackboard" geschult, außerdem sammelten sie dadurch Erfahrungen im Umgang mit dem Lernraum, dass er von verschiedenen Arbeitsgruppen genutzt wurde, um Materialien auszutauschen und regelmäßige Chats durchzuführen. Schließlich wurde der Einsatz des Lernraums von der Pilotphase der ersten Studienmodule an evaluiert; die dabei erzielten Ergebnisse führten dazu, dass die technische Handhabung und die didaktisch sinnvolle Nutzung des Lernraums wichtige Themen bei den Schulungen der Teletutoren wurden.

Zusammenstellung von Anforderungen an den Lernraum

Bei den Treffen der AG Lernraum wurden zunächst Anforderungen an ein Lernraumsystem aus der Perspektive der Lernenden und der Lehrenden formuliert, wobei zum damaligen Zeitpunkt noch nicht auf fertige Kriterienlisten, vergleichende Übersichten etc. zurückgegriffen werden konnte. Zunächst wurden technische und organisatorische Anforderungen definiert, bei denen es etwa um die Leistungsfähigkeit des Systems oder die Möglichkeiten der Verwaltung von Daten ging. Ein wesentliches Kriterium zum damaligen Zeitpunkt war die Geschwindigkeit des Systems, da es kaum Breitbandverbindungen für Studierende gab.

Didaktisch-methodische Anforderungen

Zusätzlich stellte das Arbeitspaket „Didaktik und Methodik telematischen Lehrens und Lernens" didaktische Anforderungen an einen virtuellen Lernraum zusammen, die sich besonders darauf konzentrierten, welche Funktionen zur Aktivierung der Studierenden beitragen: Dies kann nicht nur durch die Integration von Tests geschehen (ein vorrangiges Interesse vieler Lehrender), sondern auch durch den aktiven Umgang mit den Lernmaterialien, etwa die Möglichkeit, (ggf. für andere sichtbare) Annotationen zu machen, selbst Materialien in den Lernraum einzustellen oder durch die Nutzung der Kommunikationsfunktionen.

Die Diskussion solcher Anforderungen zeigte, dass die Interessen der technischen und didaktischen Arbeitspakete teilweise in unterschiedliche Richtungen gingen. Während aus technischer Perspektive die Leistungsfähigkeit und Stabilität von Systemen, aber auch die Begeisterung für neue Funktionen (die aus didaktischer Perspektive weniger sinnvoll erschienen) im Vordergrund standen, konnten andererseits die technischen Implikationen von didaktischen Anforderungen teilweise von den Mitarbeitern der didaktischen Arbeitspakete nicht adäquat beurteilt werden. So war es besonders wichtig, dass bei den gemeinsamen Diskussionen Verständnis für die Anforderungen aller Beteiligten erzielt wurde. Auf dieser Basis wurde ein umfangreicher, tabellarischer Katalog formuliert, der verschiedene Anforderungsgruppen mit insgesamt 75 Kriterien enthielt, z. B. die Möglichkeit der Aufteilung des Lernraums in verschiedene Bereiche (wie Informations- und Arbeitsbereich), Forderungen für Lernende wie Web-Browsing (Lesezeichen, Zugang, Multimedia, Sicherheit), synchrone und asynchrone Kommunikationswerkzeuge, Studentenwerkzeuge (Selbsteinschätzung, Fortschrittskontrolle), Kurswerkzeuge (Planung, Kursmanagement) und andere.

Hoher Handlungsdruck bei der Auswahl

Da während des Auswahlprozesses der Lernplattform im Projekt bereits die ersten Studienmodule entwickelt wurden, bestand hoher Handlungsbedarf, damit die Multimedia-Entwickler sich an den unterstützenden Formaten ausrichten konnten. Auch die Frage nach Autorenwerkzeugen zur Erstellung der Lerneinheiten musste geklärt werden. So wurden bereits während der Entwicklung der Kriterienliste erste Kontakte mit Plattformherstellern aufgenommen sowie Produktbesichtigungen bei Anbietern durchgeführt, z. B. im Rahmen von Tagungen und Messen.

Test ausgewählter Plattformen

Auf dieser Grundlage und auf der Grundlage eines Abgleichs mit projektinternen Anforderungen kamen schließlich sieben Lernplattformen in die engere Auswahl. Dabei waren sowohl kleinere Anbieter als auch große, renommierte Hersteller vertreten. Der Vorteil kleinerer Firmen liegt darin, dass sie flexibler auf spezielle Kundenanforderungen eingehen können. Jedoch hat sich gezeigt, dass es für sie auch schwerer ist, am Markt zu bestehen; so ist oft die Kontinuität ihres Angebots nicht auf Dauer gesichert. Die ausgewählten Lernplattformen wurden von VFH-Teams an drei Standorten getestet. Diese Tests bezogen sich sowohl auf technische Aspekte (von der Installation bis zum Einfügen von Inhalten) als auch auf didaktische Bereiche (Annotationsmöglichkeiten, Setzen von Lesezeichen etc.). Dabei zeigte sich, dass die Herstellerangaben zu einigen Funktionen teilweise erheblich von den praktischen Erfahrungen bei ihrer Nutzung abwichen. Dies traf z. B. auf das K.-o.-Kriterium Geschwindigkeit zu, aber auch auf Kriterien wie Stabilität und Sicherheit.

Die Ergebnisse der Tests wurden in der AG Lernraum präsentiert und diskutiert. Bei der Auswahl des Lernraums „Blackboard" war den Beteiligten bewusst, dass sie sich nicht für einen ‚schnittigen Sportwagen', sondern für ein ‚belastbares Arbeitspferd' entschieden hatten. So wurden auch die bereits festgestellten Mängel des Lernraums zusammengestellt und bei den anschließenden Mitarbeiterschulungen besonders berücksichtigt.

Erfahrungen bei der Implementierung

Bei der Implementierung zeigte sich, dass gerade bei den Modulentwicklern große Vorbehalte gegen einen virtuellen Lernraum bestanden. Sie sahen zunächst keinen Zusammenhang zwischen den von ihnen entwickelten Studienmodulen und dem Lernraum, häufig hörte man Aussagen wie: „Mein Modul kommt auch ohne Lernraum aus." Tatsächlich wurden die Studienmodule oft, auch während der Pilotphasen, zunächst mit Präsenzstudierenden erprobt, bei denen der Einsatz eines Lernraumsystems zunächst nicht unbedingt nötig war. Dies änderte sich jedoch während des realen Studienbetriebs, denn nun zeigte sich, dass die effektive Nutzung des Lernraums zentral für ein erfolgreiches Studium war. Zwar wurde sowohl von Studierenden als auch von Lehrenden und Teletutoren Kritik am ausgewählten Lernraum „Blackboard" geübt, insbesondere daran, dass zu viele Ebenen und zu viele Kurs- und Kommunikationsräume den Lernraum ‚unübersichtlich' machten.

Jedoch wurde zugleich deutlich, dass die Kommunikation zwischen Studierenden und Tutoren und der Studienerfolg höher waren und besser beurteilt wurden, wenn die Tutoren den Studierenden sinnvolle Anregungen zur Nutzung des Lernraums gaben. Dazu benötigten sie zum einen Hinweise der Modulentwickler, wie der Lernraum beim Einsatz des Moduls genutzt werden sollte. Zum anderen mussten sich die Tutoren darüber abstimmen, wie der Lernraum konkret genutzt werden sollte. Dabei entwickelten sich an den einzelnen Standorten unterschiedliche Strategien (siehe auch Abschnitt 5.5). Als entscheidend stellte sich jedoch heraus, dass es überhaupt eine gemeinsame Abstimmung gab. An den Studienstandorten, an denen eine solche Abstimmung nicht getroffen wurde und der Lernraum von den Tutoren unterschiedlicher Module jeweils unterschiedlich genutzt wurde, gab es auch die größte Kritik an der Betreuung.

Auch zeigte sich, dass der Lernraum bei der Betreuung von Studierenden, die ein komplettes Studium absolvieren, anders genutzt werden sollte als bei Lernenden, die nur an einem einzelnen Kurs teilnehmen. Kommunikationsanregungen etwa, die für einen Einzelkurs sinnvoll sind, können beim Belegen mehrerer Kurse redundant und lästig sein, z. B., wenn Studierende sich mehrfach ihren – inzwischen bekannten – Kommilitonen vorstellen sollen oder in parallelen Kursen zu viele Foren genutzt werden, da dabei schnell die Übersicht verloren geht und ein konstruktiver Austausch schwierig wird. Wichtiger war jedoch, dass einmal etablierte, arbeitserleichternde Routinen auch von neuen Teletutoren befolgt wurden.

Ergebnisse der Evaluation

Die Ergebnisse der Evaluationen führten dazu, dass das Bewusstsein für die Bedeutung des virtuellen Lernraums wuchs, sowohl bei den Modulentwicklern als auch bei den Lehrenden und Tutoren, die bis dahin bei den Schulungen ihr Augenmerk eher auf die technische Beherrschung des Lernraums gelegt hatten als auf die Aspekte eines didaktisch sinnvollen Einsatzes. Als hilfreich erwies sich dabei ein didaktisch ausgerichteter Nutzungsvorschlag für die Abteilungen und Funktionen von „Blackboard".

Die an der VFH gemachten Erfahrungen zeigen, dass für die Beteiligten in den unterschiedlichen Projektstadien von der Auswahl über die Implementierung bis zum Einsatz im Studium jeweils sehr unterschiedliche Aspekte des Lernraums von Bedeutung sind. Projektleitungen sollten den Austausch zwischen allen Beteiligten unterstützen und entsprechende Ressourcen dafür einplanen, um die jeweiligen Anregungen – z. B. zur technischen Optimierung oder zum Ausgleich von Mängeln – zu bündeln, denn die effektive Nutzung und die sukzessive Verbesserung des eingesetzten Lernraums sind wesentliche Voraussetzungen für dessen Akzeptanz und zugleich für Studienerfolg und -zufriedenheit.

3.6 Schlussfolgerungen und Empfehlungen

Virtuelle Lernräume als technische und pädagogische Infrastruktur

Virtuelle Lernräume bilden nicht nur die technische, sondern auch die pädagogische Infrastruktur einer virtuellen Hochschule oder eines virtuellen Bildungszentrums. Nach PETERS (1999) eröffnet der virtuelle Raum gleich zehn ‚neue Lernräume' mit jeweils eigenen didaktischen Anforderungen. Für die orts- und zeitunabhängige Gestaltung der Lernaktivitäten stehen Lernenden und Lehrenden eine Vielzahl von Werkzeugen zur Verfügung, die den Lernprozess unterstützen und den virtuellen Lernraum zu einer Ergänzung bzw. Erweiterung ‚traditioneller' Lernräume werden lässt.

Neue Kompetenzen für effizienten Umgang

Dennoch scheint es trotz der vorhandenen Hilfen und Werkzeuge oft schwierig zu sein, in einem virtuellen Lernraum zu arbeiten, sich zu orientieren, zu kommunizieren, zu kooperieren oder Lerninhalte zu bearbeiten. Um ihre Arbeitsenergie nicht auf die Bedienung des Lernraums, sondern auf den Lernprozess zu konzentrieren, müssen Lehrende und Lernende neue Kompetenzen erwerben.

Unterstützung der Lernenden

Teletutoren und Lehrende haben dabei die Aufgabe, die Lernenden bei der Arbeit zu unterstützen und sie beim Erwerb dieser notwendigen Kompetenzen zu begleiten. Jedoch müssen sie oft selbst erst noch eigene Erfahrungen mit virtuellen Lernräumen sammeln. Dazu ist es notwendig, dass sie sich nicht nur mit virtuellen *Lernräumen* auseinander setzen, sondern mit den damit verbundenen Informations- und Kommunikationsformen, z. B. auch durch die Teilnahme an virtuellen Gemeinschaften. Schließlich sind, um die leistungsstarken Eigenschaften virtueller Lernräume ausschöpfen zu können und damit die Lernmöglichkeiten zu erweitern, vor allem Kompetenzen im Bereich der Didaktik des E-Learnings (Kapitel 4) und der teletutoriellen Betreuung (Kapitel 5) unabdingbar notwendig.

Kreativität und Engagement sind erforderlich

Die Entwicklung im Bereich der Lernraumsysteme verläuft außerordentlich dynamisch. Trotzdem wird und kann es ‚die optimale' Plattform nicht geben. Dies liegt nicht nur an den technischen Möglichkeiten, sondern vor allem daran, dass verschiedene Lernszenarien, verschiedene Anforderungen der Lernenden und auch unterschiedliche Intentionen von Bildungsanbietern jeweils unterschiedliche Unterstützungsformen erfordern. Dennoch gibt es Plattformen, die für bestimmte Lehr- und Lernangebote geeigneter sind als andere. Für größere Projekte ist deshalb die sorgfältige Auswahl eines geeigneten Systems von hoher Bedeutung. Jedoch sind oft auch Kompromisse sinnvoll, damit z. B. an einer Hochschule nicht (zu viele) unterschiedliche Lernraumsysteme genutzt werden. In der Praxis müssen die auftretenden Mängel durch aufeinander abgestimmte Maßnahmen, das Engagement und die Kreativität der Tutoren und Lehrenden ausgeglichen werden. Schließlich ist es wichtig, dass Lehrende und Lernende in die Verbesserung der vorhandenen Systeme einbezogen werden. Hilfreich sind dazu Evaluationen (Kapitel 6), aber auch informelle Austauschformen, wie sie z. B. in den verschiedenen Open-Source-Initiativenpraktiziert werden, können dazu beitragen, denn: Wer, wenn nicht die Nutzer – Lernende, Tutoren und Lehrende – können den Entwicklern die notwendigen Hinweise geben?

Kapitel 4

Didaktische Konzeption

4.1 Bedeutung der Didaktik für virtuelle Lernmodule

Die neuen Bildungs-
technologien ver-
ändern das Lehren
grundlegend

Nicht nur das Lernen, auch das Lehren verändert sich durch die neuen Bildungstechnologien erheblich. Das folgende Kapitel untersucht, wie es sich auf die Tätigkeiten von Lehrenden – bzw. von Konzeptentwicklern virtueller Studien- und Lernmodule – auswirkt, dass sich die entstehenden neuen Lehr- und Lernformen in vielerlei Hinsicht sowohl von herkömmlichen Präsenzveranstaltungen als auch von der klassischen Fernausbildung unterscheiden. So etwa in ihrem zeitlichen und organisatorischen Ablauf, der Struktur und Aufbereitung der Lernmaterialien, der Bedeutung der Aufgabenstellung, der Kommunikation und der Betreuung der Lernenden.

Bereits im Kapitel 2 wurde ausführlich dargestellt, dass damit das Potenzial verbunden ist, dem Zusammenspiel von Lehren und Lernen an Hochschulen, aber auch an anderen Bildungszentren, neue Impulse zu geben und beispielsweise zur Veränderung des pädagogischen Verhältnisses von Lernenden und Lehrenden beizutragen. Jedoch entwickelt sich eine solche neue Lern- bzw. Studienkultur kaum ‚von selbst' – im Gegenteil, der unreflektierte Einsatz telemedialer Elemente kann das Lernen erheblich behindern.

In diesem Kapitel werden daher lerntheoretische Grundlagen und didaktische Überlegungen vorgestellt, die es Entwicklern erleichtern sollen, effektive virtuelle Bildungsangebote zu konzipieren und bereits mit der Planung den notwendigen Wandel der Lernkultur zu unterstützen (WILBERS 2001a, 2001b; ZIMMER 2002).

Notwendige
Begriffsklärung

Da die Veranstaltungsformen und die Begrifflichkeiten im Bereich des E-Learnings zurzeit sehr heterogen sind, ist es in den meisten Projekten notwendig, zu Beginn einheitliche Sprachregelungen vorzunehmen. Dies ist umso wichtiger, als die meisten Beteiligten den eigenen Sprachgebrauch bzw. das eigene Verständnis als selbstverständlich betrachten und auch bei den anderen voraussetzen, was dazu führen kann, dass fatale Missverständnisse entstehen (und möglicherweise zu spät entdeckt werden), die auch mit den konkreten Ausführungen der Entwickler zu tun haben und dann in der Umsetzung der Kurse nicht mehr berücksichtigt werden können. Dies kann z. B. den Umfang der zu erstellenden Lernmaterialien betreffen, aber auch mögliche Formen der Kommunikation und Betreuung oder andere mehr oder weniger wichtige Modulelemente.

Umfang von Lernmodulen

Im Folgenden werden, wie im Kapitel 1 ausgeführt, „virtuelle Studienmodule" bzw. „virtuelle Lernmodule" als Lehr- und Lernveranstaltungen im Kontext von Hochschule bzw. anderen Bildungseinrichtungen verstanden, die vorwiegend computer- und internetvermittelt und nicht „Face-to-Face" durchgeführt werden. Dabei geht es nicht um die Aufbereitung von ‚Lernhäppchen', sondern um inhaltlich (und zeitlich) umfassendere Kurse. So umfasst ein Studienmodul an der „Virtuellen Fachhochschule für Technik, Informatik und Wirtschaft (VFH)" etwa den Umfang einer Semesterveranstaltung (z. B. einer Vorlesung oder eines Seminars) und enthält kleinere *Lerneinheiten*, die etwa einer Vorlesungs- oder Seminarstunde entsprechen und ihrerseits wieder aus unterschiedlichen, kleineren Lernelementen (Learning Objects; Kapitel 7) bestehen können.

Eine aus didaktischer Perspektive sinnvolle Konzeption einer solchen Veranstaltung muss über die Aufbereitung von Inhalten hinausgehen, auf die sich die Aufmerksamkeit von Entwicklern häufig konzentriert (z. B. die Entwicklung eines Lernprogramms bzw. von Lernmaterialien). Erst durch die Einbettung in ein Gesamtkonzept, das die Planung des zeitlichen und organisatorischen Ablaufs sowie der Kommunikation und Betreuung mit der Konzeption der Lernmaterialien verbindet, können virtuelle Lehr- und Lernprozesse effektiv und effizient gestaltet werden.

Aufwendige Planung virtueller Lernmodule

Sowohl traditionelle Präsenzveranstaltungen als auch virtuelle Module müssen sorgfältig vorbereitet werden. Jedoch erfordern die Konzeptentwicklung und (technische und organisatorische) Realisierung virtueller Module mehr und andere Arbeitsschritte als bisher gewohnt und bekommen damit einen höheren Stellenwert als die Planung von Präsenzveranstaltungen. Dies liegt nicht nur an der aufwendigen technischen Umsetzung multimedialer Lerninhalte. So sind etwa spontane Reaktionen und eventuelle Änderungen viel schwerer möglich als in Präsenzveranstaltungen, in denen ein Dozent direkt auf die Lernenden reagieren und wenn nötig sogar sein Gesamtkonzept noch einmal verändern kann. Dies ist in virtuellen Kursen nicht so leicht möglich, zum einen wegen des damit verbundenen Erstellungsaufwands, zum andern aber auch, weil es schwierig sein kann, die Lernenden über nachträgliche Veränderungen von Inhalten oder Verbesserungen von Fehlern adäquat zu informieren: Für die Lernenden, die die entsprechenden Seiten noch nicht gelesen haben, ist die Information überflüssig; für diejenigen, die den Stoff bereits bearbeitet haben (und an der entsprechenden Stelle entweder eine völlig veränderte Seite wiederfinden oder auch nur kleine Änderungen suchen müssen), verwirrend.

An der Entwicklung beteiligte Personen

Außerdem sind an der Planung, Umsetzung und Durchführung von virtuellen Studien- oder Lernmodulen zumeist viel mehr Personen beteiligt als in herkömmlichen Lernsituationen. An der Entwicklung können beispielsweise Projektmanager, Verantwortliche für den Inhalt, didaktische und ergonomische Berater, Konzeptentwickler und Drehbuchautoren sowie schließlich Programmierer beteiligt sein. Oft wird darüber hinaus ein technisch realisiertes Modul von anderen Personen eingesetzt und betreut als von denjenigen, die es entwickelt haben. Alle diese Personen müssen ihre Tätigkeiten und Verantwortlichkeiten aufeinander abstimmen, damit das entstehende virtuelle Modul Lernende unterstützen kann. Die Auswirkung dieses arbeitsteiligen Erstellungsprozesses und der „qualitative Unterschied bei der Produktion und dem Einsatz eines Mediums für *eigene* Lehrzwecke oder für eine vom Produzenten unabhängige Verwendung wird vielfach unterschätzt" (KERRES 1998, 308).

Gliederung des Kapitels

Die Gliederung des Kapitels orientiert sich an unterschiedlichen Faktoren, die die didaktische Gestaltung virtueller Lernmodule beeinflussen. Zunächst wird dabei auf die Rahmenbedingungen eingegangen, unter denen ein Modul entwickelt wird (Abschnitt 4.2). Im Anschluss daran erfolgt eine systematische Darstellung der didaktisch-methodischen Grundlagen für die Konzeption (Abschnitt 4.3), die in einem handlungsbzw. aufgabenorientierten Gesamtkonzept zur Entwicklung virtueller Module konkretisiert werden (Abschnitt 4.4). Im nächsten Schritt werden Überlegungen zur Qualifizierung der Konzeptentwickler virtueller Module vorgestellt (Abschnitt 4.5). Veranschaulicht werden alle diese Schritte am Beispiel der Einführung und Verwendung der didaktischen Leitlinien in der VFH (Abschnitt 4.6). Das Kapitel schließt mit Schlussfolgerungen und Empfehlungen zur Entwicklung virtueller Module (Abschnitt 4.7).

4.2 Rahmenbedingungen der Entwicklung virtueller Lernmodule

Vor der Darstellung der komplexen pädagogischen und didaktischen Arbeitsbereiche und Schritte bei der Entwicklung virtueller Module in den folgenden Abschnitten werden an dieser Stelle zunächst wesentliche Rahmenbedingungen umrissen. Denn es liegt auf der Hand, dass Aspekte wie die Größe eines E-Learning-Projekts und dessen finanzielle und technische Ausstattung erheblichen Einfluss auch auf die didaktische Planung haben.

Analyse der Rahmenbedingungen und Planung der Ressourcen

Die meisten E-Learning-Entwicklungen, zumindest im Bereich der Hochschullehre, sind entweder Initiativen einzelner Lehrstühle oder Fachbereiche – „Piloten', Bastler und Missionare" (SCHREITERER 2003, Online) – oder entstehen durch zeitlich begrenzt geförderte Projekte von sehr unterschiedlicher Größe (zur bisher fehlenden Einbindung von E-Learning in die Hochschulen siehe Kapitel 2 und 8).

Ob also die Konzeptentwickler von virtuellen Modulen zugleich auch Projektplaner sind (wie oft in kleinen Projekten) oder ob sie Projektmitarbeiter innerhalb eines großen Gesamtteams sind (wie an der VFH) und inwieweit sie Möglichkeiten haben, Rahmenbedingungen zu beeinflussen oder mitzugestalten, ist im Einzelfall ebenso unterschiedlich, wie es die konkreten Tätigkeiten sind.

Ressourcen der Modulentwicklung

REINMANN-ROTHMEIER (2003, 89-92) nennt für Hochschullehrer, die E-Learning-Projekte planen bzw. vorbereiten, folgende in der Kontext- und Ressourcenanalyse zu beachtende Faktoren:

- *finanzielle Rahmenbedingungen* (Kalkulation vorhandener und einzu-werbender Mittel, Kostenschätzung, Erstellung eines Finanzplans),

- *verfügbarer Zeitrahmen* (Projektbeginn und -ende; eventuelle Vorgaben durch feste, z. B. hochschulspezifische Zeitpunkte wie Semesterverlauf oder durch den Projektförderer, Erstellung eines Meilensteinplanes mit ‚Pufferzonen'),

- *personelle Kapazitäten* (studentische und wissenschaftliche Mitarbeiter am jeweiligen Lehrstuhl; Kooperationen innerhalb der Fakultät oder darüber hinaus mit anderen Hochschulen oder sonstigen Partnern) sowie

- *technische Bedingungen* (Infrastruktur am Lehrstuhl und an der Hochschule, vorhandene Hard- und Software, Unterstützung durch technisch versierte Mitarbeiter und durch das Rechenzentrum).

Schnittstellen zwischen Modul-entwicklern und anderen Bereichen

In den meisten Fällen wird eine solche Analyse nicht zu den Aufgaben der Konzeptentwickler gehören. Jedoch beeinflussen auch weitere Faktoren die ‚Kernaufgabe' der Planung von Bildungsarrangements und -materialien. Es ist deshalb wichtig, dass Entwickler durch das Projektmanagement darüber informiert werden, welche Elemente zur Modulplanung bereits feststehen, noch festzulegen oder aber frei zu handhaben sind.

Feststehende Rahmenbedingungen können z. B. die Struktur der Organisa-tion und des Bildungs- bzw. Studienangebots sein (Zusammenhang der Kurse, Abschlüsse etc.) oder die Zielgruppe, die Bildungsorganisation (Curricula, Prüfungsordnungen etc.) oder zeitliche Planungselemente (Semesterferien, Festlegung von Präsenzterminen etc.) betreffen. Wei-tere Faktoren sind der eingesetzte Lernraum, die technischen Rahmen-bedingungen und andere mehr.

Wenn es noch nicht feststehende technische oder organisatorische Faktoren gibt, die direkten Einfluss auf die Konzeption der Lernmodule ha-ben, kann es sinnvoll sein, die Entwickler in die diesbezüglichen Planungs- und Entscheidungsprozesse einzubeziehen; Beispiele an der VFH sind etwa die Entwicklung eines Styleguides parallel zum Prozessverlauf (Abschnitt 4.6) oder die Auswahl des Lernraums.

Werden die Lernmodule an mehreren Bildungseinrichtungen eingesetzt, sollten Inhalte, Aufbereitung und zu erwartende Zielgruppe mit den dortigen fachverantwortlichen Dozenten (z. B. in einem Fachausschuss) zumindest grob abgestimmt werden.

Da den Entwicklern virtueller Kurse oft der unmittelbare Kontakt mit den Lernenden fehlt, ist außerdem die Rückkopplung mit den Betreuern der Module wichtig, um Rückmeldungen über den Verlauf und eventuell notwendige Veränderungen zu erhalten.

Alle diese Abstimmungsprozesse erfordern sowohl Kooperationsfähigkeit als auch einen hohen zeitlichen Aufwand, der bei der Planung und während der alltäglichen Arbeit oft vernachlässigbar erscheint. Jedoch sind die Abstimmungsprozesse ein wesentlicher Erfolgsfaktor bei der Entwicklung virtueller Module.

Modulentwicklung in Projektteams

Bereits mehrfach angesprochen wurde der arbeitsteilige Prozess der Konzeption und Umsetzung eines virtuellen Lernmoduls. Dadurch verändern sich traditionelle Arbeitsprozesse: Im Gegensatz zur Vorbereitung von Präsenzlehrveranstaltungen, für deren Durchführung meist ein einzelner Dozent allein verantwortlich ist, ist ohne ein Team „ein Vorhaben wie Blended Learning, das multiple Kompetenzen erfordert, kaum zu schultern" (REINMANN-ROTHMEIER 2003, 93). Dies gilt auch für andere Formen des E-Learnings. In betrieblichen Kontexten sind solche Teams oft interdisziplinär besetzt: BRUNS / GAJEWSKI (2002, 128ff.) nennen u.a. Projektleiter, Fachexperten, Didaktiker, Designer und Programmierer bzw. Multimedia-Produzenten. In Hochschulkontexten bestehen die Teams oft auch aus studentischen und wissenschaftlichen Mitarbeitern. Damit nicht das Gefühl entsteht, überfordert oder ausgenutzt zu werden, ist es wichtig für die Beteiligten, die jeweiligen Verantwortlichkeiten festzulegen und die zeitlichen Ressourcen zu planen. Dabei sind auch die ‚Schnittstellen' zu berücksichtigen, die sowohl organisationsintern (im Hochschulbereich z. B. innerhalb einer Fakultät, zur Hochschulleitung und zum Rechenzentrum) als auch extern (zu Produktionsfirmen oder Internetprovidern) notwendig sind.

Leitung der Projektteams

Die Zusammenarbeit in Teams verläuft nicht immer reibungslos. Auch wenn es dafür keine Rezepte und Erfolgsgarantien gibt, kann eine erfolgreiche Zusammenarbeit durch verschiedene Maßnahmen unterstützt werden, etwa durch die überlegte Zusammensetzung des Teams, eine kompetenzorientierte Aufgabenzuweisung sowie die Gewährleistung von gemeinsamem und individuellem Nutzen der Projektarbeit (REINMANN-ROTHMEIER 2003, 96ff.). Für die Leitung von Projektteams werden u.a. folgende Empfehlungen gegeben: transparenter, zielorientierter Führungsstil, persönliche Vereinbarungen und Rückmeldungen, Aufstellen und Beachten von Gruppenregeln, Verminderung von Reibungsverlusten, konstruktiver Umgang mit Konflikten durch frühzeitige Wahrnehmung und schnelle Entwicklung von Lösungsstrategien. Es sollte zudem ein Projektplan erstellt werden, der Verantwortlichkeiten, Meilenstein- und Zeitplan festlegt (ebd.).

4.3 Grundlagen der Konzeption virtueller Lernmodule

Verständnis von
E-Learning

Was gehört zur Konzeption virtueller Lernmodule? Welche Tätigkeiten sind dazu erforderlich? Welches Verständnis von Lehren und Lernen ist damit jeweils verbunden und welche Rolle spielen die Auswahl der Medien und die Gestaltung von Lernmaterialien in diesem Gesamtkomplex? Die folgende, an REINMANN-ROTHMEIER (2003, 35) angelehnte Übersicht versucht eine Orientierung unter den vielfältigen Verständnismöglichkeiten von E-Learning zu geben, indem sie die Beziehung zwischen der Rolle der Medien im Lernprozess, den damit verbundenen Anforderungen an die Lernenden, den Aufgaben der Mediengestalter und der Rolle der Betreuer der Lernprozesse darstellt. Sie ist zudem aufschlussreich im Hinblick darauf, wie weitreichend das Aufgabenfeld von Konzeptentwicklern ist bzw. wie unterschiedlich die Anforderungen an sie verstanden werden können.

Rolle der Medien für den Lernprozess	Verständnis von E-Learning und Anforderungen an die Lernenden	Aufgaben der Entwickler	Rolle der Betreuer
Distribution von Information	• selbst gesteuerte Informationsrezeption und -verarbeitung • Medienkompetenz • ausreichendes Vorwissen • hohes Anforderungsniveau	• lernerfreundliche Informationsgestaltung	keine Betreuer notwendig
Interaktion zwischen Nutzer und System	• angeleitete Informationserarbeitung • selbst organisiertes Üben • Motivation • eher niedriges Anforderungsniveau	• lernerfreundliche Informationsgestaltung • Gestaltung von Lernaufgaben und Übungen, Feedback und Antworten	Betreuer als Lernberater oder Teletutoren
Kollaboration zwischen Lernenden	• eigenständige Wissenskonstruktion • soziales Problemlösen • Selbststeuerungsfähigkeit • Medienerfahrung • sehr hohes Anforderungsniveau	• lernerfreundliche Informationsgestaltung • Gestaltung von Lernaufgaben und Übungen, Feedback und Antworten • Gestaltung von Gruppenaufgaben, Einbeziehen sozialer Kontexte	Betreuer als Initiatoren und Begleiter von Gruppenprozessen

Tabelle 1   Drei Varianten des E-Learnings in Anlehnung an REINMANN-ROTHMEIER (2003, 35)

Ein idealtypisches virtuelles Modul sollte immer umfassende Lernaufgaben (Abschnitt 4.3.2) und Interaktionen mit dem Lernprogramm enthalten. Konstitutive Elemente sind dabei das Einbeziehen sozialer Kontexte und die Betreuung durch Teletutoren (auch in Einzel-Lernsituationen).

Notwendige Kenntnisse und Kompetenzen

Die Planung solcher Bildungsarrangements erfordert andere Kenntnisse und Kompetenzen als die Planung klassischer „Face-to-Face"-Veranstaltungen. Als grundlegend dafür werden erachtet:

- Kenntnisse über den Ablauf und die Kompetenzen zur Gestaltung von Lernprozessen,

- Kompetenzen zur Organisation und (zeitlichen) Strukturierung virtueller Kurse,

- Kompetenzen zur Gestaltung und Strukturierung virtueller Lernmaterialien,

- technische Grundlagenkenntnisse.

Die einzelnen Themenfelder werden im Folgenden zunächst getrennt voneinander beschrieben. Bei der Konzeption von Modulen müssen die Bereiche jedoch wechselseitig aufeinander bezogen werden, um die Unterstützung von Lernprozessen durch die gezielte Auswahl bestimmter Lernszenarien und Formen der Materialaufbereitung zu unterstützen. Ein Modell dazu wird in Abschnitt 4.4 vorgestellt.

4.3.1 Lerntheoretische Grundlagen

Als Lerntheorien werden hier bestimmte, zu einem System zusammengefasste Auffassungen darüber verstanden, was Lernen und Wissen ist und wie der Prozess der Aneignung verläuft. Kenntnisse über Lerntheorien sind für Entwickler (virtueller) Lehr- und Lernarrangements insofern von großer Bedeutung, als sich Annahmen über Wissen und Lernen – bewusst oder unbewusst – immer auf die Gestaltung von Lernsituationen und Lernsoftware auswirken (Blumstengel 1998, Kapitel 2.2.2; Baumgartner 2002, 434). Im Zusammenhang mit virtuellem Lernen werden als zugrunde liegende Lerntheorien häufig Behaviorismus, Kognitivismus und Konstruktivismus genannt. Diese werden kurz vorgestellt und um die subjektorientierte Lerntheorie ergänzt.

Behaviorismus

Die behavioristische Lerntheorie versteht Wissen als objektive, extern von den Lernenden existierende Fakten. Denk- und Verstehensprozesse werden nicht betrachtet, sondern als ‚Blackbox' bezeichnet. Die Steuerung des Lernens geschieht durch Hinweisreize und Verstärkung von erwünschtem Verhalten. Lernen wird also als Reiz-Reaktions-Schema gedeutet. Die Erzeugung bedingter Reflexe auf vorangegangene Reize, wie sie Pawlow

(1849-1936) bei seinen bekannten Experimenten mit Versuchstieren hervorrief, werden als klassisches Konditionieren bezeichnet. Nach SKINNER (1904-1990) können jedoch auch Reaktionen auf zu erwartende nachfolgende Ereignisse eintreten (operantes Konditionieren oder instrumentelles Lernen), dabei wirken Belohnungen stärker als Sanktionen.

In seinem 1958 vorgestellten behavioristischen Konzept der Programmierten Instruktion betrachtet SKINNER Unterricht als streng aufeinander aufbauende Abfolge von kleinen Frage-Antwort-Sequenzen mit sich steigerndem Schwierigkeitsgrad, auf die sofort eine Rückmeldung gegeben wird. Dieses Prinzip wurde auf die ersten computerbasierten Lernprogramme übertragen. Die auf der Grundlage der Programmierten Instruktion entwickelten unterschiedlichen Varianten (vorwiegend) linearer Lernprogramme bezeichnet man als tutorielle Systeme, Tutorials oder Drill-and-Practice-Programme. Als problematisch erwies sich mit der Zeit die Inflexibilität solcher Programme durch die starke Steuerung, die keine individuelle Schwerpunktsetzung erlaubt. Geeignet sind sie vor allem zum Erreichen einfacher Lernziele, zum Erwerb von Faktenwissen oder memorierbarem Wissen (z. B. Vokabeltrainer), nicht jedoch zum Erwerb von Problemlösefähigkeit. Dennoch ist „auch noch heute die Mehrzahl verfügbarer Lernprogramme überwiegend nach behavioristischen Prinzipien gestaltet" (BLUMSTENGEL 1998, Kapitel 2.2.2.1).

Inzwischen wird jedoch auch betont, dass der Vorwurf, behavioristische Konzeptionen hätten eine „passive" Vorstellung von Lernen, SKINNERS Intention der Aktivierung der Lernenden gerade nicht entspricht. KERRES / DE WITT (2002, 3ff.) vermuten, dass dies auch daran liegen könnte, „dass die seinerzeit entwickelten Lehrmaschinen technisch sehr eingeschränkte Möglichkeiten für ‚Aktivitäten' der Lernenden vorsahen" und weisen beispielsweise darauf hin, dass SKINNER die in solchen Programmen oft verwendeten Multiple-Choice-Fragen aus theoretischer Perspektive mit der Begründung ablehnte, dass damit den Lernenden immer auch eine falsche Antwortalternative angeboten werde, die sich ihnen möglicherweise einprägt. Sie stellen daher die Frage, „ob die Anwendung der entsprechenden Prinzipien in den frühen Lehrmaschinen tatsächlich gelungen ist, und ob nicht gerade neuere Anwendungen aus dem Bereich Computersimulation/-spiele und VR (Virtuelle Realität; die Verf.) interessante Anknüpfungspunkte für eine erneute und vorurteilslose Beschäftigung mit Konzepten des Behaviourismus bieten" (ebd.).

Kognitivismus   Aus kognitivistischer Perspektive wird Lernen als (individueller) Informationsverarbeitungsprozess von extern und objektiv vorhandenen Fakten verstanden. Aufnahme und Verarbeitung von Wissen geschieht durch den Aufbau mentaler Modelle bzw. Schemata. Wesentliches Unterscheidungsmerkmal zum Behaviorismus ist die zentrale Rolle, die dabei die selbstständigen Denk- und Verstehensprozesse des Individuums in Auseinandersetzung mit der Umwelt spielen und die als so bedeutend erachtet werden, dass mit der zunehmenden Orientierung am Kognitivismus seit den 1960er Jahren von einer „kognitiven Wende" gesprochen wird. Piaget (1896-1980) als führender Vertreter kognitiver Entwicklungstheorien beschreibt Lernen als zwei unterschiedliche Austauschprozesse des Individuums mit der Umwelt: der Akkomodation (Anpassung bestehender persönlicher Schemata an die Umwelt) und der Assimilation (Anwendung persönlicher Schemata zur Veränderung der Umwelt) (Blumstengel 1998, Kapitel 2.2.2.2).

Mit dem Verständnis von Lernen als Informationsverarbeitung ergibt sich eine enge Verbindung des Kognitivismus zum Forschungsfeld der Künstlichen Intelligenz. Damit verbunden ist dementsprechend der (bis heute weitgehend gescheiterte) Versuch der Entwicklung adaptiver „Intelligenter Tutorieller Systeme" (ITS) (ebd., Kapitel 1.2; Kerres / de Witt 2002; Abschnitt 4.3.4).

Jedoch wird mit dem Kognitivismus auch entdeckendes, von Neugier geleitetes und selbst gesteuertes Lernen, Exploration, eigenes Finden und Ordnen von Informationen mit dem Ziel der Findung von Problemlösungen stärker betont. Angewendet auf computerunterstütztes Lernen sind damit reichere Lernumgebungen und das Angebot offener Lernwege sowie das Angebot von Simulationen, Hypermedia und Mikrowelten verbunden, ebenso wie die Betonung der Notwendigkeit von Metawissen der Lernenden über die eigenen Lernwege und -strategien (Blumstengel 1998, Kapitel 2.2.2.2).

Konstruktivismus Der Begriff Konstruktivismus ist vieldeutig und vielschichtig (Terhart 1999). Der so genannte radikale Konstruktivismus ist eine Erkenntnis- bzw. Wissenschaftstheorie, der zufolge alles, was der Mensch wahrnimmt, subjektive Konstruktion und Interpretation ist (von Glasersfeld 1987). Wie auf viele andere Disziplinen, hatte der Konstruktivismus im letzten Jahrzehnt auch auf die Pädagogik – oft in seiner ‚gemäßigten' Form – starken Einfluss.

Zentral ist dabei die Annahme, dass Wissen nicht ‚objektiv' vorhanden ist, sondern durch interne subjektive Konstruktion entsteht. Lernen wird nicht – wie im Kognitivismus – als Informationsverarbeitung, sondern als Konstruktion eines aktiven, lernenden Individuums in einem konkreten sozialen Kontext verstanden. Betont wird deshalb auch das eigenständige Entdecken von Problemen. Die Bildung von ‚trägem Wissen' (das nur zu Prüfungszwecken gelernt wurde) bzw. der mangelnde Praxistransfer sollen damit vermieden werden. Neues Wissen wird dabei mit vorherigem Wissen verknüpft, wodurch neue Strukturen und mentale kognitive Landkarten gebildet werden. Lernwege sind damit nach konstruktivistischer Auffassung individuell, nicht vorhersehbar und nicht ‚vermittelbar'; Lehren im allgemein üblichen Verständnis ist dementsprechend nicht möglich, stattdessen wird von „Lernbegleitung" gesprochen.

Konstruktivistische Prinzipien bei der Gestaltung von Lernsituationen

Im Folgenden sind verschiedene Prinzipien zusammengestellt, die aus der Perspektive konstruktivistisch argumentierender Autorinnen und Autoren bei der Gestaltung von Lernsituationen eine wesentliche Rolle spielen (REINMANN-ROTHMEIER / MANDL / PRENZL 1994, 46; BLUMSTENGEL 1998; MANDL / GRUBER / RENKL 2002, 143ff.):

- *Die Authentizität der Lernumgebung* – im Gegensatz zu der oft üblichen Vereinfachung und Reduktion – wird als wichtiges Mittel betrachtet, Praxistransfer zu ermöglichen und der Bildung von ‚trägem Wissen' durch die Einbettung in einen Anwendungskontext entgegenzuwirken.

- *Situierte Anwendungskontexte*: Aus der Annahme, dass die Lernsituation eine zentrale Rolle bei der Wissenskonstruktion spielt und Sachverhalte immer in Verbindung mit einem physischen und sozialen Kontext gelernt werden, ergibt sich die Anforderung, Lernen in soziale und anwendungsbezogene Kontexte einzubinden, die zwar nicht die ganze Komplexität des Gegenstands wiedergeben müssen, es jedoch ermöglichen sollen, ihn in einen größeren Zusammenhang einzuordnen.

- *Multiple Anwendungskontexte und Perspektiven* sollen der kritischen Auseinandersetzung mit dem Stoff dienen und den Transfer auf andere Gebiete unterstützen.

- *Komplexe Ausgangsprobleme*, die sowohl an die Erfahrungen der Lernenden anknüpfen als auch genügend Neuigkeitswert haben, sollen als Herausforderung dienen, eine oder mehrere Lösungen zu finden, um eine vorrangig auf Prüfungsergebnisse ausgerichtete Lernmotivation zu ersetzen oder zumindest zu ergänzen.

- *Sozialer Kontext:* Wesentlicher Bestandteil der Lernsituation ist die Beziehung der Lernenden untereinander und zu Lehrenden und Fachexperten. Gefördert werden sollen das gemeinsame Erarbeiten von Lösungen und der soziale Austausch.

- *Artikulation und Reflexion* unterstützen zum einen die Auseinandersetzung zwischen eigener und fremder Sichtweise, zum anderen den Prozess der Metakognition. Beide tragen dazu bei, allgemeine Problemlösestrategien zu entwickeln.

Gestaltungsansätze für Lernsituationen auf konstruktivistischer Basis

Die im Folgenden knapp zusammengefassten, für virtuelles Lernen als relevant betrachteten Ansätze berücksichtigen diese Prinzipien in unterschiedlicher Weise:

- *Anchored Instruction*: Der Ansatz wurde von der Cognition and Technology Group an der Vanderbilt University (CTGV) entwickelt (BRANSFORD ET AL. 1990). Zentrale Vorstellung dabei ist, dass mit einer möglichst authentischen und komplexen Aufgabe oder Ausgangssituation ein ‚Anker' bei den Lernenden gesetzt wird, dessen Funktion es ist, die Bildung von ‚trägem Wissen' zu vermeiden.

- *Cognitive Apprenticeship*: Der Ansatz will das Modell der traditionellen Handwerksausbildung auch auf intellektuelle Aufgabenstellungen übertragen und betont damit auch die sich sukzessive erweiternde Teilnahme der Lernenden an der Expertengemeinschaft, das heißt, der *soziale Kontext,* das gemeinschaftliche Arbeiten und Anwenden und die Einbindung der Lernenden in „Expertengruppen" ist wesentlicher Bestandteil der Lernsituation (COLLINS / BROWN / NEWMAN 1989).

- *Cognitive Flexibility*: Das diesem Ansatz zugrunde liegende Konstrukt zur Beschreibung der Anforderung an kognitive Strukturen und kognitive Prozesse bei der Verarbeitung von Informationen wurde von SPIRO, COULSON, FELTOVICH und ANDERSON (1988) entwickelt (SPIRO / JEHNG 1990; SPIRO U.A. 2004). Um kognitive Flexibilität zu fördern und Übervereinfachungen zu vermeiden, sollen die Lernenden multiple Perspektiven einnehmen; Lerninhalte sollen auf vielfältige Weise kognitiv repräsentiert und gespeichert werden (MANDL / GRUBER / RENKL 2002; WEIDENMANN 2002b).

Kritik am Konstruktivismus

Die Kritik an konstruktivistischen Konzepten als Grundlage bei der Entwicklung virtueller Lernarrangements bezieht sich u.a. auf die hohen Anforderungen an die Lernenden, die durch die Komplexität und durch die ausschließliche Steuerung durch die Lernenden selbst entsteht. Solche Konzepte können zur Konzentration auf weniger wichtige Teilaspekte führen und sind daher nicht für alle Lernsituationen und für alle Lernenden geeignet. Zudem ist mit diesen Konzepten ein sehr hoher Entwicklungsaufwand verbunden, gleichwohl können sie den Anspruch an völlige Authentizität nie vollständig einlösen.

Als wesentliche Anregungen ergeben sich die Schaffung von Angeboten für selbst gestaltete Lernprozesse durch reichhaltige Lernumgebungen sowie die Bereitstellung von Angeboten und Anregungen für aktives und entdeckendes Lernen (BLUMSTENGEL 1998; EULER 1999).

Subjektwissenschaftliche Lerntheorie

Die subjektwissenschaftliche Lerntheorie HOLZKAMPS (1993) grenzt sich von allen bisher vorgestellten Lerntheorien ab, indem sie in hohem Maße die gesellschaftlichen Lebensbedingungen der Menschen berücksichtigt. Lernen wird weder als Reiz-Reaktions-Mechanismus noch als Informationsverarbeitung oder individuelle Wissenskonstruktion verstanden, sondern als eine Form begründeten menschlichen Handelns zur Realisierung der eigenen Lebensinteressen. Lernanlass ist eine „Diskrepanzerfahrung", das heißt, die Erfahrung, eine Situation nicht durch die bisher erworbenen Handlungsmöglichkeiten bewältigen zu können. Positiver Grund für „expansives Lernen" ist somit eine Erweiterung der eigenen Handlungsmöglichkeiten. „Defensives Lernen" erfolgt dagegen – wie oft in institutionalisierten Lernzusammenhängen – zur Vermeidung von befürchteten negativen Konsequenzen.

Wesentliche Faktoren der subjektwissenschaftlich begründeten Lerntheorie sind weiterhin die Identifizierung des so genannten „Lehr-/Lernkurzschlusses" (HOLZKAMP 1993, 319ff.), das heißt, die fälschliche Gleichsetzung von Lehrprozessen mit den intendierten Lernprozessen, sowie die Thematisierung des pädagogischen Verhältnisses zwischen Lehrenden und Lernenden, das erst durch den Diskurs über die Lerngegenstände konstituiert wird (Kapitel 2). In Bezug auf die Gestaltung virtueller Lernsituationen wird damit auch deutlich, dass (multimediale) Lernmaterialien, Programme und Software in Lernprozessen nie den Diskurs mit einem menschlichen Betreuer ersetzen können. Der Ansatz legt somit eine handlungs- bzw. aufgabenorientierte Konzeption von Lernsituationen nahe (zur Bedeutung von Lernaufgaben Abschnitt 4.3.2 und zur Konzeption virtueller Lernmodule nach diesem Ansatz Abschnitt 4.4).

Umsetzung in Lehrkonzepte: Instruktionsdesign

Mit dem Begriff „Instructional Design" (Instruktionsdesign) wurde in den USA seit den späten 1950er Jahren ein Grundmodell zur Planung und Gestaltung von Bildungsprozessen bezeichnet, das in Übertragung von Mensch-Maschine- bzw. auch von Organisations- und Managementprozessen auf Bildungsprozesse entwickelt wurde. Es geht in vier Hauptschritten vor: Analyse (des Problems bzw. Lernbedarfs), Planung (der Auswahl und Sequenzierung des Lernstoffs), Entwicklung (der Lernmaterialien) und Evaluation.

Inzwischen gibt es „Hunderte von Modellen des Instruktions-Designs (ID) bzw. des Designs von Instruktions-Systemen" (ISSING 2002, 157), die in ihrem Detailliertheitsgrad und ihrer Schwerpunktsetzung sehr unterschiedlich sind. ISSING (ebd.) unterscheidet drei Wirkungsebenen solcher Modelle: die Entwicklung von Bildungssystemen, die Entwicklung von Unterricht und die Entwicklung von Produkten (Medien). Insbesondere die beiden letzten Modellgruppen sind für das Instruktionsdesign von Multimedia-Entwicklung interessant.

Die ersten Instruktionsmodelle

Die ersten Modelle (ID1) basieren auf behavioristischen Lernvorstellungen, das heißt, der Vermittlung von Wissen durch geeignete Instruktionsschritte und beziehen sich vor allem auf die Planung von Drill-and-Practice-Programmen. Sie wurden jedoch mit dem Aufkommen des Konstruktivismus immer stärker kritisiert.

Die Instruktionsmodelle „der zweiten Generation" (ID2) beziehen deshalb beispielsweise konstruktivistische Anforderungen an die Gestaltung von Lernumgebungen (wie „Cognitive Apprenticeship" oder „Anchored Instruction") in die Planung mit ein (RAUTENSTRAUCH 2001, 69f.).

Ein nochmals erweitertes Verständnis des „Didaktischen Designs" findet sich bei KERRES / DE WITT (2002, 14f.). Hier steht es als „übergeordnetes Prinzip" zur Begründung von Entscheidungsprozessen und -dimensionen für den Einsatz von (auch auf unterschiedlichen lerntheoretischen Annahmen beruhenden) Methoden und Ansätzen bei der Planung und Gestaltung von Lernsituationen.

Pragmatismus

„Muss man sich als Lehrender entscheiden, ob man Konstruktivist oder Kognitivist ist? Ist ein ‚Bekenntnis' zu *einer* Seite notwendig?" REINMANN-ROTHMEIER (2003, 38) verneint diese Frage und auch andere Autoren schlagen inzwischen unter Rückgriff auf DEWEY (1859-1952) den „Pragmatismus als weiterführende Perspektive der Mediendidaktik" vor. Die zentrale Frage der Mediendidaktik sei „unter welchen Bedingungen Menschen wie mit Medien erfolgreich lernen können" (KERRES / DE WITT 2002, 13). Der Pragmatismus liege insofern ‚quer' zu den bisherigen Konzepten, als damit ein didaktisches Design von Lernprozessen möglich werde, das es erlaube, bei der Planung einer konkreten Lernsituation jeweils auf das passende Konzept zu einer Lösung des Problems zurückzugreifen, durch das die „Perspektiven menschlichen Handelns und die Handlungsfähigkeit von Menschen erweitert" werden (ebd.; HÄRTA 2002).

4.3.2 Die Bedeutung von Lernaufgaben

Bei der Gestaltung virtueller Lernsituationen spielen geeignete Studien- oder Lernaufgaben eine zentrale Rolle (ARNOLD / THILLOSEN 2002). Ihre Funktion ist nach REINMANN-ROTHMEIER (2003, 57f.; auch KERRES / DE WITT 2002) die *Aktivierung* der Lernenden auf kognitiver und / oder emotionaler Ebene oder durch soziale Interaktionen sowie die Sicherung des Lernerfolgs durch Anwendung oder Übung in Bezug auf eine Prüfung.

Funktion von Aufgaben in der subjektwissenschaftlichen Lerntheorie

Aus der Perspektive einer auf der subjektwissenschaftlichen Lerntheorie begründeten aufgabenorientierten Didaktik geht die Bedeutung von Aufgaben weit über diese Funktion hinaus: Ihre Relevanz liegt darin, einen Bezug zur späteren beruflichen Praxis herzustellen und dadurch einen Anlass zu expansivem Lernen zu schaffen. Hierfür geeignete Aufgaben werden deshalb idealerweise im Dialog zwischen Lehrenden und Lernenden, z. B. aus beruflichen Aufgaben oder aus Aufgaben in einer Praktikumssituation, ausgegliedert (ZIMMER 1998). Bei der Konzeption virtueller Lernmodule nach einem aufgabenorientierten didaktischen Modell sind umfassende Lernaufgaben ein zentraler strukturierender Faktor. Die Entwicklung geeigneter Aufgaben ist der erste Schritt bei der Planung eines Moduls. Die Konzeptentwickler virtueller Lernmodule haben damit – wie auch die Autoren von Fachbüchern – „aufgrund der *Kompetenzdifferenz* zu den Lernenden bei der Ausgliederung von Lernaufgaben oft eine sehr entscheidende Aufgabe" (ZIMMER 2004, 66; ausführlich Abschnitt 4.4). Einzubeziehen in diese Überlegungen ist ggf. auch die Rolle der Teletutoren bei der Ausgliederung (und Betreuung) von speziell auf die Bedürfnisse der jeweiligen Lernenden oder Lerngruppen abgestimmten Aufgaben.

Eigenschaften von Lernaufgaben

Umfassende Studien- bzw. Lernaufgaben in virtuellen Lernsituationen sind also zunächst dadurch charakterisiert,

- welche Kompetenzen durch die Bearbeitung erworben werden (Fachkompetenz, Methodenkompetenz, Bedeutungswissen, Sozialkompetenz, Entscheidungskompetenz, Handlungsinteresse, Bewertungskompetenz; vgl. dazu ausführlicher Abschnitt 4.4.1) und

- in welcher Sozialform sie bearbeitet werden (Einzelarbeiten sowie die Arbeit in unterschiedlich großen Gruppen; Abschnitt 5.3.3).

Als Unterscheidungsmerkmale kleinerer Aufgaben werden außerdem genannt:

- Einfachheit oder Komplexität: Automatisch auswertbare Aufgaben (Multiple-Choice etc.) bieten Interaktivität und schnelle Rückmeldung. Für den Lerntransfer sind jedoch meist umfangreichere, an den zu erwerbenden Handlungskompetenzen ausgerichtete Aufgaben besser geeignet.

- Position und Funktion der Aufgaben im Lernzusammenhang, von der Überprüfung des Vorwissens bis zur abschließenden Lernkontrolle, Erprobung und Reflexion des Gelernten.

Zusätzliche Informationen und Hilfestellungen

Insgesamt spielen bei der Konzeption von Aufgaben in E-Learning-Kontexten Prinzipien des Mehrwerts der virtuellen Umgebung eine besondere Rolle. Dazu gehören z. B. die Möglichkeiten der schnellen Rückmeldung, das Bereitstellen von Musterlösungen und der Rückfluss von Aufgabenlösungen von einzelnen Lernenden oder von Lerngruppen in den Lernprozess als Lernressource. Bei der Aufgabenstellung sind die Bereitstellung von zusätzlichen Informationen (z. B. zur Zielrichtung der Aufgabe), die in Präsenzlernsituationen schnell mündlich gegeben werden könnten, und das Angebot von (prozess- oder ergebnisorientierten) Hilfestellungen mit zu bedenken. REINMANN-ROTHMEIER (2003, 72) weist darauf hin, dass die Öffentlichkeit von Aufgabenlösungen teilweise Verunsicherung auslöst, gerade bei Lernenden, die die Aufgaben weniger professionell gelöst haben. Solche Unsicherheiten können durch geeignete Informationen in der Aufgabenstellung aufgefangen werden. Ob dies durch Vorschläge der Konzeptentwickler oder erst später durch die Tutoren geschieht, hängt von der Struktur des Lernangebotes ab.

Häufig werden automatisch auswertbare Aufgaben als besonderer Vorteil virtueller Lernarrangements betrachtet. Dies können geschlossene Fragetypen wie Multiple-Choice, Zuordnungsaufgaben, Reihenfolgebestimmungen und Objektmarkierungen oder offene Fragen (wie Frei- oder Lückentextaufgaben usw.) sein (EULER 1992, 128-148). Solche Aufgaben ermöglichen einen interaktiven Umgang mit dem Lernstoff. Wichtig ist dabei eine schnelle, individuelle und differenzierte Rückmeldung über den erreichten Wissensstand (KERRES 1998, 187). Sie ersetzen jedoch nicht die diskursive Auseinandersetzung mit komplexen Inhalten, die nur im Dialog mit den Betreuern und anderen Lernenden stattfinden kann.

Ein weiterer wesentlicher Faktor bei der Aufgabenplanung sind die Transparenz der Bewertungsschemata (für Betreuer und Lernende) sowie die möglichen Prüfungsformen, die ggf. mit den jeweiligen Prüfungsämtern abzustimmen sind.

4.3.3 Lernszenarien: Organisation virtuellen Lehrens und Lernens

Traditionelle Präsenzlehrveran-staltungen

Das Lernszenario ist in traditionellen Präsenzlehrveranstaltungen meist ein zu vernachlässigender Planungsfaktor. Veranstaltungsformen wie Seminare, Vorlesungen oder Workshops greifen in der Regel auf etablierte Lehr- und Lernformen zurück, die jeweiligen Tätigkeiten von Lehrenden und Lernenden, ihr Verhältnis zueinander usw., haben sich eingespielt. Die gleichzeitige Anwesenheit von Lehrenden und Lernenden bei regelmäßigen (meist wöchentlichen) Lehrveranstaltungen zur selben Zeit am selben Ort ermöglicht es außerdem, noch nicht feststehende Einzelheiten oder neue Lernformen rasch zu vereinbaren.

versus virtuelle Lernarrangements

Im Gegensatz dazu sind die Organisations- und Ablaufpläne virtueller Bildungsveranstaltungen weder bereits etabliert noch ergeben sie sich von selbst. Da jedoch ein Szenario, das auf ein konkretes Modul abgestimmt ist, das Lernen erheblich unterstützen und zur Lernmotivation beitragen kann, ist es wichtig, dessen Planung in die Konzeption einer Veranstaltung einzubeziehen. Für die Entwickler bedeutet das, dass eine große Bandbreite an Gestaltungsmöglichkeiten besteht, jedoch auch die Notwendigkeit, eine Vielzahl von Entscheidungen zu treffen, über die die Lernenden und die späteren Betreuer der Module explizit informiert werden müssen. Sie betreffen vor allem folgende Punkte:

- den *Gesamtablauf* des Moduls und (eventuell) die Reihenfolge der Lerneinheiten,

- die *Taktung* von Lerneinheiten / Lernmaterialien: Soll eine Veranstaltung feste Anfangs- und Endtermine haben? Sind die Lernmaterialien zu bestimmten Zeiten zur Verfügung zu stellen? (Abschnitt 5.3.1),

- die *Planung* von Präsenzphasen und virtuellen Phasen im zeitlichen Ablauf und in ihrem Zusammenwirken: Präsenzphasen beispielsweise für Einführung, Vertiefung, Ergänzung oder Wiederholung,

- die *Sozialform(en)* des Lernens: Sind Gruppenarbeiten geplant? Über welchen Zeitraum sollen sie sich erstrecken? Wie groß sollen die Arbeitsgruppen sein?. (Abschnitt 5.3.3),

- die Art der *Betreuung*: Gestaltungsspielräume der Betreuenden, Vorschläge zur Betreuung von Lernaufgaben, Antwortfrequenzen etc.,

- die Gestaltung der *Prüfungen*: begleitende Bewertung, Prüfung zum Abschluss in Präsenz, Online oder per Videokonferenz, Entwicklung und Einsatz adäquater Kontrollmechanismen, Bewertung von Gruppenleistungen; die Prüfungsformen müssen auf die Prüfungsordnungen abgestimmt sein bzw. mit den Prüfungsämtern abgesprochen werden.

Verteiltes Lernen, synchrone und asynchrone Lernszenarien

Charakteristisch für virtuelle Lernszenarien ist die räumliche Distanz zwischen Lehrenden und Lernenden und der Lernenden untereinander, was als *verteiltes Lernen* bezeichnet werden kann. Wenn Lehr- und Lernhandlungen außerdem zeitlich versetzt sind, spricht man von *asynchronem Lernen*; bei gleichzeitigen Aktivitäten von Lehrenden und Lernenden an unterschiedlichen Orten ist das Szenario *verteilt und synchron* (z. B. bei Audio- und Videokonferenzen). Asynchrone Lernszenarien ermöglichen den Lernenden die größte Flexibilität, z. B. bei der Wahl ihrer Lernzeit und ihres Lerntempos. Wird in solchen Szenarien (über asynchrone Medien) kommuniziert, kann es problematisch sein, dass es keine unmittelbare Rückmeldung auf die Lernhandlungen gibt. Bei länger dauernden Kursen entstehen daraus oft auch Motivationsprobleme.

Synchrone virtuelle Lernformen sind meist stark von den technischen Gegebenheiten abhängig. Obwohl sie den Vorteil direkter Rückmeldungen bieten, werden diese selten ganz ausgeschöpft; auch wird die zeitliche Flexibilität dabei ebenso eingeschränkt wie die Möglichkeit, eigene Lernwege zu wählen (Arnold 2003a, 26).

Vier Grundszenarien virtuellen Lehrens und Lernens

In der Regel werden vier typische Grundformen virtueller Lernszenarien unterschieden: „Fernlehren", „Verteiltes Lernen", „Kooperatives Lernen" (Zimmer 1997) und – seit etwa 2001 – „Blended Learning". In der Praxis kommt zwar kaum eines dieser Szenarien in ‚Reinform' vor, jedoch ist die Unterscheidung hilfreich zur Beschreibung wesentlicher Charakteristika.

(1) Fernlehren

Unter *Fernlehren* wird die Übertragung von Vorlesungen oder Seminaren von einem Hörsaal in einen anderen („point-to-point"), in mehrere Hörsäle oder auch an Einzelcomputer („multi-point") verstanden. Dabei werden den Lernenden an den entfernten Standorten Videobilder, Ton, oft auch Präsentationsfolien und andere Lernmaterialien übermittelt. (Zur Bereitstellung von Foliensätzen etc. gibt es inzwischen verschiedene technische Unterstützungsformen, vgl. z. B. zu *authoring on the fly* Bacher / Müller /

OTTMANN 1997.) Meist geschieht die Übertragung synchron, teilweise erfolgt die Distribution aber (zusätzlich oder ausschließlich) asynchron.

Obwohl es heute, anders als bei den Modellen des Schulfernsehens oder der Telekollegs der 1970er Jahre, zahlreiche synchrone oder asynchrone Möglichkeiten der Kommunikation für die Beteiligten an den unterschiedlichen Standorten gibt, zeigt eine pädagogische Auswertung der Erfahrungen mit dieser dozentenzentrierten Lernform, dass trotz der technischen Möglichkeiten oft die traditionelle Dominanz der Lehrenden ausgebaut wird und die Passivität der Lernenden sich erhöht (ZIMMER 1997, 114). Offensichtlich stellt die Technologie oft eine Hürde für eine aktive Teilnahme an der Lehrveranstaltung dar (KAWALEK 1997).

Damit das Potenzial des Szenarios *Fernlehren* – etwa die bessere Ausnutzung von Ressourcen und die Vergrößerung des Angebots an kleinen Hochschulen – besser zur Geltung kommt, muss es gezielt eingesetzt werden: z. B. zu bestimmten Zeitpunkten im Semesterverlauf, zur schnellen Informationsvermittlung, zur Einführung in ein Thema oder um zwischen verteilten Lernenden soziale Beziehungen zu schaffen. Die aktive Einbindung der Lernenden kann explizit gefördert werden, etwa durch einen Wechsel von synchronem und asynchronem Modus: Nach der einführenden Erläuterung einer Aufgabenstellung online kann die Bearbeitung offline erfolgen, die Demonstration und weitere Erläuterungen werden wieder Online gegeben (dazu z. B. GAISER 2002). Weitere, jeweils wieder graduell änderbare Gestaltungsformen wären das Online-Symposium (den Lernenden steht ein Expertengremium zur Beantwortung von Fragen zur Verfügung), das Online-Coaching u.a.m. (SEUFERT / BACK / HÄUSLER 2001, 72-89).

Zu beachten ist weiterhin, dass die Aufmerksamkeitsspanne bei Live-Übertragungen relativ kurz ist; Übertragungen sollten in der Regel nicht länger als ca. 30 Minuten dauern. Auch das sichere Auftreten vor einer Kamera, durch das Fernsehen inzwischen für Zuschauer selbstverständlich, ist für viele Dozenten Neuland und muss erlernt werden.

(2) Verteiltes Lernen   Im Gegensatz zum Fernlehren steht beim *verteilten Lehren* nicht ein Dozent im Mittelpunkt, sondern im Gegenteil die Lernenden selbst, die sich idealtypischerweise aus den Angeboten des Netzes ihren ‚virtuellen Stundenplan' aus den verschiedensten Einrichtungen und Orten, Fernlernangeboten, Datenbanken, Multimedia-Archiven usw., zusammenstellen können. Damit wird das traditionelle Organisationsprinzip des Lernens nahezu umgekehrt und es bieten sich gerade auch für den Hochschulbereich völlig neue Möglichkeiten des zeitnahen Lernens („just-in-time") und des Lernens nach Bedarf („on demand"). Den Lernenden wird ein hoher Grad an Selbstorganisation ermöglicht, jedoch werden damit zugleich hohe Anforderungen an ihr Selbstmanagement gestellt.

In der Praxis ist es heute noch schwierig, ein solches Lernszenario optimal zu realisieren, zumindest im Rahmen eines Studiums. Die gegenseitige Anerkennung von Lernleistungen durch verschiedene Bildungsanbieter (auch Hochschulen) ist ebenso problematisch wie das Angebot bzw. die Auswahlmöglichkeit an Lernmodulen. Inwieweit schließlich die gewählten Inhalte selbst gesteuert erarbeitet werden können, hängt dann weitgehend von der Qualität der Kurse, der Betreuung (falls vorhanden), der Software usw., ab. Eine weitere Schwierigkeit stellt dabei eine (didaktische, aber auch andere Komponenten betreffende) adäquate Beschreibung von Lernmodulen dar, die für Lernende verständlich ist und die Suche nach Kursen ermöglicht, die dem eigenen Lernbedürfnis und Lernstil entsprechen (vgl. dazu Kapitel 7).

(3) Kooperatives Lernen

In dieser Lernform steht nicht ein einzelner Lernender oder Dozent im Mittelpunkt. Die Lerninhalte werden von einer Gruppe gemeinsam ausgewählt und bearbeitet. Dabei können alle verfügbaren synchronen und asynchronen Kommunikationsmöglichkeiten zum Einsatz kommen. Die Rolle der Lehrenden entwickelt sich vom Dozenten hin zum Moderator und Tutor. Es hat sich gezeigt, dass der Lernerfolg in kooperativen Lernszenarien durch geeignete tutorielle Unterstützung erheblich gesteigert wird (SPARKES / KAYE / HITCHCOCK 1992, 63, 85; Abschnitt 5.3.3).

Dieses Szenario scheint als virtuelle Lernform besonders Erfolg versprechend zu sein, da die Vernetzung außer den Kommunikationswegen auch neue Formen der gemeinsamen Datensammlung und der Aufbereitung sowie Präsentation erarbeiteter Inhalte zur Verfügung stellt. Damit wird über die Möglichkeiten bisheriger Präsenzseminare hinausgegangen, weil auf Experten, weltweit verfügbare Datenbanken und auf andere Informationssysteme synchron und asynchron für den unmittelbaren Lernprozess zurückgegriffen werden kann. Es eröffnet sich eine Perspektivenvielfalt, die außerdem zur Reflexion des eigenen Lernverhaltens anregt.

Entwickler, die *kooperative virtuelle Lernarrangements* planen (BREUER 2001), sollten ebenso die Besonderheiten virtueller Lerngruppen kennen (z. B. Probleme bei der Gruppenfindung, mögliche Missverständnisse bei der Kommunikation) wie die Bedeutung geeigneter Aufgabenstellungen, die einen wirklichen Mehrwert bei der gemeinsamen Bearbeitung versprechen (Abschnitt 5.3.3). Auch sollten sie über Kenntnisse von Unterstützungsmethoden und -werkzeugen verfügen und den Betreuern der Module im Durchführungsplan (Abschnitt 4.4.5) entsprechende Vorschläge machen.

(4) Hybrides Lernen / Blended Learning

Seit etwa 2001 ist immer häufiger von „Blended Learning", im deutschsprachigen Raum auch von „hybridem Lernen", die Rede (SAUTER / SAUTER 2002; ARNOLD 2003a; WILBERS 2003). Ziel dieses Lernszenarios ist es, durch die Mischung unterschiedlicher Elemente bei der Organisation von

Bildungsangeboten deren Vorteile zu nutzen und deren Nachteile zu vermeiden, beispielsweise durch den Einsatz bzw. die Kombination folgender Elemente:

- Präsenzelemente (z. B. Workshops, Seminare, Vorlesungen) und Distanzelemente, die alle E-Learning- und Tele-Kommunikationsformen integrieren können,

- Elemente einer klassischen Phasenbildung für Lehr- und Lernprozesse,

- Elemente mit unterschiedlichen Sozialformen und Steuerungsinstanzen,

- Elemente, in denen bestimmten zu erwerbenden Zielen oder Kompetenzen bestimmte Methoden zugeordnet werden.

Kritiker betonen, dass mit dem Begriff „Blended Learning" nichts gesagt werde, das nicht bereits bekannt sei. Dennoch „lenkt er die Aufmerksamkeit stärker auf die Zusammenstellung derartiger Elemente und erreicht so eine entsprechende Sensibilität bei Wissenschaft und Praxis bei einem alten und sicher nicht überforschten Problem" (WILBERS 2003, Online; KERRES 2001b).

Auswahl von Lernszenarien Der Ablauf eines konkreten Lernmoduls basiert auf einer Fülle von Einzelentscheidungen. In Bezug auf die Kombination der oben dargestellten Gestaltungsmöglichkeiten, z. B. der Online- und Offline-Elemente oder unterschiedlicher Prüfungsformen, sollten Faktoren wie die Lerninhalte bzw. Lernaufgaben, die Zielgruppe etc. berücksichtigt werden (EULER 2001; KREMER / SLOANE 2001; EULER / WILBERS 2002). Für die Entwickler ist außerdem wichtig zu planen, ob bzw. welche dieser Festlegungen sie ggf. den Betreuern der virtuellen Kurse überlassen.

Neben didaktischen Erwägungen sind in die Planung des Lernszenarios auch technische Gegebenheiten einzubeziehen, z. B. die funktionellen Möglichkeiten des eingesetzten Lernraums. Darüber hinaus ist es sinnvoll, auch pragmatische Faktoren zu berücksichtigen bzw. mit der jeweiligen Bildungseinrichtung oder Hochschule oder mit den Fachbereichen abzustimmen. So ist es beispielsweise – anders als bei der Planung von Einzelkursen – Studierenden, die in einem Semester mehrere Studienmodule belegen, auf Dauer kaum zuzumuten, an mehreren Abenden in der Woche an synchronen Kommunikationsforen teilzunehmen.

4.3.4 Präsentation, Navigation und Adaptivität

In diesem Abschnitt wird die Darstellung von Lernressourcen, Informationen und Inhalten auf dem Bildschirm thematisiert. Zunächst soll jedoch Folgendes betont werden: Im „Laufe der vergangenen Jahre ist deutlich geworden, dass die Aufbereitung der *Inhalte* den Mehrwert eines

Bildungsangebots ausmacht und weniger die technische Umsetzung und das multimediale oder netzbasierte Design. [...] Unbedacht ausgewählte, schlecht strukturierte und lernunfreundlich formulierte Inhalte lassen sich [...] mit High-Tech auf der Hard- und Software-Ebene [...] nicht wieder gut-machen" (REINMANN-ROTHMEIER 2003, 53).

Dennoch können sich natürlich Mängel in der technischen Umsetzung und im Design negativ auf Lernprozesse auswirken bzw. eine ansprechende Umsetzung die Motivation und die Lernleistung erhöhen. Die folgenden Überlegungen sind didaktisch-methodischer Art, jedoch beeinflussen auch Kriterien der Software-Ergonomie und des Screen-Designs[1] die zu treffen-den Entscheidungen bezüglich der Elemente der medialen Präsentation (Multimodalität / Multicodierung) sowie der Struktur der Präsentation (Navigation / Bearbeitungswege) (ARNOLD 2001, 87; DÖRR / STRITTMATTER 2002).

Elemente der medi-alen Präsentation Als wesentliche Elemente der medialen Codierung von Inhalten werden (in Anlehnung an WEIDENMANN 2002b und BRUNS / GAJEWSKI 2002, 82-95) unter-schieden:

- *Texte*, also schriftsprachlich codierte (lineare) Texte und Hypertexte,

- *Bilder*, das heißt, sowohl Abbilder (Fotos, Zeichnungen, Comics) als auch logische Bilder (Tabellen, Grafiken),

- *bewegte Bilder*, wie Filme und Animationen, sowie

- *auditive Elemente*, das heißt gesprochene Sprache, Musik und Geräu-sche.

Diese Unterscheidungen erlauben es, bei der Gestaltung von Bildschirmseiten und größeren Lerneinheiten medienpsychologische Erkenntnisse zu berücksichtigen. Dabei empfiehlt es sich grundsätzlich, mehrere Sinnesmodalitäten einzubeziehen. Andererseits gibt es zu den „häufig geäußerten Annahmen ,Viel hilft viel' oder ,Multimedia ist abwechs-lungsreich und motiviert deswegen' [...] bislang nur wenig gesicherte wis-senschaftliche Erkenntnisse. Verschiedene Untersuchungen haben Thesen generiert, die Anlaß geben, diese ,naiven Annahmen' grundlegend in Frage zu stellen" (ARNOLD 2001, 100).

Im Folgenden werden Forschungsergebnisse zur Präsentation und zum Einsatz der unterschiedlichen medialen Elemente bei der Gestaltung multi-medialer Lernangebote vorgestellt.

Lineare Texte Längere lineare Texte unterschiedlicher Gattungen – Monografien, Aufsätze, Studienbriefe in Fernlernkontexten usw. – sind die klassische Form der

---

1) Auf diese Fachgebiete kann hier nicht ausführlich eingegangen werden; sie werden deshalb nur in ihren Überlappungsbereichen mit Gestaltungskriterien aus didaktisch-methodischer Sicht betrachtet.

Wissenspräsentation an Hochschulen. Solche Texte lassen sich am Bildschirm schwer lesen. Dennoch werden sie in vielen Fernlehrinstitutionen – nicht zu Unrecht – als Leitmedium oder als zusätzliches Informationsmedium verwendet, auch um damit ein Gegengewicht zu der typischen Darstellung von Bildschirmtexten in kleinen, leicht zu lesenden Informationseinheiten zu setzen. Der damit einhergehenden Befürchtung der Verflachung von Lerninhalten soll damit entgegengewirkt werden. Die Distribution solcher Texte erfolgt oft im Adobe PDF-Format über das Internet (ARNOLD 2001, 89f.).

Zur Entwicklung und Gestaltung gedruckter Lernmaterialien gibt es inzwischen verschiedene Anleitungen, die sowohl didaktisch-methodische Hinweise zum Aufbau von Kursen, zur Struktur und zu motivationalen Aspekten als auch Hinweise zu Gestaltungskriterien geben. Das derzeit „empirisch gesichertste Verständlichkeitskonzept im deutschsprachigen Raum" (MANDL / TERGAN / BALLSTAEDT 1982, 68), auf das auch häufig bei Empfehlungen zur Gestaltung von Lehr- / Lerntexten hingewiesen wird (MÜLLER 1979, 217f.), ist das von LANGER (LANGER / SCHULZ VON THUN / TAUSCH 2002). Es enthält vier Verständlichkeitsdimensionen, und es wurde nachgewiesen, dass Lernende Texte am besten behalten, wenn diese optimale Ausprägungsgrade folgender Faktoren aufweisen:

- hohes Maß an Einfachheit (Gegenpol: Kompliziertheit),

- hohes Maß an Gliederung / Ordnung (Gegenpol: Zusammenhanglosigkeit / Unordnung),

- mittleres bis mäßig hohes Maß an Kürze / Prägnanz (Gegenpol: Weitschweifigkeit),

- zusätzliche Stimulanz (Gegenpol: keine zusätzliche Stimulanz; anregend in diesem Sinne sind z. B. lebensnahe Beispiele, ggf. wörtliche Rede).

Hypertexte In Hypertextsystemen werden Informationen durch Texte (häufig in Verbindung mit Bildern) mit Querverweisen („Knoten") und elektronischen Verknüpfungen („Links") zwischen diesen Knoten präsentiert. Hypermediasysteme ermöglichen es, auch andere Modalitäten und Codierungen wie (bewegte) Bilder, Animationen und Ton einzubinden. Solche Informationssysteme sind schnell änderbar und aktualisierbar (ARNOLD 2001, 90f.; TERGAN 2002). Unterschieden wird zwischen linearen, hierarchischen und Netzstrukturen; der Zugriff der Nutzer erfolgt auf unterschiedliche Weisen, häufig durch „Stöbern" („Browsing"), aber auch durch gezielte Suche oder dem Folgen von Pfaden (TERGAN 2002, 102ff.).

In Lernkontexten wurden mit Hypertexten hohe Erwartungen verbunden, besonders für das selbst gesteuerte Lernen Erwachsener bzw. für fortgeschrittene Lerner, da man annahm, dass die netzwerkartige Informationspräsentation günstig für den Wissenserwerb sei und der selbst gesteuerte Prozess des Wissenserwerbs ebenso gefördert werde wie die kognitive Flexibilität (ebd., 105ff.). Inzwischen hat sich gezeigt, dass zwei Typen von Lernproblemen mit der Nutzung von Hypertexten verbunden sind: Einmal die Gefahr der Desorientierung ('Lost in Hyperspace'), das heißt, die Schwierigkeit, die Organisationsstruktur der Datenbasis zu erfassen und sich eine eigene Vorstellung („Mental Map") davon zu machen. Zum anderen die Gefahr der kognitiven Überlastung ('Cognitive Overload'): Kognitive Anstrengung der Lernenden, die sich auf die Navigation, das Auffinden von Informationen und Zurückverfolgen des eigenen Lernwegs konzentriert, kann nicht mehr für die tiefere Informationsverarbeitung genutzt werden (ebd., 108ff; ARNOLD 2001, 90f.; UNZ 2000).

Wichtig bei der Konzeption von hypermedialen Lernsystemen ist also vor allem eine übersichtliche und schlüssige Navigation. Auch das Schreiben von Hypertexten ist zunächst ungewohnt, da die Autoren ihre 'lineare Denkweise' überprüfen und revidieren müssen (REINMANN-ROTHMEIER 2003, 48).

Bilder und Diagramme

In Lehr- und Lernkontexten können Bilder als 'visualisierte Argumente' verstanden werden (WEIDENMANN 2002a). Unterschieden wird dabei häufig zwischen Abbildern (wie Fotos und Zeichnungen) und logischen bzw. analytischen Bildern (Diagramme, Schemata usw.). Bilder werden kognitiv anders verarbeitet als Texte. Während Bilder simultan und holistisch wahrgenommen und schnell verarbeitet werden, erfolgt Schriftwahrnehmung linear und sukzessiv. Bei Bildern ist – anders als bei Texten – der Aufbau eines mentalen Modells relativ leicht. Dies kann dazu führen, dass Lernende meinen, sie könnten Bilder und Diagramme 'mit einem Blick erfassen', sie jedoch tatsächlich nur oberflächlich verarbeiten, ohne die notwendigen internen Modelle aufzubauen; die Lernleistung bleibt in solchen Fällen gering. Um Bilder dagegen nicht nur wahrzunehmen, sondern sie auch zu verstehen, müssen also die entsprechenden kognitiven Prozesse gezielt aktiviert werden, etwa durch geeignete Darstellungsformen und Aufgabenstellungen (SCHNOTZ 1997, 230ff., 2002, 68-72).

WEIDENMANN (2002a) unterscheidet unterschiedliche instruktionale Funktionen von Abbildern in Lehr- und Lernkontexten:

- die *Zeigefunktion* von Bildern vermittelt eine Vorstellung vom Lernobjekt,

- eine *Situierungsfunktion* haben Bilder, wenn durch sie Informationen in einen Rahmen oder Kontext eingeordnet werden können,

- die *Konstruktionsfunktion* von Bildern dient der Einbettung komplexerer Zusammenhänge in ein mentales Modell.

Bei Abbildern und logischen Bildern kommt der *Gestaltung* große Bedeutung zu, damit die wesentlichen Elemente gut verstanden werden können. So haben Evaluationen gezeigt, dass z. B. sehr realistische Bilder zwar besonders wirkungsvoll situieren, jedoch auch Gefahr laufen, nicht mit den Erfahrungen der Lernenden übereinzustimmen und schnell zu veralten. Weitere Gestaltungselemente von Bildern sind ihr Komplexitätsgrad, die Beschriftung u.v.m. (SCHNOTZ 2002; WEIDENMANN 2002a).

Bewegte Bilder

Zur Gestaltung von Videosequenzen und Animationen im Kontext von Lehr- und Lernsituationen liegen zurzeit wenig gesicherte Erkenntnisse vor. Häufig verwendet werden sie zur Darstellung dynamischer Sachverhalte. Jedoch haben neuere Untersuchungen gezeigt, dass im Gegensatz zur verbreiteten Auffassung, dynamische Sachverhalte ließen sich durch Animationen leichter erlernen, teilweise die Lernleistung mit statischen Bildern höher ist. SCHNOTZ (1997, 231ff.) führt dies zum einen darauf zurück, dass die bildlichen Repräsentationen hier nur flüchtig zur Verfügung stehen und kein internes Modell aufgebaut wird, und zum andern darauf, dass animierte Bilder die kognitiven Anforderungen reduzieren und die Lernenden „unbeabsichtigt am Vollzug lernrelevanter mentaler Prozesse hindern" (vgl. auch BEHRENS 2001). Unterstützend wirken Animationen bei der Darstellung von Dreidimensionalität (auch in Mikrowelten, s.u.) und bei der Aufmerksamkeitslenkung.

Es ist sinnvoll, die Lernenden durch Advance Organizers (vorstrukturierende Organisationshilfen bzw. -informationen) auf Animationen hinzuweisen, deren Länge anzugeben und eine individuelle Steuerbarkeit anzubieten, das heißt, die Nutzer sollten die Animationen anhalten, zurück- und vorspulen und die Geschwindigkeit selbst regulieren können (ARNOLD 2001, 96).

Audio

In vielen Lernsituationen kann die Nutzung gesprochener Sprache – auch zur Variation der genutzten Sinnesmodalitäten – sinnvoll sein. Sprechtext kann eine wahrnehmungslenkende Steuerungsfunktion haben, durch Intonation Schwerpunkte setzen und Aussprachehinweise bei Fachbegriffen geben sowie dazu beitragen, die Textmenge am Bildschirm zu reduzieren. Durch die Kombination von gesprochenen Texten und (bewegten) Bildern werden Überlastungen des visuellen Kanals bzw. Blicksprünge zwischen geschriebenem Text und Bildern und damit verbundene visuelle Suchprozesse vermieden. Wichtig dabei ist eine gute Synchronisation und Koordination von Text und Bild, um Interferenzen und Aufmerksamkeitsteilungen zu vermeiden (ARNOLD 2001, 97).

Außerdem können Geräusche zur Situierung, Musik zum Aufbau von Stimmungen wie Entspannung oder Spannung, Signale oder kurze Tonfolgen („Jingles") zur Kennzeichnung wiederkehrender Situationen, z. B. als Rückmeldemedium, verwendet werden (WENDT 2003, 192f.). Jedoch ist dabei auch die langfristige Wirkung bei wiederholter Bearbeitung von

Lerneinheiten zu beachten. Denn ein eher sparsamer Einsatz hat sich bewährt (Bruns / Gajewski 2002, 92f.; Arnold 2001, 97).

Wie Animationen sind auch Audio-Sequenzen flüchtig und müssen deshalb wiederholbar und adaptierbar sein. Das heißt, der Ton muss ausgeschaltet und gesprochene Sequenzen müssen angehalten werden können und die Läutstärke muss regulierbar sein. Gesprochene Texte sollten nicht zu lang sein und die Abspieldauer muss vorher mitgeteilt werden. Zu Sprechtexten muss es ein schriftliches Äquivalent geben; jedoch sollten sie nicht beide gleichzeitig erscheinen.

Mikrowelten und Simulationen

Eine Kombination der bisher vorgestellten Medientypen und Darstellungsformen ist auf unterschiedliche Weise möglich. So unterscheidet Wendt (2003, 54-69; Blumstengel 1998, Kapitel 1.2) unter dem Titel „explorative Konzepte" Mikrowelten, Simulationen, Plan- und Lernspiele sowie „Lernabenteuer". Auch hier ist zu beachten, dass diese Begriffe in der Literatur zurzeit sehr unterschiedlich verwendet werden.

Als *Mikrowelten* bezeichnet Wendt (2003, 55-59) interaktiv veränderbare Modelle komplexer Lerngegenstände aus der realen Welt, die die Lernenden sonst nicht frei erforschen könnten (z. B. das menschliche Gehirn oder komplizierte Maschinen). Solche Modelle können in einem virtuellen Lernraum so abgebildet werden, dass die Lernenden sie selbstständig erkunden oder rekonstruieren können und durch interaktive Veränderung oder durch die Manipulation mit Hilfsmitteln Schlüsse über Wirkungsprinzipien, Funktionen und Gesetzmäßigkeiten ziehen können.

Als *Simulationen* werden interaktive Programme bezeichnet, die „dynamische Modelle von Apparaten, Prozessen oder Systemen" abbilden (Schulmeister 1997, 375). Dabei können die Darstellungsweisen sehr unterschiedlich sein. „Einfache Simulationen können beispielsweise in Java-Applets realisiert werden und stellen bestimmte Zustände in Abhängigkeit von Benutzereingaben dar" (Arnold 2001, 97). Möglich sind aber beispielsweise auch physikalische Experimente, die durch fotografische Wiedergabe realistisch dargestellt werden können.

Rollenspiele, Planspiele und Lernabenteuer

Verbindungen von Simulationen und Fallbeispielen können auch in Form von Rollenspielen stattfinden, etwa in *Planspielen*, bei denen Unternehmensdaten interaktiv und dynamisch dargestellt werden. Dies erfordert jedoch einen sehr hohen Erstellungsaufwand (noch höher ist er bei ‚Lernabenteuern', 3D-Darstellungen kompletter Lernwelten). Die hohe Komplexität kann dazu führen, dass die Bearbeitung solcher Simulationen ziellos erfolgt bzw. ohne entsprechendes Vorwissen unbefriedigend bleibt. Eine Vorbereitung der Lernenden ist daher dringend zu empfehlen. Auf jeden Fall sollte aber der Modellcharakter solcher Fallbeispiele und Simulationen im Lehr- und Lernprozess reflektiert werden. Möglich sind aber auch Simulationen ohne aufwendige Multimedia-Produktionen etwa als handlungsorientierte Rollenspiele, bei denen die Teilnehmer Projektaufgaben bearbeiten (ARNOLD 2001, 97ff.).

Navigation /
Bearbeitungswege

Die Herausforderung bei der Gestaltung von Hypertexten bzw. multimedial aufbereiteten (Lern-)Inhalten ist es, die Gefahren der Desorientierung („Lost in Hyperspace') und der kognitiven Überlastung (der Konzentration der Lernenden auf die Navigation statt auf die Inhalte) zu vermeiden. Dazu werden unterschiedliche Formen der Strukturierung von Inhalten und von Orientierungshilfen gegeben. So fordert der Styleguide der VFH (HARTWIG / TRIEBE / HERZCEG 2002c, Online):

- Studienmaterialien müssen zumindest eine Art der Navigation bieten, der sich Lernende so anvertrauen können, dass sie bei entsprechender Bewegung durch die Lerneinheiten alles vorhandene Material gesehen haben,

- darüber hinaus müssen individuelle Navigationsmöglichkeiten und die Wahl der eigenen Bearbeitungsschritte bestehen. Zur Orientierung können dabei verschiedene Formen von Übersichten angeboten werden (z. B. Inhaltsverzeichnis, Glossar, Quellenverzeichnis, Autorenverzeichnis, Index, Abbildungsverzeichnis, Tabellen- und Animationsverzeichnis),

- alle Navigationsmöglichkeiten in einem Modul müssen den Lernenden explizit erläutert werden,

- Lernende müssen Lesezeichen setzen und eigene Annotationen machen können,

- der Bearbeitungsstand muss durch automatische Markierung der besuchten Seiten oder durch von den Lernenden selbst zu setzende Markierungen kontrollierbar sein,

- möglich sind darüber hinaus weitere Orientierungshilfen wie z. B. Mindmaps.

„Intelligente
Tutorielle Systeme"
(ITS)

Als „adaptiv" werden Lernsysteme bezeichnet, die sich selbstständig an Nutzereigenschaften (wie Wissensstand, Vorgehensweisen, Informationssuchverhalten) anpassen und entsprechend abgestimmte Hilfestellungen geben können (etwa in Bezug auf Aufgabenschwierigkeiten oder Hilfestellungen beim entdeckenden Lernen). Werden dabei Verfahren der künstlichen Intelligenz angewandt – was jedoch in der Regel nicht notwendig und bisher nur in wenigen Wissensbereichen realisiert ist –, so handelt es sich nach LEUTNER (2002, 124) um „Intelligente Tutorielle Systeme" (ITS). Nach KERRES (1998, 62) gibt es unterschiedliche Vorstellungen über die essenziellen Merkmale von ITS. So werde etwa in der Informatik von ITS gesprochen, wenn bestimmte Softwaretechniken bzw. Programmiersprachen (wie LISP) zum Einsatz kommen. Ein zentrales Merkmal adaptiver Systeme sei jedoch immer, dass sie über zumindest eine Diagnosekomponente verfügen, anhand derer das Verhalten der Lernenden analysiert und Rückschlüsse über deren Kompetenzen gezogen werden können. Solche Diagnoseinstrumente können nach SCHULMEISTER (1997, 182) aus mehreren idealtypisch modellierten Komponenten bestehen: einem Modell des Wissensgebietes („domain model"), einem Modell des Lernenden („student model"), einem Modell der pädagogischen Strategien („tutor model") sowie einer Benutzerschnittstelle zu diesen Komponenten („Interface").

Lernmodell von ITS

Lernen im Sinne von ITS beruht damit (ebenso wie der Programmierte Unterricht) auf einem Verhaltensbegriff: Das Modell des Wissensgebietes ist ein Modell von Konzepten im Sinne von Verhaltenszielen und das Lernermodell ist ein Modell von Verhaltenssequenzen des Lernenden. Die gesamte Anlage eines ITS basiert darauf, dass diese Konzepte als Verhaltensziele operationalisiert werden, damit ein Vergleich von Lernermodell und Wissensmodell möglich ist. Ein ITS ist somit ein zweckrationales System, das die Relation von Anfangs-, Ziel- und Endstadium optimieren soll (SCHULMEISTER 1997, 190). BLUMSTENGEL (1998, Kapitel 1.2) verweist unter Bezug auf HASEBROOK (1995) und NATHAN / RESNIK (1994) darauf, dass ITS – trotz des ungleich höheren Entwicklungsaufwands – in Bezug auf die Nutzermodellierung vergleichbare Ergebnisse erzielen wie ‚unintelligente' Tutoringsysteme: „Zusammenfassend kann festgestellt werden, dass der hohe Implementierungsaufwand für ITS in den wenigsten Fällen gerechtfertigt ist." (ebd.)

Softwareagenten

Unter autonomen Computeragenten oder Softwareagenten werden „Computerprogramme, die im Auftrag oder im Sinne von Benutzern und Systemen Aufgaben erledigen und dabei autonom und mit einem Mindestmaß an Intelligenz agieren", verstanden (BENDEL 2003, 36). Sie wurden zunächst als Suchwerkzeuge für das Internet konzipiert und sollen auf die Vorlieben eines Benutzers reagieren, Informationen klassifizieren sowie neue Fälle auf der Grundlage dieser Erfahrungen lösen können. Ihre Eigenschaften werden häufig mit menschlichen Qualitäten – etwa „Dienstbarkeit und Intelligenz" (BENDEL 2003, 261) – verglichen (MURCH / JOHNSON 2000, 17). Oft werden sie vermenschlicht dargestellt, sowohl in Bezug auf ihr Äußeres (z. B. als animierte 3D-Figur bzw. Avatar) als auch in Bezug auf Kommunikation und Verhalten.

Softwareagenten werden in vielfältigen Bereichen vor allem in der Wirtschaft und im Informationsmanagement eingesetzt (MURCH / JOHNSON 2000, 59f.), jedoch konstatiert BENDEL (2003, 261), dass sich der „Typ des pädagogischen Agenten […] in keiner der allgemeinen Übersichten" fand. Ihr grundsätzliches Potenzial sieht er darin, dass sich unterschiedliche Aktionsfunktionen von Agenten, die er den Kategorien Information, Kommunikation, Transaktion und Interaktion zuordnet, in Lernkontexten zur Wissensvermittlung, zum Support der Lernenden und zur Unterstützung der Motivation einsetzen ließen. Tatsächlich sind solche prognostizierten

Potenziale bislang kaum realisiert. BACK (2002, 87) konstatiert, dass „[...] zumindest im Bereich des E-Learning [...] leistungsfähige Softwareagenten zur Zeit noch zu den Zukunftstechnologien [gehören]".

Adaptierbarkeit durch Wahlmöglichkeiten

Angesichts der bisherigen desillusionierenden Erfahrungen mit so genannten intelligenten Systemen stellt KERRES (1998, 64f.) die Frage, welche Komponenten eines Systems „Intelligenz" enthalten bzw. ob die didaktische Strategie des E-Learnings tatsächlich auf der Grundlage von Verhaltensmodellen online optimiert werden solle und ob sich der Aufwand lohne, Programme zu entwickeln, die auf die kognitiven Merkmale des Lernprozesses rekurrieren. Er schlägt stattdessen vor, Intelligenz weniger „im" Programm bereitzustellen als vielmehr in der Präsentation des Lernangebots. Damit ist z. B. gemeint, dass nicht das System sequenziert und „entscheidet", sondern ein Nutzer dem System mitteilen kann, welche Form der Darstellung er wünscht: beispielsweise weniger kompliziert oder als grafische Übersicht. Statt Adaptivität durch die „Diagnosefähigkeit des Systems" geht es also um Adaptierbarkeit durch die Gestaltung der Interaktivität, die Präsentation der Informationen, die angebotenen Schwierigkeitsgrade, Darstellungsformen und die Art der Navigation.

Kriterien zur Auswahl der Darstellungsformen

Hinsichtlich der verschiedenen medialen Elemente zur multimedialen Aufbereitung von Lerninhalten gibt es weder eindeutig überlegene Darstellungsformen noch eine rezeptartige Zuordnung von Inhaltstypen zu optimalen Darstellungsformen. Die Verwendung der einzelnen medialen Elemente muss als Ganzes betrachtet werden und die einzelnen Elemente in Bezug auf ihre Funktion und ihr Zusammenwirken mit den anderen Formen überprüft werden.

Dabei sind aus lernpsychologischer Perspektive einige Hinweise hilfreich (SCHNOTZ / SEUFERT / BANNERT 2001). Hierbei geht man davon aus, dass beim Lernen sowohl ein sprachliches internes Modell als auch ein bildliches internes Modell eines Gegenstandes erzeugt werden. Diese Modelle werden außerdem durch individuelle Unterschiede, wie Vorwissen, kognitive Strukturen, Lernstrategien usw., beeinflusst.

Daraus ergibt sich zur Gestaltung von Lernmaterialien z. B. die Anforderung, dass gezeigte Texte und Bilder eine hohe Kohärenz aufweisen sollen. Meist ist es günstiger, Bilder vor Texten zu zeigen, damit keine Interferenzen zwischen internen semantischen Modellen und später gezeigten Bildern entstehen. Lernende mit niedrigem Vorwissen sind stärker auf Visualisierungen angewiesen als Lernende mit hohem Vorwissen, die mentale Modelle auch ohne Bildunterstützung erzeugen können. Durch die Redundanz von Bildern und Texten können Aufmerksamkeitsteilungen und Hemmungseffekte entstehen, ebenso widerspricht die Präsentation zu vieler multimedialer Darstellungen der kognitiven Ökonomie. Die Kombination von geschriebenen Texten und Bildern kann zur Überlastung des visuellen Kanals, Suchprozessen und geteilter visueller Aufmerksamkeit führen. Bei

103

der Planung von Interaktionen mit einem Programm (automatisch auswertbare Aufgaben, Simulationen etc.) ist dessen Nutzen zu bedenken, da auch sie kognitive Ressourcen fordern (und deshalb häufig nicht genutzt werden). Auch schließt eine Verhaltensaktivität nicht immer zugleich auch eine kognitive Aktivität ein.

Schließlich muss bei der Auswahl der Darstellungselemente auch das geplante Lernszenario berücksichtigt werden. So erläutert REINMANN-ROTHMEIER (2003, 53), dass sie bei der Darstellung multimedialer Lerninhalte auf einer CD-ROM vor allem logische Grafiken zur Unterstützung des Aufbaus mentaler Modelle verwendete, außerdem Übersichtsgrafiken sowie zahlreiche Details und weiterführende Verweise. Komplementär dazu wurden in den „Face-to-Face"-Veranstaltungen desselben Moduls Abbilder zur Verankerung gewählt und der inhaltliche Schwerpunkt auf den „Gesamtbogen" der Veranstaltung (statt auf viele Details) gelegt.

4.3.5 Gender Mainstreaming

Was ist Gender Mainstreaming in der Bildung?

Computernutzungsprofile weisen in Freizeit und Beruf deutliche Unterschiede nach Geschlecht auf (SCHINZEL 2001, 1). Gender Mainstreaming im Bildungsbereich bedeutet, „alle Maßnahmen und Programme auf ihre potentielle Wirkung für beide Geschlechter zu überprüfen und so zu realisieren, dass sie zur gleichen Teilhabe der Geschlechter beitragen" (medienbildung.net 2003, online). Die Integration der Geschlechterperspektive „in Forschungs-, Planungs-, Entwicklungs-, Einsatz- und Evaluationsprozesse" virtueller Studienarrangements (JELITTO 2003, 1; SCHINZEL / RUIZ BEN 2002) ist in vielen E-Learning-Projekten des Bundesministeriums für Bildung und Forschung (BMBF) Förderkriterium und zielt auf die Sicherstellung von Chancengleichheit und optimale Ressourcennutzung männlicher und weiblicher Besonderheiten. Damit ist verbunden, virtuelle Studienmodule zielgruppenorientiert zu planen und den Zugang zum virtuellen Studium zu erleichtern, so auch die deutlich unter den Zahlen männlicher Studierender liegenden Anfängerzahlen bei Frauen zu erhöhen und deren hohe Ausstiegsquote zu verringern (SCHINZEL 2001, 11).

Hinweise für die Umsetzung

Die Umsetzung des Gender-Mainstreaming-Konzepts in virtuellen Hochschulen betrifft unterschiedliche, sich teilweise überschneidende Felder, wie die Organisation von Projektmanagement und Hochschule (z. B. durch paritätische Besetzung der entsprechenden Gremien), die Nutzung und Gestaltung der Technik(-kultur), die Aufbereitung von Inhalten, den Sprachgebrauch, didaktische Konzepte und Betreuung, die Kommunikation zwischen Studierenden und Lehrenden. Die Sensibilität für dieses Themenfeld ist relativ neu und in vielen Projekten besteht „eine grundlegende ‚Unwissenheit' und ‚Unsicherheit', wie der Gender-Mainstreaming-Aspekt umgesetzt werden kann" (JELITTO 2003, 1). Hinweise gibt der im BMBF-geförderten Programm „Neue Medien in der Bildung" entwickelte Leitfaden

(WIESNER u.a. 2003) sowie der ebenfalls im Rahmen dieses Programms entwickelte Forschungsbericht mit Hinweisen auch für die Evaluation (JELITTO 2003). Einige dieser Vorschläge werden im Folgenden näher betrachtet. Jedoch könnte und sollte jedes Projekt darüber hinaus mit allen Beteiligten neue Vorschläge entwickeln, erproben und evaluieren.

Gender Mainstreaming in Bildungskontexten

In die Planung von Studienaufgaben und Lernszenarien sollten geschlechtsspezifisch unterschiedliche Vorgehensweisen einbezogen werden:

- Untersuchungen haben gezeigt, dass Männer eher experimentell, spielerisch und problemlösungsorientiert vorgehen, während Frauen eher planerisch und mit Bezug auf den Gesamtkontext arbeiten und Werkzeuge zielgerichtet einsetzen („tools versus toys").

- Frauen nutzen (in Hypertexten) eher eine freie Navigation, Männer dagegen eher hierarchische Navigationssysteme. Dies ist bei der Auswahl von Software und der Gestaltung von Inhalten mitzubedenken.

- Möglich ist auch, dass Teletutoren geschlechterspezifisches Nutzungsverhalten thematisieren und zur kritischen (Selbst-)Reflexion und Diskussion anregen. Hilfreich ist auch, wenn weibliche und männliche Tutoren zur Verfügung stehen (dies gilt auch für die technische Unterstützung).

- Ebenso sollten unterschiedliche Diskussionsstile von Männern (eher sachorientiert und längere Beiträge) und Frauen (eher kommunikationsorientiert, Zurücknehmen der eigenen Person) berücksichtigt werden bzw. sollte darauf aufmerksam gemacht werden. Bei Teamarbeit sollte auf gemischt geschlechtliche Gruppen geachtet werden. Allerdings kann auch der Wunsch nach getrennt geschlechtlichen Gruppen vorhanden und die Arbeit in solchen Gruppen lernförderlich sein. Ausprobiert werden könnte die Einrichtung von Kommunikationsräumen nur für Frauen und nur für Männer oder die Durchführung eines anonymen, „geschlechtsneutralen" Chats.

Geschlechtsspezifische Aufbereitung von Inhalten

Eine geschlechtersensitive Aufbereitung von Inhalten impliziert u.a.:

- Vermeidung von Geschlechterstereotypen, Wahl von Männern und Frauen als Vorbilder, Verwendung von Männer- und Frauenstimmen bei Audiobeiträgen, ausgewogenes Verhältnis von Männern und Frauen auf statischen und bewegten Bildern (das heißt, auch Männer als ‚dekorative' Elemente und Frauen in Videos, da die Aktivität und Dynamik von Personen in Videos höher eingeschätzt werden als die in statischen Bildern), sowie

- sichtbar machen des Beitrages von Frauen und Männern in den einzelnen Disziplinen, auch in historischen Betrachtungen.

Geschlechter-
sensibler
Sprachgebrauch

Vorschläge zum geschlechtersensiblen Sprachgebrauch sind beispielsweise:

- Die Vermeidung der Nutzung ausschließlich männlicher Formen, da Untersuchungen ergeben haben, dass bei der Nutzung rein männlicher Schreibweisen weniger Frauen assoziiert werden als Männer. Möglich ist die Verwendung neutralisierter Formen („Anwesende" statt „Teilnehmer") oder die Sichtbarmachung von Frauen (differenzierte Vorschläge finden sich bei JELITTO 2003, 12-16).

- Durch das Ausschreiben von Vornamen bei Literaturangaben kann das Geschlecht des Autors bzw. der Autorin sichtbar gemacht werden, ggf. können auch Institutionen statt Personen zitiert werden („Koordinationsstelle für Gender Mainstreaming" statt der Namen der jeweiligen Verfasser).

Auch bei der Evaluation von virtuellen Lernsituationen sollte die Genderperspektive berücksichtigt werden (Abschnitte 6.4.3 und 6.5).

4.3.6 Barrierefreies Webdesign

E-Learning für
Menschen mit
Behinderung

Die Nutzung der neuen Medien kann für Lernende mit Behinderungen „neben dem üblichen didaktischen ‚Mehrwert' unter bestimmten Umständen einen erheblichen Nachteilsausgleich bewirken" (DROLSHAGEN / KLEIN 2003, 26). Da also ein besonderes Interesse Studierender mit Behinderungen an der Nutzung der Neuen Medien besteht und sie eine wichtige Zielgruppe darstellen (OMMERBORN / SCHUEMER 2001), sollte darauf geachtet werden, dass virtuelle Bildungsangebote den Kriterien des barrierefreien Webdesigns entsprechen.

Was sind barriere-
freie Webseiten?

„Barrierefrei" ist eine Internetseite, die problemloses Lesen und Navigieren mit den derzeit zur Verfügung stehenden Hilfsmitteln ermöglicht. Es sollen „weder durch Hard- noch durch Software noch durch Gestaltung von Inhalten Barrieren zwischen den angebotenen Informationen und ihren Nutzern und Nutzerinnen errichtet werden" (DROLSHAGEN / KLEIN 2003, 28). Was sich im Einzelnen als eine Barriere erweist, hängt von der Art der jeweiligen Beeinträchtigung ab, das heißt, für gehörlose Menschen werden andere Elemente zu Barrieren als für sehgeschädigte oder motorisch beeinträchtigte Personen.

Barrierefreie Gestaltung bedeutet nicht, auf Elemente wie Grafiken oder Video-Clips zu verzichten, sondern Alternativen zur Nutzung eines Informationsangebots zur Verfügung zu stellen' bzw. Wahlfreiheit bei der Nutzung der angebotenen Medien zu bieten. Vielfach wird neben der „normalen" Version eine „Nur-Text-Version" angeboten, die auf grafische Gestaltungselemente verzichtet bzw. diese in Text umsetzt. Zunehmend setzt sich jedoch das Paradigma *einer* Version für alle Nutzer durch (KLEIN 1994). Dies scheint auch für die Nutzung in Lehr-/Lernkontexten günstiger zu sein, nicht zuletzt, damit sich Kommunikation und Kooperation aller beteiligten Personen auf dieselben Seiten beziehen können.

Notwendige Kenntnisse für die barrierefreie Gestaltung

Wenn die barrierefreie Gestaltung von Beginn an in die Planung einbezogen wird, entstehen dadurch kaum zusätzliche Kosten (KLEIN 2002). Notwendig dazu ist jedoch das Wissen aller Beteiligten über die Anforderungen bestimmter Nutzergruppen sowie über die Möglichkeiten der technischen Verwirklichung, z. B. in Bezug auf technische Bedingungen wie Hard- und Software, bestimmte Browsereigenschaften sowie vor allem spezifische Hilfsmittel (wie Vergrößerungssoftware und Screenreader, das heißt, Softwareprodukte, die den Bildschirminhalt auslesen und über Sprachausgabe, Braillezeile oder Schriftvergrößerung blinden oder sehbehinderten Computernutzern zur Verfügung stellen).

Über die technische Umsetzung hinaus muss bei der Planung und Strukturierung der Lernmodule darauf geachtet werden, dass der Aufbau eines Gesamtdokuments, der einzelnen Seiten und der Textelemente auch z. B. bei Nutzung der Maus anstelle der Tastatur navigierbar und übersichtlich bleibt. Es ist auch darauf zu achten, dass *geeignete Alternativen* für bestimmte Darstellungsmodi zur Verfügung gestellt werden, z. B. von schriftlichem Text statt Ton, Ton oder schriftlichem Text statt eines Bildes. Insgesamt sollte Wert auf die bewusste Gestaltung der Inhalte (Layout, Farben, Audio- und Video-Elemente etc.) gelegt werden.

Die Nutzung eines sauberen HTML-Codes kann bereits viel zur barrierefreien Zugänglichkeit einer Webseite beitragen, viele Features der HTML 4.01-Spezifikation wurden speziell entwickelt, um Barrierefreiheit zu ermöglichen (HELLBUSCH 2001). Alternative Befehle im HTML-Code (so genannte „alt-tags") stellen beim Ansteuern eines Bildes, eines Links usw. mit der Maus einen alternativen Text zur Beschreibung des angesteuerten Elements zur Verfügung, der auch von Screenreadern wiedergegeben werden kann. Solche Alternativen müssen z. B. darauf hinweisen, ob ein Bild darstellende oder konstruierende Funktion hat (Abschnitt 4.3.4) oder wohin ein Link führt. Die Planung alternativer Darstellungsmodi und aussagekräftiger Hinweise (z. B. durch „alt-tags") sollte nicht erst bei der Programmierung, sondern bereits bei der didaktischen Konzeption und beim Schreiben der Drehbücher berücksichtigt werden, zumal dies auch als Bereicherung der Lernmaterialien betrachtet werden kann.

Anforderungen an Barrierefreiheit

Als einige der wichtigsten Anforderungen werden häufig genannt:

- *Trennung von Inhalt und Layout,* z. B. durch die Verwendung von cascading style sheets (CSS), die es den Nutzern erlaubt, das eigene Layout festzulegen,

- möglichst *wenige Layoutvorgaben,* um den Nutzern bei der Anzeige einer Web-Seite Spielraum zu lassen; ausreichend große und deutliche Schrift,

- äquivalente *Alternativen zu Audio- und visuellem Inhalt,* die dieselbe Funktion oder denselben Zweck erfüllen wie Audio- oder visuelle Inhalte,

- Nutzung deutlicher *Farbkontraste,* Berücksichtigung von Rot-Grün-Blindheit; ein weitgehender Verzicht auf Farbvoreinstellungen erlaubt eigene Einstellungen,

- Hinterlegung von *Bildern, bewegten Bildern und Audio* mit so genanntem Alternativtext im HTML-Quellcode; Möglichkeit, bewegte Inhalte (Animationen, Audios) anzuhalten oder auszuschalten,

- Unterlegung von *Frames* mit einer „Noframes"-Programmierung; Auswahl sinnvoller Frame-Titel, die auf die Funktion der Frames hinweisen,

- zurückhaltende Nutzung von *Tabellen* (da diese von Screenreadern teilweise nicht gelesen werden können); Texterläuterungen für verwendete Tabellen,

- Bereitstellung alternativer Inhalte für *Scripts, Applets und Plug-ins,*

- klare Navigationsmöglichkeiten und deutliche Beschriftung von *Links,*

- *PDF-Dateien:* Man sollte die Leseweise von Screenreadern bedenken und die Einstellung von sehr großen Dateien ins Netz vermeiden bzw. Dateien aufsplitten.

Gesetzliche Grundlagen und Richtlinien Das Behindertengleichstellungsgesetz (BGG) vom 1. Mai 2002 verpflichtet in § 11 alle Bundesbehörden, ihre Informationen barrierefrei anzubieten. Die konkrete Umsetzung dieses Anspruchs regelt die „Barrierefreie Informationstechnik-Verordnung" (BITV; siehe Informationsseite http://www.wob11.de). Auch in den einzelnen Bundesländern sind entsprechende Landesgleichstellungsgesetze entweder bereits in Kraft getreten oder werden in Kürze verabschiedet; dies gilt auch für die Universitätsgesetze der Bundesländer (DROLSHAGEN / KLEIN 2003, 26). Die jeweiligen Gesetze greifen auf die vom World Wide Web Consortium (W3C) im Rahmen der Web Accessibility Initiative (WAI) aufgestellte Richtlinie zurück, die zwischen Muss-, Soll- und Kann-Anforderungen unterscheidet und im Anhang nach Themen geordnete Checklisten enthält (http://www.w3.org/WAI/Resources/#gl; deutsche Übersetzung: http://www.w3.org/Consortium/Offices/Germany/Trans/WAI/webinhalt.html, Feb. 2004). Für die Überprüfung von erstellten Seiten auf Barrierefreiheit gibt es sowohl Software-Programme (z. B. „aprompt" oder „bobby") als auch die Möglichkeit der Online-Überprüfung (z. B. http://www.barrierefinder.de).

4.3.7 Technisches Grundwissen

In vielen Fällen liegen die Konzeption und die technische Realisierung virtueller Studienmodule nicht in einer Hand. Oft wird die Programmierung nach der Erstellung des Multimedia-Drehbuchs sogar an externe Firmen vergeben. Dennoch ist es für die Konzeptentwickler interessant zu wissen, mit welchen Werkzeugen ihre Module umgesetzt und in welcher Lernumgebung sie eingesetzt werden.

Technische Grundlagen für Konzeptentwickler

Sie sollten deshalb zumindest Grundlagenwissen in Bezug auf die wichtigsten Entwicklungswerkzeuge haben, um einschätzen zu können, welche Programme sich für die Umsetzung ihrer Vorstellungen eignen bzw. wie groß der Gestaltungsspielraum eines Programms ist, welche technischen Besonderheiten es hat und welcher Aufwand damit verbunden ist. Dies ist nicht zuletzt wichtig, damit die Kommunikation mit den Programmierern reibungsfrei verlaufen kann.

Autorenwerkzeuge und Webeditoren

Zur Aufbereitung von Lerninhalten können entweder Web-Design- oder ‚klassische' Autorenwerkzeuge genutzt werden. Web-Editoren (z. B. „Microsoft Frontpage", „Macromedia Dreamweaver" oder „Adobe GoLive") ermöglichen auch ohne umfangreiche Programmierkenntnisse die Gestaltung ansprechender Bildschirmseiten mit Texten und Grafiken oder Animationen. Anspruchsvolle Programmierdetails können damit jedoch nicht erstellt werden. Autorensysteme (wie „Macromedia Director", „Macromedia Authorware" oder „Click2Learn Toolbook") sind im Vergleich dazu komplexer. Oft sind sie speziell für die Gestaltung von Informationsdarstellung, Antwortanalyse und Rückmeldung konzipiert und werden zur Produktion von (oft stark geführten, an den Konzepten der programmierten Unterweisung orientierten) Lernprogrammen genutzt. Um Probleme bei der Übertragung zu großer Datenmengen zu vermeiden, erfolgt die Distribution oft auf Datenträgern, z. B. CD-ROMs, wodurch jedoch die Aktualisierung der Inhalte erschwert wird.

Wenn bereits feststeht, welcher Lernraum genutzt wird, sollten die Entwickler seine Struktur und eventuell im Einsatz herausgearbeitete Nutzungsvereinbarungen der einzelnen Bereiche kennen. Dazu ist außer der Kommunikation mit der technischen Betreuung auch der Austausch mit den Teletutoren wichtig.

4.4 Aufgabenorientierte Entwicklung virtueller Lernmodule

Das im Folgenden vorgestellte Modell einer aufgabenorientierten Didaktik (Zimmer 1998, 2003, 2004) zur Entwicklung virtueller Lernmodule baut auf dem subjektorientierten lerntheoretischen Ansatz auf (Abschnitt 4.3.1). Nach einer kurzen Einführung in den theoretischen Hintergrund werden die konkreten Arbeitsschritte der Konzeptentwickler in ihrem zeitlichen Ablauf dargestellt. Dabei wird zugleich ersichtlich, wie die in Abschnitt 4.2 vorgestellten Kenntnisse und Kompetenzen in die Planung virtueller Module einfließen. (Es sei an dieser Stelle noch einmal darauf hingewiesen, dass unter Lernmodul umfassende, z. B. semesterlange Kurse und keine ‚Lernhäppchen' verstanden werden; vgl. die Einleitung in dieses Kapitel.) Ziel ist es, die Konzeption zu erleichtern und auf pädagogischer Grundlage (Entscheidungs-)Hilfen zur Planung, Umsetzung und Durchführung zu geben. Die hier vorgestellte Fassung bezieht die Erfahrungen der Entwickler/ -innen der Studienmodule und die Ergebnisse der Evaluationen der durchgeführten Studienmodule ein und erläutert einzelne Arbeitsschritte anhand von Beispielen aus verschiedenen Studienmodulen der VFH.

4.4.1 Theoretische Fundierung

Ausgangspunkt einer aufgabenorientierten Didaktik

Ausgangspunkt einer aufgabenorientierten Gestaltung von Studiensituationen sind immer „typische bzw. verallgemeinerte Aufgaben in beruflichen, individuellen oder gesellschaftlichen Feldern" (Zimmer 2003, 10). Die Bearbeitung von Aufgaben im Hochschulkontext, aber auch in vielen anderen Bildungskontexten, dient sowohl der Einübung von Fähigkeiten und Fertigkeiten, die in späteren wissenschaftlichen oder anderen beruflichen Situationen benötigt werden, als auch der Forschung. Im weiteren Sinne stehen sie damit immer auch im Kontext der Erweiterung persönlicher und gesellschaftlicher Handlungsspielräume und können auf einem hohen Abstraktionsniveau sechs Dimensionen zugewiesen werden (ebd.):

- Bildung der Persönlichkeit,
- Zivilisierung des sozialen Zusammenarbeitens und Zusammenlebens,
- Beherrschung der eingesetzten Techniken und Technologien,
- Bewahrung der bearbeiteten bzw. genutzten Natur,
- Organisation der Arbeiten zur Realisierung der Aufgaben,
- Beitrag zur Entwicklung gesellschaftlicher Lebensbedingungen.

Notwendige Kompetenzen

Zur Bearbeitung solcher Berufs- und Lernaufgaben sind verschiedene (je nach der spezifischen Aufgabe unterschiedlich ausgeprägte) Kompetenzen notwendig (ebd.):

- Wissen um die Bedeutung der Berufsaufgabe bzw. auch der Lernaufgabe,
- Reflexion und Bestimmung eigener Handlungsinteressen,
- notwendige Fach- und Methodenkompetenzen zur sachgerechten Aufgabenbearbeitung,
- Kompetenzen zum sozialen Umgang zwecks erfolgreicher Arbeit,
- Kompetenzen für das Treffen sachgerechter Entscheidungen,
- Kompetenzen zur Bewertung der Definition, Durchführung und Resultate der Aufgabenlösung.

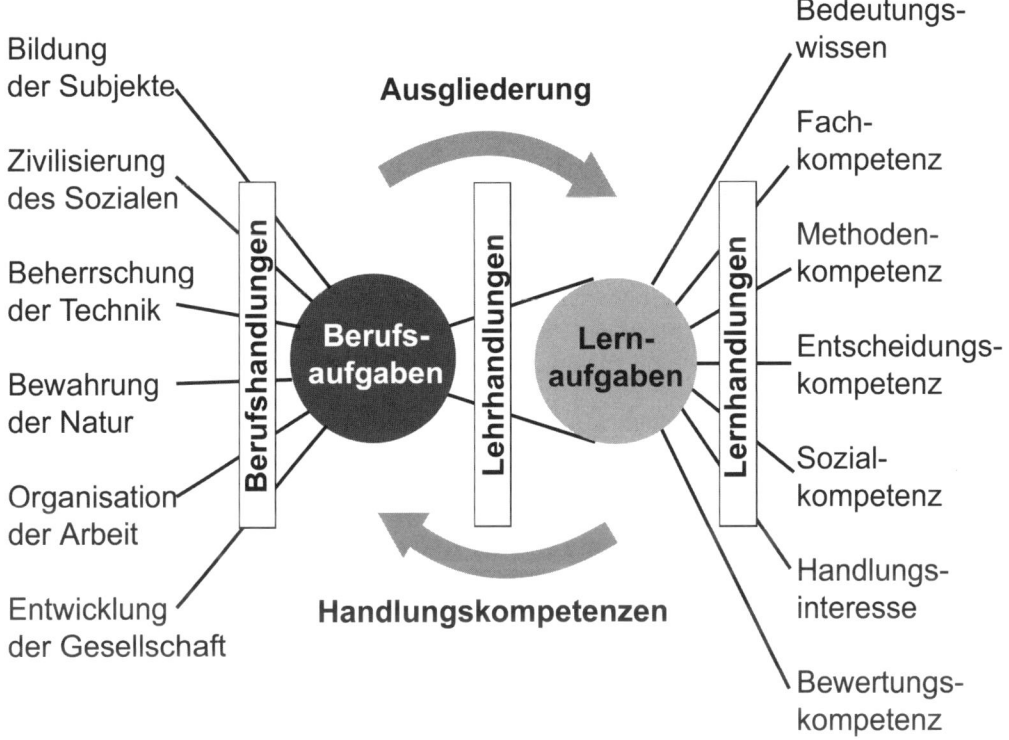

Bildung
der Subjekte

Zivilisierung
des Sozialen

Beherrschung
der Technik

Bewahrung
der Natur

Organisation
der Arbeit

Entwicklung
der Gesellschaft

Ausgliederung

Handlungskompetenzen

Bedeutungs-
wissen

Fach-
kompetenz

Methoden-
kompetenz

Entscheidungs-
kompetenz

Sozial-
kompetenz

Handlungs-
interesse

Bewertungs-
kompetenz

Abbildung 3   *Modell einer aufgabenorientierten Didaktik nach* ZIMMER *(2003)*

Ausgliederung von
Lernaufgaben

Nach der Definition der Berufs- bzw. Forschungsaufgaben müssen in einem nächsten Schritt relevante und typische Lernaufgaben ausgegliedert werden, durch deren Bearbeitung die später in beruflichen Situationen erforderlichen Kompetenzen erworben werden können. Wenn das jeweilige Arrangement dies ermöglicht, sollten solche Aufgaben im Diskurs zwischen Lernenden und Dozenten bzw. Tutoren ausgehandelt werden (Abschnitt 5.3.1). Jedoch ist es sinnvoll, dass Dozenten und Konzeptentwickler sich bereits bei der Konzeption virtueller Lernmodule an zu bearbeitenden Lernaufgaben orientieren. Die konkrete Umsetzung dieses Ansatzes ergibt sich zum einen aus den Dimensionen der identifizierten Berufshandlungen, zum anderen aus den Dimensionen der daraus abgeleiteten Lernaufgaben. Sie umfasst die Planung des Szenarios und der Kommunikationsformen sowie der Lernressourcen zur Bearbeitung der Aufgaben: Lerninhalte, Informationen, Übungsaufgaben, Simulationen, Hinweise, Fragen, Anregungen und anderes mehr.

Die folgende Grafik gibt einen Überblick über die vier aufeinander aufbauenden Planungsphasen (I – IV). Die unterschiedlichen Arbeitsschritte (A – I) in den jeweiligen Phasen und der Einfluss, den Entscheidungen für be-

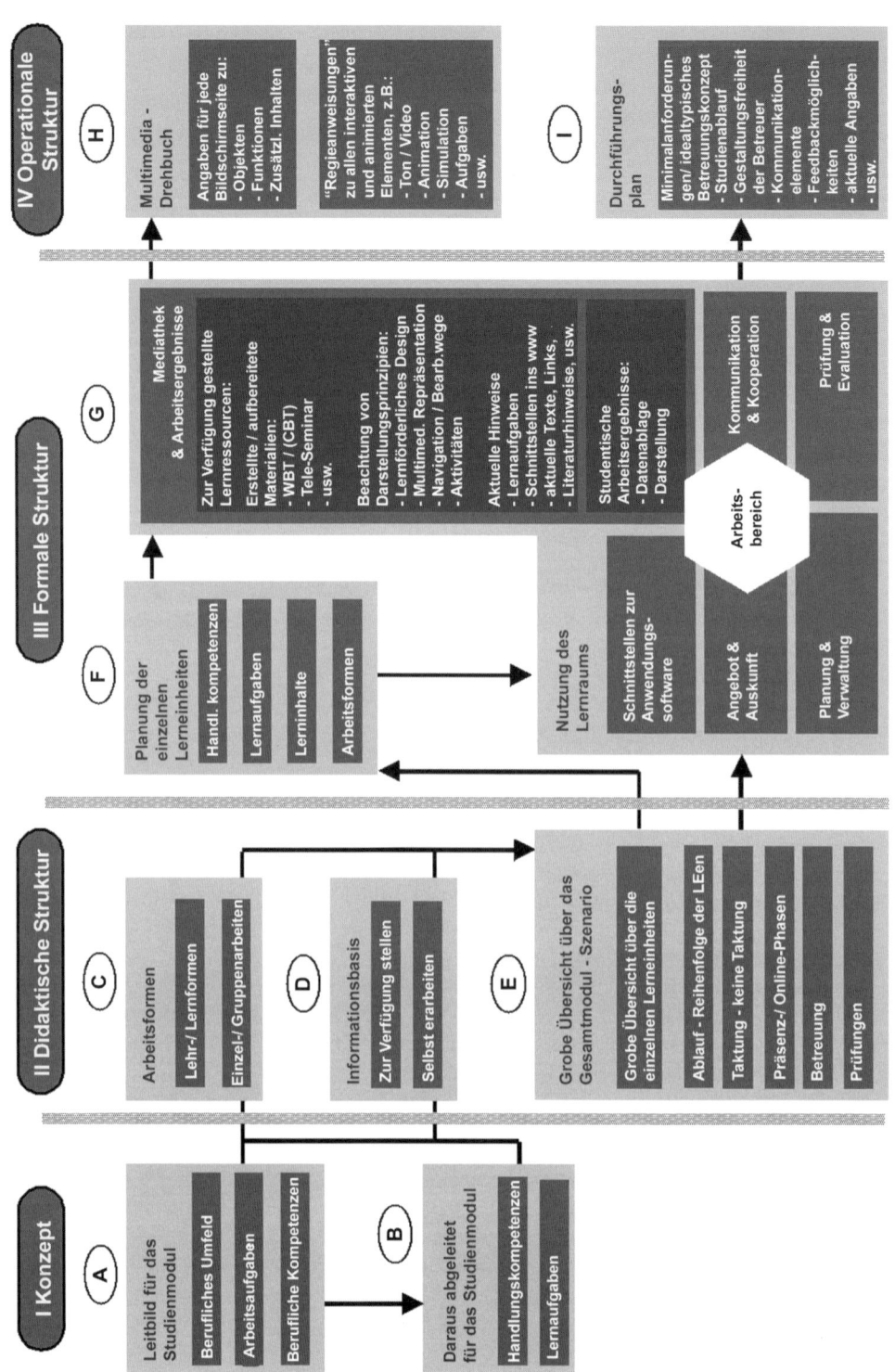

Abbildung 4   Planungsphasen und Arbeitsschritte zur Konzeption virtueller Lernmodule

stimmte Lernformen für die weiteren Arbeitsschritte haben, werden unten ausführlich beschrieben.

Eine wichtige Vorbemerkung: Vielen Entwicklern erscheinen insbesondere die ersten, konzeptionellen Arbeitsschritte sehr (zeit-)aufwendig. Dies mag zutreffen, wenn nur einzelne, kurze Lernsequenzen entwickelt werden. Eine Arbeitserleichterung ergibt sich jedoch sehr schnell, sobald mehrere und längere Lernmodule entwickelt werden. Das Konzept und die Festlegung der didaktischen Struktur dienen dann auch dazu, Lernformen und multimediale Elemente bewusst und begründet einsetzen und aufeinander abstimmen zu können.

Gerade an Projektstandorten, an denen viele Studienmodule entwickelt wurden, zeigte sich, dass die „für das VFH-Projekt erstellten ‚Didaktischen Leitlinien' [...] dabei eine wertvolle Hilfe zur systematischen Erfassung" aller Ideen sind (GÖRLITZ / MÜLLER 2003a, 404ff.). Sie ermöglichen zugleich auch die in großen, arbeitsteiligen und lang andauernden Projekten und bei Fluktuation der Mitarbeiter notwendige Dokumentation der Planungsschritte und die „einfache Be- und Überarbeitungsmöglichkeit auch durch mehrere Personen" (ebd.). Darüber hinaus hat sich gezeigt, dass die Vorüberlegungen und die auf dieser Basis getroffenen Entscheidungen zugleich wichtige (und nachgefragte) Informationen für die Studierenden sind, ebenso wie für die Betreuenden, die das Modul nicht entwickelt haben.

4.4.2 Konzeptphase: Leitbild eines Lernmoduls

Phase I Die zentrale Fragestellung während der Konzeptphase lautet: Welche Aufgaben sollen die Lernenden in einem Studienmodul bearbeiten, um die Kompetenzen zu erwerben, die sie später zur Bewältigung wissenschaftlicher oder anderer Berufsaufgaben benötigen?

Ist ein Lernmodul – wie in der VFH – Bestandteil eines Studiengangs, so sollten vorgängig ein Leitbild und entsprechende Handlungskompetenzen auch für den gesamten Studiengang beschrieben werden. Die Leitbilder und Handlungskompetenzen für ein einzelnes Modul dürfen diesen Festlegungen nicht widersprechen bzw. müssen sich in den Gesamtstudiengang einfügen.

Didaktisch-metho- Zunächst wird ein didaktisch-methodisches Leitbild als Richtlinie für das
disches Leitbild (A) Lernmodul erstellt, das grob mögliche spätere *berufliche Umfelder* der Lernenden beschreibt und daraus exemplarische *Berufsaufgaben* und die zu ihrer Bewältigung notwendigen Kompetenzen ableitet. Das Leitbild mit seinen drei Komponenten kann sehr knapp formuliert werden. Wichtig ist, dass aus der Definition der Berufsaufgaben und der Kompetenzen im nächsten Schritt Lernaufgaben bzw. die im Studienmodul zu erwerbenden Handlungskompetenzen abgeleitet werden können.

113

Beispiel: Didaktisch-methodisches Leitbild des Moduls „Werkstoffkunde" (projektinternes Dokument; Modulverantwortlicher: Prof. Dr. Olaf Jacobs, Konzeptioner: Guido Kwast / FH Lübeck):

Berufliches Umfeld und berufliche Aufgaben

Wirtschaftsingenieure können im Rahmen verschiedener Tätigkeiten mit werkstoffkundlichen Fragen in Berührung kommen:

- Werkstoffauswahl im Rahmen der Produktentwicklung bzw. -optimierung,

- Werkstoffsubstitutionen im Produkt mit dem Ziel der Kosteneinsparung oder der technischen Produktoptimierung,

- Konzipierung und Steuerung von Stoffkreisläufen.

Wirtschaftsingenieure sollen an der Schnittstelle zwischen Technik und Wirtschaft ihren Einsatz finden. Daraus ergeben sich in Bezug auf die Werkstoffkunde folgende Aufgabenfelder:

- Erfassen und Vermittlung des technisch Machbaren bei der Entwicklung verschiedener werkstofflicher Varianten für ein technisches Problem.

- In der zielorientierten Werkstoffauswahl und dem optimierten Werkstoffeinsatz steckt ein technisches Innovationspotenzial (Produktfunktionalität, -qualität, Lebensdauer), das häufig unzureichend genutzt wird.

- Erfassen und Vermittlung der wirtschaftlichen Randbedingungen und Implikationen verschiedener werkstofflicher Problemlösungsvarianten, um zwischen technischen und wirtschaftlichen Anforderungen (Herstellkosten) optimieren zu können.

Nur in seltenen Fällen werden die Absolventen des VFH-Studiengangs Wirtschaftsingenieurwesen selbst werkstofftechnische Problemlösungen erarbeiten.

Der Studiengang ist mit seinem Curriculum auf den Einsatz der Studierenden im Umfeld des Maschinenbaus ausgerichtet. Entsprechend wird auch die Werkstoffkunde vorwiegend eine Veranstaltung über Werkstoffe im Maschinenbau sein. Werkstoffe der Elektrotechnik / Elektronik, Sensorwerkstoffe, Implantatwerkstoffe etc., bleiben aus Gründen der Zeitökonomie, der Übersichtlichkeit und Kompaktheit unberücksichtigt.

Handlungskompetenzen und Lernaufgaben (B)

Eine weitere wichtige Überlegung an dieser Stelle ist, welche *Voraussetzungen* die Lernenden erfüllen müssen, um am Kurs teilnehmen zu können, wo im Gesamtkontext des Bildungsangebots das Modul lokalisiert ist und ob es für sich alleine steht oder auf andere Module aufbaut.

Im nächsten Schritt kann nun entschieden werden, welche Handlungskompetenzen die Lernenden in diesem Modul erwerben sollen und welche Lernaufgaben dafür geeignet sind (zu einem späteren Zeitpunkt wird dies auch für die einzelnen Lerneinheiten festgelegt).

Wie in Abschnitt 4.4.1 erläutert, hat sich eine Unterscheidung von sieben Kompetenzen als sinnvoll erwiesen. Um die in einem Modul zu erwerbenden Kompetenzen zu beschreiben, sind die folgenden Fragen hilfreich:

- Was sollen die Lernenden über die *Bedeutung* des Moduls in ihrem späteren beruflichen Kontext wissen? Wo werden sie den Inhalt und die erworbenen Kompetenzen anwenden können?

- Welche *Handlungsziele / Handlungsgründe* sollen zur Entwicklung der Motivationen und Einstellungen erarbeitet werden?

- Welche *Fachkompetenzen* / welches Fachwissen sollen erworben werden?

- Welche *Methodenkompetenzen* sollen die Lernenden erwerben?

- Welche *Kommunikationskompetenzen* bzw. kooperativen Kompetenzen sollen erworben werden?

- Welche *Evaluationskompetenzen* (z. B. Wissen, Methoden) sollen die Lernenden erwerben, damit sie ihre fachlichen Lernhandlungen und später ihre Arbeitshandlungen angemessen selbst bewerten können?

- Welche *Entscheidungskompetenzen* sollen erworben werden, damit berufliche Entscheidungen kompetent getroffen werden können?

Da aus den Handlungskompetenzen die Lernaufgaben (und dann die dafür günstigsten Lernformen) abgeleitet werden, sollten sie möglichst konkret formuliert werden.

Beispiel: Im Modul „Werkstoffkunde" zu erwerbende Kompetenzen (projektinternes Dokument; Modulverantwortlicher: Prof. Dr. Olaf Jacobs, Konzeptioner: Guido Kwast / FH Lübeck):

Zu erwerbende Handlungskompetenzen

Aus dem beruflichen Umfeld ergeben sich folgende Anforderungen an werkstoffkundliche Kompetenzen:

1 Bedeutungswissen

Die Studierenden sollen die werkstofflichen Einflüsse und die Bedeutung einer zielorientierten Werkstoffauswahl auf

- Produktfunktionalität,

- Produktqualität,

- Produktlebensdauer und

- Produktwirtschaftlichkeit (Herstellungskosten, Betriebskosten, Life Cycle Costs)

verstehen und an praxisrelevanten Beispielen erläutern können.

2 Fachkompetenzen

Um die Werkstoffauswahl und den Werkstoffeinsatz gemeinsam mit den Entwicklern technisch und wirtschaftlich optimieren zu können, sollen die Wirtschaftsingenieure folgende Fachkenntnisse erwerben:

- Die Studierenden sollen die für den Werkstoffeinsatz im Maschinenbau entscheidenden mechanischen Werkstoffeigenschaften (elastische/plastische Deformation, Zähigkeit/Sprödigkeit, Dauerfestigkeit etc.), begrifflich differenzieren können. Die Verfahren zur Ermittlung der dazugehörigen Kennwerte sowie deren Bedeutung für den Praktiker (Konstrukteur → Bauteildimensionierung und Fertigungstechniker → Werkzeug/Maschinenauslegung) sollen beschrieben werden können.

- Andere als mechanische Eigenschaften (elektrische, magnetische, optische, biologische etc.) bleiben aus zeitlichen Gründen und aus Gründen der Übersichtlichkeit des Gebietes für die Studierenden ausgeblendet.

- Die Studierenden sollen eine Übersicht über die für den Maschinenbau wichtigsten Werkstoffgruppen (Stähle und Gusseisen, Leichtmetalle, Kupferlegierungen, Oxid- und Nichtoxid-Keramik, Kunststoffe und Elastomere, Verbundwerkstoffe) erlangen. Dabei sollen die verschiedenen Werkstoffgruppen hinsichtlich ihrer Vor- und Nachteile in Verarbeitung und Gebrauch grob gegeneinander abgegrenzt werden. Die Möglichkeiten und Grenzen für die Beeinflussung / Veränderung der Werkstoffeigenschaften sollen verstanden werden. Es wird mehr Wert gelegt auf das Verständnis der Zusammenhänge als auf die Kenntnis einzelner Stoffdaten.

- Letztlich sollen die Studierenden die Auswahl eines geeigneten Werkstoffs für einen bestimmten Anwendungsfall (Gebrauchs- und Verarbeitungseigenschaften) nachvollziehen und begleiten können.

- Grundlegende Kenntnisse auf populärwissenschaftlichem Niveau über den Aufbau von Werkstoffen (Bohr´sches Atommodell, Kristallbau, Gitterbaufehler, Kristallisation, Diffusion) sind notwendig, um die Eigenschaften sowie die Möglichkeiten und Grenzen der verschiedenen Werkstoffe zu verstehen.

3 Methodenkompetenz

Die Studierenden sollen Methoden für die Variantenbewertung und Auswahl auf werkstoffliche Probleme anwenden können. Diese Methoden sind nicht originär werkstoffkundlich und werden daher nicht im Rahmen dieses Moduls detailliert entwickelt, sondern exemplarisch angewendet. Dabei werden folgende Methoden vorgestellt:

- Simultaneous Engineering

- Erstellung einer Werkstoffspezifikation und eines Bewertungsverfahrens

- Beurteilung der Leichtbaueignung verschiedener Werkstoffe für unterschiedliche Einsatz-fälle

- Herstellungskosten (break even point), Betriebskosten, Life Cycle Costs für unterschiedliche werkstoffliche Varianten

Anhand konkreter Beispiele sollen die Studierenden die Vorgehensweise für eine systematische zielorientierte Werkstoffauswahl kennen lernen.

4 Bewertungs- und Entscheidungskompetenz

Für technische Problemstellungen und Produktentwicklungen gibt es in der Regel verschiedene mögliche werkstoffliche Varianten. Diese Varianten müssen systematisch untersucht und unter technischen, ökonomischen und ökologischen Gesichtspunkten bewertet werden, um so die jeweils optimale Variante auszuwählen.

Für diesen Prozess ist ein umfassendes und tiefgreifendes werkstoffkundliches Wissen nötig, das im Rahmen dieser Veranstaltung nicht vermittelt werden kann. Die Absolventen sollen aber in der Lage sein,

- die entsprechenden Bewertungs- und Entscheidungsprozesse zu systematisieren und zu steuern und

- sich aktiv – im Austausch mit den Fachleuten der technischen Disziplinen – am Bewertungs- und Entscheidungsprozess beteiligen.

- Die werkstoffkundlichen Argumente und Aspekte des Bewertungs- und Auswahlprozesses sollen die Wirtschaftsingenieure verstehen und nachvollziehen können.

5 Sozialkompetenz

Die oben geschilderten Prozesse sind multidisziplinärer Natur und erfordern Kommunikations- und Teamfähigkeit. Diese kooperative Vorgehensweise soll im Rahmen von Gruppenaufgaben geübt werden. Die grundlegende Vermittlung entsprechender Techniken ist jedoch nicht Gegenstand dieses Moduls, sondern muss in anderen dafür vorgesehenen Modulen erbracht werden.

6 Handlungsinteressen und -gründe

Eine zielorientierte Werkstoffauswahl ermöglicht technische, ökonomische und ökologische Produktoptimierungen sowie Produkt- und Prozessinnovationen.

Lernaufgaben als strukturbildendes Element virtueller Lernmodule

Lernaufgaben unterstützen nicht nur die Motivation und den Erfolg beim Selbstlernen erheblich, sondern bilden, wie oben dargestellt, als zentrales Moment einer aufgabenorientierten Didaktik die Grundlage für die Struktur eines virtuellen Lernmoduls: Im Mittelpunkt der Modulplanung stehen damit also nicht die Inhalte in ihrer sachlogischen Reihenfolge, sondern die Aufgaben, die zum Erwerb der erforderlichen Handlungskompetenz führen.

Zu einer solchen Strukturierung eines Moduls sind vor allem umfassende Lernaufgaben geeignet, also komplexe, umfangreichere Aufgaben, die den Inhalt einer Lerneinheit umfassen oder sogar darüber hinausgehen, Transferleistungen benötigen und eine Herausforderung für die Lernenden darstellen. Lösungen solcher Aufgaben sollten im Regelfall von einem Tutor bzw. Dozenten begutachtet werden.

Ausgliederung von Lernaufgaben

Exemplarische und relevante Lernaufgaben werden aus den im letzten Arbeitsschritt formulierten zu erwerbenden Handlungskompetenzen und den Berufsaufgaben abgeleitet. Sie betreffen Basiskompetenzen, methodische und organisatorische sowie Bewertungskompetenzen und sollten, ebenso wie auch die Bearbeitung von beruflichen Aufgaben, das Zusammenspiel unterschiedlicher Kompetenzen erfordern. Anhand einer solchen Lernaufgabe muss überprüft werden können, ob die Lernenden die definierten Kompetenzen erworben haben.

Beispielhafte Fragen zur Konkretisierung der Lernhandlungen und Lernaufgaben sind:

- Welche Informationen sollen die Lernenden sich erarbeiten?
- Welche Fragen sollen sie beantworten?
- Welche Berechnungen sollen sie durchführen?
- Welche Fallbeispiele sollen sie bearbeiten?
- Welche Lösungen sollen sie im Netz präsentieren?

Es geht an dieser Stelle also nicht um automatisch auswertbare Aufgaben, wie Multiple-Choice, Drag-and-Drop, Lückentextaufgaben und andere. Solche Aufgaben werden von den Lernenden akzeptiert und gewünscht und sollten in jedem Modul eingesetzt werden. Genauere Überlegungen dazu sind jedoch erst bei der Planung der „Formalen Struktur" (siehe unten) der einzelnen Lerneinheiten nötig. Entwickler sollten sich an dieser Stelle darauf konzentrieren, eine Auswahl geeigneter, relevanter Studien- bzw. Lernaufgaben zu erstellen.

Ergebnis der Konzeptphase: Lernaufgaben für das Gesamtmodul

Das Ergebnis der Konzeptphase ist eine Auswahl von Lernaufgaben, die aus wissenschaftlichen und/oder beruflichen Aufgaben sowie den zu erwerbenden Handlungskompetenzen abgeleitet wurden. Eine Aufgabe kann sich hauptsächlich auf eine Kompetenz beziehen, meistens jedoch wird sie, wie auch die Berufsaufgaben, unterschiedliche Kompetenzen erfordern, z. B. Fachkompetenzen und Methodenkompetenzen oder Fachkompetenzen, Sozialkompetenzen und Entscheidungskompetenzen (siehe Tabelle 3 in Abschnitt 4.4.4).

4.4.3 Didaktische Struktur: Arbeitsformen und Lernszenarien

Phase II Nach der Zusammenstellung geeigneter Lernaufgaben können verschiedene Entscheidungen zur „Didaktischen Struktur" eines Lernmoduls getroffen werden, das heißt, zu folgenden Fragestellungen:

- Welche Arbeits- und Prüfungsformen sind zum Bearbeiten dieser Aufgaben am besten geeignet?

- Welche Informationen müssen den Lernenden zur Verfügung gestellt werden, damit sie die Aufgaben bearbeiten können, welche Informationen sollen sie selbst erarbeiten und ggf. auch anderen Kursteilnehmern zu Verfügung stellen?

- Welche Lernaufgaben und Informationen sollen zu Lerneinheiten zusammengefügt werden? (Erst an dieser Stelle entsteht also eine erste grobe Übersicht über die einzelnen Lerneinheiten.)

- Welches Szenario, das heißt, welchen Organisations- und Ablaufplan, legt diese Kombination von Lernaufgaben und Arbeitsformen nahe?

Planung und Auswahl von Arbeitsformen (C) Zur Planung und Auswahl geeigneter Arbeitsformen sind folgende Teilaspekte zu beantworten und zu einem stimmigen Ganzen zusammenzusetzen:

- In welchen Lernformen sollen die Lernenden die Aufgaben bearbeiten und die Handlungskompetenzen erwerben? Sind beispielsweise umfassende Recherchen sinnvoll, eine Simulation oder die durchgängige Bearbeitung eines Falles? Besonders wichtig ist dabei die Überlegung, wie die Arbeitsergebnisse der Lernenden wieder in den Kurs einfließen und als weitere Lernressource genutzt werden können.

- Welche Lehrform soll für welche Inhaltsbereiche überwiegen? Ist beispielsweise die direkte Übertragung einer Vorlesung oder eine konservierte Videoaufzeichnung geeignet, sollte der Inhalt eher in Form eines Teleseminars mit höherer Beteiligung der Lernenden vermittelt werden oder eignet sich der vorgesehene Präsenzanteil des Moduls am besten für den jeweiligen Bereich? Hier ist auch die Frage der Möglichkeit und Bedeutung von ‚Rückkanälen' zu klären, also welche Möglichkeiten Lernende bei diesen Lehrmethoden haben, ihre Fragen, Interessenschwerpunkte und Vorerfahrungen einzubringen.

- Sollte ein bestimmter Inhalt in Einzel- oder in Gruppenarbeit erarbeitet werden? Wie geschieht ggf. die Zusammenstellung der Arbeitsgruppen? Ist eine Zusammenarbeit in einer Gruppe fakultativ oder verpflichtend, wie geht sie in die Bewertung mit ein (zur Planung von Gruppenaufgaben auch Abschnitt 5.3.3).

Für die Transparenz der Lern- und Arbeitsbedingungen der Lernenden sowie zur Information der Betreuenden des Moduls sind Überlegungen und Entscheidungen an dieser Stelle gut zu dokumentieren.

Bereitstellung von Inhalten / Informationen (D) — Zur Bearbeitung der Studienaufgaben benötigen die Lernenden Inhalte und Informationen. Die Entscheidung, welche und wie viele Inhalte zur Verfügung stehen müssen, ist abhängig von den zu erwerbenden Kompetenzen und Lernaufgaben. Außerdem muss unterschieden werden zwischen Informationen und Inhalten, die den Lernenden zur Verfügung gestellt werden sollen und solchen, die sie sich selbst erarbeiten. Telemediale Lernformen bieten hierfür sogar umfangreichere Möglichkeiten als das klassische „Referatsmodell" eines Seminars in der geistes- und sozialwissenschaftlichen Präsenzlehre, so z. B. in Form von Zusammenfassungen von Rechercheergebnissen, thematischen Ausführungen, Linklisten, Kommentaren in einem Diskussionsforum, selbst entwickelten Suchhinweisen und -strategien, Aufbau einer Wissensbasis aus relevanten Dokumenten, die im Internet verfügbar sind.

Grobe Übersicht über die einzelnen Lerneinheiten — Aus den bisherigen Überlegungen und Entscheidungen lässt sich eine erste strukturierende Übersicht über die einzelnen Lerneinheiten eines Studienmoduls erstellen:

Lernaufgaben für das Gesamtmodul	Arbeitsformen	Inhalte	Lerneinheiten
Aufgabe 1: Zusammenstellung von Besonderheiten virtuellen Lernens; Reflexion eigener bisheriger Erfahrungen	Brainstorming Gruppendiskussion	Einführende Übersicht zum Thema virtuelles Lernen: virtuelle Lernszenarien; multimediale Präsentationsformen usw.	Einführung in die Didaktik virtuellen Lehrens und Lernens (ggf. als Vergleich zum Abschluss des Moduls)
Aufgabe 2: Vergleich von Lerntheorien in Bezug auf unterschiedliche Schwerpunktsetzungen (Wissen, Wissensverarbeitung, Rolle des Lehrenden usw.)	Einzelarbeit anhand aufbereiteter Lernmaterialien, ggf. Netzrecherche	Lerntheorien: • Behaviorismus • Kognitivismus • Konstruktivismus • Subjektwissenschaftlicher Ansatz	Lerntheoretische Grundlagen

Lernaufgaben für das Gesamtmodul	Arbeitsformen	Inhalte	Lerneinheiten
Aufgabe 3: Kritische Beurteilung der multimedialen Repräsentation exemplarischer Lernmodule	Einzelarbeit (Lektüre kognitionspsychologischer Texte) Eigenerfahrung mit unterschiedlichen Präsentationsformen: • Lesen von Texten und Hypertexten • Lernen mit statischen und bewegten Bildern • Funktionen von auditiven Elementen Gruppenarbeit: Recherche exemplarischer Lernmodule; kritische Präsentation einzelner Module durch die Teilnehmer, Diskussion.	Besonderheiten unterschiedlicher Darstellungsmodi: • Texte • Hypertexte • Bilder • Bewegte Bilder • Audio	Multimediale Repräsentationsformen
Aufgabe 4: Entwicklung unterschiedlicher Formen von Lernaufgaben	Reflexion der Eigenerfahrung mit unterschiedlichen Lernaufgaben (z. B. in diesem Modul) Gruppendiskussion (Vergleich und Erfahrungsaustausch) Arbeitstandem: Entwicklung von Lernaufgaben zu einem selbst gewählten Thema	Subjektwissenschaftlicher lerntheoretischer Hintergrund; Unterscheidungskriterien von Lernaufgaben (Sozialform, Komplexität etc.); Gestaltung von Lernaufgaben	Bedeutung von Lernaufgaben
Aufgabe 5: a) Begründeter Konzeptentwurf für eine virtuelle Lerneinheit (Lernaufgaben, Szenario etc.) b) Entwurf eines kurzen Drehbuchs	Abschlussarbeit	Anwendung aller bisher thematisierten Inhalte (Szenarien, Lernaufgaben, Präsentationsformen, Lerntheorien etc.)	Konzeption virtueller Lernmodule

Tabelle 2   Beispiel für das Zusammenspiel von Lernaufgaben, Arbeitsformen und Inhalten im Studienmodul „Mediendidaktik"

Studienmodul-
szenario (E)

Die bisher getroffenen Entscheidungen ermöglichen nun eine begründete zeitliche und organisatorische Strukturierung des Moduls und die Auswahl der Komponenten des Modulszenarios. Dies betrifft insbesondere den Gesamtablauf des Moduls und (eventuell) die Reihenfolge der Lerneinheiten, die Taktung der Lerneinheiten, das Zusammenspiel von Präsenz- und virtuellen Lernphasen, die Betreuung sowie die Gestaltung der Prüfungen (detaillierte Ausführungen in Abschnitt 4.3.3).

4.4.4 Formale Struktur: Feinstrukturierung der Lerneinheiten

Phase III

Nach der bisherigen Grobplanung des gesamten Studienmoduls erfolgt in dieser Phase die detaillierte Planung der einzelnen Lern*einheiten*. Im Mittelpunkt steht dabei die Planung der multimedialen Lernressourcen (bereitgestellte Lerninhalte und deren jeweilige Präsentationsformen), jedoch sollte dabei im Blick behalten werden, welche Handlungskompetenzen in der Lerneinheit erworben werden sollen und auf welche Weise der Lernraum in die Gestaltung einbezogen werden soll.

Detaillierte Pla-
nung der einzelnen
Lerneinheiten (F)

Zunächst werden an dieser Stelle auf der Grundlage der bisherigen Vorüberlegungen auf der Ebene der einzelnen Lern*einheiten* Entscheidungen bezüglich der folgenden Punkte getroffen:

- Handlungskompetenzen, die in der Lerneinheit erworben werden sollen,

- konkrete Lernaufgaben, die dazu nötig sind,

- Lernressourcen, die den Lernenden zur Bearbeitung dieser Aufgaben zur Verfügung gestellt werden sollen bzw. die sie ggf. selbst erarbeiten und anderen Lernenden zur Verfügung stellen sollen sowie

- die dafür geeigneten Lernaufgaben in dieser Lerneinheit.

(Diese Entscheidungen wurden auf der Ebene des gesamten Studienmoduls in der Konzeptphase und bei der Planung der didaktischen Struktur getroffen.)

Handlungskompetenzen	Lernform und Lernaufgaben
Bedeutungswissen • Gesetzliche Regelung für den Umgang mit Abfall • Gesetzliche Grundlage für die Bestellung eines Abfallbeauftragten • Auswirkungen der Bestellung eines Abfallbeauftragten im Betrieb	**Fallbeispiel anhand einer Beispielfirma:** **Rollenspiel zur Auswahl eines Abfallbeauftragten.** Im Rahmen des Rollenspiels Bearbeitung der folgenden Teilschritte:
Fachkompetenz • Kenntnis des Verursacherprinzips • Kenntnis der Pflichten des zur Bestellung Verpflichteten • Kenntnis der Aufgaben des Abfallbeauftragten	• Welcher Paragraf regelt die Bestellung des Abfallbeauftragten und nach welchen Kriterien?
Methodenkompetenz • Erstellung und Verwendung eines Organigramms • Umgang mit dem Internet • Präsentation von Ergebnissen • Dokumentation von Daten	• Welche Aufgaben, Rechte und Pflichten hat der Abfallbeauftragte und wie ist er in die Aufbauorganisation eingebunden? • Recherche im Kreislaufwirtschafts- und Abfallgesetz zum Thema Abfallbeauftrager
Entscheidungskompetenz • Systematische Aneignung der notwendigen Kenntnisse, um eine sachgerechte Personalentscheidung zu treffen • Transparente Begründung zur Vermittlung der getroffenen Entscheidung	• Systematisierung von Abfällen, Fallbeispiel Betrieb XY: Ordnen der Abfälle nach den Kriterien des europäischen Abfallschlüsselkatalogs
Sozialkompetenz • Einschätzung von personellen Strukturverhältnissen innerhalb eines Betriebs • Kompetenz im Umgang mit Hierarchien • Kenntnisse im Umgang mit Personaldaten in einem Betrieb • Moderation von Arbeitsgruppen	• Entwurf einer Beschlussvorlage für eine Vorstandssitzung entwerfen, die die Notwendigkeit von Abfallbeauftragten im Zusammenhang mit Umweltmanagementsystemen nach DIN EN ISO 14001 begründet: – Checkliste zur ersten Sichtung der eingehenden Bewerbungsunterlagen entwickeln,

Handlungsinteressen
 	
• Bewusstsein für eventuelle Konflikte zwischen den gesetzlichen Grundlagen und den Interessen eines Betriebs
 	
• Erweiterung betrieblicher Handlungsinteressen
	– Fragenkatalog für die Vorstellungsgespräche entwickeln,
	
	   – Praxisaufgabe für das Assessment-Center mit Auswertungskriterien entwickeln,
	
	   – Verfahrensanweisung für Auswahlprozess entwerfen.

Bewertungskompetenz • Kritische Überprüfung vorgegebener Lösungsvorschläge • Kritisches Hinterfragen des eigenen Entscheidungsprozesses	

Für die Aufgabenbearbeitung in dieser Lerneinheit werden folgende Lernressourcen bereitgestellt:

- Hypermediale Falldarstellung anhand einer Beispielfirma. Darstellungsformen: Hypertext, situierende Bilder sowie logische Bilder; automatisch auswertbare Übungen; Falldarstellung durch Dialoge der Leitfiguren wahlweise in gesprochener oder geschriebener Sprache.

- Skript

- Gesetzestexte (lineare Texte)

- Linksammlung

- Literaturverweise

Die Aufgabenstellung wird im Lernraum durch Hinweise der Betreuer konkretisiert (Termine, konkrete Anforderung, Aufgabenlösung) und durch ein Diskussionsforum begleitet.

Tabelle 3   *Beispiel zur Feinstrukturierung einer Lerneinheit (erweiterte Darstellung in Anlehnung an die Lerneinheit „Bestellung eines Abfallbeauftragten" aus dem Studienmodul „Umweltorientiertes Management" der VFH von Prof. Dr. MICHAEL BISCHOFF und Dr. PETRA DEY / FH Lübeck)*

Nutzung des Lernraums

In die Konzeption der Lerneinheiten sollte auch die geplante Nutzung des Lernraumes mit seinen verschiedenen Abteilungen und Werkzeugen eingehen. Dazu ist es notwendig, dass Entwickler von Studienmodulen die Funktionen, Vor- und Nachteile des jeweils verwendeten Lernraums (Kapitel 3) sowie eventuell bereits entwickelte Nutzungsroutinen gut kennen. Hilfreich ist dabei der Austausch mit den Teletutoren (Abschnitt 5.2).

Grundsätzlich enthält der Lernraum Informationen zu den veränderlichen Elementen des Moduls (wie Terminen, Prüfungsformen, Angaben zu den Dozenten etc.) und wird während der Durchführung des Moduls zur Kommunikation genutzt, während die gleich bleibenden Angaben (z. B. zu Hilfen und Werkzeugen, Navigation) direkt im Modul integriert werden sollten. Die Übergänge können jedoch fließend sein und die Entwickler müssen die Betreuer der Module darauf hinweisen, auf welche Faktoren sie jeweils achten müssen.

Außerdem können sie auch Hinweise dazu geben, wie der Lernraum in speziellen Modulen oder in einzelnen Lerneinheiten genutzt werden soll. Nicht in jedem Modul müssen alle Lernraumwerkzeuge verwendet werden; zur Bearbeitung bestimmter Aufgabenstellungen oder zur Präsentation spezieller Sachverhalte können sich bestimmte Werkzeuge besser eignen als andere. Bei solchen Vorschlägen sollte jedoch möglichst nicht gegen etablierte Nutzungsroutinen verstoßen werden. Wichtig ist auch darauf hinzuweisen, wie groß der Gestaltungsspielraum der Teletutoren ist.

Des Weiteren muss zu diesem Zeitpunkt geplant werden, ob zusätzliche Hilfen und Werkzeuge für den Umgang mit den Inhalten, die Präsentation der von den Lernenden entwickelten Arbeitsergebnisse oder die gemeinsame Arbeit an Dokumenten notwendig sind und wie diese ggf. bereitgestellt werden können (z. B. „Awareness-Features" durch Nutzung von ICQ oder ein Groupware-Arbeitsraum mit Versionsverwaltung bei umfangreichen Präsentationen; vgl. dazu Abschnitt 5.3.5).

Multimediale
Lernmaterialien (G)

Erst nach all diesen Vorüberlegungen kann an dieser Stelle nun die begründete Entscheidung getroffen werden, auf die sich oft die Überlegungen von Entwicklern konzentrieren: Welche Elemente eines virtuellen Kurses multimedial umgesetzt – das heißt, als WBT (ggf. auch CBT), als Simulation, als Televorlesung usw. – realisiert werden sollen. Bei der Planung der Gestaltung müssen die in Abschnitt 4.3.4 beschriebenen Regeln zur multimedialen Präsentation am Bildschirm berücksichtigt werden. Besonders hervorgehoben werden sollen hier noch einmal die Folgenden:

- Lernförderliches, klares Design, das sich an der technischen Ausstattung der Zielgruppe orientiert.

- Die multimediale Repräsentation sollte sich primär an inhaltlichen und nicht an gestalterischen Aspekten orientieren. Die Verwendung der einzelnen medialen Elemente muss hingegen als Ganzes betrachtet werden, jedes einzelne Element sollte genau auf seine Funktion und sein Zusammenwirken mit den anderen Elementen überprüft werden. Eine technologiebezogene Motivation der Verwendung einzelner Elemente sollte vermieden werden.

- Ein schlüssiges Navigationskonzept sollte dem Phänomen des ‚Lost in Hyperspace' entgegenwirken. Als Minimalanforderungen können eine geführte, lineare Navigation („Guided Tour") sowie die Möglichkeit der freien Navigation, also das direkte Anwählen eines spezifischen Abschnittes angesehen werden.

In die Planung der multimedialen Lerneinheiten müssen die Aktivitäten der Lernenden und der Tutoren und die dazu notwendigen Hinweise (auch im Lernraum) mit einbezogen werden.

4.4.5 Operationale Struktur: Multimedia-Drehbuch und Durchführungsplan

Phase IV

Die bis zu diesem Zeitpunkt getroffenen Entscheidungen werden in der folgenden Phase konkretisiert. Dies geschieht zum einen durch die detaillierte Beschreibung der zu erstellenden Lernmaterialien in einem Multimedia-Drehbuch, zum anderen durch den Entwurf eines Durchführungsplans, in dem für die Betreuer (ggf. auch für die Studierenden) der geplante Verlauf des Studienmoduls dokumentiert wird.

Multimedia-
Drehbuch /
Storyboard (H)

Analog zu einem Film-Drehbuch werden in einem Multimedia-Drehbuch für jede einzelne zu programmierende Bildschirmseite alle Inhalte, Elemente und Regieanweisungen festgehalten. Die Erstellung eines Drehbuchs erscheint den Entwicklern von Lernmodulen oft als sehr aufwendig oder sogar unnötig, insbesondere, wenn das Entwicklungsteam klein ist. Deshalb soll hier darauf hingewiesen werden, dass ein Drehbuch / Storyboard kein ‚Kunstwerk' ist. Eine handschriftliche Skizze der Seite oder (schriftliche) Angaben, wie „an dieser Stelle erscheint Bild x", sind ausreichend.

Auf jeden Fall ist ein Drehbuch unabdingbar, wenn ein Modul extern produziert wird. Es ist schon dann notwendig, sobald mehr als eine Person an dem Modul arbeiten, da gewährleistet werden muss, dass alle an der Planung und Produktion beteiligten Personen (wie Programmierer, Layouter, Grafiker etc., oder auch nur ein anderer als der ursprüngliche Bearbeiter) dieselben Grundlagen haben bzw. Veränderungen daran nachvollziehen und dokumentieren können und in der Lage sind, das Modul eigenständig umzusetzen.

Phasen der Drehbuch-Erstellung

In der Fachliteratur wird häufig zwischen den folgenden Vorstufen zur Erstellung des Drehbuchs unterschieden:

- *Erstellung eines Exposés* (Festlegung von Zielgruppe und Einsatzbereich, kurze Inhaltsangabe, Lernziele des Programms, Grobüberblick über Gestaltung und Umsetzung),

- *Erstellung eines Grobkonzepts* (Festlegung der Rahmenbedingungen, Strukturierung des Inhalts, Entwicklung der groben Programmstruktur, Abschätzung des Programmumfangs, Benutzerführung der wichtigsten Standardseite[n], Gestaltung der wichtigsten Standardseite[n]),

- *Erstellung eines Feinkonzepts* (Feinplanung der Programmstruktur, Festlegung der Inhalte pro Bildschirmseite in Stichworten, Festlegung des Programmumfangs, Festlegung des Aufbaus, der Benutzerführung und der Gestaltung von Standardseiten, Ideen für mediendidaktische Aufbereitung, z.T. Programmierung von grundlegenden Strukturen und Standardseiten).

Diese Vorstufen entsprechen in etwa den hier vorgestellten Überlegungen zur *Konzeptphase (A-B)* und den Phasen der Entwicklung der *didaktischen* und *formalen Struktur (C-G)*, wobei der didaktische Ansatz der Aufgabenorientierung jedoch eigene Akzente setzt, die es zu berücksichtigen gilt.

Elemente und Regieanweisungen im Drehbuch

Das Drehbuch konkretisiert die bisherigen Entwicklungsschritte im Detail. Es enthält für jede einzelne Bildschirmseite alle Angaben über

- die Objekte, die auf der jeweiligen Seite erscheinen sollen,

- die Funktionen, die dem Anwender zur Verfügung stehen sollen,

- die bildschirmseitenbezogenen zusätzlichen Inhalte (Hilfetexte, Glossar etc.).

Sofern der Einsatz der folgenden Elemente vorgesehen ist, muss das Drehbuch entsprechende Regieanweisungen dazu enthalten:

- Ton- und Videoelemente,

- Animationen,

- Simulationen,

- Fotos bzw. Illustrationen, z. B. für ein Rollenspiel,

- Aufgaben, z. B. Drag-and-Drop-Elemente (Was soll passieren, wenn welche Antwort ausgewählt wird? Welche Hinweise sollen zu Einsendeaufgaben gegeben werden?),

- zusätzliche Fenster,

- interne / externe Links.

(Vgl. beispielhaftes Formular einer Drehbuchseite auf den folgenden Seiten – Abbildung 5.)

Durchführungs-plan (I)   Da den Betreuern virtueller Lernmodule oft zentrale Hinweise zur Durchführung fehlen, die nur die Entwickler geben können, ist es sinnvoll, solche Angaben für die Teletutoren in einem Durchführungsplan festzuhalten. Dieser sollte wenigstens Angaben zum Szenario bzw. zum zeitlichen Verlauf des Moduls, zur Taktung sowie zu Prüfungen und Prüfungsformen enthalten. Darüber hinaus kann außerdem auf folgende Punkte eingegangen werden:

- Zeitpunkte für Aufgabenstellungen,

- Gestaltungsfreiheit der Entwickler beim Einsatz des Moduls, z. B. in der Aufgabengestaltung,

- Einsatz des Lernraums und der Kommunikationselemente,

- Rückmeldemöglichkeiten, verantwortliche Stellen für Nachfragen oder Änderungshinweise,

- Einstellen aktueller Hinweise, Links und Literaturangaben,

- Möglichkeiten bzw. Notwendigkeiten des Einsatzes kooperativer Arbeitsformen.

STORYBOARD
Titel des Studienmoduls – LE XX Titel der Lerneinheit

1. Erste Kapitelüberschrift

(Hier wird der für die Studierenden sichtbare Text eingetragen. Hypertextlinks sind zu markieren und in der unteren Tabelle einzutragen. Grafiken und Animationen werden durch Platzhalter dargestellt und in der Tabelle unten beschrieben.)

Nicht immer ist es einfach, ein Thema hinreichend zu formulieren. Die folgenden Fragen können Ihnen helfen, den Inhalt systematisch aufzuteilen. Verwenden Sie allgemeine, immer wiederkehrende Kategorien (Leitsätze, Definitionen usw.).
- Umschreibung des Themas: Worum geht es? (Überschrift aufgreifen)
- Relevanz zum Thema des Kapitels / der Lerneinheit: Warum ist dieses Thema wichtig?
- Nutzen des Themas: Was kann damit realisiert werden?
- Prüfungsrelevantes Wissen / Definitionen / Leitsätze / Tabellen / Anleitungen zur Vorgehensweise.
- Übungen / Aufgaben und Aufgabenstellung / Anleitungsschritte / Tipps / Hinweise
- Weiterleitung / Abschlusssatz

Beschreibung der Seite:
Dateiname
Verzeichnis
Status

Angabe des Verzeichnisses

Link
Ziel / Anker (nur Minuskeln)
Status

z. B. Glossar / Begriff

z. B. neues Fenster / Dateiname

Grafik / Animation Dateiname
Kurzbeschreibung
Status

Skizzen können Sie auf einem Extrablatt als Anlage beilegen

Indexeintrag für diese Seite
Status

Hier können Sie einen oder mehrere Begriffe eintragen, die von einem Index auf diese Seite verweisen sollen.

Informationsbasis:
Begriff
Quelle / Literaturhinweis

ggf. Literaturverzeichnis anlegen

Verwandte und / oder weiterführende Themen
Quelle / Literaturhinweis

ggf. Literaturverzeichnis anlegen

Didaktischer Hintergrund:
Lernziele und Wissenspräsentation

Interaktion und / oder Übungen

Falls erforderlich, können Sie hier weitere Hinweise zu den Interaktionen und Übungen erfassen.

Realisierungshinweise

Hier können Sie Ihre Hinweise zur Realisierung erfassen

Abbildung 5   Beispielhaftes Formular einer Drehbuchseite nach GÖRLITZ / MÜLLER *(2003b)*

4.5 Qualifizierung der Konzeptentwickler

Probleme bei der Konzeption adäquater Qualifizierungs- angebote

Obwohl zunehmend deutlicher wird, dass virtuelle Lernangebote ohne eine didaktisch durchdachte und schlüssige Konzeption keinen dauerhaften Erfolg haben werden, gibt es – im Gegensatz zu dem wachsenden Schulungsangebot für Teletutoren – kaum speziell darauf ausgerichtete Qualifizierungsangebote. Dies ist insofern nicht verwunderlich, als die möglichen Einsatzbereiche und Tätigkeiten in den unterschiedlichen Institutionen stark differieren und zugleich die Erwartungen an virtuelle Lernangebote (und deren Entwickler) noch nicht deutlich umrissen sind – weder das genaue Aufgabenfeld für Konzeptentwickler noch die Zielgruppe für solche Schulungen lassen sich zurzeit klar umgrenzen. So werden in vielen Entwicklungsteams gegenwärtig pädagogische Mitarbeiter eingesetzt, denen die Aufgabe der didaktischen Beratung zufällt. Schulungsangebote richten sich eher auf umfassende Einführungen in das Gebiet der neuen Bildungsmedien und zielen auf unterschiedliche mögliche berufliche Tätigkeiten im Bereich des E-Learnings. Innerhalb großer Projekte, in denen viele Entwickler mit klar umrissenen Aufgabenfeldern tätig sind, kann es sinnvoll sein, projektinterne, auf die jeweiligen Rahmenbedingungen abgestimmte Schulungen zu konzipieren.

Inhalte umfassender Qualifizierungen für Konzeptentwickler

Umfassende Qualifizierungen für Entwickler virtueller Lernangebote sollten den Erwerb der oben dargestellten Kenntnisse und Kompetenzen ermöglichen: lerntheoretische Grundlagen, wesentliche Lernformen bzw. -szenarien, Grundwissen über Präsentationen am Bildschirm (Codierungen, Navigation etc.), außerdem Wissen in Bezug auf die Besonderheiten virtueller Kommunikation und Betreuung (Kapitel 5), Grundkenntnisse technischer Rahmenbedingungen (Funktionen von Lernplattformen, Leistungsfähigkeit von Software) sowie Kenntnisse über die Bedeutung organisatorischer Rahmenbedingungen. Je nach Einsatzbereich können darüber hinaus jedoch auch weitere Kompetenzen notwendig sein, beispielsweise Projektmanagement, Teamführung und andere.

Didaktische Anforderungen an das Kurskonzept

Dem Modell der aufgabenorientierten Didaktik entsprechend sollte sich das Kurskonzept an den auszubildenden Kompetenzen orientieren und Eigenerfahrung in Bezug auf die späteren Tätigkeiten ermöglichen. In das Kurskonzept sollten dementsprechend medienpraktische Erfahrungen einbezogen werden, z. B. durch Aufgabenbearbeitung anhand von unterschiedlichen Lernprogrammen und in verschiedenen Lernumgebungen, durch den Wechsel von Lernformen und Szenarien sowie einer anschließenden kritischen Reflexion der gemachten Erfahrungen. Lernaufgaben könnten beispielsweise die Konzeption virtueller Bildungsveranstaltungen oder die Erstellung eines Multimedia-Drehbuchs (ggf. in Entwicklerteams) sein, oder darüber hinaus auch deren exemplarische Umsetzung in Zusammenarbeit mit Designern und Programmierern.

4.6 Praxisbeispiel: Modulentwicklung in der Virtuellen Fachhochschule für Technik, Informatik und Wirtschaft

Zusammenarbeit von didaktischen und modulentwickelnden Arbeitspaketen

Mit Projektbeginn der VFH nahmen mehrere Arbeitspakete, die sich mit didaktischen Fragestellungen befassten (die Arbeitspakete „Didaktik und Methodik telematischen Lehrens und Lernens", „Softwareergonomie", „Virtuelle Gruppenarbeit" u.a.) und einige modulentwickelnde Arbeitspakete zeitgleich ihre Arbeit auf. Die in Abschnitt 4.4 vorgestellten didaktischen Leitlinien wurden dementsprechend in enger Zusammenarbeit mit den Entwicklern der ersten Pilotmodule entwickelt und im Projektverlauf, z. B. nach den ersten Evaluationen, ergänzt und erweitert.

Die ersten Entwürfe der Leitlinien wurden den Leitern der modulentwickelnden Arbeitspakete bei ihren regelmäßigen Projektplanungstreffen vorgestellt und – gemäß dem Ansatz der aufgabenorientierten Didaktik – gemeinsam diskutiert und erprobt. Parallel dazu wurden die Teams, die Pilotmodule entwickelten, intensiv beraten und begleitet. Dabei zeigte sich zugleich ein sehr großes Interesse an einer sinnvollen didaktischen Aufbereitung der Studienmodule als auch die Enttäuschung darüber, dass es keine allgemein gültigen Rezepte zur Planung von Studienmodulen und zur Gestaltung der Lernressourcen gibt. Teilweise war das didaktische Vokabular – etwa die Unterscheidung der unterschiedlichen zu erwerbenden Kompetenzen – für die Entwickler schwer verständlich. Die Planungsphase vor der tatsächlichen Erstellung und Umsetzung eines Drehbuchs erschien einem großen Teil der Dozenten zu zeitaufwendig, sie erwies sich jedoch vor allem dann als hilfreich, wenn viele Module entwickelt wurden.

Evaluationsergebnisse

Die Erprobung der ersten Pilotmodule wurde von umfangreichen Evaluationen begleitet. Dabei zeigte sich u.a., dass die Entwicklung sehr stark auf die Erstellung von Materialien konzentriert war und die Durchführung der Module und die Planung von Studienszenarien oder Betreuungsformen weniger im Blickfeld lag (entsprechend wurden sie dann teilweise von externen Betreuern nicht immer im Sinne der Entwickler eingesetzt). Nach den ersten Evaluationen wuchs das Interesse an weiteren Entwicklerschulungen. Dabei erwies es sich als sinnvoll, die Bedeutung der einzelnen Schritte der didaktischen Leitlinien anhand von Evaluationsergebnissen zu illustrieren.

Auch zeigte sich, dass die ersten Präsentationen der didaktischen Leitlinien oft (nur) die fachverantwortlichen Dozenten, nicht aber die ‚eigentlichen' Konzeptentwickler und Drehbuchschreiber erreicht hatten. Außerdem waren die Arbeitsbedingungen an den unterschiedlichen Standorten teilweise sehr verschieden, z. B. in Bezug auf die Anzahl und Qualifikation der Mitarbeiter und deren Aufgabenbereiche und Verantwortlichkeiten sowie auf die technische Ausstattung. Daraus ergaben sich im Projektverlauf an den unterschiedlichen Standorten unterschiedliche Umgangsformen mit den didaktischen Leitlinien. Insbesondere in großen Teams, die mehrere

Module entwickelten, erwies sich mit zunehmender Routine der Entwickler eine starke Orientierung an den Leitlinien als sehr hilfreich.

*Modulübergreifende
Zusammenarbeit
bei der Entwicklung
eines Styleguides*

Insgesamt gab es an der VFH ein starkes Interesse an einer Zusammenarbeit der (wissenschaftlichen) Mitarbeiter aus den modulentwickelnden, didaktischen, ergonomischen und technischen Arbeitspakten. Ziel war die Abstimmung und effiziente Gestaltung von didaktischen, technischen und ergonomischen Prozessen. Jedoch zeigten sich bei der Zusammenarbeit auch unterschiedliche Vorgehensweisen der technischen und der didaktischen Mitarbeiter, die teilweise auch zu Verständnisschwierigkeiten führten (dazu auch Kapitel 6) und ausführlich diskutiert wurden.

Ein Ergebnis dieser Zusammenarbeit, das wesentlich zur Etablierung der didaktischen Leitlinien in der VFH beitrug, war deren Integration in den Styleguide. Die Akzeptanz der didaktischen Leitlinien wurde dadurch gesteigert, dass auch sie – und nicht nur ergonomische und technische Kriterien – eine wichtige Position im Styleguide einnahmen, zu dessen Entwicklung eine interdisziplinäre Arbeitsgruppe gegründet wurde. Obwohl es zu Projektbeginn große Vorbehalte gegen einen Styleguide gegeben hatte – befürchtet wurden vor allem Unfreiheiten bei der Gestaltung von Studienmodulen –, wurde im Projektverlauf deutlich, dass ein großes Interesse der Modulentwickler an einem solchen arbeitsunterstützenden und qualitätssichernden Arbeitsinstrument bestand. Dabei wurde bewusst beschlossen, nicht nur die üblicherweise in einem Styleguide festgehaltenen softwareergonomischen und technischen Regeln zu dokumentieren, sondern auch didaktische Vorgehensweisen aufzunehmen, auch wenn es in softwareergonomischen Reviews leichter möglich ist, anhand von Kriterienkatalogen den Grad der Styleguide-Konformität festzustellen.

Die Hauptziele des Styleguides sind die Unterstützung der einzelnen Arbeitspakete bei der Entwicklung von Studienmodulen sowie die Qualitätssicherung. Zugleich ist er ein Instrument zur *Wissenssicherung im Projekt* (indem er die seit Projektbeginn gesammelten Praxiserfahrungen, Materialien, Dokumente und Handreichungen sowie die verschiedenen Erfahrungen und Kompetenzen für alle zugänglich dokumentiert) und berücksichtigt die *unterschiedlichen Arbeitsbedingungen* in den verschiedenen Arbeitspaketen (Zahl der Mitarbeiter/-innen, Qualifikationen, technische Ausstattung etc., aber auch das spezifische Studienfach) insofern als die Entwickler/-innen den Grad der Unterstützung (starke oder weniger starke Orientierung an Vorgaben) selbst wählen können.

*Struktur und
Inhalte des
Styleguides*

Der Styleguide besteht aus einer Liste konkreter, auf ihre Realisierung (weitgehend) überprüfbarer Hinweise und Vorgaben, die so kurz wie möglich gehalten sind (Erläuterungen zu ihren Hintergründen sind für die einzelnen Bereiche in entsprechenden ausführlicheren Dokumenten zusammengestellt). Die Regeln enthalten *Muss-Forderungen, Soll-Empfehlungen* und *Kann-Vorschläge*. Entwickler/-innen und Leiter/-innen der Arbeitspakete sind selbst verantwortlich für die Umsetzung der Regeln und überprüfen deren Einhaltung zunächst selbst. Im weiteren Qualitätssicherungsprozess sind dann Reviews für die einzelnen Bereiche und Entwicklungsphasen vorgesehen (Kapitel 6).

Der Styleguide enthält folgende Teile: Nach einer Einführung in seine Ziele, die Anwendung und Verbindlichkeit werden Annahmen über den vorgesehenen Nutzungskontext beschrieben. Im Anschluss daran geht es um die konzeptionellen, didaktisch-methodischen Arbeiten im Vorfeld der Erstellung von Modulen und Lerneinheiten. Danach werden Regeln zur Darstellung der Lerninhalte auf dem Bildschirm zusammengefasst. Dabei wird unterschieden zwischen Einheiten übergreifenden Regeln, die das Zusammenspiel mehrerer Seiten betreffen, und Regeln für einzelne Bildschirmseiten. Schließlich enthält der Styleguide Regeln zu Programmierung und Internet-Technologie. – Ausschnitte des Styleguides sind öffentlich zugänglich (HARTWIG / TRIEBE / HERZCEG 2002c).

Didaktische Anforderungen im Styleguide
Die Erarbeitung des didaktischen Kapitels im Styleguide erfolgte im intensiven Austausch mit den anderen Mitgliedern der Arbeitsgruppe Styleguide, um deren Verständnis für die didaktisch-methodischen Schritte zu fördern. Das Vorgehen im Styleguide orientiert sich an den didaktisch-methodischen Leitlinien, die den Modulentwicklern im Projektverlauf in Trainingsseminaren und Einzelberatungen vorgestellt wurden. Dabei kann je nach Modul (Inhalt, Rahmenbedingungen) die Reihenfolge der Arbeitsschritte variieren, die Ergebnisse haben wechselseitig Einfluss aufeinander und auf die Gestaltung des Studienmoduls.

Akzeptanz des Styleguides
Die große Akzeptanz des Styleguides innerhalb des Projekts beruht vor allem auf seiner interdisziplinären Entwicklung und der an den Bedürfnissen der Beteiligten orientierten Ausrichtung. Dabei erforderte die Erstellung zeitintensive und umfangreiche Diskussions- und Abstimmungsprozesse, die sich jedoch als gerechtfertigt erwiesen, da sich der Styleguide seit seiner Fertigstellung zu einem wesentlichen Arbeitswerkzeug und Instrument der Qualitätssicherung in der VFH herausbildete. Aufgrund der Entwicklungsdynamik im E-Learning bedarf es einer ständigen Überprüfung und Korrektur der im Styleguide festgelegten grundsätzlichen Anforderungen an die Gestaltung virtueller Lehr- und Lerneinheiten.

Im Abschnitt 4.3.4 (Navigation / Bearbeitungswege) wurde bereits auf Forderungen des Styleguides verwiesen. Der folgende Auszug aus dem 3. Kapitel des Styleguides (HARTWIG / TRIEBE / HERCZEG 2002c) zeigt exemplarisch, wie die Teile der in diesem Kapitel vorgestellten didaktischen Leitlinien in Muss-, Soll- und Kann-Vorschriften umgesetzt wurden. Die in Klammern gesetzten Großbuchstaben (A), (B) etc. verweisen auf das Vorgehensmodell, das in diesem Handbuch im Abschnitt 4.4 vorgestellt wurde und das auch dem Styleguide zugrunde liegt.

133

Beispiel: Auszug aus dem 3. Kapitel des Styleguides der VFH nach Hartwig / Triebe / Herczeg *(2002 c)*

3.1 Dokumentation

[1]   MUSS: Es gibt eine nachvollziehbare Dokumentation der einzelnen Vorüberlegungen, die Angaben und Entscheidungen zu allen wesentlichen Punkten in den verschiedenen Phasen der Konzeption festhält. Diese umfasst:

- Konzept,

- didaktische Struktur,

- formale Struktur (Strukturierung des Moduls),

- operationale Struktur (Drehbuch oder Storyboard, Durchführung).

3.2 Konzept (A und B)

[1]   MUSS: Für das Studienmodul (nicht für die einzelnen Lerneinheiten) muss ein Leitbild beschrieben werden. Das Leitbild orientiert sich an der beruflichen Praxis und enthält Angaben zu

- den (Handlungs-)Kompetenzen, die im Berufsalltag beherrscht werden,

- den (Arbeits-)Aufgaben und

- dem (beruflichen) Umfeld in der Praxis.
  (Hilfsmittel: Arbeitsblätter des Arbeitspaketes (AP) 2-1)

[2]   MUSS: Aus der Leitbildbeschreibung werden zunächst auf der Ebene des Studienmoduls folgende Vorüberlegungen abgeleitet:

- die Handlungskompetenzen, die im Studienmodul erworben werden sollen,

- die Lernaufgaben, die dazu nötig sind.
  (Hilfsmittel: Arbeitsblätter des AP 2-1)

3.3 Didaktische Struktur (C bis E)

Während dieses Planungsschrittes stellen die Entwickler die Arbeitsformen und Inhalte zusammen und konzipieren das Studienmodulszenario.

3.3.1 Arbeitsformen (C)

[1]   MUSS: In dieser Phase entscheiden die Studienmodulentwickler, welche Lehr- und Lernformen (z. B. WBT, Labor, Tele-Seminar usw.) und welche Arbeits- und Aufgabenformen (z. B. Einzelarbeiten oder Gruppenarbeiten) zum Erwerb der definierten Kompetenzen geeignet sind und im Modul eingesetzt werden.

3.3.2 Informationsbasis (D)

[1]   MUSS: In dieser Phase legen die Studienmodulentwickler fest, welche Inhalte und Informationen innerhalb des Studienmoduls zur Verfügung gestellt und bearbeitet werden sollen bzw. welche Arbeitsergebnisse von den Studierenden erzielt und ggf. in den Lernprozess eingebracht werden sollen[1].

3.3.3 Studienmodulszenario (E)

[1] MUSS: Es gibt einen Überblick über alle Lerneinheiten und den Ablauf des gesamten Studienmoduls. Auf dieser Basis leiten die Entwickler das konkrete Szenario eines Studienmoduls ab (z. B. „Fernlehren", „Verteiltes Lehren", „Kooperatives Lernen" bzw. Mischformen; vgl. Vortrag: Realisierung von Studienszenarien, Arbeitstagung DIMETELL, 17.12.1999).

[2] MUSS: Zu jedem Studienmodul müssen den Studierenden klare Übersichten über die Struktur, Lernziele und zu erwerbenden Handlungskompetenzen im Rahmen des Studienmoduls gegeben werden.

[3] MUSS: Die Studierenden (und zuvor die Betreuer) müssen über alle relevanten Elemente des Szenarios informiert werden:

- Abfolge von Präsenz- und virtuellen Phasen,

- Getaktetes (bzw. nicht getaktetes) Einstellen der Studienmaterialien,

- Betreuung (Umfang, Formen),

- Termine,

- Prüfungsformen,

- Gruppenarbeit (Art der Gruppenbildung, Größe und Zusammensetzung der Gruppe).

Hierbei ist zu unterscheiden zwischen gleich bleibenden Angaben (z. B. zu Hilfen und Werkzeugen, Navigation etc.), die direkt im Modul integriert sein sollten, und solchen Angaben, die jedes Semester wechseln können (Termine, Prüfungsformen, Angaben zu den Dozenten etc.) und im Lernraum gemacht werden sollten[2].

[4] SOLL: Die Prüfungsformen sollen auf den Inhalt und die Art des Studienmodulszenarios abgestimmt sein. Beispielsweise bieten sich bei kooperativen Szenarien Gruppenprüfungsformen an, mit denen eine höhere Motivation zur Zusammenarbeit erzielt werden kann. Diese didaktische Anforderung ist jedoch mit den Prüfungsämtern und den Prüfungsordnungen abzuklären.

3.4 Formale Struktur – Strukturierung des Moduls (F und G)

Aufgaben

Die Aufgaben sind ein zentrales Element virtueller Studienmodule, da sie die Motivation und den Erfolg beim Selbstlernen erheblich unterstützen. Aufgaben sind in die Module zu integrieren; jedoch ist es ebenfalls sinnvoll, wenn die Betreuer zur Vertiefung von Inhalten Aufgaben (gruppen- und lernzielabhängig) in den Lernraum stellen und damit ihre eigenen Schwerpunkte setzen. Bei den im Folgenden beschriebenen Aufgaben muss von den Modulentwicklern abgewogen und entschieden werden, an welcher Stelle die Aufgaben einzusetzen sind.

[1] MUSS: Alle Aufgabenformen müssen ausreichend erläutert werden (Angaben zu ihrem Stellenwert im Studienmodul und zur erwarteten Bearbeitung, z. B. Länge und Form der Bearbeitung, Abgabetermine. Ggf. müssen einige dieser Angaben im Lernraum gemacht werden).

[2] MUSS: Jede Lerneinheit enthält umfassende Studienaufgaben, das heißt, Aufgaben, die auf den Inhalt der gesamten Lerneinheit bezogen sind und nicht nur Einzelaspekte

abfragen. Damit können vom Ersteller / Betreuer thematische Schwerpunkte gesetzt werden. Derartige Studienaufgaben können ggf. auch im Lernraum eingestellt werden.

[3]   MUSS: Jede Lerneinheit enthält Übungsaufgaben, die weniger umfassend sind als Studienaufgaben. Derartige Aufgaben dienen der eigenen Kontrolle. Sie müssen nicht an einen Betreuer geschickt werden.

[4]   SOLL: Kooperativ zu bearbeitende Aufgaben können den Lernprozess intensivieren. Dazu müssen sie so konzipiert sein, dass eine Lösung nur durch die Mitarbeit aller beteiligten Gruppenmitglieder erfolgen kann.

[5]   KANN: Jedes Studienmodul enthält Lerneinheiten übergreifende Studienaufgaben, also Aufgaben, die sich inhaltlich im Unterschied zu [2] auf mehrere Lerneinheiten beziehen.

Weitere Anforderungen zur Gestaltung von Aufgaben sind in den folgenden Kapiteln beschrieben.

---

[1]   Bereits an dieser Stelle ist bei einer geplanten Verwendung von Fremd-Software die Art (Lizenzmodell) und Finanzierung der Bereitstellung zu klären. (Siehe auch rechtliche Vorbedingungen im Abschnitt 3.3.1)

[2]   Den *Entwicklern/-innen* muss klar sein, welche Informationen für die Studierenden im Modul und welche im Lernraum gegeben werden müssen. Die Übergänge können jedoch fließend sein, und die *Betreuenden* der Module müssen sie in jedem Fall sorgfältig prüfen und ggf. den Lernraum für aktuelle Hinweise nutzen.

4.7 Schlussfolgerungen und Empfehlungen

Die strukturellen und organisatorischen Bedingungen, unter denen virtuelle Kurse und Lernmodule zurzeit geplant und durchgeführt werden, sind ausgesprochen heterogen. Auch die didaktischen Konzepte und die Vorstellungen in Bezug auf effektive Gestaltung von Lernarrangements und -materialien unterscheiden sich stark voneinander. Dementsprechend sind auch die Aufgaben und Tätigkeitsfelder der Konzeptentwickler sehr unterschiedlich, ein umfassendes und allgemeines Tätigkeitsprofil zu ermitteln scheint kaum möglich.

Didaktische Gesamtkonzeption notwendig

Absehbar ist jedoch bereits, dass auf Dauer die Konzentration auf die bloße Entwicklung von Lernmaterialien und -programmen keinen nachhaltigen Erfolg hat. Stattdessen ist eine schlüssige didaktische Gesamtkonzeption virtueller Kurse und Lernmodule notwendig, die Betreuungskonzepte und organisatorische und institutionelle Rahmenbedingungen in die Planung einbezieht. Entwickler benötigen hierzu Unterstützung durch eine transparente Projektorganisation und Informationen über projektinterne und projektexterne Schnittstellen und Rahmenbedingungen. Je nach den Bedürfnissen eines Projekts empfiehlt sich außerdem die Entwicklung von didaktischen Leitlinien und / oder eines Styleguides.

Zur Weiterentwicklung virtueller Studien- bzw. Lernkonzepte sind außerdem die kritische Reflexion der eigenen Tätigkeit von Konzeptentwicklern, die Verbesserung von Arbeitsroutinen und die Aufdeckung von Theorie-Praxis-Differenzen notwendig. Diese Prozesse werden unterstützt durch Evaluationen der Lernmodule und Rückmeldungen von Lernenden und Lehrenden an die Modulentwickler. Die dazu notwendigen Verbindungen, Kommunikationsroutinen und zeitlichen Freiräume müssen ggf. durch das Projektmanagement geschaffen werden. Auf der anderen Seite ist der Austausch über Projektgrenzen hinaus unabdingbar; dazu gehört ebenfalls, die mediendidaktische Theorieentwicklung sowie die technischen Entwicklungen mitzuverfolgen.

Kapitel 5
Online-Betreuung

5.1 Betreuung als Erfolgsfaktor im virtuellen Lernen

Betreuung versus Lernunterstützung durch Programme und Software

Die Bedeutung ‚menschlicher' Betreuung von virtuellen Lernangeboten wurde lange unterschätzt. Lernen bzw. Studieren mit Multimedia und neuen Medien galt zunächst als individuelle, autodidaktische Form der Wissensaneignung. Das Interesse der Anbieter und der mediendidaktischen Forschung konzentrierte sich auf die didaktische Gestaltung und Aufbereitung der multimedialen Materialien. Dabei wurde angenommen, dass die Lernenden durch eine entsprechende Gestaltung des Lernmaterials, die Interaktion mit dem Medium sowie elektronische Rückmeldung und Hilfefunktionen ausreichend unterstützt würden. Insbesondere mit der Entwicklung von „Intelligenten Tutoriellen Systemen" (ITS) zur Lernunterstützung wurden hohe Erwartungen verbunden, die jedoch bis heute nicht annähernd erfüllt werden konnten (HASEBROOK 1995, 188-193; SCHULMEISTER 2002a, 178-223; Abschnitt 4.3.4).

Eine umfassende Unterstützung von Lernprozessen ist komplex und mehrdimensional, da sie über inhaltliche Hilfestellungen und Hinweise hinaus weitere Faktoren, wie z. B. Lernstrategien, berücksichtigen sowie auf spezielle Bedürfnisse von einzelnen Lernenden und Lerngruppen eingehen sollte: „Der Versuch, einen Lehrer zu simulieren, ist nicht nur sehr aufwendig und unvollständig zu realisieren. Es ist auch fragwürdig, inwiefern er tatsächlich sinnvoll ist. Potentiale des Computereinsatzes liegen eher in der Möglichkeit, reichhaltige Umgebungen zu schaffen, die Exploration und individuelle Konstruktion im Lernprozess betonen [...] ohne ein – ohnehin nicht vorhandenes – ‚Verständnis' des Lernenden vorzutäuschen." (BLUMSTENGEL 1998, Online)

Unterschiedliche Unterstützungsformen als Erfolgsbedingung

Zum Erfolg *virtuellen* Lernens trägt auch die tutorielle Unterstützung, wie sich inzwischen gezeigt hat, maßgeblich bei (BEHRENDT / ULMER / MÜLLER-TAMKE 2004). Natürlich können eng umrissene Aufgaben mit kurzer Bearbeitungsdauer auch unbetreut bearbeitet werden. Bei komplexen, langfristig angelegten Bildungsmaßnahmen ist jedoch die Betreuung von zentraler Bedeutung. Für ein virtuelles *Studium* und komplexe Bildungsveranstaltungen ist darüber hinaus die diskursive Auseinandersetzung mit einem Lehrenden (und anderen Lernenden) konstitutiv: Erst im kritischen Dialog über den Lerngegenstand mit einem Experten erwerben die Lernenden die reflexiven und sozialen Kompetenzen, die sie zur eigenen erfolgreichen Teilhabe in Wissenschafts- und Praxisfeldern befähigen (ausführlich Kapitel 2 und 8).

Aufgabenverteilung bei der Online-Betreuung

In virtuellen Lern- bzw. Studienkontexten müssen Vereinbarungen darüber getroffen werden, welche Personen die Lernenden betreuen und welche Tätigkeiten und Verantwortlichkeiten genau damit verbunden sind, da es ein vergleichbares Aufgabenfeld zumindest im deutschen Hochschulraum bisher noch nicht gab. Häufig fällt dies wissenschaftlichen Mitarbeitern zu oder es gibt einen Wechsel von wissenschaftlichen Mitarbeitern in den Online-Phasen und Professoren in den Präsenzphasen; in diesem Fall ist eine gute Abstimmung notwendig (Abschnitt 5.5).

Die Wichtigkeit von Beratungs- und Betreuungsaktivitäten durch Dozenten, Tutoren und Mentoren ist aus langer Erfahrung mit dem Fernstudium bekannt. Dabei geht es sowohl um Hilfestellungen und Lernerfolgskontrollen bei der Bearbeitung von (Einsende-)Aufgaben, als auch darum, Studierende dabei zu unterstützen, Lernprobleme zu überwinden und die Lernmotivation aufrecht zu erhalten. Die britische Open University etwa unterscheidet zwischen „akademischem" Support, der sich z. B. auf Fachinhalte oder auch Lernmethoden bezieht, und „nicht-akademischem" Support, wie organisatorischer und persönlicher Unterstützung (SIMPSON 2000, 15-48).

In Bezug auf virtuelle Lernangebote ändern sich konkrete Tätigkeiten – und vor allem auch Möglichkeiten – der Betreuung, jedoch bleiben ihr Einfluss und ihre Bedeutung, z. B. für die Lernmotivation und einen höheren Transfer des erworbenen Wissens, unverändert wichtig (GEYKEN / MANDL / REITER 1998). So stellt SCHULMEISTER (2001, 93) unter Berufung auf AGGARWAL fest: „Erfolgreicher sind die klassischen und virtuellen Universitäten, die eine effektive Tutorenkomponente anbieten, eine tutorielle Online-Beratung und -Betreuung. Der gute Ruf einiger neuerer virtueller Einrichtungen scheint speziell darauf zu beruhen, daß ihre Studierenden sich gut betreut fühlen."

Auch in den Evaluationen der „Virtuellen Fachhochschule für Technik, Informatik und Wirtschaft (VFH)" hat sich die zentrale Bedeutung der Betreuung im virtuellen Studium bestätigt (THILLOSEN / ARNOLD 2001; ARNOLD / KILIAN / THILLOSEN 2002a, 2002b). So trug die Identifikation der Teletutoren mit dem Studienangebot erheblich zur Motivation und zum Studienerfolg bei. Ohne deren Anregungen nutzten die Studierenden die Kommunikationsangebote deutlich weniger (Abschnitt 5.5).

Rollenbezeichnung(en) und Aufgaben-definitionen

Bisher gibt es trotz verschiedener staatlicher und akademischer Bemühungen weder einheitliche Aufgabendefinitionen noch einheitliche Bezeichnungen für die Betreuer von Online-Bildungsangeboten. Die Fachliteratur und die Anbieter von Ausbildungen nennen eine Vielzahl von Bezeichnungen, beispielsweise Tele-Tutor, Tele-Dozent, Tele-Trainer, Tele-Coach, Online-Tutor, Online-Coach, e-Moderator, e-Facilitator, e-Trainer. Teilweise werden diesen Bezeichnungen auch bestimmte Tätigkeiten zugeordnet (BUSCH / MAYER 2002, 60):

- Kurse einrichten und administrieren: Kursbetreuer, Online-Tutor, Tele-Tutor, Tele-Coach,

- Lerninhalte vermitteln: e-Trainer, Tele-Coach, Online-Coach,

- Lernende betreuen (tutoring): e-Moderator, Online-Tutor, Tele-Tutor, Online-Coach, e-Facilitator,

- Technischer Support: Online-Tutor, Tele-Tutor, Online-Coach, e-Facilitator, Online-Support.

Jedoch ist die Zuordnung noch offen: Zum einen gibt es noch keine festen Rollen- und Tätigkeitserwartungen für die Betreuung virtueller Lernangebote, wie sie etwa mit den Bezeichnungen Professor, Dozent oder Trainer in herkömmlichen Präsenz-Lernsituationen verbunden sind, zum anderen variieren die Rahmenbedingungen der jeweiligen Lernsituationen, Lernszenarien und Aufgaben beträchtlich. Außerdem scheinen sich die unterschiedlichen Anbieter von Bildungsmaßnahmen mit marktwirksamen Titeln und verschiedenen Schwerpunktsetzungen ihrer Angebote voneinander abheben zu wollen (KIEDROWSKI 2001b, 2; GRAF 2003, 13).

Notwendige Begriffsbestimmung

Es ist deshalb wichtig, dass größere (institutionelle) Anbieter von virtuellen Lernangeboten jeweils einheitliche Begriffsbestimmungen und ein deutlich konturiertes Anforderungsprofil für die Kursbetreuer entwickeln, damit diese sich entsprechend auf ihre Aufgaben vorbereiten können (KIEDROWSKI / SCHAUMANN 2000; KIEDROWSKI 2001b). Darüber hinaus ist es aus didaktischer Perspektive sinnvoll, bereits bei der Konzeption von Modulen die Rolle der Betreuer bei der Gestaltung der Lernszenarien, im Umgang mit den Lernmaterialien, den Aufgabenstellungen usw., einzubeziehen.

Im Folgenden wird für Personen, die Lernszenarien in virtuellen Bildungsangeboten gestalten und die Lernenden bei ihren Lernaktivitäten betreuen und unterstützen sowie inhaltlich beraten, der Begriff *Teletutor* verwendet. Diese Bezeichnung ist generell für die Betreuer von Online-Lernangeboten in der (deutschen) Fachliteratur derzeit am gebräuchlichsten (u.a. HOHENSTEIN / WILBERS 2001; KIEDROWSKI 2001b; RAUTENSTRAUCH 2001), auch verbindet sich damit bereits ein gewisses Vorstellungsbild. Darüber hinaus werden Betreuer bzw. Ratgeber von Studierenden klassischerweise auch als „Tutoren" bezeichnet.

Verbindung bisher isoliert betrachteter didaktischer (Teil-) Disziplinen

Dennoch ist die Betreuung von Online-Lernangeboten ein neues Aufgabenfeld, das sich erheblich von der Dozententätigkeit in klassischen Präsenzlernangeboten an Hochschulen oder in Bildungszentren unterscheidet. Noch am ehesten finden sich Parallelen zur Betreuung von (klassischen) Fernlernangeboten, jedoch sind die Unterschiede auch hier sehr groß.

KERRES / JECHLE (2000, 258) zeigen, dass damit eine Verknüpfung bisher zumeist isoliert betrachteter didaktischer (Teil-)Disziplinen verbunden ist:

- der Mediendidaktik, die sich bislang vorrangig mit der Gestaltung von Lernmaterialien beschäftigte, also der „Relation: Medium – Person",

- der (konventionellen) Fernstudiendidaktik, die zwar Konzepte für mediengestütztes und betreutes Lernen einschloss, die „Relation: Person – (klassische) Medien – Person", für die sich jedoch mit virtuellen Medien ebenfalls neue Möglichkeiten, z. B. für Gruppenarbeiten, ergeben sowie

- der allgemeinen Didaktik, die sich vor allem mit der Gestaltung von Präsenz-Lernsituationen befasste, der „Relation: Person – Person".

Verschiebung des Aufgabenschwerpunktes hin zur Lernbegleitung

In der Fachliteratur wird häufig betont, dass mit der Bedeutung des selbst gesteuerten Lernens für virtuelle Studien- bzw. Lernangebote eine Verschiebung des Aufgabenschwerpunktes von Teletutoren verbunden ist (HAUSMANN 1999; MÜNDEMANN 2002). Einer explorativen Studie des Bundesinstituts für Berufsbildung (BIBB) zufolge ist dieser Wechsel differenziert zu sehen. Vor allem „kompakte PC-Anwender-Schulungen, die synchron im VK [Virtuellen Klassenraum] durchgeführt werden […] basieren auf der zentralen Rolle des Trainers als Wissensvermittler" (GUSSENSTÄTTER 2003, 15; ULMER / BAHL 2004). Jedoch habe sich auch gezeigt, dass bei „längeren Kursen mit starken Selbstlernanteilen" dieser Rollenwechsel deutlicher erkennbar sei (ebd.). In solchen Kontexten – also auch bei der Betreuung komplexer Studien- und Bildungsangebote – liegt die Aufgabe von Teletutoren nicht mehr vorrangig darin, Wissen zu vermitteln, sondern die Lernenden während der Wissenserarbeitung durch Aktivierung, Motivierung oder Moderation und Metakommunikation zu unterstützen und zu fördern. Dieser Prozess wird charakterisiert durch den englischen Slogan "From the sage on the stage to the guide at your side": Der Teletutor ist nicht mehr der ‚Weise auf der Bühne', sondern wird zum ‚Begleiter an der Seite' der Lernenden. (Siehe dazu auch HARKE 2001, 2003.)

Jedoch soll nicht dem Missverständnis Vorschub geleistet werden, dass für Teletutoren fachliche Kompetenz keine Rolle mehr spiele. Zwar ist ihre Aufgabe nicht mehr in erster Linie die Wissens*vermittlung*, da diese vor allem anhand der multimedialen, zur individuellen Aneignung aufbereiteten Lernmaterialien geschieht. Gerade diese „telemediale Objektivierung" von Lerninhalten und pädagogischen Handlungen (ZIMMER 2001, 131ff.) macht es aber umso notwendiger, dass Tutoren nicht ‚nur' zum Lernen motivieren, sondern den Lernprozess auch fachlich kompetent begleiten und zur Auseinandersetzung und zum Austausch über den Lerngegenstand anregen.

Gliederung des Kapitels

Im Folgenden wird der Aufgabenbereich von Teletutoren aus unterschiedlichen Perspektiven dargestellt: Zunächst wird deren zentrale Rolle im Beziehungsgeflecht der an der Entwicklung der Lernangebote beteiligten Personen und der anbietenden Organisation betrachtet (Abschnitt 5.2). Daran schließt sich eine systematische Darstellung der Betreuungsaufgaben und der damit verbundenen Kompetenzen in Abschnitt 5.3 an; veranschaulicht wird dies durch ein zeitliches „Ablaufschema" der Tätigkeiten von Teletutoren vor, während und nach dem Lernangebot (Abschnitt 5.4) und durch das Beispiel der Tätigkeiten der Teletutoren an der VFH (Abschnitt 5.5). Schließlich werden konzeptionelle und didaktische Überlegungen zur Ausbildung von Teletutoren in Abschnitt 5.6 vorgestellt und ebenfalls am Beispiel der VFH verdeutlicht (Abschnitt 5.7). Das Kapitel schließt mit Schlussfolgerungen und Empfehlungen für Teletutoren sowie für Entwickler und Anbieter von telemedialen Bildungsangeboten (Abschnitt 5.8).

5.2 Teletutoren als ‚organisationale Vermittler'

Teletutoren im Beziehungsgeflecht der beteiligten Personen

Teletutoren erfüllen eine große Bandbreite an Aufgaben. Bevor in Abschnitt 5.3 ausführlich ihre pädagogischen bzw. didaktischen Tätigkeiten bei der Betreuung von Lernenden dargestellt werden, soll hier zunächst auf ihre Position im Beziehungsgeflecht der an einem Online-Lernangebot beteiligten Personen eingegangen werden.

Wie die folgende Grafik zeigt, kommt Teletutoren oft die Aufgabe zu, zahlreiche ‚Brücken zu schlagen': Häufig stellen sie die menschliche Schnittstelle zwischen den Lehrenden (bzw. den Kursentwicklern), der virtuellen Lernumgebung, den Lernenden und dem Bildungsträger dar, obwohl sie am Prozess der Realisierung eines Bildungsangebots meist erst relativ spät beteiligt sind.

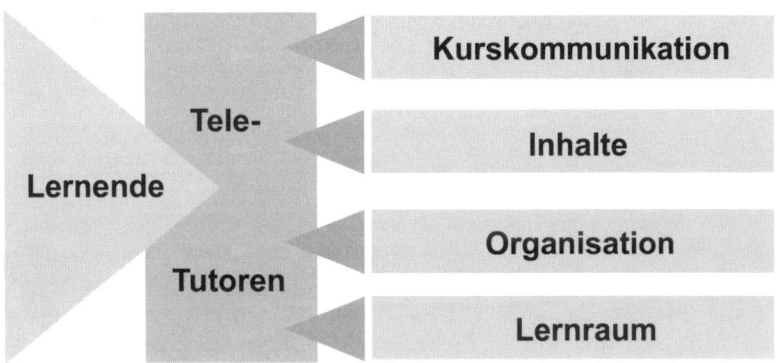

Abbildung 6   *Teletutoren als ‚organisationale Vermittler' nach* ARNOLD / KILIAN / THILLOSEN *(2002c) und* ARNOLD *(2003a, 17)*

143

Es scheint eine Selbstverständlichkeit zu sein, dass Teletutoren mit den Lernenden über Inhalte kommunizieren und dass sie dabei zur Kurskommunikation den Lernraum verwenden. Dennoch ist damit in virtuellen Lernsituationen eine „Vermittlungsfunktion" verbunden, die über die üblichen Betreuungsaufgaben in der Präsenzlehre hinausgeht. Dies liegt daran, dass die charakteristische Aufhebung der Unmittelbarkeit und Gleichzeitigkeit des Lehrens und Lernens in virtuellen Arrangements (ZIMMER 2001, 130f.) nicht nur die konkreten Lernsituationen betrifft: In den meisten Fällen können die Lernenden nur „vermittelt" über die Teletutoren in Kontakt mit der anbietenden Institution bzw. Organisation, mit den Entwicklern der Studienmaterialien und mit den technischen Administratoren treten. Dieser Aspekt der „organisationalen Vermittlung" ist bisher in der Literatur kaum berücksichtigt worden, zumal dieser keine unmittelbar pädagogische Aufgabe zu betreffen scheint. Dennoch kann diese spezielle Tätigkeit der Tutoren erhebliche Auswirkungen sowohl auf die Betreuung als auch auf die Entwicklung und Gestaltung von Lernangeboten haben.

Notwendige Informationen für Teletutoren

Um eine solche Schnittstellenfunktion erfüllen zu können, müssen Teletutoren sich klare Vorstellungen über ihre Rolle innerhalb des spezifischen Lernangebotes, aber auch über ihre Funktion im Studienbetrieb und ihre ‚Verortung' innerhalb des personellen Verantwortungsgeflechts machen können. Dazu gehören unter anderem Informationen über die folgenden Bereiche:

- die Struktur der Organisation,

- die Struktur des Bildungsangebotes (z.B. den Zusammenhang der Kurse, Abschlüsse, Informationen über ergänzende Angebote wie technischen Support, ggf. ein „Propädeutikum Virtuale", also eine Einführung in das virtuelle Studium),

- die Verantwortungsbereiche der anderen Mitarbeiter,

- die Ansprechpartner für die Teletutoren bei bestimmten Fragen (Lernraum, Technik, Studienorganisation etc.),

- die Ansprechpartner für Fragen der Lernenden, die über den eigenen Kurs hinaus gehen (z. B. studienorganisatorische Hinweise zur Einschreibung, wichtige einzuhaltende Termine, Fragen bezüglich der Leistungsnachweise, technische Probleme).

Vermittlungsfunktionen von Teletutoren innerhalb eines Lernangebots

Eine Klärung dieser Fragen sowie die Weitergabe solcher Informationen schafft außerdem Transparenz des Lernangebotes und Orientierung nicht nur für die Teletutoren selbst, sondern auch für die Lernenden. Für die Bildungsanbieter muss dies von großem Interesse sein, da die Teletutoren häufig ihre wichtigsten Repräsentanten nach außen und in gewisser Weise auch ihr ‚Aushängeschild' sind.

Des Weiteren benötigen die Teletutoren Metainformationen über die jeweiligen zu betreuenden Kurse und ihre Gestaltungsspielräume darin (Abschnitt 4.3). Umgekehrt sind aber auch die Kurs- und Lernmaterialentwickler auf die Rückmeldung der Tutoren und auf Hinweise zu ggf. notwendigen Änderungen in einem Modul angewiesen, da sie – anders als Dozenten in Präsenzlernsituationen – keine direkte Rückmeldung der Studierenden über den Erfolg der von ihnen entwickelten Veranstaltung bekommen.

Auch die Vorteile und die Mängel des eingesetzten Lernraums oder anderer technischer Komponenten werden teilweise erst während des laufenden Betriebs ersichtlich. Die Eigenerfahrungen der Tutoren sind dabei eine wichtige Grundlage, um die Studierenden zu unterstützen. Jedoch ist zugleich eine Rückmeldung der Tutoren an die technischen Betreuer notwendig; auch sollte die Entwicklung von Kompensationsmöglichkeiten im laufenden Betrieb mit den anderen Tutoren abgestimmt werden, neu hinzukommende Tutoren müssen darauf hingewiesen werden (Abschnitt 5.5).

Organisatorische Voraussetzungen für einen transparenten Informationsfluss

Um in diesen Bereichen einen transparenten Informationsfluss zu ermöglichen, müssen die Bildungsanbieter effiziente Informations- und Austauschroutinen schaffen, die zu Beginn meist noch nicht existieren – zumal ihnen häufig nicht bewusst ist, dass Teletutoren (und andere Mitarbeiter) sich teilweise zu wenig informiert fühlen, aber nicht wissen, an wen sie sich mit einer Nachfrage wenden können. Alle Beteiligten bewegen sich im Bereich des virtuellen Lernens auf neuem Gelände. Damit werden (Zusammen-)Arbeiten notwendig, die oft erst im Verlauf des Prozesses erkannt werden können. Es ist notwendig, der Entdeckung solcher Felder eine gewisse Aufmerksamkeit und auch Zeit zu widmen. So hat sich in der VFH beispielsweise gezeigt, dass die Teletutoren über die Schulungen hinaus den Austausch untereinander und mit den Modulentwicklern wünschen. Dies bedarf eines organisatorischen Rahmens und muss zumindest zu Beginn explizit initiiert werden. Der konkrete Mehrwert eines solchen Austausches liegt z. B. in der Verbesserung der Module, der Minimierung des Arbeitsaufwands oder der Vereinbarung über den Umgang mit Problemen.

5.3 Aufgaben und Kompetenzen von Teletutoren

Hauptaufgaben von Teletutoren bei der Betreuung virtueller Lernangebote

In den konkreten Betreuungssituationen haben Teletutoren unterschiedliche Aufgaben, die sich von der Betreuung von Präsenzveranstaltungen erheblich unterscheiden und auch die inhaltliche und methodische Gestaltung von Präsenzseminaren im Rahmen von Online-Lernangeboten beeinflussen. Dazu sind Kompetenzen für die folgenden Aufgabenfelder notwendig (siehe auch SALMON 2000; KIEDROWSKI 2001b; RAUTENSTRAUCH 2001; ARNOLD / THILLOSEN 2002, 2003):

- Gestaltung virtueller Lernsituationen,

- Unterstützung beim selbst gesteuerten Lernen,

- Herstellung von sozialen Bezügen zu Mitlernenden und Lehrenden,

- Unterstützung bei der fachlichen Auseinandersetzung mit den Lern-inhalten,

- Hilfestellungen bei technischen Problemen.

Diese Aufgabenfelder sind in der Praxis nicht eindeutig voneinander abzu-grenzen und müssen wechselseitig aufeinander bezogen werden, damit vir-tuelles Lernen effektiv unterstützt werden kann: So benötigen Teletutoren Medienkompetenz (Abschnitt 5.3.4), um virtuelle Lernsituationen gestalten zu können und Kompetenz im Umgang mit den Kommunikationswerkzeug en, um selbst gesteuertes Lernen und Gruppenarbeiten zu unterstützen. In den folgenden Abschnitten werden die einzelnen Aufgabenfelder zunächst getrennt voneinander umrissen und die Kompetenzen beschrieben, die zur Erfüllung dieser Aufgaben nötig sind; jedoch ist es von zentraler Bedeutung, dass Teletutoren die Verbindungen zwischen den einzelnen Bereichen herstellen können, um ihre Tätigkeiten zu planen und Kurse zu betreuen (Abschnitt 5.4).

5.3.1 Didaktische Gestaltung von Lernsituationen

Didaktische Grundlagen für Teletutoren

In den meisten Fällen betreuen Teletutoren Kurse, die von anderen Personen konzipiert wurden, das heißt, oft werden Entscheidungen über die Lernmaterialien, die Lernszenarien, die Rahmenbedingungen usw., von anderen Personen getroffen. Deshalb wird an dieser Stelle nicht auf die Konzeption von Lernangeboten und die Erstellung von Lernmaterialien (Kapitel 4) eingegangen; vielmehr geht es hier darum, didaktisches Grundlagen- und Theoriewissen in Bezug auf die Lernszenarien und deren (methodische) Gestaltung, die Phasen eines Kursverlaufs und de-ren Unterstützung, den Wechsel von Präsenz- und Online-Phasen, die Konzeption von Aufgaben usw., darzustellen.

Lernszenarien

Die Grundformen der Lernszenarien – vom Teleteaching über die unter-schiedlichen Kombinationen von synchronen und asynchronen Formen bis zum „Blended Learning" – wurden bereits in Abschnitt 4.3.3 ausführlich beschrieben. Teletutoren müssen in diesem Zusammenhang die Vor- und Nachteile der jeweiligen Szenarien sowie den Zeitaufwand zu ihrer Planung und Durchführung kennen. Dies betrifft vor allem die zeitliche und örtli-che Flexibilität und die Wahl des individuellen Lernweges und -tempos der Lernenden in asynchronen Szenarien auf der einen Seite und die Möglichkeit unmittelbarer Rückmeldung, die stärkere soziale Einbindung und die Gruppenidentität in synchronen Szenarien auf der anderen Seite. Werden Präsenzphasen in einen Kurs einbezogen, so ist bei der Planung zu berücksichtigen, zu welcher Zeit im Lernprozess diese stattfinden und wel-che Funktion sie haben sollen. Dabei ist zu beachten, dass der damit verbun-denen Einschränkung der zeitlichen und räumlichen Flexibilität ein tatsächlicher Mehrwert gegenübersteht, das heißt, die virtuellen Lernphasen dürfen nicht (indirekt) dadurch entwertet werden, dass in den Präsenzphasen Lerninhalte einfach wiederholt werden (Arnold 2003a, 31).

Getaktete und ungetaktete Bereitstellung von Kursmaterialien

Ein wichtiges Gestaltungsmerkmal von Lernszenarien ist „die Strukturierung von Abläufen in wohldefinierte Phasen" (Allert 2001b, 6). Dies geschieht oft durch die getaktete Bereitstellung von Kursen bzw. von Lernmaterialien innerhalb eines Kurses (kann aber auch durch Terminsetzungen, Aufgabenstellungen usw., erfolgen). Gegenwärtig werden verschiedene Formen der Taktung erprobt (Kerres / Jechle 2000, 268ff.; Jechle 2001a, 9ff.; Arnold 2003a, 29):

- *Feste Taktung:* Freischaltung neuer Lernmaterialien in regelmäßigen Abständen,

- *Ping-Pong:* Zugriff auf neue Inhalte und Materialien nach dem Lösen einer Aufgabe (individuell oder gruppenbezogen),

- *Kontrakt-Lernen:* individuelle oder gruppenbezogene Vereinbarung auf Distribution / Freischaltung,

- *Offener Zugriff:* freier Zugriff des Einzelnen auf die Lernmaterialien ohne Taktung, eigene Bestimmung der Lerngeschwindigkeit; Gruppenarbeiten schwierig.

Offene, ungetaktete Formen bieten den Vorteil der völligen Flexibilität für Lernende, können aber auch zu Problemen mit dem Zeitmanagement und der Motivation aufseiten der Lernenden führen. Für die Teletutoren wird die Betreuung schwieriger, da die einzelnen Lernenden eines Kurses zum selben Zeitpunkt mit völlig unterschiedlichen Stellen im Lernstoff beschäftigt sein können. Gruppenarbeiten sind unter solchen Voraussetzungen kaum möglich. Kerres / Jechle (2000, 269) halten der in der Fernstudienforschung häufig zu findenden kritischen Haltung gegenüber einer Taktung des Lernmaterials entgegen, dass die damit verbundene klare Struktur auch als Dienstleistung der anbietenden Institution in der „chaotischen Vielfalt" der im Netz verfügbaren Lernangebote verstanden werden kann, mit der den Lernenden eine Unterstützung angeboten werde. Auch die Betreuenden können damit besser einschätzen, in welcher Lernphase sich die Studierenden befinden. Im Regelfall wünschten sich die Lernenden mehr Hilfestellungen und Bearbeitungshinweise. Für Lernende kann es hilfreich sein, wenn die Lehrenden inhaltlich und didaktisch – auch durch die Taktung – ,Position beziehen', also in einen Dialog eintreten; dieser kann es erleichtern, eigene Vorgehensweisen und Lernstrategien zu entwickeln (ggf. auch durch Abgrenzung von den Vorgaben; ebd.).

Phasen des Kursverlaufs

In Anlehnung an ein von Salmon (2000) nach langjähriger Erfahrung an der britischen Open University entwickeltes Modell werden fünf aufeinander aufbauende Phasen eines Online-Kurses unterschieden:

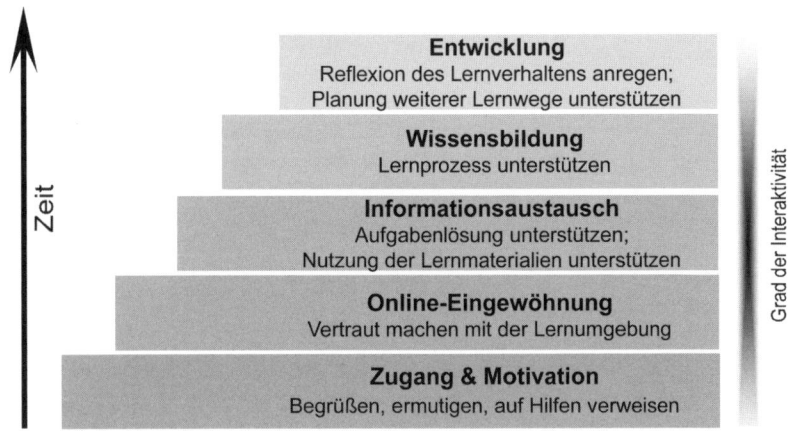

Abbildung 7   5-Stufen-Modell des Online-Lernens in Anlehnung an SALMON *(2000, 26)*

Phase I und II   Die jeweiligen Phasen dieses Prozesses müssen von den Teletutoren bei der Planung des Kurses berücksichtigt und durch entsprechende Maßnahmen unterstützt werden: Die beiden ersten Phasen, „Zugang und Motivation" sowie „Online-Eingewöhnung", dienen den Studierenden dazu, sich mit dem Lernraum, mit den Kursmaterialien, mit den in diesem Kurs gestellten Anforderungen vertraut zu machen, die technischen Werkzeuge bedienen zu können, Vorgehensroutinen zu entwickeln und anderes mehr. Teletutoren können dies durch verschiedene Maßnahmen fördern (z. B. durch Begrüßung und die Unterstützung des Kennenlernens und der Gruppenbildung). Sind Lernende – z. B. in einem höheren Semester in einem Online-Studiengang – mit diesen Faktoren bereits vertraut, so können diese Phasen entsprechend kurz gehalten werden.

Phase III bis IV   Die eigentliche Lernphase erfolgt in den nächsten beiden Stufen „Informationsaustausch" und „Wissensbildung". Auch hier können die Teletutoren durch entsprechende Aufgabenstellungen, Hilfestellungen bei der Aufgabenbearbeitung, den Einsatz der geeigneten Kommunikationswerkzeuge, Anregung zur Selbstreflexion usw., die Aktivitäten der Studierenden unterstützen. Grundsätzlich gilt, dass die Lernenden so viel wie nötig und so wenig wie möglich betreut werden sollten. Dabei liegt der Schwerpunkt der Betreuungsaktivitäten meist bei Anregungen zum Umgang mit dem Lernmaterial und der Unterstützung von Aufgabenlösungen in der Kursmitte.

Phase V   Idealtypisch beinhaltet der Phasenverlauf nicht nur den Erwerb von neuem (Fach-)Wissen bzw. Kompetenzen, sondern in einer abschließenden Phase auch die Reflexion des eigenen Lernverhaltens, die es ermöglichen soll, Erkenntnisse über das eigene Lernverhalten zu gewinnen, die bei der

Gestaltung des eigenen Lernprozesses in späteren Lernsituationen genutzt werden können.

Einsatz von Lernaufgaben

Wie in Abschnitt 4.3.2 dargestellt, spielen geeignete Lern- bzw. Studienaufgaben bei der Gestaltung virtueller Lernsituationen eine wichtige Rolle. Für Teletutoren ist zu klären, welche Freiheiten sie selbst in Bezug auf die Gestaltung von Aufgaben haben. Da Lernaufgaben idealerweise im Dialog zwischen den Lernenden und den Betreuern gemeinsam aus den Berufsaufgaben zum Erwerb der dafür erforderlichen Handlungskompetenzen ausgegliedert werden, könnte hier eine wichtige Funktion der Tutoren liegen. Sollten die Lernaufgaben bereits im Modul bzw. durch die verantwortlichen Dozenten festgelegt sein, könnte es eine Aufgabe der Tutoren sein, diese den speziellen Bedürfnissen der Lernenden ihres Kurses entsprechend zu spezifizieren. Des Weiteren können Teletutoren zusätzliche Übungsaufgaben bereitstellen.

Dazu müssen die Teletutoren auch weitere Funktionen und Unterscheidungsmerkmale sowie Gestaltungskriterien von Aufgaben kennen, beispielsweise in Bezug auf deren Position im Lernzusammenhang von der Überprüfung des Vorwissens bis zur abschließenden Lernerfolgskontrolle sowie in Bezug auf die Sozialform bei der Aufgabenbearbeitung und in Bezug auf Einfachheit und Komplexität (ausführlicher Abschnitt 4.3.2). Beim Einsatz von Lernaufgaben in virtuellen Kontexten sollte darauf geachtet werden, dass der Mehrwert der virtuellen Umgebung genutzt wird, etwa die Möglichkeiten der schnellen Rückmeldung, das Bereitstellen von Musterlösungen und der Rückfluss von Aufgabenlösungen einzelner Lernender in den Lernprozess als Lernressource. Bei der Aufgabenstellung muss bedacht werden, welche Informationen und welche (prozess- oder ergebnisorientierten) Hilfestellungen zu deren Bearbeitung notwendig sind (da anders als in Präsenzlernsituationen Rückfragen nicht schnell mündlich beantwortet werden können und dadurch viel leichter Missverständnisse entstehen, deren nachträgliche schriftliche Klärung oft umständlich ist). Auch die Transparenz der Bewertungsschemata – insbesondere bei Gruppenaufgaben – und die Kongruenz zu den Prüfungsformen für diesen Kurs sind mit zu bedenken.

Aktionsformen bei der Durchführung virtueller Lernmodule

Unterschiedliche Aktionsformen und Arbeitsanregungen, die sich speziell für die Durchführung von virtuellen Kursen eignen (im Gegensatz zu didaktischen Modellen für die Präsenzlehre; FLECHSIG 1996) und die virtuellen Kommunikationswerkzeuge in besonderer Weise zum Lernen einsetzen, werden zurzeit erst entwickelt und erprobt. BUSCH / MAYER (2002, 73-104) präsentieren eine größere Anzahl von Vorschlägen zur Unterstützung von einzelnen Lernenden (z. B. Standort-Check, Praxisbegleitung, Einzelauftrag), Kleingruppen (Teamauftrag, Teamdiskussion, Fallstudie usw.) und größeren Gruppen (Wissensdepot, Meinungsforum usw.). Für die vorgestellten Methoden entwickeln sie jeweils ein Profil, das fünf Dimensionen einschließt (ZIMTT-Modell):

- den *Zeitbedarf* (bei Entwicklung, Durchführung und Nachbereitung),

- die *Interaktivität* (zwischen Teilnehmern und Teletutor, Teilnehmern untereinander usw.),

- den *methodischen* Anspruch (eine E-Mail-Umfrage ist methodisch ‚einfacher' als ein Brainstorming),

- die *Tutorenrolle* (zwischen direktivem „Instruktor" und begleitendem „Coach") und

- die *Technik* (einfach bis kompliziert).

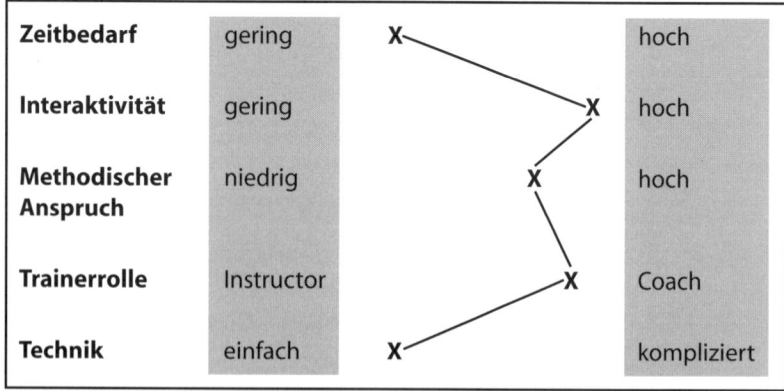

Zeitbedarf	gering	X	hoch
Interaktivität	gering	X	hoch
Methodischer Anspruch	niedrig	X	hoch
Trainerrolle	Instructor	X	Coach
Technik	einfach	X	kompliziert

Abbildung 8   *Beispiel zur Aufwandsplanung eines Online-Brainstorming in Anlehnung an* BUSCH / MAYER *(2002, 76)*

Als grundsätzlich zu berücksichtigende Gestaltungsprinzipien nennen sie weiterhin: Fragen stellen (zur Anregung von Aktivität, Herstellen des Praxisbezugs und Vertiefung des Gelernten), Rückmeldung anregen und Verantwortung abgeben (Raum für Aktivitäten bieten, Strukturierungsversuche unterstützen usw.).

5.3.2 Unterstützung selbst gesteuerten Lernens

Was ist selbst gesteuertes Lernen? – Notwendige Fähigkeiten der Lernenden

Selbst gesteuertes Lernen ist ein komplexer Prozess, der in der wissenschaftlichen Auseinandersetzung aus verschiedenen Perspektiven und in verschiedenen Traditionen betrachtet wird. Zusammenfassend lässt sich dies beschreiben als ein Vorgang, bei dem die Lernenden selbst in Abhängigkeit von ihrer Motivation Steuerungsmaßnahmen ergreifen und ihre Lernprozesse überwachen, regulieren und bewerten und der deshalb eine erhöhte Eigeninitiative und -aktivität erfordert (KONRAD / TRAUB 1999, 13; RAUTENSTRAUCH 2001, 23f.).

Dazu sind Fähigkeiten notwendig, die nicht bei allen Lernenden gleichermaßen ausgebildet sind, beispielsweise eigene (Lern-)Ziele setzen können, den Lernprozess vorbereiten und analysieren, Hilfen in Anspruch nehmen, kognitive Strategien aktivieren. Die wesentlichen Aspekte in diesem Zusammenhang sind Motivation, Lernstrategien und Metakognition (RAUTENSTRAUCH 2001, 27).

Virtuelles Lernen ist – wie die meisten Lernprozesse – oft sowohl selbst- als auch fremdgesteuert (da Lernmaterialien, Aufgabenstellungen, zeitliche Rahmenbedingungen u.a. vorgegeben sind); jedoch erhöhen sich die selbst gesteuerten Anteile erheblich. Schwierigkeiten mit dem selbst gesteuerten Lernen, die sich bereits in Präsenzstudiengängen abzeichnen (GRIESBACH U.A. 1998), jedoch in virtuellen Lernsituationen verstärken, sind z. B. Motivationsprobleme, Zeitmanagement, die Auswahl passender Lernwege und -strategien, der kritische Umgang mit und das Einordnen von Informationen und Lerninhalten.

Unterstützung durch Teletutoren

Maßnahmen zur Unterstützung des selbst gesteuerten Lernens können ,indirekt' durch die entsprechende Gestaltung der Lernumgebung, der Lernmaterialien, der Aufgaben usw., erfolgen (Kapitel 4) oder direkt durch die Teletutoren. Strategien und Techniken, um den genannten Schwierigkeiten zu begegnen, die Motivation von Lernenden zu erhalten und sie in ,kritischen Situationen' zu ermutigen, können auf unterschiedlichen Ebenen liegen: der kognitiven, metakognitiven oder motivationalen Ebene (RAUTENSTRAUCH 2001, 30ff.; SIMPSON 2000). Dazu gehören beispielsweise, Informationen zu Lernhilfen, zu Lernstrategien und zur Selbstmotivation zu geben und zur Reflexion der eigenen Lernhandlungen anzuregen. Hilfreich sind auch die Anregung des informellen Austauschs unter den Studierenden sowie eine kontinuierliche Rückmeldung der Tutoren an die Lernenden.

Eine besondere Chance in virtuellen Lernsituationen liegt darin, mit den Lernenden individuelle Lernstrategien und Arbeitspläne zu erarbeiten und sie bezüglich möglicher Schritte zur optimalen Wissensaneignung individuell zu beraten: „Die [...] individuelle Kommunikation zwischen Teletutor und Weiterbildungsteilnehmer verleiht dem Lernprozeß schließlich Qualitäten, welche bisher nur im Rahmen von Einzeltrainings bzw. Coaching erreichbar waren. Damit wird es für den Teletutor möglich, gemeinsam mit dem Lernenden die Gestaltung selbst gesteuerter Lernsequenzen präzise auf dessen Bedürfnisse auszurichten." (INSTITUT FÜR STRUKTURPOLITIK UND WIRTSCHAFTSFÖRDERUNG HALLE-LEIPZIG E.V. 2004, Online)

Auseinandersetzung mit Inhalten anregen

Dabei ist es wichtig, die Lernenden zur Auseinandersetzung mit dem Stoff anzuregen und eine ermutigende Lernatmosphäre zu schaffen: „Es ist die Aufgabe der Ferntutor/innen, die Motivation der Studierenden zu unterstützen und sie zu Denk-, Lese- und anderen sinnvollen Aktivitäten anzuregen sowie ihre Aufmerksamkeit auf wesentliche Fragen und auf das zu richten, was im Studium weiterführt. Bei Tutor-Lern-Interaktionen sind eine angenehme Atmosphäre und das Gefühl freundschaftlichen Kontaktes wichtig." (HOLMBERG / SCHUEMER 1997, 515)

151

5.3.3 Betreuung von kooperativem Tele-Lernen

Probleme
mit virtuellen
Gruppenarbeiten

Die Möglichkeit der Gruppenarbeit gilt als besonderer Vorteil virtueller Lernsituationen im Vergleich zum klassischen Fernlernen. Jedoch haben viele Lernende auch Vorbehalte gegen Gruppenarbeiten: Sie wollen zeigen, dass sie es ‚alleine können'. Hinzu kommt, dass Gruppenarbeiten oft zeitaufwendig sind, zumal sich in virtuellen Kontexten der Koordinationsaufwand noch erhöht und Arbeits- und Kommunikationsformen zunächst erst eingeübt werden müssen bzw. tutorieller Hilfestellungen bedürfen. Dies wird vor allem von berufsbegleitend Lernenden kritisch betrachtet. Besondere Probleme der virtuellen Gruppenarbeit ergeben sich vor allem durch den Mangel an sozialer Präsenz. Häufig genannt werden (BLAKOWSKI / HINZE 2000, 2001; HESSE / GARSOFFKY / HRON 2002):

- geringe Gruppenkohäsion (das heißt, geringer Gruppenzusammenhalt: Die einzelnen Teilnehmer fühlen sich einer virtuellen Gruppe weniger verbunden als einer „Face-to-Face"-Lerngruppe. Damit ist die Befürchtung des ‚sozialen Faulenzens' verbunden, das heißt, es bestehen weniger Hemmungen, vom Gruppenergebnis zu profitieren, ohne sich wirklich bei der Gruppenarbeit zu engagieren.),

- fehlende Gruppenkoordination (dies umfasst sowohl die Arbeitsaufteilung in Gruppen als auch zeitliche Absprachen),

- fehlende Nachrichtenverbundenheit (gemeint sind damit Kommunikationszyklen und -regeln, direkte und indirekte Rückmeldungen sowie verbale und nonverbale Kommunikation, die sich in „Face-to-Face"-Gruppen meist von selbst ergeben),

- fehlende Abstimmung über den gemeinsamen Wissenshintergrund.

Spezielle Aspekte
der Betreuung
virtueller
Gruppenarbeit

Die Planung und Betreuung von virtuellen Gruppenarbeiten ist deshalb besonders wichtig. Mehr als bei anderen Betreuungsaufgaben tritt der Aspekt der fachlichen Hilfestellung in der virtuellen Gruppenarbeit in den Hintergrund. Vielmehr hat der Teletutor hierin die Rolle eines *Prozessbegleiters des Gruppenprozesses*. Dies kann bei der Gruppenfindung beginnen (die in virtuellen Gruppen anders als in Präsenzgruppen kaum spontan erfolgen kann) und sich in unterschiedlichen Unterstützungsformen fortsetzen, etwa in Rückmeldungen, Hinweisen zur Organisation und Verabredung von Arbeitsplanung, -verteilung und -zusammenfassung sowie zur Kommunikation. Tutorielle Hilfe kann entweder permanent oder auf Anfrage geleistet werden. Dabei ist zu überlegen, wie wenig Unterstützung ausreichend ist, ohne dass sich die Lernenden – gerade in virtuellen Lernsituationen – vernachlässigt fühlen, und wie viel Unterstützung notwendig ist, um einen hinreichenden Support zu gewährleisten. Idealerweise werden Hilfestellungen mit der wachsenden Kompetenz der Lernenden sukzessive reduziert (BLAKOWSKI / HINZE 2001, 16).

Gruppenaufgaben

Als wesentliche Elemente von Gruppenarbeit werden in der Regel die Aufgabe, die Gruppe und die Interaktion angegeben (ebd., 6). Besonders wichtig ist in virtuellen Lerngruppen die Aufgabenstellung, nicht nur aus didaktischen Gründen, sondern auch weil Gruppen, die sich über eine gemeinsame Aufgabe definieren, in der Regel einen besseren Zusammenhalt aufweisen, sich einander stärker verpflichtet fühlen und damit besser zusammenarbeiten. Bedingungen für eine gemeinsame Aufgabenorientierung sind (ebd., 4f.):

- die Aufgabeninterdependenz (das heißt, Zusammenarbeit ist nicht nur möglich, sondern erforderlich),

- durch die Aufgabenstellung erforderte Interaktionsmöglichkeiten,

- Überschaubarkeit und

- die Erstellung eines prüffähigen Ergebnisses.

Dabei muss die Kooperation bei der Aufgabenbearbeitung einen inhaltlichen Mehrwert versprechen. Aufgaben, die Lernende mit demselben Ergebnis auch alleine lösen können, bieten keinen Anreiz zur Zusammenarbeit. Auch so genannte „jigsaw puzzle", bei denen jedes Gruppenmitglied nur Teile der Informationen bekommt, die zur Aufgabenlösung notwendig sind, um so zur Zusammenarbeit anzuregen, werden häufig als „Zwang zur Gruppenarbeit" empfunden und abgelehnt. Dagegen bieten Plan- und Rollenspiele (Capaul 2002) die Möglichkeit, komplexe Zusammenhänge aus unterschiedlichen Perspektiven zu betrachten (Arnold / Thillosen 2002). Wichtig ist dabei immer eine transparente Information über die Bewertung von Gruppenarbeiten und Gruppenleistungen.

Gruppengröße und Dauer der Zusammenarbeit

Lerngruppen können unterschiedlich groß sein, vom „Lerntandem" über die Kleingruppe (drei bis sieben Lernende) bis zum Plenum; die Dauer der Zusammenarbeit kann von einer kurzen Gruppenphase bis zu semesterübergreifender Zusammenarbeit reichen.

Große Gruppen wirken sich positiv auf Kreativitätsprozesse aus, beispielsweise bringen Mitglieder großer Gruppen, in denen computerbasiert kommuniziert wird, mehr Ideen pro Person in Gruppenarbeiten ein als Mitglieder kleiner Gruppen. Andererseits steigen in großen Gruppen die Prozessverluste, da die Teilnehmer sich weniger verantwortlich fühlen (Blakowski / Hinze 2001, 9). So bietet es sich an, im Plenum bzw. in großen Gruppen kurze Formen der Zusammenarbeit zum Sammeln von Ideen zu wählen, etwa ein Brainstorming zu Beginn eines Arbeitsprozesses oder Meinungsforen zu bestimmten Zeitpunkten im Arbeitsprozess (Busch / Mayer 2002, 90ff.).

Die maximale Beteiligung und Einbeziehung der Gruppenmitglieder liegt nach den Ergebnissen der Kleingruppenforschung bei fünf Personen; dies trifft auch für die virtuelle Gruppenarbeit zu. In vielen Modellprojekten werden mit Gruppengrößen zwischen zwei und sieben Personen gute Ergebnisse erzielt (BLAKOWSKI / HINZE 2001, 9). Die Arbeitsdauer kann unterschiedlich lang sein, je nach Studienaufgabe ist es gut möglich, Arbeitsgruppen für ein Semester zu bilden.

Ob Lerntandems funktionieren, hängt oft von persönlichen Faktoren der beteiligten Personen ab. Sie können gerade bei längeren virtuellen Lernformen sehr unterstützend sein.

Gruppenphasen — Bei längeren Gruppenarbeiten verlaufen die Gruppenphasen in virtuellen Gruppen ähnlich wie in „Face-to-Face"-Gruppen. Hierzu gibt es unterschiedliche Modelle, deren Grundlage meist das Modell TUCKMANNS (1965; siehe TUCKMANN / JENSEN 1977) ist, das von der Gruppenfindung über die effektive Zusammenarbeit bis zur Auflösung der Gruppe am Ende der gemeinsamen Arbeitsphase fünf Phasen der Gruppenbildung unterscheidet: „Storming", „Forming", „Norming", „Performing" und „Adjourning". Bei virtuellen Gruppen ist davon auszugehen, dass sowohl die sozialen Findungsprozesse als auch die Aufgabenkoordination länger dauern als in Präsenzgruppen.

Einsatz der Kommunikationswerkzeuge — Wichtig ist der gezielte Einsatz der Kommunikationswerkzeuge. Gerade die Koordinations- und Abstimmungsprozesse werden häufig am effektivsten synchron bewältigt, während die eigentliche Arbeit jedoch asynchron erfolgt. Welche Kommunikationsmittel eingesetzt werden sollten, hängt auch von der jeweils anvisierten Zielgruppe ab. Der Aufwand bei der Vorbereitung synchroner Sitzungen steht oft nicht im Verhältnis zu ihrem inhaltlichen Ertrag; andererseits tragen sie oft zu höherer Gruppenkohäsion und Wahrnehmung der anderen Teilnehmer bei.

5.3.4 Medienkompetenz

Unterschiedliche Dimensionen von Medienkompetenz — Teletutoren nehmen in virtuellen Lernsituationen in Bezug auf Medien unterschiedliche Rollen ein: Sie sind selbst Mediennutzer, darüber hinaus jedoch gestalten sie durch die Auswahl von Inhalten und Werkzeugen die Lernsituation. Schließlich müssen sie nicht nur selbst kompetent mit Medien umgehen können, sondern diese Kompetenz auch bei den Lernenden fördern.

Medienkompetenz wird häufig auf die Fähigkeit der technischen Handhabung von Medien reduziert. Jedoch sind Medien nicht bloß Werkzeuge, mit ihnen wird die Wirklichkeit nicht nur dargestellt, sondern auch gestaltet. BAACKE (1999) unterscheidet vier Aspekte von Medienkompetenz: Medienkritik (in Bezug auf das eigene Handeln und gesellschaftliche Prozesse) und Medienkunde (Wissen über Mediensysteme), Mediennutzung und Mediengestaltung. Es geht neben Bedienungskenntnissen also vor allem um gestalterische und kritisch-analytische Fähigkeiten.

Medienkompetenz besitzt daher unterschiedliche Dimensionen. Zunächst bezieht sie sich auf die technisch sachgerechte Handhabung von Hard- und Software. Darüber hinaus geht es aber auch um „semantische Kompetenz" – das Verstehen und die kritische Bewertung der medial vermittelten Botschaften und Bedeutungsebenen – und um „pragmatische Kompetenz", das heißt, Handhabungs- und Anwendungskompetenz, die es ermöglicht, mithilfe der Medien die eigenen Intentionen zu vermitteln, die Medien den eigenen Interessen entsprechend zu nutzen und mit ihnen zu interagieren (MAIER 1998, 14ff.; RAUTENSTRAUCH 2001, 34f.).

Notwendige technische Kompetenzen

HEMSING-GRAF (2003, 207ff.) vergleicht anhand einer umfangreichen Liste, welche unterschiedlichen technischen Kenntnisse und Fähigkeiten für die an Online-Lernprozessen Beteiligten – Lernende, Tutoren, Entwickler und Organisatoren – „unerlässlich", „hilfreich" oder „eventuell nützlich" sind. Diese Liste umfasst den Umgang mit Kommunikationswerkzeugen (darauf wird in Abschnitt 5.3.5 gesondert eingegangen) sowie mit unterschiedlicher Software und kann bis zu Programmierkenntnissen reichen. Dafür sind die notwendigen Kompetenzen der Teletutoren je nach Tätigkeitsprofil verschieden.

Unverzichtbar ist der kompetente Umgang mit dem im Bildungsangebot eingesetzten Lernraumsystem, dessen Vorteile genutzt und dessen Nachteile ggf. kompensiert werden müssen. Die Voraussetzung dazu ist die genaue Kenntnis der einzelnen Funktionen (sowie ggf. der Nutzungsvereinbarungen innerhalb des Bildungsangebotes; siehe dazu das Beispiel in Abschnitt 5.5).

Obwohl in vielen virtuellen Bildungsangeboten die Tutoren nicht für den technischen Support der Lernenden zuständig sind, sind sie doch zumeist deren erste Ansprechpartner. Es ist deshalb wichtig, dass sie mögliche technische Fehlerquellen und Lösungsansätze kennen und technische Probleme schnell beseitigen (lassen) können, zumal sich gezeigt hat, dass technisch weniger kompetente Teletutoren von den Lernenden häufig auch als inhaltlich weniger kompetent betrachtet werden – selbst wenn für inhaltliche und soziale Betreuungsaufgaben hohe technische Kompetenz nicht unbedingt notwendig ist. Außerdem hat das Ausmaß der technischen Kompetenz Einfluss auf die Gestaltung der Betreuung, z. B. auf die in den Kursen eingesetzte Methodenvielfalt. Die Beherrschung der Technik ist damit auch eine Frage der Didaktik (HEMSING-GRAF 2003, 210f.).

Medienkritik, Medienkunde und Mediengestaltung

Darüber hinaus benötigen Teletutoren die Fähigkeit, analytisch und kritisch mit den neuen Medien umzugehen. Dies beinhaltet ein Bewusstsein für die medienpolitischen und medienökonomischen Interessen von Anbietern und Entwicklern, das Entwickeln von Strategien zur Recherche,

155

zum Umgang mit der Informationsfülle und zu deren Bewertung nach funktionalen, normativen und emotionalen Kriterien. Des Weiteren sind für die neuen hypertextuellen Darstellungsstrukturen und multisymbolischen Darstellungsformen neue Lese- und Schreibfähigkeiten notwendig. Gerade zur effektiven Nutzung der neuen Kommunikationsformen müssen Wirkungs- und Gestaltungsprinzipien mitberücksichtigt werden (Abschnitt 4.3.4).

Medienkompetenz durch Mediennutzung und Reflexion

Medienkompetenz kann nur durch die Nutzung und Reflexion der Medien erworben werden. So nennt eine der von Rautenstrauch (2001, 38) befragten Teletutorinnen auch Selbstbewusstsein und Spaß am Umgang mit den neuen Medien als Voraussetzung dafür, die ständigen Weiterentwicklungen mitzuverfolgen und die entsprechenden Handlungskompetenzen durch praktisches Tun zu erlangen. Auf die Frage nach Tipps für angehende Teletutoren antwortete sie: „Üben, üben, üben: Mailinglisten abonnieren, Newsgroups lesen wie dort auch schreiben, versuchen, etwas ‚Subkultur' abzubekommen, chatten, einfach nur so. Das übt sowohl die Technik, als auch das von mir als sehr wichtig erachtete adressatenbezogene Schreiben."

5.3.5 Kommunikationskompetenz

Besonderheiten virtueller Kommunikation (in Lernsituationen)

Erfolgreiche Kommunikation ist eine wesentliche Erfolgsbedingung bei der Betreuung virtueller Lernsituationen. Dabei haben die neuen virtuellen Kommunikationsformen viele Besonderheiten und spezielle didaktische Implikationen, die Teletutoren kennen müssen. Dazu gehören beispielsweise:

- die Vor- und Nachteile der unterschiedlichen Kommunikationsarten,

- mögliche Kommunikationsprobleme durch das Fehlen sozialer Schlüsselreize wie Mimik und Gestik, leichtere Missverständnisse durch die schriftliche Kommunikation, Informationsüberflutung etc.,

- Methoden, um das Gruppengefühl von virtuellen Arbeitsgruppen zu unterstützen, sowie

- die Metabotschaften und die „Netiquette" der einzelnen Werkzeuge. (Das Kunstwort „Netiquette" setzt sich aus „Internet" und „Etikette" zusammen und bezeichnet Verhaltensregeln für das Versenden von Nachrichten im Internet.)

Die Erfahrung zeigt, dass Kommunikationswerkzeuge – anders als im Freizeitbereich – in Lernkontexten nicht allein deswegen genutzt werden, weil sie zur Verfügung stehen. Die Aufgabe der Teletutoren ist es, die für die jeweiligen Zwecke und (Lern-)Anlässe geeigneten Kommunikationswerkzeuge auszuwählen und zu deren Nutzung anzuregen bzw. ggf. Nutzungshinweise zu geben.

Unterscheidungs-
kriterien von
Kommunikations-
medien

Virtuelle Kommunikationsmedien können nach unterschiedlichen Kriterien unterschieden werden: Entweder danach, ob sie zeitversetzte (asynchrone) oder zeitgleiche (synchrone) Kommunikation ermöglichen, oder danach, ob die Lernenden Informationen zugesendet bekommen („Push-Medien", z. B. E-Mails) oder sie ‚abholen' müssen („Pull-Medien", z. B. Ankündigungen, Beiträge in Forumsdiskussionen).

Vor- und Nachteile
von Pull- und Push-
Medien

Die Vorteile von Push-Medien sind darin zu sehen, dass die Lernenden die Nachrichten automatisch erhalten und sie nicht vergessen werden können; zugleich lässt sich damit auch eine zeitliche Strukturierung des Lernprozesses gestalten. Andererseits kann es auch zu einer Informationsüberflutung kommen. Bei Pull-Medien dagegen können die Lernenden selbst bestimmen, wann sie welche Nachrichten ansehen wollen. Die Verantwortlichkeit und Initiative liegt bei den Lernenden selbst. Dies kann jedoch auch dazu führen, dass Beiträge und Informationen übersehen werden. Häufig wird inzwischen eine Kombination aus beiden Formen eingesetzt, etwa die Ankündigung von Mitteilungen und Forenbeiträgen durch E-Mail.

Asynchrone
und synchrone
Kommunikations-
werkzeuge

Der folgende Überblick über die virtuellen Kommunikationswerkzeuge und deren Einsatz in Lernsituationen orientiert sich an der Einteilung in asynchrone und synchrone Medien. Zu den asynchronen Kommunikationsmedien gehören E-Mail, Mailinglisten und Diskussionsforen, ebenso Voice-Mail, SMS und Fax, die jedoch in virtuellen Lernsituationen weniger zum Einsatz kommen. Synchrone Medien sind die Gruppenwahrnehmung („Awareness") unterstützende Werkzeuge (wie ICQ, MSN), Videokonferenz, Audiokonferenz und Chat (oft in Verbindung mit einem Whiteboard und der Möglichkeit zum Application Sharing, dem gemeinsamen Nutzen von Anwendungen). Außerdem kann in Online-Lernsituationen auch telefonische Betreuung sinnvoll sein.

Vor- und Nachteile
asynchroner
und synchroner
Kommunikations-
werkzeuge

Die meisten Lernräume bieten verschiedene asynchrone Kommunikationswerkzeuge für Einzelteilnehmer und verschiedene Teilnehmergruppen und Diskussionsforen an (sowie weitere Funktionen, um Informationen zu veröffentlichen, etwa einen Bereich für aktuelle Nachrichten, Kalenderfunktionen, Teilnehmerlisten usw.; vgl. dazu Kapitel 3). Genereller Nachteil der asynchronen Kommunikation ist die fehlende Unmittelbarkeit. Andererseits kann gerade in Lernsituationen die zeitliche Verschiebung produktiv genutzt werden, um über Fragen und Antworten gründlicher nachzudenken.

Die synchronen Kommunikationswerkzeuge werden von den gängigen Lernraumsystemen teilweise nicht alle unterstützt. Insbesondere mit dem Einsatz von Audio- und Videokonferenzen ist oft ein höherer technischer Aufwand und eine größere Störanfälligkeit verbunden. Ihr grundsätzlicher Vorteil liegt in den direkten Nachfrage- und Rückmeldemöglichkeiten und der relativ hohen technisch vermittelten direkten sozialen Präsenz, ihr Nachteil in der zeitlichen Bindung der Beteiligten.

E-Mail und Mailinglisten und deren Einsatz in Lernsituationen

Die Kommunikation via E-Mail ist der wohl bekannteste und am meisten genutzte Internetdienst (ROGALLA / HANSES 2001a, 1). Auch in virtuellen Lernsituationen sind E-Mails an einzelne Personen und Gruppen ein zentrales Kommunikationswerkzeug. Für Teletutoren haben sie außer ihrer Unkompliziertheit und Schnelligkeit auch die Vorteile der Archivierbarkeit und Verfügbarkeit. Die mediale Form zwischen Schriftlichkeit und Mündlichkeit kann aber auch zu Missverständnissen führen. Deshalb ist es zur erfolgreichen und angemessenen Kommunikation hilfreich, (ggf. speziell auf den Kurs und die Situation abgestimmte) Rückmelderegeln zu beachten und die „Netiquette" einzuhalten (ebd., 10ff.). E-Mails an Einzelpersonen haben einen relativ hohen Verbindlichkeitsgrad und ermöglichen zugleich eine große Kommunikationsdichte.

In Lernkontexten sollten konkrete Absprachen, z. B. zur Betreffzeile und zur Antwortgeschwindigkeit, getroffen werden, auch sollten E-Mails in der Regel relativ kurz gehalten sein. E-Mails an mehrere Personen und Lerngruppen sowie Mailinglisten haben bereits einen öffentlichen Charakter; bei Formulierungen ist dies zu beachten.

Von den Lernenden selbst organisierte Mailinglisten

ARNOLD (2003b) weist auf die Bedeutung von selbst organisierten (unbetreuten), nicht von Lehrenden initiierten Mailinglisten in Studienkontexten hin. Diese werden vor allem zur Bewältigung von Studienanforderungen und zur Gewinnung von Handlungsoptionen genutzt. Ein besonderer Vorteil liegt in der großen Anzahl von Personen, die auf diesem Weg erreicht werden können und in der freiwilligen Teilnahme bzw. der Wahl des Zugehörigkeitsgrades. Zu erproben ist, inwieweit sich solche selbst organisierten Kommunikationsformen auch in organisierten Lernsituationen in kleineren Gruppen anwenden lassen.

Besonderheiten von „Newsgroups" in virtuellen Lernsituationen

„Newsgroups" sind asynchrone, strukturierte Diskussionsforen. Im Internet finden sich zahlreiche Diskussionsforen zu den verschiedensten Themen, deren besonderer Vorteil in der großen Zahl der Teilnehmer liegt. Diese Situation ist meist nicht mit der in Online-Kursen zu vergleichen; dennoch sind Foren ein wesentliches Diskussions- und Kommunikationsinstrument in virtuellen Lernsituationen. Ihr Einsatz muss dabei jedoch gezielt erfolgen. Foren, die wenig besucht und wenig lebendig sind, kommen sonst schnell zum Erliegen (ROGALLA / HANSES 2001b; APEL 2003, 93f.). Andererseits können Foren auch durch die Fülle von Beiträgen unübersichtlich werden. Das disziplinierte Einhalten von Strukturen und vorgegebenen Diskussionssträngen erweist sich in der Praxis häufig als schwierig. Die Aufgabe von Teletutoren bei der Betreuung von Foren liegt zum einen im gezielten Einsatz und der Anregung von Diskussionen, etwa zu bestimmten Phasen im Kurs, zum Brainstorming, zur Diskussion einer Aufgabe usw., zum anderen in einer geeigneten Strukturierung und Moderation.

158

Groupware-Programme zur Unterstützung gemeinsamer Arbeiten

Groupware-Programme (wie BSCW, http://bscw.gmd.de, Feb. 2004) ermöglichen eine Vielzahl unterschiedlicher Funktionen und Informationen bei der gemeinsamen Dokumentenerstellung und -verwaltung (Erstellungsdatum, Veränderungen in der Bearbeitung usw.). Sie eignen sich somit gut für komplexere Formen der Gruppenarbeit, wie z. B. das ortsverteilte Arbeiten an gemeinsamen Dokumenten. Jedoch erfordert der Einsatz solcher Programme in ungeübten Gruppen auf jeden Fall eine gewisse Einarbeitungszeit (ALLERT 2001a; RAUTENSTRAUCH 2001, 50).

Schriftlichkeit als Besonderheit asynchroner Kommunikation

Für Lernende ist die Erfahrung meist neu, dass sie sich in virtuellen Lernsituationen – anders als in „Face-to-Face"-Situationen – durch schriftliche Beiträge ‚sichtbar' machen müssen. Erst diese Sichtbarkeit führt zur Gruppenwahrnehmung und -bildung. Ohne die durch neue Beiträge entstehende ‚Lebendigkeit' lässt das Interesse dagegen schnell nach, Forumsdiskussionen schlafen ein und der Lernraum wird kaum noch besucht.

Regeln schriftlicher Kommunikation

Zugleich ist mit der ausschließlich schriftlichen Kommunikation eine ‚Kanalreduktion' und damit die Gefahr von Missverständnissen verbunden. Wesentliche Regeln zur Vermeidung solcher Probleme, die ggf. in Lernsituationen explizit gemacht werden sollten, sind beispielsweise (BUBENZER 2001b, 18-21):

- sorgfältiges Formulieren schriftlicher Nachrichten und nochmaliges Durchlesen vor dem Absenden (im Gegensatz zu der sich gerade in privaten Kontexten einbürgernden Form des „Quick-and-Dirty-Schreibens"),

- prägnante und aussagekräftige Betreffzeilen,

- Strukturierung der Beiträge durch Absätze,

- keine Großschreibung von Worten (dies gilt als „Anschreien"),

- schnelle Antworten (ggf. im Rahmen vorheriger zeitlicher Vereinbarungen; eventuell in einer Kurznachricht eine spätere ausführliche Antwort ankündigen),

- in Antworten an wichtigen Stellen (gerade in problematischen Situationen) nicht zitieren sondern paraphrasieren, da Teilnehmer ihre Position dadurch noch einmal aus einem anderen Blickwinkel betrachten können und sich ernster genommen fühlen,

- Wahl des jeweils geeigneten Kommunikationsmediums (Kriterien können z. B. sein, ob sich eine Nachricht an eine einzelne Person, eine bestimmte Gruppe oder den gesamten Kurs richtet, ob eine Rückmeldung erwartet wird oder nicht).

Gruppenwahr-nehmung ("Awareness") unterstützende Werkzeuge

Kommunikationswerkzeuge, die anzeigen, ob Betreuer oder Kommilitonen online sind („Awareness" unterstützende Werkzeuge), ermöglichen den Lernenden, Fragen spontan zu stellen und sofort Rückmeldung zu bekommen, außerdem tragen sie zur sozialen Unterstützung bei. Anders als bei anderen virtuellen Kommunikationsformen entsteht jedoch bei der Nutzung keine archivierte Lernressource, an der andere teilhaben können und auf die später zurückgegriffen werden kann. An Problemlösungen haben also nur diejenigen teil, die (zufällig) online sind. In der VFH hat sich auch gezeigt, dass mit dem Einsatz solcher Messaging-Systeme Kommunikationswerkzeuge wie das asynchrone Diskussionsforum seltener genutzt wurden. Zu erproben ist deshalb, ob sich Routinen etablieren lassen, spontan synchron diskutierte Themen auch für die nicht anwesenden Teilnehmer in asynchronen Foren zu dokumentieren.

Planung und Durch-führung synchroner virtueller Lernveran-staltungen

Der Einsatz aller weiteren synchronen Kommunikationswerkzeuge muss gründlich geplant und vorbereitet werden. Chat-, Audio- und Videokonferenzen haben ihre jeweiligen Besonderheiten, wobei die mündliche Kommunikation von vielen Lernenden und Tutoren bevorzugt wird.

Chat

Die schriftliche Kommunikation im Chat erfordert schnelles Agieren und Reagieren. Oft werden spezielle Textzeichen verwendet, z. B. Emoticons (aus Sonderzeichen zusammengesetzte Bilder – Icons –, die zum Ausdruck von Gefühlen – Emotions – wie Lächeln, Ironie usw., verwendet werden) oder Abkürzungen, z. B. Akronyme (bei denen ein Begriff oder Satz auf die Anfangsbuchstaben seiner wichtigsten Worte reduziert oder mit Zahlen kombiniert wird, z. B. LOL = „Laughing Out Loud" oder 4U = „For You"). Die Nutzung solcher, teilweise schnell wechselnder Kodes ist in Online-Gemeinschaften, die sich nicht speziell zum Lernen gebildet haben, oft ein wichtiger Identifikationsfaktor. In Lerngruppen muss darauf geachtet werden, dass alle Teilnehmer die verwendeten Zeichen kennen bzw. dass sich niemand ausgeschlossen fühlt. Der schriftliche Ausdruck ist insgesamt umgangssprachlicher. Die Moderation muss geplant und geübt werden. Wichtig dabei sind die inhaltliche Themenstellung sowie eine zeitliche Strukturierung und die Einhaltung der getroffenen Absprachen (BUBENZER 2001a; KINAST 2001; RAUTENSTRAUCH 2001, 51f.).

Audio- und Videokonferenzen

Aber auch für die anderen synchronen Kommunikationsformen gilt, dass die Sitzungen geplant und die Moderation eingeübt werden müssen. MÜNDEMANN (2003, 64-71) stellt beispielsweise ein „Drehbuch" für Audiokonferenzen vor, das idealtypisch verschiedene Ablaufphasen beinhaltet:

- *Vorlauf* (organisatorisch und technisch),

- *Begrüßung* (affektiv, motivational und kognitiv),

- *zentrale Darstellungsphase* (mit unterschiedlichen Elementen, wie inhaltlichen Präsentationen, Lernspielen, Eigenarbeitsphasen, Ergebnispräsentationen),

- *Evaluation* (kognitiv, sozial und affektiv, mit Rückmeldung an den Teletutor und an die Teilnehmer untereinander; Verabschiedung).

Zu entscheiden ist jeweils, ob synchrone Kommunikationsangebote regelmäßig gemacht werden (z. B. wöchentliche Treffen) oder zu bestimmten Anlässen eingesetzt werden (GAISER 2002). Solche Einsatzmöglichkeiten sind etwa: Begrüßungschat, Krisenchat (BUBENZER 2001a), Demonstration von Sachverhalten per Audiochat mit ergänzendem Whiteboard (MÜNDEMANN 2003), Videokonferenz zur Ergebnispräsentation. (KINAST 2001).

Kommunikations-
probleme in
virtuellen
Lernsituationen

Eine Anzahl typischer Kommunikationsprobleme kommen in virtuellen Lernsituationen häufiger vor bzw. sind schwieriger zu beheben als in „Face-to-Face"-Situationen (LINDER / TILKE 2001). Dazu gehören z. B. die Folgenden:

- Absprachen werden nicht eingehalten (etwa bei vereinbarten Terminen oder Leistungen; dies kann auch zu Problemen in der Gesamtgruppe führen),

- einzelne Teilnehmer melden sich nicht mehr (aus unterschiedlichen Gründen, wie zeitlichen oder technischen Schwierigkeiten, Unsicherheiten in der schriftlichen Kommunikation u.a.m.),

- allgemeine ‚Funkstille' (ausgelöst durch unterschiedliche Faktoren, wie missverständliche Aufgabenstellungen, abwartende Haltung der Teilnehmer oder technische Probleme),

- Dominanz einzelner Teilnehmer,

- spärliche, weitschweifige oder unverständliche Beiträge einzelner Teilnehmer,

- der Teletutor wird als ‚persönlicher Sekretär' behandelt,

- Beschimpfungen („Flaming" in öffentlichen Foren, E-Mails oder Mailinglisten) und Missverständnisse.

Bewältigung der
Kommunikations-
probleme

Zum Umgang mit diesen Schwierigkeiten wird den Teletutoren ein Dreischritt vorgeschlagen: Die genaue Beschreibung des Problems, die Suche nach den Problemursachen und das Ergreifen von Maßnahmen zur Prävention oder Intervention. Dazu gehören beispielsweise vertrauensbildende Maßnahmen zu Beginn des Kurses, die die Teilnehmer ermutigen, sich mit technischen, persönlichen und sonstigen Problemen an den Tutor zu wenden, genaue Absprachen bzw. Vereinbarungen wie Diskussionsregeln sowie entsprechende Aufgabenstellungen. Bei Interventionen ist die Wahl des Kommunikationswerkzeugs genau zu überlegen. Zwar wird als ‚Faustregel' genannt, dass eine Rückmeldung auf demselben Weg gegeben werden sollte, auf dem die Anfrage gestellt wurde (BUBENZER 2001b, 18). Wenn jedoch z. B. eine Beschimpfung im Diskussionsforum stattgefunden hat, muss nicht an dieser Stelle darauf eingegangen werden; stattdessen könnte eine persönliche Mail oder ein Telefonat dazu beitragen, Ursachen zu klären und eine weitere öffentliche Eskalation eines Konflikts zu vermeiden (BUSCH / MAYER 2002). Generell lässt sich sagen, dass es keine allgemeinen Rezepte zur Verhinderung und Behebung von Konflikten gibt und dass dazu gerade in virtuellen Kontexten Fingerspitzengefühl und Übung notwendig sind.

5.3.6 Fachkompetenz

Fachliche Unterstützung – auch durch „Lernbegleiter"

Auch wenn immer wieder betont wird, dass eine wesentliche Rolle von Teletutoren die *Begleitung von Lernprozessen* ist, bleibt ihr fachliches Wissen von zentraler Bedeutung (vgl. auch HARKE 2001, 2003). Tatsächlich werden die Lerninhalte in virtuellen Kursen meist nicht durch die Tutoren sondern durch Fachexperten telemedial aufbereitet und teilweise auch weitere Experten in die Kurskommunikation einbezogen. Dennoch bleibt die fachliche Kompetenz der Tutoren für die Lernenden unbedingt notwendig: Gerade im Rahmen eines virtuellen Studiums ist der Diskurs mit dem Teletutor und dessen Beispiel im praktischen und reflexiven Umgang mit dem Lernstoff für die Lernenden zur Einübung in die eigene wissenschaftliche und berufliche Praxis unverzichtbar (Abschnitt 2.2). Dabei geht es nicht nur um die Klärung von Fachfragen oder darum, weiterführendes Material bereitzustellen. Vor allem geht es um die Bewertung von Aufgabenlösungen und darum, Bezüge des Lernstoffes zur Lebenswelt der Lernenden bzw. bezüglich seiner Relevanz für zukünftige Tätigkeiten aufzuzeigen. Auch kann es in den Aufgabenbereich der Teletutoren fallen, gemeinsam mit den Lernenden geeignete Lernaufgaben auszugliedern. Für alle diese Tätigkeiten sind fachliches Überblicks- und Detailwissen sowie wissenschaftliche Methodenkenntnis unverzichtbar. Einzubeziehen sind dabei des Weiteren fachdidaktische Kenntnisse im jeweiligen Gegenstandsbereich.

‚Vertikale' und ‚laterale' Mentorentätigkeiten

Eine hohe Bedeutung wird heute selbst organisierten Unterstützungsformen der Lernenden zugemessen. Diese sind zunehmend nicht nur bei sehr großen „Communities of Practice" zu finden (ARNOLD 2003b), sondern werden auch in kleinen (Online-)Lerngruppen praktiziert. „Lateral Mentoring" ist dadurch gekennzeichnet, dass alle an der Lerngruppe Beteiligten Mentorenfunktionen übernehmen und es keine ‚vertikale' Beziehung, wie zu einem durch eine Institution gestellten Teletutor, gibt. Dabei müssen entsprechende Arbeits- und Umgangsformen oft erst entwickelt und erprobt werden (JOSEPH 2001). Die Tätigkeit von Teletutoren unterscheidet sich sowohl durch ihr Fachwissen wie durch ihre pädagogischen Kompetenzen und ihre durch die jeweilige Institution vorgegebene Rolle vom lateralen Mentoring. Beide Unterstützungsformen sind für Lernende auf unterschiedliche Weise hilfreich; sie schließen einander nicht aus und können sich gegenseitig bereichern. Teletutoren können in den von ihnen betreuten Kursen Prozesse des lateralen Mentoring explizit initiieren und unterstützen.

5.4 Planung, Durchführung und Nachbereitung der Betreuung

Während in den Abschnitten 5.2 und 5.3 didaktische Qualifikationen und andere Kenntnisse und Kompetenzen von Teletutoren *systematisch* betrachtet wurden, geht es an dieser Stelle darum, wie anhand dieser Faktoren eine Tätigkeitsmatrix zur *Planung, Durchführung* und *Nachbereitung* virtueller Kurse erstellt werden kann (vgl. dazu auch die Vorschläge von ASSELBORN / HOFFSCHROER 2000 und KIEDROWSKI 2001b, 8f.). Da sich dies je nach Anbieter, Kursprofil usw., unterscheidet, können hier nur Anhaltspunkte gegeben werden, die im Einzelfall erweitert und ergänzt werden müssen. Dennoch sollte dies – zumindest im Überblick – versucht werden, da sowohl Institutionen als auch Teletutoren selbst den Zeitaufwand häufig unterschätzen. Es hilft den Lernenden jedoch nicht, wenn Teletutoren „alles" anbieten (sollen), dies aber später nicht leisten können.

(1) Planung Zur Vorbereitung eines Kurses benötigen Teletutoren verschiedene Informationen über die anbietende Institution und zu dem zu betreuenden Kurs (Abschnitt 5.2) :

- zum Gesamtkontext, dem Bildungsangebot als solchem (Verlauf, Abschlüsse, Position des Kurses im Gesamtangebot), zu Ansprechpartnern für die Teletutoren und die Lernenden bei technischen, studienorganisatorischen und inhaltlichen Fragen, Erwartungen an die Teletutoren usw.;

- zu den gesamten Kursunterlagen, Hinweise zum geplanten Szenario und zur Durchführung, zu feststehenden oder von den Tutoren selbst zu planenden (Prüfungs-)Aufgaben, zu Prüfungsformen und -bewertungen, zu Freiräumen zur Gestaltung, über Erfahrungen mit früheren Kursen, zu Ressourcen für weitere Informationen.

Vor dem Hintergrund dieser Informationen kann die Kursbetreuung unter Einbeziehung der didaktischen und technischen Kenntnisse konkret geplant werden: Lernszenarien und Aufgaben, Online- und Präsenzphasen, spezielle Methoden sowie der Einsatz von Kommunikationswerkzeugen.

(2) Durchführung Zunächst müssen regelmäßige Betreuungstätigkeiten, wie das Lesen und Beantworten von Mails und Forenbeiträgen oder regelmäßige Kursankündigungen, eingeplant werden, ggf. auch regelmäßige synchrone (virtuelle) Treffen und deren Vorbereitung (Chat, Audio-Konferenz).

Bei der Durchführung des Kurses sind die Kursverlaufsphasen zu berücksichtigen.

In der *Einstiegsphase* müssen ungeübte Studierende mit technischen und anderen Besonderheiten virtuellen Lernens vertraut gemacht werden (etwa

Hinweise zum Lernen und zur Kommunikation im Netz, Teilnehmer müssen sich ‚sichtbar machen' usw.). In jedem Fall müssen Vereinbarungen über bestimmte Faktoren getroffen werden, beispielsweise zur Netiquette im Kurs, zu Rückmelderegeln oder Antwortgeschwindigkeiten.

Während des Kursverlaufs kommen eventuell spezielle Aufgabenformen zum Einsatz, deren Betreuung(-sform) geplant werden muss; dabei sind die Verlaufsphasen von Gruppenarbeit zu berücksichtigen.

Zu berücksichtigen ist weiterhin, dass in vielen Kursen besondere Betreuungssituationen auftreten können (schweigende Lerner, Kommunikationsprobleme u.a.), die Zeit in Anspruch nehmen, aber auch Einfluss auf die Atmosphäre und das Lernen haben.

Gegebenenfalls sind *Präsenzphasen* in die Planung einzubeziehen und entsprechend auf den Kursverlauf, die Aufgabenstellungen usw., abzustimmen.

Schließlich müssen sowohl die Vorbereitung der *Abschlussprüfung* eingeplant werden (Übungsaufgaben oder -klausuren, ggf. Chats oder Forenbeiträge usw.) als auch die notwendige Zeit zur Korrektur.

(3) Nachbereitung In die Nachbereitung des Kurses können unterschiedliche Faktoren, wie Rückmeldungsrunden, Evaluationsergebnisse oder die Arbeitsergebnisse der Studierenden, einbezogen werden. Teilweise sind die Ergebnisse nicht nur für die eigene weitere Tätigkeit des Teletutors interessant, sondern auch für die Modulentwickler und den Kursanbieter. Sie sollten dementsprechend auch an diese weitergeleitet werden. Hilfreich ist, wenn die anbietende Institution entsprechende Routinen anregt, beispielsweise indem sie Formulare zur Verfügung stellt oder ein Forum für „Frequently Asked Questions" für Teletutoren zur Beantwortung häufig gestellter Fragen einrichtet.

5.5 Praxisbeispiel: Studienbetreuung in der Virtuellen Fachhochschule für Technik, Informatik und Wirtschaft

In diesem Abschnitt soll am Beispiel der VFH gezeigt werden, dass es sinnvoll und möglich ist, Betreuungskonzepte und -werkzeuge auf konkrete Rahmenbedingungen und Studiensituationen abzustimmen.

Unterschiede in der Betreuung kompletter Studienangebote und einzelner Lernangebote Grundsätzlich gilt, dass sich die Betreuung im Rahmen kompletter Studienangebote von der Betreuung einzelner Lernangebote (etwa in der Weiterbildung) unterscheidet: Die Studierenden der VFH belegen über einen Zeitraum von mehreren Jahren in jedem Semester je nach Kapazität des Einzelnen mehrere Kurse. Entsprechend können Kommunikationsformen, die sich in einem einzelnen Fortbildungskurs bewährt haben, im Rahmen eines Studiums zu viel sein (z. B., wenn Studierende gleichzeitig verschiedene Forendiskussionen mitverfolgen müssen); Vorstellungsrunden, wie sie sonst üblich und sinnvoll sind, müssen zumindest anders gestaltet werden, wenn die Studierenden sich schon seit mehreren Semestern kennen; kurzfristige Maßnahmen, die in Einzelkursen möglich sind (beispielsweise Präsenztreffen), lassen sich im Studienzusammenhang aus organisatorischen Gründen oft nicht realisieren. Auch müssen sich die Betreuer untereinander abstimmen und an bestimmte Vereinbarungen halten (z. B. bei der Nutzung des Lernraums; Abschnitt 3.4.2). Schon nach wenigen Semestern spielen sich dabei hilfreiche Routinen ein, die gestört werden, wenn neu hinzukommende Teletutoren[1] sie nicht beachten bzw. nicht kennen.

Standortspezifische Unterschiede an der VFH

Über solche allgemeinen studienspezifischen Merkmale hinaus gibt es an der VFH auch standortspezifische Unterschiede: Die Studierenden sind jeweils an einer der Verbundfachhochschulen eingeschrieben, die die Betreuung während der Präsenzveranstaltungen vor Ort sowie in den Online-Phasen übernimmt. An allen Standorten werden dieselben Module bzw. Lernmaterialien eingesetzt, jedoch werden aufgrund unterschiedlicher personeller und finanzieller Rahmenbedingungen unterschiedliche Modelle zur Gestaltung der Online-Betreuung entwickelt und erprobt. Damit ist zugleich die Anforderung eines einheitlichen Auftretens der VFH nach außen und die Herausbildung eigenständiger Profile der einzelnen Fachhochschulen verbunden. Im Folgenden werden zwei der dabei entwickelten und eingesetzten Betreuungskonzepte vorgestellt:

Betreuung	Konzept A	Konzept B
Personen und Aufgaben	Präsenzveranstaltungen durchgeführt von den Hochschullehrern und -lehrerinnen am Standort, Online-Studienzeiten betreut von Teletutoren.	Präsenzveranstaltungen und Online-Betreuung in der Hand der am Standort fachverantwortlichen Hochschullehrer/-innen.
Eingesetzte Werkzeuge	Lernraum „Blackboard"; ergänzender Einsatz eines Instant Messaging Systems bei der Online-Betreuung.	Lernraum „Blackboard"; ergänzendes Audiokonferenz-Werkzeug bei der Online-Betreuung.

Tabelle 4   Konzepte der Online-Betreuung an unterschiedlichen VFH-Standorten nach ARNOLD / KILIAN / THILLOSEN (2002a)

---

1) An der VFH wird bei der Online-Betreuung je nach Aufgabe und Qualifikation zwischen Mentoren (Hochschullehrer und wissenschaftliche Mitarbeiter) und Tutoren (studentische Hilfskräfte) unterschieden. Zugunsten der besseren Lesbarkeit wird jedoch an dieser Stelle weiterhin der Begriff „Teletutor" benutzt.

Konzept A In Konzept A ist die Verantwortung für die Betreuung geteilt: Während der Online-Studienzeiten werden die Studierenden von Teletutoren betreut, in den Präsenzphasen von Hochschullehrern. Dadurch werden die Hochschullehrer entlastet, jedoch ist der Abstimmungsaufwand zwischen Online- und Präsenzphasen hoch. Die Nutzung des Lernraums ist mit allen Betreuenden abgestimmt, neben den im Lernraum zur Verfügung stehenden Werkzeugen wurde als optionaler Kommunikationskanal das Instant Messaging System ICQ (http://www.icq.com, Feb. 2004) angeboten, das im Laufe des Semesters immer häufiger zum Einsatz kam.

Konzept B In Konzept B liegen sowohl die Gestaltung der Präsenzveranstaltungen wie auch die Online-Betreuung in der Hand des jeweils fachverantwortlichen Hochschullehrers. Zusätzlich zum Lernraum wurde das Audiokonferenzwerkzeug Netucate (http://www.netucate.com, Feb. 2004) eingesetzt, das die Funktionen Audio-Chat und Application Sharing umfasst. Für jedes Modul wurde wöchentlich eine zweistündige Audiokonferenz angeboten, die Teilnahme daran war für die Studierenden jedoch nicht verpflichtend. Als besonderer Vorteil der Audiokonferenz wurde die Möglichkeit gesehen, unkompliziert Kontakte zu knüpfen und Fragen mündlich zu formulieren. Für einen Teil der Studierenden war allerdings die starke zeitliche Bindung problematisch. So wurde auch der Wunsch nach mehr zeitlich flexiblen Hilfestellungen, wie der Nutzung des asynchronen Diskussionsforums, geäußert.

Evaluations-ergebnisse Die bisherigen Evaluationen ergaben interessanterweise in beiden Fällen eine hohe Zufriedenheit von Studierenden und Teletutoren – anders als an Standorten, die über die üblichen Lernraumwerkzeuge hinaus kein weiteres synchrones Kommunikationswerkzeug eingesetzt und kein spezielles Betreuungskonzept entwickelt hatten. Hier zeigt sich, dass offensichtlich das Engagement der Teletutoren und die Identifikation mit dem jeweiligen Betreuungskonzept auch für die Motivation der Studierenden von hoher Bedeutung ist (Kapitel 2).

Betreuungsaufwand Alle befragten Teletutoren gaben an, dass der Betreuungsaufwand höher war als angenommen und es zugleich viele unerwartete Schwierigkeiten gab. Insgesamt waren sie überrascht, wie hoch der Anteil an Anfragen war, die sich auf Zeitmanagement, Lernstrategien, Motivation usw., bezogen. Obwohl dies in den Tutoren-Schulungen als wichtiges Aufgabenfeld hervorgehoben worden war, sahen sie selbst ihre vorrangige Aufgabe in der fachlichen Betreuung. Einige Tutoren gaben an, dass es ihnen nicht nur schwer fällt, sich in diese Probleme der Studierenden zu versetzen und mit ihnen gemeinsam Lösungen zu erarbeiten, sie befürchten dabei auch rechtliche Probleme (z. B., wenn Studierende sich nach einer Beratung dagegen entscheiden, eine Prüfung abzulegen und danach die Berater für Studienverzögerungen verantwortlich machen).

Trotzdem war die Zufriedenheit von Studierenden und Tutoren insgesamt groß. Bei Befragungen gaben beide Gruppen häufig an, dass ihnen ihre Pionierrolle bei der Einführung des Online-Studiums Spaß machte. So traf hohes Engagement der Teletutoren auf Studierende, die sich ihrer ‚Vorreiterrolle' bewusst waren und großes Verständnis für unerwartet auftauchende Probleme hatten. Allerdings gilt es für die Zukunft, langfristig tragfähige Betreuungskonzepte zu realisieren, die auch ohne den Bonus des ‚Pioniergeistes' funktionieren (ARNOLD / KILIAN / THILLOSEN 2002a).

5.6 Qualifizierung von Teletutoren

Auswahl bzw. Konzeption eines Qualifizierungsangebots für Teletutoren

Mit der wachsenden Einsicht in die Bedeutung teletutorieller Betreuung entsteht auch der Bedarf an entsprechend geschulten Personen. Damit wächst zurzeit auch das Angebot an Teletutoren-Schulungen. Diese Kurse sind sehr heterogen und von sehr unterschiedlicher Qualität, nicht nur hinsichtlich der zeitlichen Dauer, sondern auch in Bezug auf ihre didaktischen und inhaltlichen Schwerpunkte. Verbindliche (Qualitäts-)Standards oder allgemein anerkannte Zertifizierungen gibt es noch nicht, entsprechende Entwicklungen werden zumindest noch einige Zeit in Anspruch nehmen (GRAF 2003, 13; ULMER / BAHL 2004).

Institutionen, die Teletutoren einsetzen wollen, sollten deshalb vor der Auswahl eines Schulungsangebotes oder -konzepts eine umfassende Bedarfsanalyse für ihre konkrete Situation erstellen. Eine solche Analyse sollte sich an einer systematischen Aufstellung der notwendigen und erwarteten Tätigkeiten bei der Planung, Durchführung und Nachbereitung der Lernangebote orientieren (Abschnitt 5.4). KIEDROWSKI (2001b, 13ff.) schlägt vor, daraufhin entweder eigene Schulungskonzepte zu entwickeln – was jedoch zeit- und kostenaufwendig ist – oder ggf. eine allgemeine Schulung durch institutionsspezifische Angebote zu ergänzen.

Inhalte umfassender Teletutoren-Qualifizierungen

Umfassende Schulungen für Teletutoren müssen zunächst die in Abschnitt 5.3 erläuterten allgemeinen (didaktischen und technischen) Basiskompetenzen vermitteln: Grundlagenkompetenzen zur (didaktischen) Gestaltung virtueller Lernsituationen und zur Unterstützung selbst gesteuerten Lernens, zur Gestaltung computerunterstützter Kommunikations- und Kooperationssituationen sowie generell die Reflexion des sich verändernden Rollenverständnisses von Teletutoren (MARKOWSKI / NUNNENMACHER 2003). Darüber hinaus müssen sie auf die in Abschnitt 5.2 vorgestellten Anforderungen von Anbieterinstitutionen (Kenntnis der Lernraumfunktionen und ihre Nutzung aus didaktischer Sicht, organisatorischer Aufbau des Studienangebotes und Reflexion des eigenen Zuständigkeitsbereiches usw.) eingehen und schließlich die Teletutoren befähigen, beides in die Planung virtueller Kurse einzubeziehen und bei der Betreuung umzusetzen.

Organisationsformen von Teletutoren- Schulungen

Wie können diese Themen in ein Schulungskonzept integriert und die entsprechenden Kompetenzen erworben werden? Eine erste Entscheidung betrifft die Ausbildungsorganisation. RAUTENSTRAUCH (2001, 84f.) unterscheidet diesbezüglich drei Formen:

- *Online-Qualifizierung:* Die gesamte Ausbildung findet als Online-Kurs mit teletutorieller Betreuung statt. Dadurch wird die Eigenerfahrung der künftigen Teletutoren in Bezug auf das Online-Lernen und die Bedeutung der Betreuung gefördert. Sie ist deshalb besonders für Personen mit wenig Erfahrung im virtuellen Lernen geeignet.

- *Präsenz- und Online-Qualifizierung:* In einer Kombination beider Formen können jeweils unterschiedliche inhaltliche Schwerpunkte gesetzt werden.

- *Qualifizierung mit Praxisphase:* An die Präsenz- und / oder Online-Qualifizierung schließt sich zusätzlich eine Praxisphase an, die durch einen erfahrenen Teletutor supervisiert wird.

Didaktische Anforderungen an das Kurskonzept

Die Auswahl der Organisationsform einer Teletutoren-Schulung und das Kurskonzept bzw. Kursdesign sollten sich, dem Modell der aufgabenorientierten Didaktik entsprechend (Abschnitte 4.3 und 4.4), an den wesentlichen später benötigten Kompetenzen orientieren und in einer möglichst authentischen Lernumgebung stattfinden.

Auf jeden Fall sollte ein Kurs Einheiten enthalten, in denen die zukünftigen Teletutoren das Lernraumsystem sowohl aus der Perspektive der Kursteilnehmer kennen lernen als auch aus der Perspektive der Tutoren experimentieren können. Werden neue technische Komponenten vorgestellt, so sollte genügend Zeit dazu sein, nicht nur die Bedienung zu erproben, sondern auch deren didaktische Relevanz in den späteren Lernszenarien zu diskutieren. Je nach dem späteren Aufgabengebiet sollte auch der Wechsel von Präsenz- und Online-Lernphasen erprobt werden. Schließlich sollte auf Besonderheiten des jeweiligen institutionellen Anbieters eingegangen werden.

5.7 Praxisbeispiel: Teletutoren-Schulungen an der Virtuellen Fachhochschule für Technik, Informatik und Wirtschaft

Kompetenzanforderungen für Teletutoren an der VFH

Bei der Entwicklung eines geeigneten Konzepts zur Schulung der Teletutoren in einem so komplexen Projekt wie der VFH muss eine Vielzahl von Faktoren berücksichtigt werden. Zunächst müssen die oben erläuterten zentralen Grundlagenkompetenzen vermittelt werden, des Weiteren VFH-spezifische Informationen (z. B. der organisatorische Aufbau der VFH und des Studienangebotes, die Rolle und der Gestaltungsfreiraum der

Teletutoren, der Lernraum „Blackboard" und dessen Nutzung an der VFH). Schließlich gibt es – wie in Abschnitt 5.5 dargestellt – an einigen Standorten des ortsverteilten Projekts noch einmal spezielle Bedingungen. Die künftigen Teletutoren müssen dementsprechend befähigt werden, die in der Schulung erworbenen Kenntnisse den Gegebenheiten an der eigenen Fachhochschule anzupassen sowie auf das von ihnen betreute Modul zu beziehen.

Aufgabenorientierter Ansatz und Zusammenspiel von Präsenz- und Online-Phase

Wie die Studienmodule sind auch die Teletutoren-Schulungen in der VFH aufgabenorientiert konzipiert. Zentraler konzeptioneller Ausgangspunkt ist die Eigenerfahrung der Teletutoren in Bezug auf die notwendige Unterstützung virtuellen Lernens. Das Zusammenspiel eines zweitägigen Präsenz-Workshops und der daran anschließenden Online-Phase ermöglicht es bereits während der Schulung, den Wechsel unterschiedlicher Arbeitsformen und die spätere Lernsituation der Studierenden im authentischen Lernraum zu erleben. Hinweise zur didaktischen Nutzung der einzelnen Funktionen werden auf diese Weise direkt einsichtig. Die folgende Tabelle gibt eine Übersicht über die Elemente und Inhalte der Präsenz- und Online-Phasen der Schulung:

Präsenz-Workshop		Fortsetzung der Schulung im Lernraum „Blackboard"
1. Tag	2. Tag	
1. Einheit:	**5. Einheit:**	• Material zum Selbststudium im Lernraum „Blackboard"
Das Organisationsgefüge der VFH	Der Lernraum „Blackboard" aus der Perspektive der Tutoren	• Diskussionsforum
Vortrag und Diskussion	*Demonstration und Übung*	• FAQs
2. Einheit:	**6. Einheit:**	• Teilnehmerliste mit Homepages
Kompetenzen zur Unterstützung selbstgesteuerten Lernens im virtuellen Raum	Die „Blackboard"-Funktionen aus pädagogischer Perspektive	• Exemplarische Übungen und Aufgaben
Gruppenarbeit und Plenumsdiskussion	*Vortrag und Diskussion*	• Externe Links
3. Einheit:	**7. Einheit:**	*Computervermittelte Kommunikation*
Der Lernraum „Blackboard" aus der Perspektive der Studierenden	Die Aufgaben von Teletutoren	
Demonstration und Übung	*Übung, Reflexion und Diskussion*	
4. Einheit:	**8. Einheit:**	
Virtuelle Gruppenarbeit		
Vortrag und Diskussion	*Abschlussdiskussion, Vorbereitung der Online-Phase der Schulung*	

Tabelle 5 Übersicht über den Ablauf der Teletutoren-Schulung an der VFH (kursiv: Arbeitsformen) nach ARNOLD / KILIAN / THILLOSEN *(2002c)*

Inhalte der einzelnen Kurseinheiten
1. Kurseinheit

In der 1. Einheit (Tabelle 5) werden die wesentlichen Kenntnisse der VFH-Struktur vermittelt. Außerdem werden die Ansprechpartner für die Teletutoren vorgestellt, u.a. verschiedene Forschungsgruppen, die Unterstützung bei technischen Problemen und didaktisch-methodischen Fragen anbieten. Hier bietet sich auch die Gelegenheit, auf die Funktion der Teletutoren als ‚organisationale Vermittler' hinzuweisen.

3. und 5. Kurseinheit

In den Einheiten 3 und 5 (Tabelle 5) lernen die Teletutoren den Lernraum „Blackboard" kennen, zunächst aus der Perspektive der Studierenden, dann mit den erweiterten Möglichkeiten der Lehrenden. Dabei sollen sie einen Überblick über die Stärken und Schwächen des Lernraums bekommen und beurteilen lernen, welche Funktionalitäten besonders wichtig zur Unterstützung des Lernens und der Kommunikation sind. Bei einem ortsverteilten Projekt wie der VFH muss außerdem ein Grundkonsens darüber hergestellt werden, welche Funktionen an allen Standorten der VFH und in allen Modulen einheitlich genutzt werden sollen. Die theoretische Einführung wird durch praktische Übungen ergänzt, beispielsweise stellen die Teletutoren sich auf einer eigenen Homepage im Lernraum vor, kommunizieren über das asynchrone Diskussionsforum oder stellen Ankündigungen, Kursinhalte und Aufgaben in den Lernraum ein.

2., 4. und 6. Kurseinheit

Die Einheiten 2, 4 und 6 (Tabelle 5) befassen sich aus pädagogischer Perspektive mit den Besonderheiten einer virtuellen Studiensituation. Sie gehen u.a. auf die Probleme beim selbst gesteuerten Lernen ein bzw. auf die Kompetenzen, die die Studierenden dazu benötigen, aber auch auf die Besonderheiten computervermittelter Kommunikation und virtueller Gruppenarbeit. Außerdem werden Hinweise zur didaktisch sinnvollen Nutzung der Lernraumfunktionen gegeben und Vorschläge dazu gemacht, wie ‚Lebendigkeit' im Lernraum geschaffen werden kann (Abschnitt 3.4.2), die den Studierenden das Gefühl gibt, trotz der räumlichen Entfernung einer unterstützenden Lerngemeinschaft anzugehören.

7. und 8. Kurseinheit

In den abschließenden Kurseinheiten 7 und 8 werden alle erlernten Inhalte durch praktische Übungen miteinander verbunden. Die Teilnehmenden arbeiten mit einem exemplarischen Studienmodul und nutzen den Lernraum, um Termine anzukündigen, Fragen zu beantworten und eine Gruppenaufgabe zu bearbeiten. In dieser Kurseinheit wird außerdem die Fortsetzung der Schulung als virtueller Kurs im Lernraum „Blackboard" vorbereitet.

Auch in der virtuellen Phase des Kurses gewinnen die Teilnehmenden durch handlungsorientierte Aufgabenstellungen Praxiserfahrung im Umgang mit allen Funktionen des Lernraums, stellen Inhalte ein, organisieren Chats und anderes mehr. So erleben sie auch die Besonderheiten synchroner und asynchroner Kommunikation über das Internet. Eventuell später auftauchende technische oder kommunikative Probleme von Studierenden werden so schneller verstanden und eventuell rascher behoben werden können. Diese

Übungen dienen neben dem Sammeln praktischer Erfahrungen auch dazu, die eigene Rolle zu reflektieren und weiterzuentwickeln. Schließlich wird die Vernetzung der zukünftigen Tutoren der VFH untereinander und mit anderen Tutoren, wie dem internationalen Online-Tutoren-Netzwerk „Online Facilitation" (http://groups.yahoo.com/group/onlinefacilitation, Feb. 2004) angeregt.

Kritische Reflexion und Weiterentwicklung des Kurskonzepts

In einem komplexen Projekt wie der VFH ist die Schulung (und weitere Begleitung) der Teletutoren ein wesentlicher Erfolgsfaktor. Dabei müssen ggf. einzelne Elemente immer wieder prozessorientiert neu akzentuiert werden. Die Befragung von Studierenden und Tutoren hat gezeigt, dass das hier vorgestellte Kurskonzept zwar grundsätzlich effektiv ist, dennoch weisen die Evaluationsergebnisse auch einige Ansatzpunkte für Verbesserungen auf: Viele Teilnehmende konzentrieren sich während der Schulungen sehr auf die technischen Grundlagen. Im Studienbetrieb stellen sie dagegen zunächst, wie in der Präsenzlehre, oft die Klärung von Fachfragen in den Vordergrund. Die Bedeutung der didaktisch-methodischen Hinweise wird ihnen häufig erst bewusst, wenn während des Semesters Kommunikations- oder Motivationsprobleme bei den Studierenden auftreten. In Zukunft wird deshalb eine Präsentation der Evaluationsergebnisse, die verdichtete Erfahrungswerte von Studierenden und Betreuenden beinhaltet, in den Workshop integriert, um die Relevanz der didaktisch-methodischen Anregungen zu verdeutlichen.

Auch wird geprüft, ob die Einführungen in die einzelnen Module, die unabhängig von den allgemeinen Tutoren-Schulungen von den jeweiligen Entwicklern angeboten werden, stärker mit den Teletutoren-Schulungen verbunden werden sollten. Damit könnten Fachinhalte, das didaktische Konzept und die notwendigen Informationen zu den Lernszenarien, der Nutzung des Lernraums und der Durchführung von Aufgaben noch stärker verzahnt werden, als es in der fachübergreifenden Teletutoren-Schulung allein möglich ist.

5.8 Schlussfolgerungen und Empfehlungen

Ermittlung des Tätigkeitsprofils von Teletutoren

Die Ermittlung eines umfassenden und allgemein gültigen Tätigkeitsprofils für Teletutoren und den damit verbundenen Qualifikationsanforderungen ist ein längerfristiger Prozess, der noch einige Zeit in Anspruch nehmen wird. Dabei wird das Aufgabenspektrum dieser Personengruppe immer auch von der Bildungsinstitution, den Bildungsinhalten und den Lernenden mitbestimmt.

Eine zentrale Rolle wird das Aufdecken von Theorie-Praxis-Differenzen spielen. Damit ist die Notwendigkeit von umfassenden Evaluationen und Befragungen von Lernenden und Teletutoren verbunden (Kapitel 6). Es ist abzusehen, dass die dabei gewonnenen Informationen auf unterschiedlichen Ebenen genutzt werden können:

- So sind ggf. die Tutoren-Schulungen zu verbessern und z. B. eine neue Gewichtung, Erweiterung und Spezifikation von Inhalten vorzunehmen. Hier zeichnet sich ab, dass es dabei vorrangig um die Frage der Betreuung bei Lernproblemen, sozialen Problemen usw., und um das veränderte Rollenbild von Teletutoren gehen wird.

- Wichtig ist des Weiteren der Rückfluss der Informationen in die jeweilige Bildungsinstitution, z. B. an Techniker oder studienorganisatorische Beratungsstellen.

- Schließlich muss die (didaktische) Konzeption der Betreuung bereits bei der Entwicklung von Kursen und Kursmaterialien stärker berücksichtigt werden und auf die Rahmenbedingungen der jeweiligen Maßnahme abgestimmt werden.

Ein wesentlicher Beitrag zur Entstehung und Professionalisierung des neuen Berufsbildes der Teletutoren wird schließlich die Reflexion der eigenen Tätigkeit und der offene Austausch darüber sein, sowohl in der jeweiligen Bildungsorganisation als auch in den entsprechenden Foren darüber hinaus.

Kapitel 6
Qualitätsmanagement und Evaluation

Qualität entscheidet

In den vorhergehenden Kapiteln wurden die unterschiedlichen didaktisch-methodischen Handlungsfelder bei der Gestaltung virtueller Bildungsangebote eingehend analysiert und Empfehlungen für die praktische Umsetzung gegeben. Damit wurden bereits eine Reihe von Faktoren erläutert, die notwendig sind, um Qualität in virtuellen Bildungsangeboten zu erzeugen – und Qualität wird letztlich darüber entscheiden, ob virtuelle Bildungsangebote langfristig erfolgreich sind (EHLERS 2002; UHL 2003; Kapitel 2).

Gliederung des Kapitels

In diesem Kapitel soll es daher darum gehen, darzulegen, warum ein systematischer Blick auf die Entwicklung von Qualität lohnt, was mit dem Konzept „Qualität" beim E-Learning gemeint ist, welche Ansätze und Instrumente des Qualitätsmanagements es gibt und wo die Besonderheiten bei ihrer Übertragung auf den Bereich des E-Learnings liegen.

Im Einzelnen werden zunächst zentrale Begriffe im Zusammenhang mit Qualitätsmanagement geklärt (Abschnitt 6.1) und die Bedeutung der Entwicklung eines Qualitätsmanagementsystems erörtert (Abschnitt 6.2). Es folgt eine Beschreibung der zentralen Schritte, in denen ein Qualitätsmanagementsystem entwickelt werden kann und die am häufigsten eingesetzten Systeme werden skizziert (Abschnitt 6.3). In Abschnitt 6.4 wird speziell auf Evaluation als zentrales Instrument des Qualitätsmanagements eingegangen. Grundzüge eines Qualitätsmanagementsystems und der zugehörigen Evaluationsverfahren bei virtuellen Bildungsangeboten werden als *positiver Entwurf* in Abschnitt 6.5 skizziert. Anhand des Praxisbeispiels der „Virtuellen Fachhochschule für Technik, Informatik und Wirtschaft (VFH)" wird die Entwicklung von Maßnahmen des Qualitätsmanagements in einem Forschungs- und Entwicklungsprojekt zum Aufbau virtueller Studiengänge exemplarisch beschrieben und reflektiert (Abschnitt 6.6). Schlussfolgerungen und Empfehlungen für die Adaption der dargelegten Grundzüge des Qualitätsmanagements für die jeweilige eigene Anwendung in Abschnitt 6.7 beenden das Kapitel.

Fernunterrichtsschutzgesetz (FernUSG)

Hier ist es notwendig darauf hinzuweisen, dass alle im Folgenden beschriebenen Maßnahmen, die zum Management, zur Evaluation und Sicherung der Qualität für erfolgreiche E-Learning-Angebote vorgeschlagen werden, weder Hochschulen noch Bildungszentren davon entbinden zu prüfen, ob ihr geplantes Angebot unter die Bestimmungen des FernUSG fällt. Das FernUSG gilt unabhängig von den medialen Formen, in denen Fernunterricht angeboten wird – auch E-Learning-Angebote können daher unter die Bestimmungen des Gesetzes fallen. Das FernUSG dient nicht nur dem „Verbraucherschutz" der Fernunterrichtsteilnehmenden, sondern hilft auch den Anbietern von Fernunterricht bei der Sicherung der Qualität ihrer Angebote und damit ihres Erfolgs. In § 1 des FernUSG wird der Anwendungsbereich definiert:

> „(1) Fernunterricht im Sinne dieses Gesetzes ist die auf vertraglicher Grundlage erfolgende, *entgeltliche* Vermittlung von Kenntnissen und Fähigkeiten, bei der 1. der Lehrende und der Lernende *ausschließlich* oder *überwiegend räumlich* getrennt sind *und* 2. der Lehrende oder sein Beauftragter den Lernerfolg *überwachen.*
>
> (2) Dieses Gesetz findet auch auf unentgeltlichen Fernunterricht Anwendung, soweit dies ausdrücklich vorgesehen ist." (Besonders zu beachten sind die kursiven Hervorhebungen durch die Verfasser.)

Das FernUSG gilt also unabhängig davon, auf welchem inhaltlichen Niveau und in welchem Umfang die E-Learning-Angebote gemacht werden, welchen Status der Bildungsträger hat und für welche Zielgruppen die Angebote gemacht werden. Keiner Zulassung bedürfen nur E-Learning-Angebote, die „ausschließlich der Freizeitgestaltung oder der Unterhaltung dienen" (§ 12, FernUSG). Das heißt, nicht nur private Bildungszentren mit entgeltlichen Angeboten, sondern auch staatliche wissenschaftliche Hochschulen, sofern sie mit E-Learning-Angeboten privatrechtlich auf dem Weiterbildungsmarkt auftreten, benötigen für ihre Angebote, sofern die oben genannten gesetzlichen Voraussetzungen gegeben sind, die Qualitätsprüfung und Zertifizierung der Staatlichen Zentralstelle für den Fernunterricht (ZFU) in Köln (http://www.zfu.de).

6.1 Zentrale Begriffe des Qualitätsmanagements

6.1.1 Qualität von virtuellen Bildungsangeboten

Qualität – ein vielschichtiges Konzept

In den bisherigen Kapiteln wurden mit den Gestaltungsoptionen bei virtuellen Bildungsangeboten – Auswahl und Nutzung eines Lernraums, Entwicklung von Studien- und Kursmodulen, Konzepte der tutoriellen Betreuung etc. – bereits implizit Hinweise gegeben, wie Qualität entwickelt werden kann, wenn Qualität zunächst alltagssprachlich als „Güte / hochwertige Beschaffenheit" verstanden wird. Betrachtet man den Begriff Qualität genauer, wird die Situation wesentlich komplexer. Qualität ist ein vielschichtiges Konzept. Der Begriff wird mit ganz unterschiedlichen *Bedeutungen* belegt. So kann „Qualität" im Bildungsbereich sowohl *die Einhaltung bzw. das Übertreffen von Standards* meinen oder es kann der Zustand der *Fehlerlosigkeit* beschrieben werden. Qualität als *Zweckmäßigkeit* bezieht sich auf den Grad der Nützlichkeit und Qualität als *angemessener Gegenwert* auf die Kosten-Nutzen-Relation (EHLERS 2002).

Weiterhin haben unterschiedliche Akteure verschiedene *Perspektiven* auf Qualität: Teletutoren, die ein E-Learning-Angebot betreuen, werden die Qualität des Angebots an anderen Punkten festmachen als die Studierenden, die damit lernen, oder das jeweilige Bundesland, das seinem Bildungsauftrag mit der Förderung eines Studienangebots nachkommt.

Verschiedene Qualitätsebenen

Hinzu kommen unterschiedliche Qualitäts*ebenen* beim E-Learning wie in Bildungsprozessen allgemein:

Qualität kann sich auf Input-, Durchführungs- und Output-Aspekte beziehen (MEIFORT / SAUTER 1991; ARNOLD, R. 1997; HOHENSTEIN / WILBERS 2001; BALLI / KREKEL / SAUTER 2002b):

* *Input-Aspekte* betreffen die eingesetzten Ressourcen, die Organisation, die Rahmenbedingungen etc., als strukturelle Voraussetzungen eines Bildungsprozesses,

* *Durchführungs-Aspekte* beziehen sich auf eingesetzte didaktische Konzepte, die Lernberatung, die Studienabläufe, das Lernklima sowie auf die Steuerung des Erstellungsprozesses der Bildungsmaßnahmen,

* *Output-Aspekte* thematisieren Ergebnisse der Bildungsprozesse wie den Handlungskompetenzzuwachs bei den Lernenden, Abschlussquoten, Prüfungsverfahren und -erfolge, Vermittlung in Arbeit, Zufriedenheit, Persönlichkeitsentwicklung.

Qualität muss kontextualisiert werden

Die Frage, was Qualität beim E-Learning ausmacht, lässt sich also nicht eindeutig und für alle Anwendungskontexte einheitlich beantworten. Vielmehr muss das jeweilige Qualitätsverständnis in Bezug zu den aufgezeigten Dimensionen (Bedeutungen, Akteursperspektiven und Qualitätsebenen) stets neu von den Beteiligten festgelegt werden. Für die Weiterbildung formuliert KÜCHLER (2000, 277): „Was als Qualität verstanden wird, ergibt sich immer erst im Verhältnis von Erwartungen verschiedener Akteure bzw. *stakeholder* und den konkreten Leistungen der Weiterbildungseinrichtungen. Über Qualität der Weiterbildung lässt sich also nicht abstrakt, sondern nur in einem definierten Kontext verhandeln." (Siehe auch SAUTER 2000)

Abstrakte Qualitätsdefinitionen des Deutschen Instituts für Normung

Das Deutsche Institut für Normung (DIN) definiert in seinen Normen zum Qualitätsmanagement, die branchen- und produktneutral sind, Qualität daher notwendig vollständig abstrakt. „Qualität" wird als „Vermögen einer Gesamtheit inhärenter Merkmale eines Produkts, eines Systems oder eines Prozesses zur Erfüllung von Forderungen von Kunden und anderen interessierten Parteien" festgelegt (DIN EN ISO 9000:2000). Damit wird deutlich, dass Qualität keine absolute Größe ist, die durch eine Norm bestimmt werden kann, sondern dass das jeweilige Qualitätsverständnis in einem spezifischen Kontext nur von den Beteiligten erarbeitet werden kann (RAMLOW / REISSE / ZIMMER 1995; siehe auch Abschnitt 6.3.2). Die Orientierung auf den

„Kunden" verweist zudem auf ein weiteres grundsätzliches Problem des Qualitätsbegriffs im Bildungsbereich.

Ko-Produzenten-Verhältnis statt Anbieter-Kunde-Verhältnis im Bildungsbereich

Im Gegensatz zum Bereich der industriellen Produktherstellung gibt es im Bildungsbereich kein einfaches Anbieter-Kunde-Verhältnis. Vielmehr handelt es sich um ein Ko-Produzenten-Verhältnis (SCHLUTZ 2000; EHLERS 2002): Qualität wird „erst im Prozess des Lernens von den Lernenden selbst hergestellt" (ZIMMER / PSARALIDIS 2000, 265). Bildung ist kein Wirtschaftsprodukt und keine gewöhnliche Dienstleistung, sondern muss von den Lernenden durch aktive Auseinandersetzung erworben werden: „Eine Eigenart von Bildung insgesamt, die sie von anderen Dienstleistungen unterscheidet, ist, dass der Abnehmer der Leistung die Leistung selbst mitproduziert. Bildungsarbeit ist die Leistung derjenigen, die sich bilden, sie ist ein Prozess, der wesentlich subjektive Faktoren integriert, wie Interesse, Emotionalität und Engagement." (KÜCHLER 2000, 280)

Diese Tatsache begrenzt die einfache Übertragung von Qualitätsmanagementverfahren aus der industriellen Produktfertigung auf den Bildungssektor.

6.1.2 Qualität managen, sichern oder entwickeln?

Grundgedanke Qualitätsmanagement

Auch wenn das prinzipielle Ko-Produzenten-Verhältnis im Bildungsbereich besteht, Qualität also unabhängig von ihrer konkreten Definition nie ausschließlich von der Seite des Anbieters der Bildungsmaßnahme ‚erzeugt' werden kann, sind Ansätze des Qualitätsmanagements aus der industriellen Fertigung auch für den Bildungsbereich adaptiert worden (im Einzelnen Abschnitt 6.3.2). Ansatzpunkt jedes Qualitätsmanagements ist die systematische Reflexion des Qualitätserzeugungsprozesses. Für das E-Learning heißt das zunächst, das jeweilige Qualitätsverständnis inhaltlich festzulegen und statt einer punktuellen Qualitätsüberprüfung am Ende des Erstellungsprozesses den gesamten Prozess von der Planung und Konzeption bis zur konkreten Durchführung und Weiterentwicklung des virtuellen Bildungsangebots mit dem Fokus „Wie entsteht in dieser Phase Qualität?" zu begleiten.

Qualitätsmanagementkonzept

Allgemein versteht man unter *Qualitätsmanagement* alle Maßnahmen zur Entwicklung und Verbesserung der Qualität von Produkten und Herstellungsprozessen. Das jeweilige Qualitätsmanagement*system* bzw. *-konzept* beschreibt die Gesamtheit dieser Verfahren und ihr Zusammenwirken. Die Bezeichnung Qualitäts*management* etablierte sich, um alle zugehörigen Tätigkeiten als umfassende Aufgabe des *Managements* zu kennzeichnen.

Qualitätsmanagement hat immer einen prozess- und einen produktorientierten Anteil. Es geht zum einen darum, die Arbeitsabläufe bei der Entwicklung eines Bildungsangebots kontinuierlich zu verbessern (*Prozessorientierung*) . Zum anderen erfolgt dies in der Annahme, dass damit das Bildungsangebot die zuvor vereinbarten Qualitätseigenschaften erhält (*Produktorientierung*): „Es geht somit um das Verhältnis zwischen Tätigkeiten, Prozessen und Strukturen einerseits und etwas Geschaffenem, einem Ergebnis andererseits. Die Tätigkeiten usw., mit denen etwas geschaffen und bereitgestellt wird (das Angebot insgesamt [...]), sollen so gestaltet werden, dass sie dem entsprechen, was gewünscht oder als Anforderung formuliert ist [...]. Die Qualität der Tätigkeiten, Prozesse und Strukturen zu sichern, weil dadurch die Qualität des Ergebnisses gesichert wird, das ist die überschaubare Grundidee, sozusagen der ‚Kern' von Qualitätsentwicklung und Qualitätsmanagement [...]." (KNOLL 2002, 74-75)

Qualitätssicherung

Der Begriff der Qualitäts*sicherung* wird oft synonym mit Qualitätsmanagement gebraucht. Genauer betrachtet ist Qualitätssicherung aber ein *Teil* des Qualitätsmanagements. Das DIN definiert Qualitätssicherung als den „Teil des Qualitätsmanagements, der auf die Schaffung von Vertrauen gerichtet ist, dass Qualitätsanforderungen erfüllt sind" (DIN EN ISO 9000ff.). Mit Qualitätssicherung im engeren Sinne werden also Maßnahmen bezeichnet, mit denen sichergestellt werden soll, dass die Produkte bzw. Dienstleistungen bestimmte Eigenschaften aufweisen sowie das Bemühen, den Entstehungsprozess von Qualität für alle Beteiligten transparent zu machen.

Zum Teil wird mit Qualitätssicherung in der Gegenüberstellung zu Qualitätsmanagement auch die unterschiedliche Schwerpunktsetzung bei der Entwicklung von Qualität gemeint: Qualitäts*sicherung* bezeichnet dann stärker produktbezogene Ansätze, die Mindeststandards für Bildungsangebote definieren und damit das „Vertrauen" der Teilnehmenden gewinnen helfen sollen. Mit Qualitäts*management* werden dann stärker prozessbezogene Konzepte bezeichnet, die den Prozess der Leistungsherstellung optimieren.

Qualitätsentwicklung

In der Praxis wird Qualitätsmanagement meist als prozessorientierte Qualitäts*entwicklung* aufgefasst (Küchler 2000). Auch wenn dieser Begriff nicht so verbreitet ist wie die beiden anderen, bezeichnet er am deutlichsten den Tatbestand, dass Qualität im E-Learning, wie im Bildungsbereich generell, von allen Beteiligten gemeinsam in einem kontinuierlichen Prozess der Aushandlung entwickelt wird und weder technokratisch ‚gemanagt' noch in einem fiktiven Endzustand ‚gesichert' werden kann. Hochschulen und Bildungszentren können die Bedingungen und Voraussetzungen für Bildungsprozesse definieren und sicherstellen, nicht jedoch die Qualität der Bildungsprozesse selbst – diese stellen erst die Lernenden her. Für die Beschreibung von zentralen Handlungsschritten, um Qualität beim E-Learning in diesem Sinne zu erreichen, wird hier daher die Rede von Qualitätsentwicklung sein (Abschnitt 6.3). Zur Skizzierung und Diskussion bestehender Verfahrensansätze wird aber weiterhin der etablierte Begriff des Qualitätsmanagements verwendet.

6.1.3 Evaluation, Zertifizierung und Akkreditierung

In engem Zusammenhang mit der Entwicklung von Qualität beim Aufbau virtueller Studiengänge oder beispielsweise auch beim Aufbau virtueller beruflicher Fortbildungsangebote stehen drei weitere Begriffe: Evaluation, Akkreditierung und Zertifizierung.

Evaluation virtueller Bildungsangebote

Evaluation ist ein zentrales Instrument bei der Qualitätsentwicklung, das in unterschiedlichen Phasen des Aufbaus eines virtuellen Studienangebots eingesetzt und mit verschiedenen Methoden realisiert werden kann (ausführlich Abschnitt 6.4.7). Bei jeder Evaluation geht es letztlich um eine Bewertung, in der Regel um eine Bewertung von Handlungsalternativen. Es werden mithilfe ausgewählter Erhebungsmethoden Daten gesammelt und derart ausgewertet, dass Entscheidungen im Rahmen der Qualitätsentwicklung begründet getroffen werden können bzw. fundierte Aussagen zur Qualität eines Bildungsangebots oder seines Herstellungsprozesses möglich werden. Evaluationen können intern von den Mitarbeiterinnen und Mitarbeitern einer Bildungseinrichtung durchgeführt werden oder extern durch dazu beauftragte Dritte.

„Evaluation ist die systematische und zielgerichtete Sammlung, Analyse und Bewertung von Daten zur Qualitätssicherung und Qualitätskontrolle. Sie gilt der Beurteilung von Planung, Entwicklung, Gestaltung und Einsatz von Bildungsangeboten bzw. einzelner Maßnahmen dieser Angebote (Methoden, Medien, Programme, Programmteile) unter den Aspekten von Qualität, Funktionalität, Wirkungen, Effizienz und Nutzen." (Tergan 2000a, 23)

Evaluation als wichtigen Handlungsschritt in der Qualitätsentwicklung von Hochschullehre allgemein betont auch die Hochschulrektorenkonferenz (HRK): „Das primäre Ziel von Evaluation ist Qualitätsverbesserung, nicht die Messung von Kennzahlen. Qualitätsverbesserung kann nicht von außen erzwungen werden, sondern setzt einen Konsens der Beteiligten voraus. Evaluationsverfahren dürfen daher nicht ausschließlich an output-bezogenen Kennziffern (Kontroll- und Steuerungsaspekt), sondern müssen zugleich an der Verbesserung der internen Prozesse (Qualitätsentwicklung) orientiert sein. Die entsprechenden Verfahren müssen daher Konsens und Kontrolle gleichermaßen zur Geltung bringen." (HRK 2000, Online)

Akkreditierung von Studiengängen

Die Akkreditierung von Studiengängen ist als ex-ante Evaluation vonseiten Dritter ein Sonderfall einer Evaluation. Bei der Akkreditierung im Hochschulbereich überprüfen staatlich autorisierte Akkreditierungsagenturen die Qualität von Studiengängen in Hinblick auf bestimmte Mindeststandards. Die Erfüllung der Mindeststandards wird mit der – zeitlich stets befristeten – Akkreditierung bescheinigt. Langfristig ist geplant, dass die Akkreditierung die bisherigen Genehmigungsverfahren bei *neuen* Studiengängen (mithilfe der Rahmenprüfungsordnungen) ersetzt. Zurzeit existieren allerdings beide Verfahren nebeneinander und verdoppeln oft den Aufwand der einzelnen Hochschule. Bei der Akkreditierung steht das *beabsichtigte* Curriculum eines Studiengangs im Vordergrund. Da sich Akkreditierung auf die Gewährleistung von Mindeststandards bezieht, besteht das Ergebnis nur in einer „Ja"- oder „Nein"-Entscheidung: Die Akkreditierung erfolgt oder sie erfolgt nicht. Akkreditierung soll Transparenz und eine Art Verbraucherschutz im Hochschulbereich ermöglichen und enthält damit ein starkes Kontrollmoment.

Unterschied zwischen Akkreditierung und Evaluation

Den prinzipiellen Unterschied zwischen Akkreditierung und Evaluation von Studiengängen veranschaulicht Winter (2002) anhand des Vergleichs des Stellenwerts von Technischem Überwachungsverein (TÜV) und einer Selbsthilfewerkstatt für ein Auto: Während der TÜV allein prüft, ob ein Auto bestimmte Mindeststandards erfüllt und damit verkehrstauglich ist oder nicht, dient die Selbsthilfewerkstatt dazu, selbst organisiert die Qualität des Autos zu verbessern. Analog ist die Akkreditierung im Wesentlichen Kontrollinstanz, während die Evaluation an Hochschulen zumindest idealtypisch der kontinuierlichen Verbesserung der Studienqualität dienen soll.

Zertifizierung im Rahmen des Qualitätsmanagements

Im Rahmen von Qualitätsentwicklung bei virtuellen Studiengängen bezeichnet Zertifizierung die amtlich anerkannte Bescheinigung, dass die Hochschule ein Qualitätsmanagementsystem eingeführt hat, das den Anforderungen eines Qualitätsmanagementmodells (z. B. DIN 9000ff.; vgl. Abschnitt 6.3.2) entspricht. Die Überprüfung und Bestätigung (Zertifikat) erfolgen durch einen Zertifizierer (ein unabhängiges Unternehmen, das staatlich zugelassen und berechtigt ist, Qualitätsmanagementsysteme zu überprüfen und entsprechende Zertifikate auszustellen) im Rahmen eines *Audits* (systematische Untersuchung und Bewertung des Qualitätsmanagementsystems durch Externe). Wesentlich für das richtige Verständnis von Zertifizierung ist, dass die Zertifizierung nur eine Aussage über das installierte Qualitätsmanagementsystem macht (Erfüllung von in der Norm festgelegten Minimalanforderungen an die Prozesse zum Qualitätsmanagement, z. B. Existenz einer umfassenden Dokumentation aller relevanten Prozesse in Form eines Qualitätshandbuchs), nicht aber über die Qualität der erzeugten Produkte, also über die Qualität des Bildungsangebots an sich.

6.2 Bedeutung von Qualitätsmanagement

Eigenes Qualitätsmanagement entwickeln

Warum sollte, wenn virtuelle Studiengänge aufgebaut werden, nicht nur auf die Gestaltungsoptionen geachtet werden, die in den Kapiteln 3 und 5 dargestellt wurden, sondern auch großer Wert auf die Entwicklung eines eigenständigen Qualitätsmanagementsystems gelegt werden? Die Argumente, die dafür sprechen, sich systematisch mit dem eigenen Qualitätsbegriff auseinander zu setzen und ein durchdachtes System zur Entwicklung von Qualität zu erarbeiten, liegen auf zwei verschiedenen Ebenen. Zum einen sprechen eine Reihe von hochschulpolitischen Veränderungen dafür, systematisch Qualitätsmanagement zu betreiben: Qualitätsmanagement wird durch diese Veränderungen im gewissen Sinne zur Notwendigkeit. Zum anderen kann eine Hochschule, die ein virtuelles Studienangebot plant und systematische Qualitätsentwicklung betreibt, auf mannigfaltige Weise davon intern profitieren: Denn Qualitätsmanagement stößt immer auch eine Organisationsentwicklung an.

6.2.1 Hochschulpolitische Veränderungen

Internationale Vergleichbarkeit von Studienabschlüssen

Im Zuge der Entwicklung eines europäischen Hochschulraums gewinnt die Frage nach Vergleichbarkeit von Studienabschlüssen und Qualitätsstandards für Studiengänge zunehmend an Bedeutung. Sie betrifft insbesondere auch neue virtuelle Studiengänge oder -angebote. Im Jahr 1999 wurde die Akkreditierung von Studiengängen als Verfahren etabliert, neue Studiengänge einzuführen (http://www.akkreditierungsrat.de, Feb. 2004). Für neue, gestufte Studiengänge (Studiengänge, die die international bekannten und anerkannten Hochschulgrade Bachelor und Master vergeben) ist die Akkreditierung Pflicht, das heißt, virtuelle Studiengänge, die diese Hochschulgrade vergeben wollen, müssen sich einer Überprüfung durch eine Akkreditierungsagentur unterziehen.

Akkreditierung aller Studiengänge

Die Agentur überprüft, ob bestimmte Mindeststandards erfüllt sind. Die Mindeststandards bzw. Kriterien für die Akkreditierung liegen hauptsächlich im Bereich des beabsichtigten Curriculums, ‚qualitätssichernde Maßnahmen' sowie Evaluation werden aber ebenso gefordert[1]. In Zukunft soll die Akkreditierung nicht nur neue, gestufte Studiengänge betreffen, sondern gemäß dem Beschluss der Kultusministerkonferenz (KMK) über die „Künftige Entwicklung der länder- und hochschulübergreifenden Qualitätssicherung in Deutschland" (01.03.2002) mittelfristig auf alle Studiengänge ausgeweitet werden (siehe REIL 2002). Dann werden alle virtuellen Studienangebote unabhängig vom verliehenen Hochschulgrad von der Akkreditierung betroffen sein.

Qualitätssicherung als Hochschulaufgabe, insbesondere beim Einsatz Neuer Medien

Die wachsende Bedeutung von Qualitätsmanagement an Hochschulen belegt auch das neue Hochschulrahmengesetz. Es bestimmt Qualitätssicherung und Evaluation eindeutig als Hochschulaufgaben (§ 6 Hochschulrahmengesetz)[2]. Sobald virtuelle Studienmodule also im regulären Studienangebot eingesetzt werden, sind sie automatisch in die Evaluation

---

1) Akkreditierung von Akkreditierungsagenturen und Akkreditierung von Studiengängen mit den Abschlüssen Bachelor/Bakkalaureus und Master/Magister – Mindeststandards und Kriterien, Punkt II, 4. Fassung vom 30. November 1999, zuletzt geändert am 17. Dezember 1999. (Quelle: http://www.akkreditierungsrat.de)

2) Ein weiterer Indikator für die wachsende Relevanz von Qualitätsmanagement an den Hochschulen sind die Verlängerung des Projektes "Qualität" der Hochschulrektorenkonferenz und die inhaltliche Ausweitung seiner Themenfelder von Evaluation und Akkreditierung auf die Betrachtung von Qualitätssicherung allgemein (vgl. REIL / WINTER 2002).

und andere qualitätssichernde Maßnahmen einzubeziehen. Speziell zum Einsatz neuer Medien in der Hochschullehre empfiehlt die Hochschulrektorenkonferenz:„Ohne ein systematisches Qualitätsmanagement, das in der Entwicklungsphase einsetzt und in die Anwendungsphase hineinreicht, wird es nicht gelingen, qualitativ hochwertige Angebote zu entwickeln. Die Qualitätssicherung (von der Ausbildung bzw. Schulung der Mitarbeiter bis zur Evaluation der Angebote) muss von Beginn an in die Planung einbezogen werden. *Die HRK empfiehlt, zur Qualitätssicherung schlüssige Evaluationskonzepte für multimediale Angebote zu entwickeln.*" (HRK 2003b, 4; Hervorh. im Original)

Bisherige Verfahren zur Qualitätssicherung

Die Auseinandersetzung mit Qualität ist dabei an den Hochschulen selbstverständlich nicht neu:„[D]ie Sicherung von Qualität, im Sinne eines andauernden Bemühens um exzellente Studien-, Lehr- und Forschungsleistung, gehört von jeher zum ureigensten Selbstverständnis der Hochschulen" (KRECKEL 2002, 16). Nur wurde Qualität in der Regel über vielfältige und kaum standardisierte Verfahren in der jeweiligen Scientific Community angestrebt (z. B. Peer Review, Wissenschaftspreise), wobei allerdings der Forschungsbereich deutlich im Vordergrund stand. Neu an der aktuellen Situation ist, dass einheitlichere und umfassendere Bewertungsverfahren angestrebt werden und die Qualität der *Lehre* in den Vordergrund der Qualitätsmanagementmaßnahmen rückt (FRIEDRICH 2002; KRECKEL 2002).

Qualitätsmanagement – ein Modethema?

Worin liegen diese Veränderungen und die Aktualität des Themas Qualitätsmanagement an Hochschulen begründet? Ähnlich wie im Bereich der Warenproduktion, aus dem die Konzepte zum Qualitätsmanagement ursprünglich stammen und in dem sie ebenfalls als Lösung für unterschiedlichste Probleme propagiert werden (innerbetriebliche Optimierung, Kundenbetreuung, Verbraucherschutz, Wettbewerbsvorteile, Markttransparenz etc.), sind auch hochschulpolitisch vielfältige Antriebsmomente zu erkennen: Internationalisierung der Hochschulen, Privatisierung im Bildungssektor, Verbraucherschutz, Verteilungskampf um Marktanteile und Fördermittel bei wachsender Mittelknappheit, gesellschaftliche Debatte um Selbstverständnis und Aufgaben von Bildung (MEISEL 2000; SCHLUTZ 2000; KRECKEL 2002).

Unabhängig davon, welcher Standpunkt im Einzelnen zu diesen Entwicklungstendenzen bezogen wird, steht fest, dass Hochschulen, die virtuelle Studienangebote entwickeln, Qualitätsmanagement in jedem Fall als handlungsleitenden ‚roten Faden' bei der Planung, Entwicklung und Durchführung der Angebote berücksichtigen müssen.

6.2.2 Vorteile und Grenzen des Qualitätsmanagements

Anstoß zur Organisationsentwicklung

Neben der wachsenden, eher von außen gegebenen Notwendigkeit, Qualitätsmanagement in der Hochschullehre stärker zu berücksichtigen, verspricht eine systematische Auseinandersetzung mit dem

Thema Qualitätsmanagement auch ‚nach innen gerichtete' Erträge für eine Organisation. Die Berücksichtigung des Kerngedankens des Qualitätsmanagements, dass die Qualität eines Produkts oder einer Dienstleistung nicht zufällig entsteht, sondern in vielfältigen, ineinander greifenden Prozessen systematisch erzeugt und kontinuierlich verbessert werden kann, kann der Weiterentwicklung von Hochschulen wertvolle Impulse geben: Die Qualitätsdiskussion führt implizit zu einer Verständigung über Mindeststandards des professionellen Handelns.

Qualitätspolitik   Sich mit der eigenen Qualitätspolitik auseinander zu setzen, z. B. das jeweilige Verständnis von Kundenorientierung mit Mitarbeitern zu erörtern, dabei ggf. Partner und ‚Zulieferer' (Lehrbeauftragte, Teletutoren, Multimedia-Entwickler u.a.) in den Prozess einzubeziehen und die organisatorischen Rahmenbedingungen zu durchleuchten, fördert einen systematischen Blick auf die Organisationsqualität als Ganzes und steigert die interne Transparenz sowie in der Summe die Lernfähigkeit einer Organisation (Doerr / Orru 2000; Zink / Behrens 2000). Der so angestoßene interne Dialog hilft Verbesserungspotenziale in der Hochschule, in den Prozessen sowie in den Studienangeboten selbst zu identifizieren (Brehm 2000; Wunder 2000a). Das eigentlich Neue „besteht darin, dass Qualitätsentwicklung, Qualitätssicherung und Qualitätsmanagement die vielfältigen Bestrebungen im Alltag, die Arbeit ‚gut' zu machen, aufeinander beziehen, sie wechselseitig verknüpfen, auf Dauer sichern und in ihrer Wirksamkeit regelmäßig überprüfen. Sie stellen somit eine *Gesamtperspektive* und einen umfassenden *Handlungsrahmen* für die Weiterentwicklung der Bildungsarbeit bereit" (Knoll 2002, 73-74; Hervorh. im Original).

Aufgrund der Besonderheiten von E-Learning und des relativen Neulandes, das man mit dem Aufbau virtueller Studiengänge betritt, gewinnt eine solche Selbstverständigung und die diskursive Herausbildung von Qualitätsstandards für das eigene Vorhaben noch zusätzlich an Bedeutung (Küchler 2000, 280).

Gefahr technokrati-   Werden bestehende Ansätze aus dem Bereich der Warenproduktion klein-
schen Controllings   schrittig übertragen, ohne die Besonderheit pädagogischen Handelns von Lernenden und Lehrenden hinreichend zu berücksichtigen, kehren sich die aufgeführten Vorteile allerdings in Nachteile um. Der „Mythos von der didaktischen Machbarkeit von Qualität" (Arnold, R. 1997, 57) wird gefördert. Statt Qualitätsentwicklung droht ein technokratisches Controlling. Ein zu starker Fokus auf Prozesse und Formalisierung steht weiterhin in der Gefahr, die Arbeit selbst zu verhindern. Inhaltsleere Bürokratisierung von Abläufen muss explizit vermieden werden, wenn Qualitätsmanagementsysteme eingeführt werden (zur Balance von Arbeit und Organisation, Harney 2000).

Problematik des   Auch das Prinzip der Kundenorientierung ist im Bereich von öffentlichen
Kundenbegriffs   Aufgaben nur mit Reibungsverlusten übertragbar. Der Begriff „Kunde" kann zwar weiter gefasst werden, indem viele Stakeholder berücksichtigt

werden (Studierende, Wirtschaftsunternehmen und Gesellschaft), dennoch erfordert das Prinzip der Kundenorientierung im Bildungssektor eine ganz andere Abstraktion und Adaption als in der Warenproduktion.

Verengung des Blicks auf Einzelorganisationen

Ein weiterer potenzieller Nachteil des Aufbaus eines Qualitätsmanagementsystems besteht in der Beschränkung auf die einzelne Hochschule oder Organisation „unter Vernachlässigung der notwendigen Bezugnahme auf professionellen Diskurs und Vernetzung" (KÜCHLER 2000, 277). Die Konzentration auf die Qualitätsentwicklung in der *eigenen* Hochschule kann den Blick auf das ganze System, beispielsweise die Versorgung einer Region mit Studienangeboten, verstellen (MEISEL 2000, 14).

Wirkt man diesen Gefahren entgegen und betrachtet pädagogisches Handeln als niemals „wirkungssicheres, sondern [immer] riskantes Geschehen" (OELKERS 1991, 14), kann die Einrichtung eines systematischen Qualitätsmanagements beim Aufbau virtueller Studiengänge sehr ertragreich sein. Qualitätsmanagement zielt dann darauf, die Schaffung von *notwendigen* Bedingungen für erfolgreiches Lernen überprüfbar zu gestalten. Die Bedingungen selbst sind abhängig von Situation und Kontext (Lernziele, Lerninhalte, Motivation etc.) und es gilt, sie jeweils neu zu bestimmen und zu prüfen.

6.3 Fünf Schritte zur Qualitätsentwicklung

Handlungsschritte und Tätigkeitsfelder bei der Qualitätsentwicklung

Hat man sich für den Aufbau eines Qualitätsmanagements entschieden, stellt sich die Frage, in welchen Schritten konkret vorgegangen werden sollte und wessen Aufgabe bei den zahlreichen Beteiligten bei der Entstehung von virtuellen Bildungsangeboten vorrangig ist. Zentrale Schritte bei einer systematischen Qualitätsentwicklung, die das Ko-Produzenten-Verhältnis zu den Lernenden ausreichend berücksichtigt, sind:

- eine Verständigung über den Begriff „Qualität" im eigenen Kontext herstellen, die die Lernenden in den Mittelpunkt stellt,

- ein Qualitätsmanagementkonzept als Gesamtheit der Prozesse, Verfahren und Grundorientierungen entwickeln,

- kontextspezifische Qualitätsstandards für das virtuelle Bildungsangebot festlegen,

- die Qualitätsentwicklung innerhalb der Organisation als zyklischen und iterativen Prozess mit unterschiedlichen Phasen planen und durchführen,

- Maßnahmen konzipieren und durchführen, die die Lernkompetenzen der Studierenden oder Kursteilnehmer stärken.

Diese Handlungsschritte sind weder nach ihrer Bedeutsamkeit geordnet noch bezeichnen sie eine zeitliche Abfolge von Handlungen. Sie bezeichnen vielmehr Tätigkeitsfelder, die eng miteinander verbunden sind und gleich wichtig sind, um virtuelle Bildungsangebote zu entwickeln, mit denen Teilnehmende einen Zuwachs an Handlungskompetenz herstellen können. In der Praxis lassen sich die Schritte kaum voneinander trennen; sie sind hier nur zur besseren analytischen Durchdringung getrennt aufgeführt.

Wessen Aufgabe ist Qualitäts- management?

Die Frage, wessen Aufgabe Qualitätsmanagement in einer Organisation bei der Entwicklung virtueller Bildungsangebote ist, ist leicht zu beantworten, aber die Antwort in der Praxis oft schwer durchzusetzen. Aufgrund der grundlegenden Bedeutung und der prinzipiellen Unabgeschlossenheit von Qualitätsentwicklung ist diese vorrangig eine strategische Aufgabe des Managements. Da es aber gleichzeitig darum geht, im ‚Neuland' des E-Learnings zu einem einheitlichen Verständnis von Qualität und den not- wendigen Schritten zur Erreichung bestimmter Ziele zu kommen, müssen idealtypisch alle an der Entwicklung des Bildungsangebots Beteiligten auch an der Qualitätsdiskussion beteiligt sein, das heißt, die Entwickler virtueller Module ebenso wie die Multimedia-Produzenten, die Teletutoren ebenso wie die didaktischen Berater und insbesondere auch die Lernenden selbst. Erst eine solche Integration der Perspektiven *aller* Beteiligten gewährleistet eine umfassende Qualitätsentwicklung.

Qualitätsbeauftragte

Aufgabe des Managements ist es wiederum, bei einem großen Mitarbeiterstab für die entsprechenden Verständigungs- und Diskussionsprozesse Prozess- und Strukturierungsvorschläge zu entwickeln, um die Vorgänge auch bei ho- her Arbeitsteilung und hohen Mitarbeiterzahlen effektiv zu gestalten. In der Praxis bewährt hat sich die Einsetzung eines *Qualitätsbeauftragten* oder ei- nes *Qualitätsteams*, dem die operative Umsetzung und Gesamtkoordination der Aktivitäten obliegen (NÖTZOLD 2002, 71ff.).

6.3.1 Lernende als ‚Grundkategorie'

Lernende im Mittelpunkt

Die Qualitätsentwicklung für virtuelle Studiengänge muss sich an dem ent- scheidenden Unterschied zwischen Qualitätsentwicklung im Bildungssektor und in anderen Wirtschaftszweigen orientieren: Bildung ist keine Ware, die in einer vom Anbieter erzeugten und bestimmten Qualität dem Kunden verkauft werden kann, sondern die Lernenden stellen die Qualität einer Bildungsmaßnahme endgültig erst im Lernprozess her. Qualität ent- steht also erst bei den Lernenden. Die Definitionsmacht für Qualität im Bildungssektor liegt daher zu großen Teilen bei den Lernenden (ZIMMER / PSARALIDIS 2000; EHLERS 2002).

Vier Besonderheiten im E-Learning

Die Besonderheiten des Lehrens und Lernens mit virtuellen Kursmodulen verstärken diese allgemeine Tendenz im Bildungssektor durch hohe Individualisierung und Differenzierung noch zusätzlich. Vier Faktoren sind nach EHLERS (2002, 6f.) in dieser Hinsicht besonders entscheidend:

1. Zugänge zu dem Bildungsangebot, das heißt, Lernorte und -zeiten sowie die Lernformen (Einzellernen, Gruppenarbeit, tutoriell unterstütztes Lernen, kommunikativer Austausch mit Kommilitonen etc.) sind in hohem Maße individualisiert.

2. Die Ausgangssituationen der Lernenden sind potenziell sehr heterogen (Bildungsstand, Vorwissen, Berufserfahrung etc.).

3. Ebenso potenziell heterogen sind die Ziele, die die Lernenden mit dem virtuellen Bildungsangebot verfolgen und die entsprechende Motivation, die sich mit dem Lernen verbindet.

4. Wahlfreiheit des Angebots: Lernende können innerhalb eines virtuellen Studienangebots in der Regel Lernwege, thematische Vertiefungen sowie die Reihenfolge der behandelten Themen individuell bestimmen.

Vier Konsequenzen Vor diesem Hintergrund wird ersichtlich, warum bei einem Qualitätsmanagementsystem für E-Learning die Lernenden selbst als zentrale Grundkategorie gesehen werden müssen. Diese Grundorientierung hat vier zentrale Konsequenzen (EHLERS 2002, 9f.):

1. Statt einer Technologieorientierung gilt das Prinzip einer konsequenten Anwenderorientierung, das heißt, nicht das technologisch Mögliche entscheidet über konkrete Lernarrangements, sondern die optimale Unterstützung des Lernenden und seiner möglichen Lernsituation.

2. Statt einer Angebotsorientierung gilt eine Lernerorientierung, das heißt, Studienangebote sollten sich nicht an dem ausrichten, was vonseiten des Lehrpersonals angeboten werden kann, sondern welche Handlungskompetenzen Studierende aktuell und zukünftig für eine vollständige Handlungsfähigkeit in ihren jeweiligen Disziplinen brauchen.

3. Der Mythos der Möglichkeit, Qualität einseitig durch ein Bildungsangebot erzeugen und Qualität beim Lernen sichern zu können, wird konsequent aufgegeben. Stattdessen erfolgen alle Maßnahmen des Qualitätsmanagements unter der Prämisse, dass das virtuelle Angebot kontinuierlich im Sinne einer Qualitätsentwicklung verbessert und optimiert wird, das heißt, immer stärker an die Lernarten, -formen und Kompetenzengpässe bei den Lernenden unter Berücksichtigung des jeweiligen Kontextes und der Möglichkeiten der Lehrenden und Teletutoren angepasst wird. In diesem Prozess ist es sinnvoll Qualitätsstandards im Sinne von Mindeststandards festzulegen. Diese stellen aber nur die Qualität des jeweiligen Rahmens sicher, in dem die Studierenden oder Kursteilnehmenden lernen – sie können nicht die Qualität des Lernprozesses bzw. den Lernerfolg selbst bestimmen.

4. Verbunden mit einer derartigen Verankerung der Studierenden als Grundkategorie beim Qualitätsmanagement ist der Ansatz, Forschung zur Qualität aus Sicht der Lernenden zu betreiben. Aus ersten Untersuchungen, die die subjektiv bedeutsamen Qualitätskriterien von Lernenden erfassen, deuten sich hier interessante Ergebnisse an, die für den Bereich virtueller Kursangebote bestätigt und verfeinert werden sollten. Die ersten vorliegenden Zwischenergebnisse von Studien zur Lernqualität in diesem Sinne (http://www.lernqualitaet.de, Feb. 2004) verweisen darauf, dass technologische Faktoren, so z. B. der Einsatz neuester Technologien, in der Regel als subjektiv wenig bedeutsam eingeschätzt werden, hingegen eigene Lernkompetenzen ebenso wie Informationstransparenz zentrale Kriterien für die subjektive Beurteilung von Qualität beim Lernen zu sein scheinen.

6.3.2 Entwicklung eines Konzepts

Vorhandene Modelle nutzen oder Hauskonzept entwickeln

Mit dieser Grundorientierung gilt es nun, ein passendes Qualitätsmanagement*konzept* zu entwickeln, das heißt, konkrete Verfahrensweisen, Handlungsschritte und Verantwortlichkeiten festzulegen. Für den Bereich des E-Learnings muss dabei nicht alles komplett neu entwickelt werden, sondern es können vorhandene Qualitätsmanagementmodelle aus anderen Bereichen entsprechend modifiziert und angepasst werden.

ISO-Modell und EFQM-Modell

Im Bildungssektor allgemein werden bislang im Wesentlichen zwei Modelle zum Qualitätsmanagement adaptiert, die ursprünglich aus dem Bereich der Warenproduktion bzw. dem Dienstleistungsbereich stammen: das Modell der internationalen Standardisierungsorganisation ISO (International Organisation for Standardization) und das Modell der European Foundation for Quality Management (EFQM). Für beide branchenneutrale Modelle liegen Interpretationen für den Bildungssektor vor (vgl. DGQ 2001 – Deutsche Gesellschaft für Qualität). Darüber hinaus gibt es das speziell für den Bildungssektor entwickelte „Lernerorientierte Qualitätsmodell für Weiterbildungsorganisationen" (EHSES / HEINEN-TENRICH / ZECH 2001). Aber auch ohne Orientierung an einem spezifischen Modell zum Qualitätsmanagement lassen sich in einem „Hauskonzept" zum Qualitätsmanagement Prozesse und Verfahren festlegen, die die jeweiligen organisationsspezifischen Bedingungen, Voraussetzungen und Ziele in besonderem Maße berücksichtigen können (KÜCHLER 2000; WUNDER 2000a; ZINK / BEHRENS 2000; BALLI / KREKEL / SAUTER 2002a; NÖTZOLD 2002)[3].

---

3) Im Bereich der Weiterbildung ergab eine Studie des Bundesinstituts für Berufsbildung (BIBB), dass 76% der befragten Weiterbildungsanbieter das Konzept der Selbstevaluation bevorzugen und sich in der Regel für selbst entwickelte Formen der Qualitätssicherung entscheiden. Konzepten, die auch eine Zertifizierung ermöglichen, wird dagegen eine wesentlich geringere Bedeutung zugewiesen: 29% orientieren sich an den Vorgaben der ISO 9000, 24% an Qualitäts- und Gütesiegeln, 22% halten Wettbewerbe für einen angemessenen Weg und 15% orientieren sich am Modell der European Foundation for Quality Management (BALLI / KREKEL / SAUTER 2002a).

Qualitäts-
management-
modell ISO 9000ff.

Die Internationale Standardisierungsorganisation ISO hat in ihrer Normenreihe 9000ff. ein Modell für das Qualitätsmanagement entwickelt
und Standards für die Prozesse der Qualitätsentwicklung festgelegt. Das
Deutsche Institut für Normung (DIN) sowie das Europäische Komitee für
Normung (CEN) haben dieses Modell übernommen, sodass die Normenreihe
daher in Deutschland vollständig als DIN EN ISO 9000ff. bezeichnet wird.

Die Normenreihe ISO 9000ff. wurde 1987 entwickelt, erstmalig 1994 revi-
diert und im Jahr 2000 vollständig überarbeitet. Mit DIN EN ISO 9000ff.:
2000 wird dann entsprechend die Fassung aus dem Jahr 2000 angegeben. Die Normenreihe beschreibt die Grundzüge eines Qualitätsmanagementsystems und katalogisiert Forderungen zum Aufbau. Sie legt Standards
fest, anhand derer man überprüfen kann, ob ein Qualitätsmanagements
ystem die Forderungen der Norm erfüllt und ihm damit die Erfüllung der
Norm bescheinigt werden kann. Den – kostenpflichtigen – Vorgang der
Überprüfung und der Bescheinigung der Normerfüllung bezeichnet man
als Zertifizierung. Unternehmen, die sich einer solchen Überprüfung erfolgreich unterzogen haben, können sich dann als „zertifiziert nach DIN EN ISO
9001:2000" ausweisen.

Übertragbarkeit
auf den
Bildungsbereich

Die Standards werden dabei abstrakt für die *Prozesse* des Qualitätsmanagements definiert, nicht für die Güte der Bildungsmaßnahme selbst. Die
Übertragbarkeit dieses Modells für den Bildungsbereich wurde für
die ersten Fassungen der Norm aus den Jahren 1987 bzw. 1994 sehr
kontrovers diskutiert. Die DIN EN ISO 9000ff.:2000 betont stärker die
Prozessorientierung von Qualitätsmanagement und beinhaltet z.B. zusätzlich die Forderung nach Ermittlung der Kundenzufriedenheit und von kontinuierlichen Veränderungsprozessen[4] und scheint damit geeigneter für die
Übertragung auf den Bildungsbereich und für den Einsatz im E-Learning.
Allerdings muss Zertifizierung auch immer als gewichtiger *Kostenfaktor* in
der Ressourcenplanung beim Aufbau virtueller Studiengänge berücksichtigt werden.

Das Prozessmodell der DIN EN ISO 9001:2000 geht von einem Prozess der
kontinuierlichen Verbesserung des Qualitätsmanagementsystems aus:
In der Verantwortung der Leitung liegen die ersten zentralen Schritte,
im Folgenden müssen entsprechende Ressourcen bereit gestellt werden und die Prozesse zur Dienstleistungserbringung festgelegt und auf
Optimierungspotenzial hin überprüft werden. Auf einem höheren Niveau
setzt sich so der Kreislauf von Planung, Durchführung, Überprüfung und
Verbesserung zur Erfüllung der Forderungen aller interessierten Parteien
fort. Als Schritt-für-Schritt-Anleitung zur Umsetzung des Modells der ISO
9001:2000 schlägt HARDENBERG (2001, 7-10) vor:

---

4) Die DIN EN ISO 9000:2000 definiert Grundlagen und Begriffe, DIN EN ISO 9001:2000 stellt Forderungen an
ein Qualitätsmanagementsystem auf und DIN EN ISO 9004:2000 enthält einen Leitfaden zur Anwendung
der genannten Normen und zur Leistungsverbesserung.

Anleitung zur Umsetzung des ISO 9001:2000-Modells

1. Schritt:	Verantwortlichkeiten festlegen: Verantwortliche(r) der obersten Leitung, Projektteam zur Einführung
2. Schritt:	Qualitätspolitik und -ziele der Organisation festlegen
3. Schritt:	Mitarbeiterinnen und Mitarbeiter informieren
4. Schritt:	ggf. externe Beratung hinzuziehen
5. Schritt:	wesentliche Prozesse in der Organisation festlegen und eine individuelle Dokumentationsstruktur erarbeiten
6. Schritt:	das System in einem Pilotbereich testen
7. Schritt:	in einem Qualitätsmanagementhandbuch und mit geltenden Unterlagen alle relevanten Prozesse beschreiben, dabei Kundenorientierung und Prozessoptimierung in den Vordergrund stellen und alle betroffenen Mitarbeiterinnen und Mitarbeiter beteiligen
8. Schritt:	interne Audits durchführen
9. Schritt:	erste Bewertungen des Managementsystems durchführen
10. Schritt:	sich ggf. in einem externen Audit zertifizieren lassen

In dieser Version aus dem Jahr 2000 nähert sich das ISO-Modell dem Modell der European Foundation for Quality Management an.

Qualitätsmodell der European Foundation for Quality Management

Die europäische Stiftung European Foundation for Quality Management (EFQM) wurde 1988 gegründet. Ihr Qualitätsmodell basiert auf den drei Grundgedanken des umfassenden Qualitätsmanagements (Total Quality Management – TQM):

- Alle Ebenen einer Organisation sollen kontinuierlich die Qualität von Prozessen und Ergebnissen erhöhen, Kosten senken und Kundenbedürfnisse befriedigen,

- Qualität kann durch zielgerichtetes Handeln gesteuert werden,

- jede Organisation braucht definierte Prozesse, um die Verbesserung der Qualität ihrer Leistungen zu steuern.

Im EFQM-Modell soll die enge Verknüpfung von Qualitätsmanagement und industrieller Produktion durch das Konzept des 'erfolgreichen Unternehmens' („Business Excellence") aufgehoben werden. Es werden neun gewichtete Faktoren aufgeführt, die ein erfolgreiches Unternehmen ausmachen. Die Faktoren wiederum sind in die zwei Gruppen *Befähiger* (Führung der Organisation, Mitarbeiterorientierung, Politik und Strategie der Organisation, Umgang mit Partnerschaften und Ressourcen, Prozessorientierung) und *Ergebnisse* (Mitarbeiterzufriedenheit, Kundenzufriedenheit, gesellschaftsbezogene Ergebnisse und die Ergebnisse der Schlüsselleistungen) aufgeteilt.

*Erfolgreiche
Anwendung des
EFQM-Modells*

Auch hier ist deutlich erkennbar, dass das Modell branchenneutral und abstrakt formuliert ist. Erfolgreich angewendet werden kann es erst, „wenn die Zusammenhänge zwischen den Kriterien vollkommen verstanden werden. Diese Zusammenhänge werden in den EFQM-Dokumenten so beschrieben: Kundenzufriedenheit, Mitarbeiterzufriedenheit und gesellschaftliche Verantwortung / Image werden durch eine Führung erzielt, welche die Politik und Strategie, eine geeignete Mitarbeiterorientierung sowie das Management der Ressourcen und Prozesse vorantreibt, was letztendlich zu exzellenten Geschäftsergebnissen führt" (Gonon 1999, 27-28).

Erfolg hängt davon ab, ob die Erwartungen *aller* beteiligten Partner („stakeholder") befriedigt werden. Die explizite Erweiterung auf alle beteiligten Partner, also die Tatsache, dass neben den eigentlichen Kunden auch die Mitarbeiter, die Lieferanten und die Gesellschaft einbezogen werden, kennzeichnen das Modell. Das EFQM-Modell gilt insgesamt als umfassender als das ISO 9000ff.-Modell. Der Aufbau eines Systems entsprechend der ISO 9000ff. wird oft als der erste Schritt auf dem Weg zu einem EFQM-Modell gesehen (Doerr / Orru 2000).

Das EFQM-Modell bietet zwar eine gute Orientierung für die zu verwirklichenden Verbesserungen, aber wenig Hilfe für die *Einführung* eines Qualitätsmanagementsystems (Nötzold 2002, 114). Allerdings findet es aufgrund seiner expliziten Impulse für die Organisationsentwicklung auch gerade bei virtuellen Organisationen, wie z. B. Hochschulverbünden, die virtuelle Studienmodule entwickeln, Anwendung (vgl. den Kooperationsverbund „Hochschulen für Gesundheit", dargelegt bei Johns 2001).

*Lernerorientiertes
Qualitätsmodell für
Weiterbildungs-
organisationen*

Ein Modell, das speziell für den Bildungsbereich entwickelt wurde und die Lernenden, wie zuvor thematisiert, in den Mittelpunkt der Qualitätsentwicklung rückt, ist das lernerorientierte Qualitätsmodell für Weiterbildungsorganisationen (Ehses / Heinen-Tenrich / Zech 2001). Es bietet sich daher besonders für eine Adaption im E-Learning an. Es geht davon aus, dass im Mittelpunkt von Qualitätsentwicklung im Bildungsbereich gelingendes, erfolgreiches Lernen stehen muss. Als Leitbild für Qualität in der Bildung entwerfen Ehses / Heinen-Tenrich / Zech daher ein Qualitätskonzept, in dessen Zentrum die Qualität des Lernens steht und erst dann Lehre, Infrastruktur und andere Aspekte hinzukommen (siehe Abbildung auf S. 190).

Eine weitere Prämisse dieses Modells ist, dass der Schwerpunkt nicht bei einer statischen Qualitätssicherung liegen darf, sondern dass ein dynamischer, kontinuierlicher Verbesserungsprozess geschaffen werden muss, der die Entwicklungspotenziale der jeweiligen Bildungseinrichtung angemessen berücksichtigt und fördert.

Das Modell definiert die folgenden elf Qualitätsbereiche und legt für diese Mindestanforderungen fest (vgl. auch Modellbeschreibung unter http://www.artset-lqw.de):

1. Leitbild

2. Bedarfserschließung

3. Schlüsselprozesse

4. Lehr-Lern-Prozesse

5. Evaluation der
   Bildungsprozesse

6. Infrastruktur

7. Führung

8. Personal

9. Controlling

10. Kundenkommunikation

11. Strategische Entwicklungsziele

Darüber hinaus kann jede Organisation weitere optionale Qualitätsbereiche bestimmen, die bei virtuellen Bildungsangeboten beispielsweise der Grad der örtlichen und zeitlichen Flexibilisierung sein könnten.

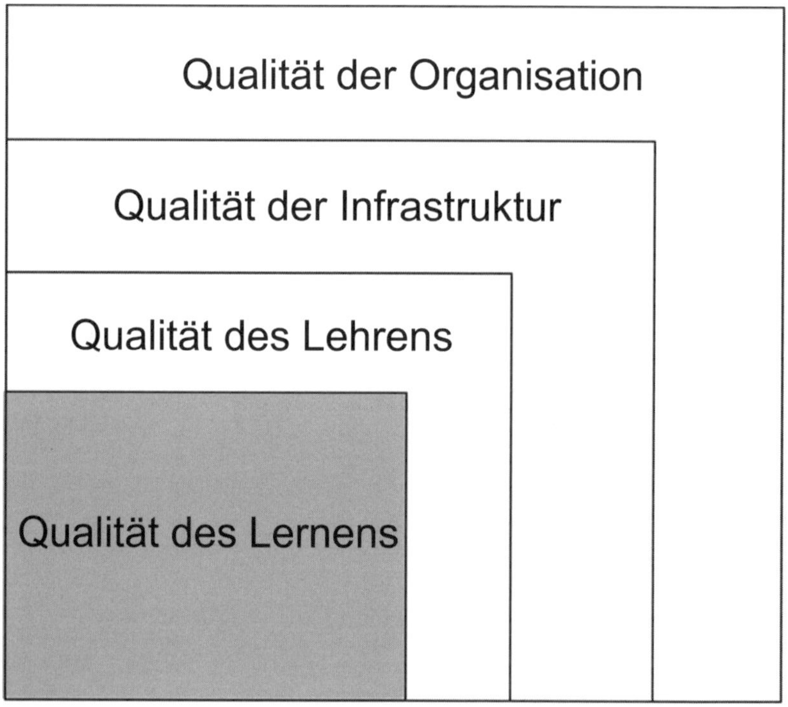

Qualität der Organisation

Qualität der Infrastruktur

Qualität des Lehrens

Qualität des Lernens

Abbildung 9   *Erfolgreiches Lernen als Zentrum der Qualitätsentwicklung in Anlehnung an EHSES / HEINEN-TENRICH / ZECH (2001, 14)*

Zertifizierung nach ISO 9000ff.   Zunächst dienen die aufgeführten Modelle zur Orientierung bei der Entwicklung eines Qualitätsmanagementkonzepts. In allen drei Modellen ist darüber hinaus zusätzlich ein weiterer Schritt der Zertifizierung vorgesehen, der aber nicht notwendig mit einer Entscheidung für eines der Modelle verbunden ist. Hat eine Hochschule das eigene Qualitätsmanagementsystem entsprechend dem Modell der ISO-Normenreihe aufgebaut, kann sie es von einer Zertifizierungsstelle zertifizieren lassen. Die Zertifizierung bedeutet, dass das Qualitätsmanagementsystem den Anforderungen der ISO-Normenreihe entspricht, sie macht aber keine Aussage über die Qualität des Bildungsangebots als solches.

Mit der Gesellschaft der Deutschen Wirtschaft zur Förderung und Zertifizierung von Qualitätssicherungssystemen in der Beruflichen Bildung (CERTQUA) wurde im Jahr 1994 die erste Zertifizierungsstelle in Europa gegründet, die auf den Bildungsbereich spezialisiert ist[5].

„European Quality Award" Anstelle einer Zertifizierung vergibt die EFQM seit 1990 den European Quality Award (EQA), für den sich Organisationen bewerben können, die ein Qualitätsmanagementsystem entsprechend den Vorgaben des EFQM-Modells entwickelt und eingeführt haben[6].

Testat des Lernerorientierten Qualitätsmodells Weiterbildungsorganisationen können sich auch die Einführung eines lernerorientierten Qualitätsmanagementsystems bescheinigen lassen. Statt Zertifizierung wird hier von einem *Testat* gesprochen.

Abbildung 10 Testierung nach dem Lernerorientierten Qualitätsmodell (Quelle: http://www.artset-lqw.de)

5) Beispielsweise wurde der Lehrstuhl für Erwachsenenpädagogik der Universität Leipzig von der CERTQUA gemäß ISO 9000ff. zertifiziert; ebenso hat das Institut für Automatisierungs- und Softwaretechnik der Universität Stuttgart ein Qualitätsmanagementsystem gemäß ISO 9000ff. aufgebaut und zertifizieren lassen.

6) In der Klasse der kleinen und mittleren Unternehmen hat im Jahr 1999 die Danish International Continuing Education als Weiterbildungseinrichtung den European Quality Award gewonnen.

Um das Testat zu erhalten, müssen die definierten Anforderungen in den verpflichtenden Qualitätsbereichen in einem Selbstreport nachgewiesen und durch einen Besuch externer Gutachter („Visitation") bestätigt werden. Der dritte und letzte Schritt der Testierung ist ein Abschlussworkshop, in dem die Gutachter ihre Einschätzungen rückkoppeln, strategische Entwicklungsziele vereinbart werden und die Weiterbildungseinrichtung ihre Erfahrungen in der Arbeit mit dem Qualitätsmodell einbringt, die für die Weiterentwicklung des Qualitätsmodells genutzt werden können.

6.3.3 Festlegung von Qualitätsstandards

Qualitätsstandards müssen jeweils neu festgelegt werden

Entgegen einer häufigen Fehlinterpretation (WUNDER 2000b) enthält keines der Modelle zum Qualitätsmanagement, die bei der Einführung von Qualitätsmanagement für virtuelle Studiengänge als Orientierung dienen können, Qualitätsstandards für die Studienangebote selbst. Die Modelle fordern nur, dass ein Qualitätsverständnis und kontextspezifische Qualitätsstandards (verstanden als Mindeststandards) festgelegt werden.

Da es sich bei virtuellen Studiengängen um ‚relatives Neuland' handelt, haben sich bislang keine allgemeinen Qualitätsstandards herausgebildet. Unabhängig vom gewählten Modell zum Qualitätsmanagement stellt sich also die Frage, welche Ansatzpunkte für die Standards gewählt (Kapitel 7) und wie die Besonderheiten des E-Learnings und die grundlegende Lernerorientierung (Abschnitt 6.3.1) ausreichend berücksichtigt werden.

Standards auf allen Qualitätsebenen festlegen

Die Lernerorientierung bedeutet zunächst einmal, dass Qualitätsstandards auf *allen* Qualitätsebenen aufgestellt werden, das heißt, bezogen auf die Input-, Prozess- und Outputfaktoren des Lernprozesses (Abschnitt 6.1). Planungsprozesse und didaktische Konzepte gilt es daher ebenso einzubeziehen wie Elemente der Durchführung, z. B. die tutorielle Betreuung oder die Ergebnisse, wie Studienerfolgs- bzw. Abbrecherquoten.

Etablierte Ansatzpunkte für Qualitätsstandards aus der Weiterbildung, wie beispielsweise die Teilnehmer-Dozenten-Relation, das Prinzip der Teilnehmerorientierung, die Vertragsgestaltung oder das System der Beratungs- und Informationsleistungen, können dabei auf die virtuelle Studiensituation übertragen werden.

Aus den EFQM-Modellen sind die zunächst nur am Rande wichtig erscheinenden Aspekte für den virtuellen Bereich zu übernehmen: Wissensstützende Strukturen, wie beispielsweise die Verfügbarkeit und der Service von Bibliotheken, und Prozesse in der Verwaltung, wie beispielsweise die Verfahren der Prüfungsanmeldung, laufen oft Gefahr, vernachlässigt zu werden (REIL 2002). Auf diese Weise erhalten sie eher die für die Qualität notwendige Aufmerksamkeit (JOHNS 2001 für den Kooperationsverbund „Hochschulen für Gesundheit").

Besondere Qualitätsstandards beim E-Learning

Die Besonderheiten des E-Learnings führen zu weiteren Bereichen, für die Mindeststandards festgelegt werden sollten:

Ein Bereich ist dabei die *örtliche und zeitliche Flexibilisierung*, ein anderer die *Individualisierung der Lernformen, -pfade und -inhalte*. Aufgrund der „Objektivierung der Lehre" durch den weitgehenden „Verlust des pädagogischen Dialogs" beim E-Learning (ZIMMER 2001, 132) besteht die Gefahr, dass Studierende bei virtuellen Studienangeboten zu wenig Wahlmöglichkeiten haben, ihre eigenen Interessen zu wenig einbringen können sowie die Reflexion der subjektiven und gesellschaftlichen Bedeutsamkeit der medial präsentierten Lerninhalte beim Lernen zu kurz kommen (GROTLÜSCHEN 2003).

Qualitätsstandards für didaktische Konzepte virtueller Studiengänge müssen daher bei Kriterien wie individuell wählbare Lernpfade, Auswahlmöglichkeiten bei der Lernaufgabenbearbeitung und dem Angebot von Reflexionshilfen ansetzen. Damit eng in Zusammenhang steht die Frage, ob die didaktischen Konzepte der Studienangebote den Studierenden hinreichend *praxisnahe Lernaufgaben* anbieten, mit denen Studierende Diskrepanzen zwischen den aktuell vorhandenen und den angestrebten Handlungskompetenzen feststellen und diese Diskrepanzen auch überwinden können.

Da Forschungen zur Betreuung virtuell Studierender eine wichtige Rolle von Teletutoren als organisationalen Mittlern ergeben haben und die Bedeutung der Betreuung in studienorganisatorischen Fragen nachgewiesen ist (Kapitel 5), sind Qualitätsstandards für virtuelle Studiengänge auch aus diesen Punkten abzuleiten.

Da das virtuelle Studieren zu einem großen Teil mithilfe multimedial aufbereiteter Lernmaterialien in Form von Softwareprodukten besteht, kommen weiterhin Kriterien, wie die ergonomische Gestaltung der Kursmodule, z. B. Benutzerfreundlichkeit der Navigationselemente, hinzu. Mindeststandards sind hier für die Entwicklung virtueller Studienmodule z. B. in einem *Styleguide* festzuhalten, der eine Einheitlichkeit der entstehenden Softwareprodukte auch in einem stark arbeitsteilig organisierten Entwicklungsprozess unterstützt.

Neben den genannten Ansatzpunkten für Qualitätsstandards sind die Lernkompetenzen der Lernenden von herausragender Bedeutung (ZIMMER 2001, 2003; EHLERS 2002). Qualitätsstandards müssen also auch die Frage thematisieren, inwieweit diese Kompetenzen innerhalb des virtuellen Studienangebots systematisch gefördert werden (Abschnitt 6.3.5).

Unverzichtbare Ansatzpunkte für Qualitätsstandards

Festgehalten werden kann, dass Qualitätsstandards auf allen Qualitätsebenen festgelegt werden sollten, mindestens jedoch in Bezug auf die folgenden Kriterien:

1. Didaktische Konzepte mit

   a) Lernaufgaben, die es Studierenden ermöglichen Handlungskompe-
      tenzdefizite festzustellen und zu überwinden,
   b) Wahlmöglichkeiten bezogen auf Lerninhalte und Bearbeitungs-
      schritte und -reihenfolgen,
   c) Reflexionshilfen,
   d) Dialogmöglichkeiten mit Lehrenden und anderen Studierenden,

2. zeitliche und örtliche Flexibilität,

3. tutorielle Betreuung,

4. Betreuung in studienorganisatorischen Fragen,

5. ergonomisch und benutzerfreundlich gestaltete Studienmodule,

6. Unterstützung der Studierenden bei der Entwicklung von Lern- und
   Medienkompetenzen.

6.3.4 Qualitätsentwicklung als zyklischer Prozess

Unabhängig von der Auswahl eines bestimmten Modells des Qualitätsmanagements ist der Prozess der Qualitätsentwicklung als zyklischer, iterati-
ver Prozess mit zahlreichen Rückkopplungen zu gestalten. Die Modelle zum
Qualitätsmanagement beinhalten alle bereits diesen zyklischen Charakter
(mit Unterschieden in operativen Details). Bei Hauskonzepten ist daher besonders darauf zu achten, dass Qualitätsentwicklung nicht als einmaliger,
linearer und punktuell endender Prozess gestaltet wird, sondern angelehnt
an die Verlaufsmodelle der Organisationsentwicklung:

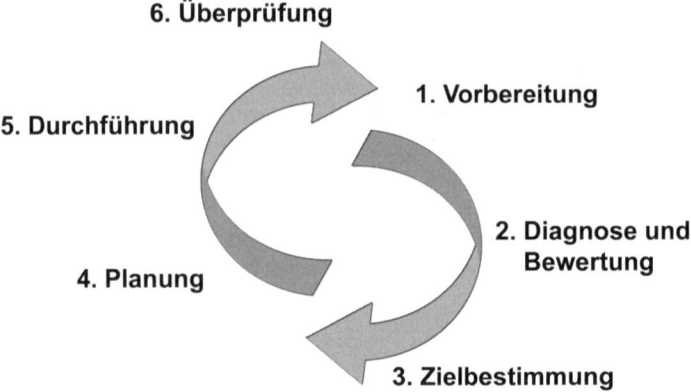

Abbildung 11   Qualitätszyklus in Anlehnung an NÖTZOLD (2002, 140)

Einzelschritte nach dem EFQM-Modell

Die Einzelschritte innerhalb dieses zyklischen Prozesses beim Vorgehen nach dem EFQM-Modell sind dann beispielsweise (Nötzold 2002, 141):

1. „Entscheidung für das Modell, Informationen geben, Akzeptanz [...] herstellen, Ressourcen planen;

2. Qualifizierung für das gewählte Verfahren: das Instrumentarium aneignen, ggf. den/die Qualitätsbeauftragte/n schulen;

3. Erstellen eines Selbstreportes, in dem alle Aktivitäten und Abläufe (= Prozesse) beschrieben und dokumentiert werden;

4. Selbstbewertung der Aktivitäten, Abläufe und Ergebnisse mit den Kriterien des Modells;

5. Konsensfindung über die daraus erkennbaren Stärken und Schwächen;

6. Priorisierung der daraus abgeleiteten Verbesserungsbereiche;

7. Planung von Verbesserungsprojekten, Durchführung und Evaluation;

8. Entscheidung über Einführung von Verbesserungen;

9. Erneute Selbstbewertung".

6.3.5 Stärkung der Lernkompetenzen

Lernkompetenzen fördern

Versteht man Bildung, wie ausgeführt, als ein einzigartiges ‚Produkt', das nur von den Lernenden selbst hergestellt werden kann, ergibt sich, dass zur Qualitätsentwicklung in virtuellen Bildungsgängen auch die Förderung der Lernkompetenzen der Lernenden gehört (Ehlers 2002). Die Bildungseinrichtung stellt mit ihrem virtuellen Bildungsangebot nur die Mittel bereit, mithilfe derer Lernende Bildung erlangen können. Um die dazu notwendigen Lernkompetenzen der Lernenden zu stärken, gibt es verschiedene Möglichkeiten: Einführungsmodule zum virtuellen Lernen erleichtern den Anfang, Reflexionsforen zur Lerntätigkeit regen Lernende kontinuierlich zum Nachdenken über ihre eigenen Lernweisen, -hilfen und -probleme an und ermöglichen darüber hinaus einen kollegialen Austausch unter den Lernenden.

Informationstransparenz herstellen

Gerade das selbst gesteuerte Lernen mit virtuellen Studienmodulen stellt hohe Anforderungen an die autodidaktischen Kompetenzen der Lernenden, u.a. in Hinblick auf Zeitmanagement, Lernzielverfolgung und Motivationsaufrechterhaltung (Zimmer 2001, 134ff.). Ein wichtiges Element, um Studierende in dieser Hinsicht zu unterstützen, besteht darin, größtmögliche Informationstransparenz herzustellen. Detaillierte und leicht auffindbare Informationen zur Studienorganisation, den Abläufen einzelner Veranstaltungen, Musterzeitplänen sowie Evaluationsergebnissen, aber auch Informationen zum Qualifikationsprofil der Teletutoren helfen den Studierenden bei ihren Lerntätigkeiten (EHLERS 2002).

Medienkompetenz fördern

Virtuelle Kursangebote fordern zusätzlich umfassende Medienkompetenz: „Die Fähigkeit, Wissen über Medien zu erlangen, dieses nutzen zu können, Gestaltungskompetenzen anwenden zu können und auch kritische Reflexion zu den medial vermittelten Kommunikationsprozessen und Informationen vornehmen zu können, sind zentrale Kompetenzen, um mediengestützt zu lernen." (EHLERS 2002, 17) Qualitätsentwicklung bei virtuellen Bildungsangeboten heißt daher immer auch, das Angebot auf Unterstützungsformen zum Erwerb von Medienkompetenz zu überprüfen und weiterzuentwickeln.

6.4 Evaluation als Instrument des Qualitätsmanagements

Die Evaluation virtueller Kursangebote ist ein unverzichtbarer Bestandteil des Qualitätsmanagements. Sie wird mit unterschiedlichen Evaluationsdesigns und einem breiten Methodenspektrum durchgeführt, um auf den verschiedenen Qualitätsebenen in Daten begründete Aussagen über Stärken und Schwächen eines Angebots zu gewinnen und auf dieser Basis Handlungsschritte zur weiteren Verbesserung planen zu können.

Evaluationsdesign und -methoden

Zu Designs und Methoden der Evaluation allgemein findet man Hinweise in zahlreichen Grundlagenwerken zur Evaluation (u.a. WOTTAWA / THIERAU 1990; ROSSI / FREEMAN 1993; LAMNEK 1995; BORTZ / DÖRING 2002; KROMREY 2002). Speziell für die Evaluation im E-Learning als einer Innovation im Bildungsbereich gibt es aber bislang noch wenig umfassende Konzepte und etablierte Methoden (KROMREY 2000, 2001; STOCKMANN / SCHÄFFER 2002). Ein erster bilanzierender Überblick speziell zur Evaluation von multimedialen Lernangeboten findet sich bei SCHENKEL / TERGAN / LOTTMANN (2000).

Grundbestimmungen bei der Evaluation

Aus den Grundlagenwerken zur Evaluation, einzelnen Evaluationsberichten im E-Learning, dem Überblickswerk von SCHENKEL / TERGAN / LOTTMANN (2000) sowie dem praxisorientierten Leitfaden der Deutschen Gesellschaft für Evaluation (DEGEVAL 2002) ergeben sich folgende Grundbestimmungen, die beim Aufbau virtueller Studiengänge für die Planung und Durchführung von Evaluationen zu berücksichtigen sind:

1. formativer Evaluation den Vorrang vor summativer Evaluation geben,

2. Prozess- versus Produktevaluation unterscheiden,

3. Evaluationsgegenstände vielseitig festlegen,

4. Ressourceneinsatz für Evaluationen planen,

5. Evaluationsdesigns entwerfen und Standards einhalten,

6. ‚Fallstricke' bei der Evaluation virtueller Studienangebote beachten,

7. Evaluationsmethoden und Datenerhebungsverfahren auswählen.

6.4.1 Priorität formativer Evaluation

Formative Evaluation als Entwicklungs-evaluation

Im Gegensatz zu *summativer* Evaluation, einer abschließenden Bewertung eines Studienangebots z. B. am Ende eines Förderzeitraums, begleitet *formative* Evaluation die Gestaltung des Kursangebots während seines gesamten Entstehungsprozesses. Formative Evaluation zielt primär auf die Verbesserung des Angebots. Gleichzeitig kann sie den Ressourceneinsatz optimieren. In diesem Sinne ist formative Evaluation ein Instrument der Qualitätsentwicklung par excellence (Tergan 2000a, 25). Entsprechend den zyklischen Prozessen im Qualitätsmanagement geht formative Evaluation oft iterativ vor: Ergebnisse einer ersten Evaluation werden in den Entwicklungsprozess zurückgekoppelt und die Maßnahme dann in einem weiter fortgeschrittenen und veränderten Stadium erneut evaluiert.

Innerhalb des allgemeinen Klassifikationsschemas zu Evaluationen (Kromrey 2000) wird zwischen *Wirkungsanalysen* (Evaluationen, die sich mit der Wirksamkeit sozialer Interventionen befassen), *Kontrolluntersuchungen* (Evaluationen, die als Beitrag zu einer rationalen Planung den Erfolg einer Maßnahme bewerten) und *Entwicklungsevaluationen* (Evaluationen, die ein Programm oder eine Maßnahme in ihrem gesamten Entwicklungsprozess begleiten und gestalten helfen) unterschieden. Formative Evaluationen gehören zu den Entwicklungsevaluationen.

Beratende und helfende Funktion von Evaluation

Diese Unterscheidung ist auch für die Praxis sehr relevant und sollte bei Evaluationen im Rahmen des Qualitätsmanagements immer deutlich kommuniziert werden, da Evaluation oft einseitig mit ‚Kontrolle' assoziiert wird. Die beratende und helfende Funktion formativer Evaluation (Kromrey 2001, 129; Stockmann / Schäffer 2002) wird häufig nicht genügend wahrgenommen und entsprechend reduziert ist dann die Bereitschaft, die Evaluatoren (einseitig wahrgenommen als ‚Kontrolleure') in ihren Aktivitäten zu unterstützen. Entsprechend der beratenden und helfenden Funktion formativer Evaluation ändern sich aber die Rolle und das Selbstverständnis von Evaluatoren: „EvaluatorInnen in diesem Konzept verstehen sich als ModeratorInnen im Diskurs der im Projekt beteiligten Gruppen (InformationssammlerInnen und -managerInnen, ‚ÜbersetzerInnen' unterschiedlicher Fachsprachen und Argumentationsmuster, KoordinatorInnen und KonfliktregulatorerInnen, VermittlerInnen von Fachwissen, BeraterInnen)." (Kromrey 2000, 56-57)

In diesen veränderten Rollen ist allerdings auch ein weiterer Rollenkonflikt angelegt: Zum Teil werden Evaluatoren von den Beteiligten nicht als Experten gesehen, die das ganze Studienangebot im Blick haben sollen, sondern es wird versucht, sie zu ‚Anwälten' für das Anliegen der eigenen, partikularen Interessen zu gewinnen (Wottawa 2001).

Gerade weil virtuelle Lehr- und Lernformen noch im Prozess der Entstehung begriffen sind, muss formative Evaluation deutlichen Vorrang vor summativer Evaluation haben (Mayring / Hurst im Druck).

6.4.2 Evaluation von Produkten oder Prozessen

Produkt- und Prozessevaluation

Evaluationen im Rahmen des Qualitätsmanagements können sich zum einen auf das virtuelle Studienangebot als *Produkt* beziehen oder auf die *Prozesse* bei der Entwicklung des Studienangebots.

Generell spricht man von *Prozessevaluation*, „wenn bei der Evaluation Aspekte des Planungs- und/oder Entwicklungsprozesses bzw. Vorgehensweisen bei der konkreten Anwendung eines Bildungsangebots bzw. einzelner Komponenten des betreffenden Angebotes im Vordergrund stehen" (Tergan 2000a, 26).

Von *Produktevaluation* wird gesprochen, „wenn sich die Evaluation auf ein entwickeltes Produkt, wie ein Bildungsangebot, oder Teile davon bezieht und Aspekte der Qualität, der Wirkungen (z. B. Lernerfolg) der Effizienz und des Nutzens im Vordergrund stehen" (Tergan 2000a, 27; Swertz 2002).

Beide Evaluationsarten können wertvolle Erkenntnisse für das Qualitätsmanagement liefern. In der Praxis können sich die produkt- und prozessbezogenen Aspekte auch vermischen, aber bei der Planung des Evaluationsdesigns sollte grundsätzlich Klarheit darüber bestehen, welche Evaluationsart im Vordergrund steht.

6.4.3 Festlegung der Gegenstandsbereiche

Zahlreiche Evaluationsschwerpunkte bieten sich an

Neben der grundsätzlichen Ausrichtung auf Prozesse oder auf Produkte (die virtuellen Kursmodule oder das Studienangebot als Ganzes) können Evaluationen weiterhin ganz unterschiedliche Schwerpunkte haben. Sie können sich zum einen auf die Planungs-, die Entwicklungs- und die Durchführungsphase oder auf die Auswirkungen des Bildungsangebots beziehen.

Als *Evaluationsgegenstand* kann beispielsweise in der Durchführungsphase die Akzeptanz des Lernangebots aufseiten der Studierenden untersucht werden, aber auch die tutorielle Betreuung des Studienangebots aus der Perspektive der Teletutoren. Weitere ertragreiche Evaluationsgegenstände sind die Benutzerfreundlichkeit der virtuellen Lernmodule, die Nutzung des virtuellen Lernraums und der in ihm angebotenen Kommunikationsformen, das didaktische Design der Kursmodule, der Lernerfolg der Studierenden bei der Nutzung des virtuellen Studiums sowie die Frage, inwieweit die verschiedenen Geschlechter in unterschiedlichem Ausmaß durch das Angebot angesprochen werden und mit ihm lernen können (Gender-Aspekte etc.).

Im Sinne eines umfassenden Qualitätsmanagements sollten formative Evaluationen in *allen* Phasen beim Aufbau virtueller Bildungsangebote eingesetzt werden und jeweils *zentrale Einflussfaktoren* in der jeweiligen Phase, das heißt, möglichst vielseitig Aspekte der Lernsituation und des Kursangebots, untersuchen:

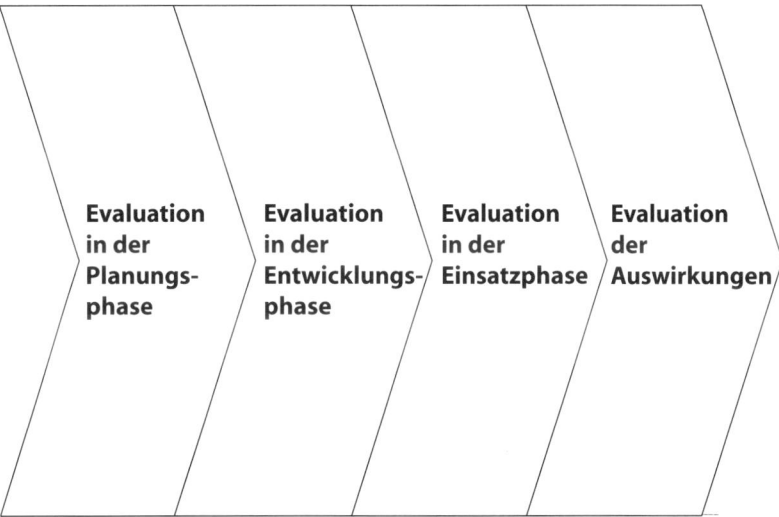

Abbildung 12   *Evaluationen in allen Phasen in Anlehnung an* EHLERS *(2002, 14)*

In der folgenden Tabelle sind relevante Evaluationsgegenstände im Rahmen eines umfassenden Qualitätsmanagements in Anlehnung an EHLERS (2002) und TERGAN (2000a) und mit eigenen Ergänzungen zu den einzelnen Phasen beim Aufbau virtueller Studiengänge zugeordnet:

Phase	Evaluationsgegenstand
Planungsphase	• Lernvoraussetzungen, Lernbedarfe, Erwartungen, Medienkompetenz der Adressaten • Konzeption der Studienmodule • Inhaltliche, personelle und technische Ressourcen • Gender-Aspekte
Entwicklungsphase	• Didaktisches Design • Planung der Szenarien • Ergonomie / Usability
Einsatzphase	• Didaktisches Design • Kursablauf / Szenarien • Ergonomie / Usability • Tutorielle Betreuung (aus Sicht der Studierenden und der Teletutoren) • Akzeptanz • Lernerfolg • Gender-Aspekte
Auswirkungsphase	• Veränderung der Hochschule • Kosten-Nutzen-Relation • Bildungspolitische Effekte

Tabelle 6   Evaluationsgegenstände in Anlehnung an EHLERS (2002) und TERGAN (2000a)

6.4.4 Planung des Ressourceneinsatzes

Evaluationen benötigen Ressourcen

Evaluationen können ohne einen zeitlichen, finanziellen und personellen Aufwand nicht durchgeführt werden. Zumindest in der Einsatzphase wird zusätzlich zum Einsatz eigener Mitarbeiter oder externer Evaluatoren auch die Mitwirkung der Lernenden nötig. Aufwand und Ertrag von Evaluationen in einem angemessenen Verhältnis zu halten und effektive Evaluationen unter den jeweiligen spezifischen Rahmenbedingungen durchzuführen, stellt stets eine neue Herausforderung dar. Hilfreich ist es daher, Evaluationen bei der Entwicklung eines Qualitätsmanagements von Beginn an systematisch einzuplanen (inklusive der benötigten Ressourcen).

Gleichzeitig sind Vorgehensweisen bei der Evaluation und die eingesetzten Methoden unter der Maßgabe auszuwählen, dass sie den Studienbetrieb möglichst wenig stören und den Aufwand für die Studierenden möglichst gering halten (KROMREY 2000). Der Studienbetrieb hat hier also deutlich Vorrang vor den Anforderungen aus wissenschaftlichen Überlegungen.

6.4.5 Entwurf des Evaluationskonzepts

Es gibt kein universelles Evaluationskonzept

Entsprechend den untersuchten Gegenständen und den spezifischen Kontextbedingungen differieren die Eckdaten jeder Evaluation und die eingesetzten Methoden. Es kann daher kein allgemein gültiges Evaluationskonzept geben, sondern es muss in jedem konkreten Fall ein eigenes, maßgeschneidertes Konzept (*„taylored evaluation"*; ROSSI / FREEMAN 1993) möglichst partizipativ mit allen Beteiligten entworfen werden: „Jede Erwartung, es könne einen allgemeinen Rahmen, eine Art Rezeptbuch für gute Evaluationen geben, ist eine Illusion." (KROMREY 2000, 22)

Zentrale Fragen jeder Evaluation

Um ein konkretes Evaluationsdesign zu entwickeln, ist im Einzelnen mit allen Beteiligten zu Beginn zu klären:

- welches der Zweck der Evaluation ist (im Gegensatz zum *Ziel*, das mit dem Studienangebot erreicht werden soll)[7],

- welches der Evaluationsgegenstand ist,

- wer der Auftraggeber für die Evaluation ist,

- wer die Evaluation finanziert,

- wer die Nutzer, Adressaten, Beteiligte und Betroffene sind. *Nutzer* bezeichnet dabei diejenigen, die die Ergebnisse der Evaluation tatsächlich nutzen. *Adressaten* darüber hinaus diejenigen, die die Ergebnisse der Evaluation gemäß der Planung nutzen sollen. *Beteiligte* sind alle Personen, die in irgendeiner Form an der Evaluation beteiligt sind und *Betroffene* diejenigen, die – beabsichtigt oder unbeabsichtigt – Auswirkungen der zu evaluierenden Maßnahme erleben. Sie können, müssen aber nicht Beteiligte sein[8].

Evaluationen sollen nützlich, durchführbar, fair und genau sein

Zusätzlich gibt es kontextübergreifend grundlegende Eigenschaften, die Evaluationen haben sollten: Evaluationen sollten nach den Standards der Deutschen Gesellschaft für Evaluation (DEGEVAL 2002) *nützlich*, *durchführbar*, *fair* und *genau* sein. Die Kenntnis dieser Standards kann beim Entwurf eines konkreten Evaluationsdesigns sehr hilfreich sein:

1. *Nützlichkeit* bedeutet dabei, dass die Evaluation sich an den geklärten Evaluationszwecken sowie am Informationsbedarf der vorgesehenen Nutzer ausrichtet. Sie impliziert, dass der Evaluationszweck geklärt, die Evaluationsmethoden sowie einfließende Werte allen Beteiligten transparent kommuniziert werden und die Evaluation rechtzeitig erfolgt.

---

7) Z. B. Evaluationszweck: Verbesserung des virtuellen Studienangebots Medienformatik, Ziel des Studienangebots: praxisnahe Ausbildung Medieninformatik

8) Die Begriffsbestimmungen entsprechen den Festlegungen der Deutschen Gesellschaft für Evaluation (DEGEVAL 2002). Sie sind analytische Trennungen und können in der Praxis zahlreiche Überschneidungen in den Personengruppen aufweisen.

2. *Durchführbarkeit* beinhaltet, die Zumutbarkeit der eingesetzten Methoden für die Beteiligten sowie generell das Verhältnis von Aufwand und Nutzen einzuschätzen und diplomatisch vorzugehen, um größtmögliche Akzeptanz für die Evaluation bei den Beteiligten und Betroffenen herzustellen.

3. *Fairness* meint die Rechte der einbezogenen Personen zu achten (insbesondere auch in Datenschutzaspekten) sowie nicht nur Verbesserungsbedarfe zu identifizieren, sondern auch vorhandene Stärken. Außerdem beinhaltet Fairness, die Ergebnisse auch an die Betroffenen so weit wie möglich rückzukoppeln.

4. *Genauigkeit* impliziert, gültige Ergebnisse zu erzeugen, quantitative und qualitative Methoden (Abschnitt 6.4.7) ggf. zu kombinieren und den gesamten Prozess der Evaluation nachvollziehbar und transparent zu gestalten sowie hinreichend zu dokumentieren.

6.4.6 ‚Fallstricke' bei der Evaluation

‚Fallstricke' beachten

Bei der Evaluation virtueller Kursangebote gilt es aber auch zahlreiche ‚Fallstricke' zu vermeiden, die grundsätzlich bei der Evaluation von Humandienstleistungen, die eine Mitwirkung vom ‚Kunden' erfordern, auftauchen (KROMREY 2000). Wie in Abschnitt 6.1 bereits thematisiert, liegt bei Bildungsmaßnahmen grundsätzlich ein Ko-Produzenten-Verhältnis vor, das dem Qualitätsmanagement Grenzen setzt und auch bei Evaluationen zu berücksichtigen ist.

Der Lernerfolg bestimmt die Qualität

Viele Evaluationen im Bereich des E-Learning verfahren fälschlicherweise nach der Grundannahme, dass die Evaluation die Qualität einer Lernsoftware bzw. eines virtuellen Studienmoduls ermitteln kann (und diese wiederum den Lernerfolg bestimmt). ZIMMER / PSARALIDIS (2000) setzen diesem Evaluationsansatz provokativ den Grundsatz entgegen:„Der Lernerfolg bestimmt die Qualität einer Lernsoftware!" und kritisieren damit verbreitete Evaluationsverfahren, die in Evaluationen die Qualität einer Lernsoftware bzw. eines Studienmoduls anhand von Kriterienkatalogen (MEIER 2000) bestimmen wollen, ohne die Lernhandlungen der Studierenden bzw. ihren Zugewinn an Handlungskompetenz zu betrachten.

Genau um diesen Zugewinn an Handlungskompetenz geht es aber bei jedem Bildungsangebot. Die Messlatte für die Qualität virtueller Bildungsangebote sollte also genau hier angelegt werden (EHLERS 2002). Die Qualität virtueller Studienangebote anhand des so verstandenen Lernerfolgs evaluieren zu wollen, ist allerdings ein höchst anspruchsvolles Unterfangen. Forschungen zur Frage, wie der Handlungskompetenzzuwachs ermittelt werden kann, sind komplex und stecken noch in den Anfängen (für den Bereich der beruflichen Aus- und Weiterbildung DIPPL / ELSTER / ZIMMER 2003).

Bewertung unverzichtbar

Weitere ‚Fallstricke', von BAUMGARTNER (1999) auch als „Todsünden der Evaluation interaktiver Lehr- und Lernmedien" bezeichnet, bestehen darin, bei Evaluationen zahlreiche Daten zu erheben, aber auf jegliche bewertende Schlussfolgerung zu verzichten oder Evaluationen virtueller Kursangebote auf reine Akzeptanzstudien zu reduzieren (MAYRING / HURST im Druck).

Mehrebenenansatz notwendig

So wichtig Zufriedenheitsaussagen von Studierenden auch sind, können sie dennoch nie das alleinige Fundament einer umfassenden Evaluation im Rahmen des Qualitätsmanagements bilden. Es ist in jedem Fall ein Mehrebenenansatz notwendig, der neben der Zufriedenheit der Teilnehmenden auch Lernergebnisse, Kompetenzzuwachs sowie die Lernsituation und das Lernklima in die Evaluation mit einbezieht (ebd.).

6.4.7 Methoden und Erhebungsverfahren

Alle Methoden der Sozialforschung können eingesetzt werden

Evaluationen werden gemeinhin als systematische Anwendung sozialwissenschaftlicher Forschungsmethoden bezeichnet. Prinzipiell steht für Evaluationen also das gesamte quantitative und qualitative Methodenrepertoire der Sozialforschung mit den zugehörigen Datenerhebungsverfahren zur Verfügung (für eine grundlegende Einführung und einen Überblick vgl. die Standardwerke zu Methoden der Sozialforschung z.B. LAMNEK 1995a, 1995b; BORTZ / DÖRING 2002; KROMREY 2002).

Allerdings wird im Bereich des Qualitätsmanagements aufgrund von beschränkten zeitlichen, finanziellen und personellen Ressourcen oft nicht mit umfangreicher sozialwissenschaftlicher Methodik gearbeitet, sondern mit einem reduzierten Methodeneinsatz. Unverzichtbar ist allerdings, dass die Ergebnisse, Schlussfolgerungen oder Empfehlungen aus Evaluationen *„nachvollziehbar* auf empirisch gewonnenen qualitativen oder quantitativen Daten beruhen" (DEGEVAL 2002, 13; Hervorh. durch Verf.).

Spezielle Evaluationsmethoden im E-Learning

Für Evaluationen im Bereich des E-Learnings wurden eine Reihe spezieller Evaluationsmethoden, angelehnt an die Methoden zur Softwareevaluation, entwickelt (für einen guten und kritisch reflektierenden Überblick siehe SCHENKEL / TERGAN / LOTTMANN 2000; für weitere Hinweise zur Software-Evaluation HEGNER 2003). Allerdings gibt es auch hier keine universell passenden Verfahren – die Auswahl der Methoden muss jeweils kontextspezifisch getroffen werden und die Methoden selbst müssen aufgrund des relativ jungen Feldes ebenfalls kontinuierlich weiterentwickelt werden.

Grundsätzlich kann zwischen *Experten-Evaluationen* und *empirischen Verfahren* unterschieden werden.

Expertenevaluation mit Kriterienkatalogen

In Experten-Evaluationen wird in Anlehnung an Softwareevaluationen auf vorab definierte Kriterienkataloge und Checklisten zurückgegriffen (für konkrete Beispiele MEIER 2000). Anhand einer Einschätzung von Einzelmerkmalen eines virtuellen Studienmoduls durch Experten sollen Qualitätsaussagen getroffen werden.

Die Vorteile von Experten-Evaluationen und insbesondere der Einsatz von Kriterienkatalogen liegen auf der Hand: Im Vergleich zu empirischen Verfahren, die die tatsächliche Nutzungssituation der Studierenden in den Mittelpunkt stellen, sind Expertenevaluationen Zeit und Kosten sparend, scheinen leicht handhabbar und „vermitteln die Vorstellung eines vollständigen, objektiven und validen Bewertungsinstrumentariums" (Tergan 2000b, 330). Im Einzelnen lassen sich mit Schenkel (2000) folgende Methoden der Produktevaluation durch Experten unterscheiden:

Methode	Beschreibung
Screening	Eine Auswahl von Bildschirmseiten wird nach vorgegebenen Kriterien beurteilt.
Cognitive Walkthrough	Typische Aufgaben werden gelöst, um Probleme zu antizipieren.
Heuristische Evaluation	Einzelne Dialogelemente werden nach Usability-Kriterien getestet.
Cooperative Walkthrough	Ein Team (Entwickler, Designer etc.) testet die Software gemeinsam.
Eigenschaftsinspektion	Die relevanten und benötigten Eigenschaften einer Software werden beurteilt.

Tabelle 7   Methoden der Produktevaluation durch Experten nach Schenkel (2000, 65)

Solche Expertenevaluationen vernachlässigen aber den konkreten Anwendungskontext, die Lernsituation mit ihren Spezifika und insbesondere den Lernprozess der Lernenden selbst. Darüber hinaus differieren die Bewertungen der Kriterien durch die Experten oft erheblich (zu einer ausführlichen kritischen Einschätzung, Fricke 2000, Tergan 2000b). Experten-Evaluationen anhand von Kriterienkatalogen sollten daher nur einen Teil einer Evaluation ausmachen, da sie alleine der Komplexität und Dynamik des E-Learnings in virtuellen Studiengängen nicht gerecht werden.

Empirische Untersuchungen

Erfolgversprechender sind empirische Untersuchungen, insbesondere Ansätze, die die Lernhandlungen der Studierenden im jeweiligen Kontext in den Mittelpunkt des Evaluationskonzepts stellen (Zimmer / Psaralidis 2000; Mayring / Hurst im Druck). Vor allem qualitative Untersuchungsmethoden, die in deutschsprachigen Lehrbüchern zur Evaluationsforschung oft zu kurz kommen, versprechen in einem derart komplexen und von ständigen Veränderungen gekennzeichneten Feld besondere Erträge. Offene und rekonstruktive Verfahren, die alltags-, kontext- und teilnehmerorientiert sind, sind hier überlegen (Kromrey 2000, 22; Mayring / Hurst im Druck).[9]

---

9) Allerdings muss auch die Akzeptanz dieser Vorgehensweise bei den Nutzerinnen und Nutzern der jeweiligen Lehrform mitbedacht werden. In den Ingenieurwissenschaften mit ihrer Kultur des exakten Messens und Vergleichens können ausschließlich qualitativ orientierte Verfahren auf Akzeptanzprobleme stoßen (Kromrey 2000).

Methoden der empirischen Sozialforschung

Methoden der empirischen Sozialforschung, die für die Evaluation virtueller Bildungsangebote in diesem Sinne eingesetzt werden können und oft auch miteinander kombiniert werden, sind (ausführlichere Darstellung der aufgeführten Methoden bei SCHENKEL / TERGAN / LOTTMANN 2000)[10]:

- *Befragung*: Bei Befragungen werden Teilnehmende entweder *mündlich* in Form von offenen, halb strukturierten oder strukturierten Interviews oder *schriftlich* in Form von Fragebögen mit offenen oder geschlossenen Fragen (bei letzteren sind die Antwortmöglichkeiten durch die Befragenden vorab festgelegt) zu bestimmten Aspekten des virtuellen Studienangebots befragt.

- *Beobachtung*: Der Umgang mit dem virtuellen Kursangebot wird beobachtet – entweder strukturiert mit vorab festgelegten Beobachtungskriterien oder unstrukturiert ohne vorab festgelegte Kategorien.

- *Empirische Untersuchung*: Das Lernen mit den virtuellen Kursmodulen wird als experimentelle Untersuchung unter Laborbedingungen, mit quasi-experimentellen oder nicht-experimentellen Untersuchungen betrachtet (ausführlich WOTTAWA / THIERAU 1990).

- *Tests* sind Verfahren, um Verhaltens- und Leistungsmerkmale zu messen. Sie können informell, das heißt, nicht-standardisiert und nicht auf ihre Gütekriterien überprüft, standardisiert oder situativ sein (z. B. Erfassung einer Aufgabenlösung).

- *Fokusgruppen* sind in die Tiefe gehende moderierte Gruppendiskussionen, bei denen ausgewählte Schwerpunkte in einer kleinen Gruppe von Studierenden / Nutzern thematisiert werden (HONOLD 2000; HEGNER 2003).

- *Logische Rekonstruktion von Handlungen*: Die Lernhandlungen der Studierenden im Zusammenhang mit den virtuellen Kursmodulen werden aufgrund von unterschiedlich erhobenen Daten (Befragung, Beobachtung etc.) hinsichtlich ihrer Handlungsgründe und -logiken rekonstruiert (zu diesem Verfahren ARNOLD 2003b, GROTLÜSCHEN 2003).

- *Lautes Denken*: Testpersonen bzw. Lernende werden beim Umgang mit den Kursmodulen gebeten, ihre jeweiligen Denkprozesse, Probleme und Handlungsschritte parallel zum Handeln laut zu verbalisieren.

- *Verhaltensaufzeichnung / Protokolltechniken („User Tracking")* ist eine besondere Form der Beobachtung der Lernenden beim Umgang mit virtuellen Kursmodulen. Die automatisch anfallenden computererzeugten Nutzerdaten (*„Log Files"*, Verweildauer auf Bildschirmseiten, durchgeführte Interaktionen, verwendete Werkzeuge, Anmeldezeiten, benutzte Pfade etc.) werden systematisch ausgewertet.

---

10) Für Methoden, die bei SCHENKEL / TERGAN / LOTTMANN (2000) nicht näher besprochen werden, sind dort zusätzliche Literaturhinweise gegeben.

Online-Datener-hebungsverfahren

Als *Datenerhebungsverfahren* stehen neben den üblichen Verfahren in der Sozialforschung (standardisierte Fragebögen mit offenen und geschlossenen Fragen, Leitfaden-Interviews, Telefon- oder persönliche Interviews, Gruppenbefragung etc.) auch erweiterte Formen der *Online-Erhebung* zur Verfügung (Online-Befragung und Beobachtung, virtuelle Einzelfallstudien; BATINIC U.A. 1998; HOFMANN 1998).

Ein Vorteil von Online-Erhebungsmethoden ist der oft geringere Aufwand für die Beteiligten und die größere zeitliche und örtliche Flexibilität. Nachteile bestehen aber einerseits in der Schwierigkeit, Datensicherheit (nur die zu Befragenden werden erreicht und beantworten die Fragen auch nur einmal) sowie Datenanonymität (die Beantwortung hinterlässt keine zur Person führenden Spuren, beispielsweise durch das vorherige Einloggen in einen Lernraum mit persönlicher Kennung) zu gewährleisten. Andererseits werden Online-Befragungen auch oft als unpersönlich und weniger verbindlich empfunden und eignen sich u. U. aufgrund des knapper gehaltenen Kommunikationsstils in der asynchronen Kommunikation weniger für eine qualitative Auswertung (MAYRING / HURST im Druck).

6.5 Leitlinien für ein Qualitätsmanagementkonzept

Aufgrund der Kontextgebundenheit allen Lernens und Lehrens und der besonderen Bedeutung, die der Kontextualisierung beim E-Learning zukommt (ARNOLD / SMITH 2003), kann hier kein detailliertes Qualitätsmanagementsystem für virtuelle Bildungsgänge entworfen werden. Stattdessen sollen für das Qualitätsmanagement allgemein und für Evaluation als eines ihrer zentralen Instrumente im Folgenden einige Leitlinien skizziert werden, die als zu berücksichtigende Grundsätze bei der Entwicklung eines eigenen kontextspezifischen Konzepts an einer Hochschule, in einem Hochschulverbund oder in einem Bildungszentrum Orientierung bieten können:

Leitlinien für das Qualitäts-management

1. Qualitätsmanagement stellt unter Berücksichtigung der oben diskutierten Begrenzungen der Übertragung einer Idee aus dem Bereich der Warenproduktion ein sinnvolles und notwendiges Verfahren zur Qualitätssicherung und -entwicklung für virtuelle Bildungsangebote dar.

2. Ob beim Aufbau eines Qualitätsmanagementsystems vorhandene Modelle, wie die ISO 9000ff. Normen oder das EFQM-Modell, für den eigenen Kontext adaptiert oder von Grund auf ein eigenes System oder erste Elemente dafür entwickelt werden, ist weniger wichtig, als den Aufbau selbst als Gelegenheit zu begreifen, das eigene Selbstverständnis als Bildungsanbieter zu klären, sich über professionelle Mindeststandards zu verständigen und einen organisationsinternen Dialog zur kontinuierlichen Verbesserung der virtuellen Studienangebote und ihrer Erstellungsprozesse anzustoßen.

3. Der Aufbau eines Qualitätsmanagementsystems sollte im Bewusstsein der grundlegenden Andersartigkeit von Bildungsangeboten als ‚Produkt' erfolgen. Vorgehensweisen und Prozesse müssen auf ihre Berücksichtigung der prinzipiellen Ko-Produktion der Lernenden hin überprüft werden.

4. Das Prinzip der ‚Kundenorientierung' muss vor diesem Grundsatz angepasst werden und insbesondere als ‚Kunden' alle interessierten Parteien (Studierende, Mitarbeiter, Kooperationspartner, Lehrbeauftragte, Teletutoren, Arbeitgeber, Gesellschaft etc.) integrieren.

5. Stärker inhaltsbezogene Qualitätssicherung und stärker prozessbezogenes Qualitätsmanagement sollten innerhalb eines umfassenden Qualitätsmanagementkonzepts integriert sein. Das Verhältnis von prozessbezogenen Optimierungen und der Ausarbeitung inhaltlicher Qualitätsstandards muss kontinuierlich auf eine sinnvolle Balance hin überprüft werden. Der Aufwand für Prozessoptimierung muss in angemessenem Verhältnis zum Nutzen stehen. Eine sich verselbstständigende Bürokratisierung von Vorgängen ist zu vermeiden.

6. Wissensstützende Strukturen und Prozesse in der Verwaltung und in den Service-Bereichen sollten innerhalb des Qualitätsmanagementkonzepts ausdrücklich thematisiert werden.

7. Systematische und regelmäßige Evaluierung sollte als zentrales Instrument im Qualitätsmanagementkonzept verankert werden.

8. Evaluationen sollten ihrem Zweck nach insbesondere formative Evaluationen sein, die der Verbesserung der virtuellen Kursangebote in Bezug auf multimediale Materialien, Organisation des Studienangebots, Betreuung, Erstellungs- und Implementierungsprozesse dienen. Der interne Charakter der Evaluationen mit Vertraulichkeit, Offenheit und Diskursivität sollte im Vordergrund stehen.

Leitlinien für die Evaluation

9. Evaluationen sollten so geplant, durchgeführt und ausgewertet werden, dass sie den Standards der Deutschen Gesellschaft für Evaluation entsprechen: Nämlich nützlich, durchführbar, fair und genau. Das heißt insbesondere, dass

   • der Evaluationszweck geklärt und allen Beteiligten nachvollziehbar kommuniziert werden muss,

   • Evaluationen so rechtzeitig durchgeführt und ausgewertet werden, dass ihre Ergebnisse in den nächsten Entwicklungsschritt einfließen können,

   • der Aufwand und die Kosten der Beteiligten bei einer Evaluation, einschließlich der Auswertung der Daten und der Berichterstellung bei der Planung hinreichend bedacht und in einem angemessenen Verhältnis zum geplanten Nutzen stehen sollte,

- Evaluationen nicht nur Verbesserungspotenziale identifizieren, sondern auch Stärken, die es weiter beizubehalten bzw. auszubauen gilt,

- Evaluationen die Besonderheiten des E-Learnings und seinen Innovationscharakter berücksichtigen, die Lehr- und Lernhandlungen der Beteiligten in ihrer Komplexität in den Mittelpunkt stellen und insbesondere qualitative und rekonstruktive Methoden der Sozialforschung bei der Entwicklung eines Evaluationsdesigns heranziehen; Kriterienkataloge und Checklisten können für einzelne Aspekte wichtige Zwischenschritte sein, sie können allein aber der Komplexität des Gegenstands nicht gerecht werden,

- Evaluationen die Grundsätze des Gender Mainstreaming beachten, das heißt, insbesondere das Geschlecht der Nutzer der virtuellen Kursangebote mit erheben und bei der Auswertung mit berücksichtigen,

- Evaluationen die Methoden der Datenerhebung und -auswertung offen legen und methodologische Probleme im Sinne eines Voranschreitens der Evaluationsforschung beim E-Learning kritisch reflektieren.

6.6 Praxisbeispiel: Qualitätsmanagement in der Virtuellen Fachhochschule für Technik, Informatik und Wirtschaft

6.6.1 Entwicklung eines ‚Hauskonzepts'

‚Hauskonzept' des Qualitätsmanagements in der VFH

Überlegungen zur Einführung eines Qualitätsmanagementsystems fanden in der VFH parallel zur Entwicklung des virtuellen Studienangebotes statt. Aufgrund des Charakters als Forschungs- und Entwicklungsprojekt, der Verbundstruktur innerhalb des Projektes und der Verbundstruktur für die sich an das Projekt anschließende durchführende Organisation schien es weder sinnvoll noch durchführbar, vorhandene komplette Modelle wie das der Normenreihe DIN EN ISO 9000ff. oder das EFQM-Modell, die für einzelne Organisationen entwickelt wurden, für die eigenen Zwecke anzupassen. Stattdessen wurden einzelne, an die spezifischen Gegebenheiten im Projekt angepasste Maßnahmen des Qualitätsmanagements im Zuge der Entwicklungsaufgaben mitgeschaffen.

Die Maßnahmen zur Einführung eines Qualitätsmanagements waren dabei wesentlich in dem Teilvorhaben „Neue Lehr- und Lernformen" angesiedelt. Die umfassende Aufgabe dieses Teilvorhabens bestand darin, prozessbegleitende Querschnittsfunktionen wahrzunehmen und beispielsweise softwareergonomische oder didaktisch-methodische Beratungsleistungen für die Entwicklung der Online-Studiengänge zur Verfügung zu stellen.

Bezogen auf die zuvor erwähnten Qualitätsaspekte (Input-, Durchführungs- und Output-Aspekte; vgl. Abschnitt 6.1) lag der Schwerpunkt dabei auf den Durchführungs- bzw. Prozessaspekten, insbesondere bei den didaktischen Konzepten sowie den Konzepten der Studienunterstützung und -betreuung. Der Schwerpunkt wurde auf diese Konzepte gelegt, da sie zentral und konstitutiv für das E-Learning sind. Hinzu kamen für die Entwicklung der virtuellen Studienmodule Maßnahmen zur Sicherung der Qualität aus softwareergonomischer Sicht.

Didaktische Leitlinien als qualitätssichernde Maßnahme

In Bezug auf die *didaktisch-methodischen Aspekte* bestanden die qualitätssichernden Maßnahmen in der Bereitstellung von didaktischen Leitlinien für die Entwicklung von Studienmodulen und in Schulungen für die Teletutoren, die die Online-Lernphasen betreuten.

Da das in den didaktischen Leitlinien empfohlene Vorgehen für die Entwickler der Studienmodule zunächst ungewohnt war und der Überzeugungsarbeit bedurfte (Kapitel 4), wurde dieser Prozess auch formal unterstützt. Es gab Formblätter zum Festhalten der einzelnen Überlegungen bei der Entwicklung des didaktisch-methodischen Konzepts für das jeweilige Studienmodul.

Gestufter Reviewprozess

Darüber hinaus wurde ein gestufter Reviewprozess zu drei Zeitpunkten angeboten:

- nach der Entwicklung des berufsfeldbezogenen Leitbildes für das Studienmodul in der Konzeptionsphase,

- nach der Konzeption der Informationsbasis, ggf. mit ersten prototypischen Aufgaben,

- in einer fortgeschrittenen Entwicklungsphase anhand (prototypischer) Ausschnitte aus dem Gesamtmodul.

Die Reviews orientierten sich in Form und Intensität an dem Bedarf der Entwickler. Da Inhalte und zu erwerbende Handlungskompetenzen in allen Studienmodulen unterschiedlich sind, konnte es kein standardisiertes Checklistenprinzip geben. Alle erstellten Dokumente wurden zur Dokumentation und Herstellung von Transparenz in einem an der VFH eingesetzten internetbasierten Projektmanagementwerkzeug zugänglich und langfristig verfügbar gespeichert.

Styleguide und softwareergonomische Reviews

Ein ähnliches Beratungs- und Reviewsystem wurde für softwareergonomische Zwecke etabliert. Ein entsprechender Styleguide umfasst auch zentrale Elemente der didaktischen Leitlinien, da beide Perspektiven eng

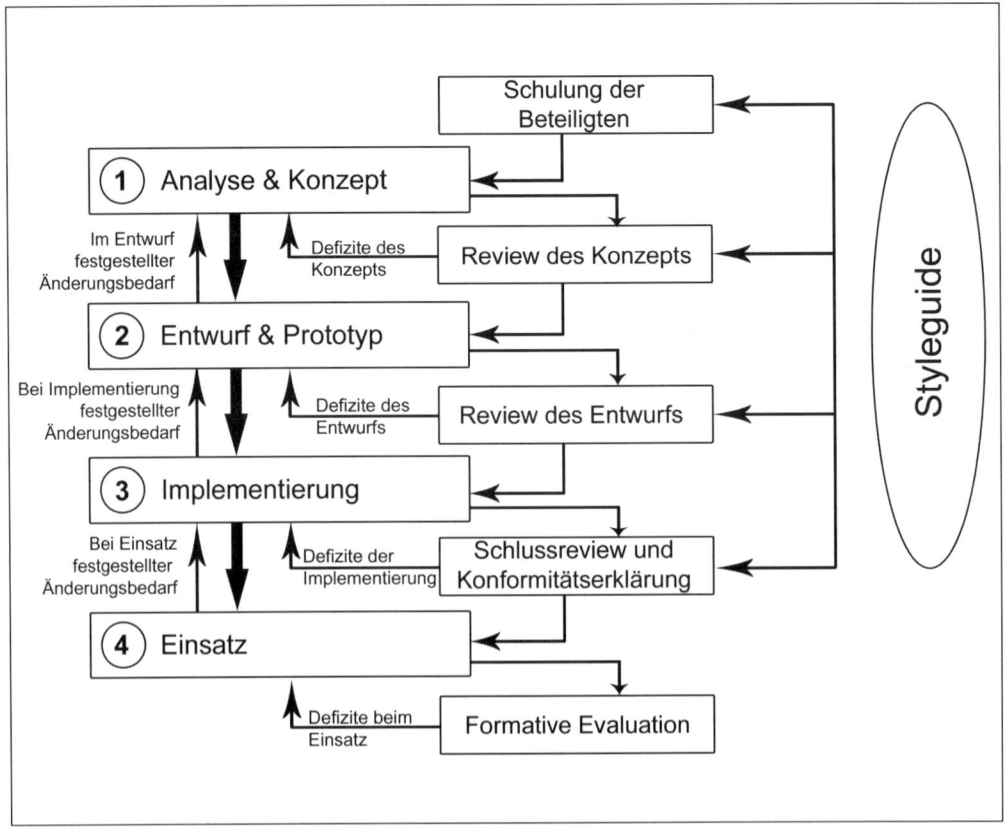

Abbildung 13   Reviewprozess bei der Produktion virtueller Studienmodule nach HARTWIG /
TRIEBE / HERCZEG (2002d)

miteinander verbunden sind (Kapitel 4). Der Styleguide wurde wie die didaktischen Leitlinien im Projektverlauf kontinuierlich fortgeschrieben. In den softwareergonomischen Reviews ist es allerdings möglich, anhand von Kriterienkatalogen den Grad der Styleguide-Konformität festzustellen (HARTWIG / TRIEBE / HERCZEG 2002d).

Die Einführung eines stärker standardisierten, einheitlichen Reviewprozesses wurde diskutiert, aber weitgehend verworfen. Ein solcher Prozess hat sich nur dort etabliert, wo zahlreiche Module unter ähnlichen Rahmenbedingungen in einem stark arbeitsteiligen Vorgehen produziert wurden. An vielen der beteiligten Hochschulen gab es aber nur kleine Entwicklungsteams. Im Gegensatz zu Qualitätsmanagementansätzen mit einem höheren Formalisierungsgrad erschien es daher im Kontext der VFH sinnvoller, die vorhandenen Ressourcen in Einzelfallberatungen und

Workshops für die Entwickler zu investieren, um diese direkt zu befähigen, ihre jeweiligen Studienmodule den didaktischen Leitlinien entsprechend umzusetzen.

Teletutoren-Schulungen als Element der Qualitätsentwicklung

Die Entwicklung und Durchführung von Teletutoren-Schulungen zusammen mit anderen Arbeitspaketen des Projekts stellten ein weiteres wichtiges Element der Qualitätsentwicklung dar. Grundansatz der Schulungen aus didaktischer Perspektive war es, die Teletutoren für die Besonderheiten des selbst gesteuerten Lernens und der Fernstudiensituation zu sensibilisieren sowie Möglichkeiten der Lernunterstützung mithilfe synchroner und asynchroner Kommunikationswerkzeuge aufzuzeigen (zu Einzelheiten Abschnitt 5.6).

Formative Evaluation als zentrales Steuerungsinstrument

Als zentrales Instrument der Qualitätsentwicklung wurden Evaluationen zu verschiedenen Zeitpunkten und mit unterschiedlichen Schwerpunkten eingesetzt. Der Evaluationszweck lag dabei immer auf zwei Ebenen: Zum einen sollten die Evaluationen dazu dienen, vertiefte wissenschaftliche Erkenntnisse zu den neuen Lehr- und Lernformen zu gewinnen, zum anderen sollten die Evaluationen Ergebnisse liefern, um das Studienangebot, den Studienbetrieb und die Herstellungsprozesse zu optimieren. Es handelte sich also stets um formative Evaluationen.

Unter dieser Zwecksetzung wurde bereits der Einsatz einzelner Studienmodule in drei Pilotphasen innerhalb des Projekts vor dem Beginn des tatsächlichen Studienbetriebs evaluiert. Ergebnisse dieser Evaluationen dienten der Überarbeitung der didaktischen Leitlinien und des Styleguides sowie der Vorbereitung der Teletutoren-Schulungen.

Zuständigkeit für Evaluation

Da innerhalb der VFH zahlreiche Evaluationsinteressen aus unterschiedlichen Perspektiven bestanden, gab es kein spezielles Arbeitspaket für Evaluation. Stattdessen griffen mehrere Arbeitspakete innerhalb des Teilvorhabens „Neue Lehr- und Lernformen" Evaluation als wichtige Querschnittsaufgabe auf und organisierten und koordinierten formative Evaluationen gemeinsam[11].

Einhaltung der Standards der Deutschen Gesellschaft für Evaluation

Die Konzeption der Evaluation und die Abstimmung der beteiligten Arbeitspakete orientierten sich an den Standards der Deutschen Gesellschaft für Evaluation:

Um die *Nützlichkeit* sicherzustellen, wurden der Evaluationszweck in den entsprechenden Gremien geklärt, das jeweilige Evaluationskonzept und einfließende Werte allen Beteiligten transparent kommuniziert.

---

11) Mit Beginn des Studienbetriebs wurden zusätzlich evaluierende Maßnahmen durch den durchführenden Hochschulverbund ergriffen. Insbesondere führten einige der beteiligten Fachhochschulen auch eigene Evaluationen des bei ihnen stattfindenden Online-Studienbetriebs durch, die sich teilweise an den Evaluationsroutinen (für Präsenzlehre) der jeweiligen Hochschule orientierten.

Im Sinne der *Durchführbarkeit* wurde die Zumutbarkeit von Befragungen für die Betroffenen detailliert abgewogen und mit einem diplomatischen Vorgehen versucht, größtmögliche Akzeptanz für die Evaluation bei den Beteiligten und Betroffenen herzustellen.

Zur Gewährleistung von *Fairness* wurden die Rechte der einbezogenen Personen insbesondere hinsichtlich Datenanonymisierung geachtet. Auch wurden bei den Evaluationen nicht nur Verbesserungsbedarfe identifiziert, sondern auch vorhandene Stärken herausgearbeitet, um diese explizit zu bewahren und ggf. noch weiter auszubauen. Ein solches Vorgehen war darüber hinaus auch wichtig, da Wechselwirkungen zwischen Stärken und Schwächen bestehen konnten, die bei einem verengten Blick auf die Schwachpunkte hätten übersehen werden können.

Der wissenschaftliche Auftrag im Rahmen eines Forschungs- und Entwicklungsprojekts verpflichtete zu *Genauigkeit*. Insbesondere wurden die Aussagekraft der erhobenen quantitativen Daten durch Einbeziehung qualitativer Erhebungsmethoden unterstützt und der gesamte Evaluationsprozess ausführlich dokumentiert.

Evaluations-schwerpunkte

Schwerpunkte der Evaluationen waren aus didaktisch-methodischer Sicht die Lernraumnutzung, die Betreuung (vor allem während der Online-Lernphasen), die Aufgabenstellungen in den virtuellen Studienmodulen sowie die virtuelle Kooperation. Die Evaluation unter softwareergonomischen Aspekten stellte die Bedienerfreundlichkeit und Lernunterstützung in den Mittelpunkt der Betrachtung. Als Erhebungsmethoden dienten Befragungen von Studierenden sowie von Mentoren mittels Fragebögen (mit geschlossenen und offenen Fragen) und qualitativen Interviews, Usability-Tests sowie eine Kommunikationsanalyse der asynchronen Kommunikation im Lernraum (zu den Evaluationsergebnissen ARNOLD / KILIAN / THILLOSEN 2002a; HARTWIG / TRIEBE / HERCZEG 2002d; HINZE / BLAKOWSKI 2002).

Um die Ergebnisse der Evaluationen in den Qualitätsentwicklungsprozess einfließen lassen zu können, enthielten die Evaluationsberichte der jeweiligen Arbeitspakete Empfehlungen zur künftigen Gestaltung des virtuellen Studiums. Diese wurden außerdem innerhalb des Projekts bzw. Hochschulverbunds auf Workshops vorgestellt und diskutiert. Sie flossen darüber hinaus in die konzeptionelle Weiterentwicklung der Mentoren-Schulungen, in die Beratung der Modulentwickler sowie in die kontinuierliche Überarbeitung der didaktischen Leitlinien und des Styleguides ein. Durch Tagungsbeiträge und projektexterne Veröffentlichungen standen die Erfahrungen der VFH darüber hinaus auch für andere E-Learning-Angebote zur Verfügung.

6.6.2 Kritische Reflexion: Vorteile und Probleme eines ‚Hauskonzepts'

Vorteile eines Hauskonzepts

Ein solches auf die eigene Organisationsform und auf die spezifischen Bedürfnisse und Interessen zugeschnittenes ‚Hauskonzept' hatte den Vorteil, dass es organisch ‚wuchs'. Gleichzeitig wurde verhindert, dass Verfahren und Maßstäbe aus dem Dienstleistungssektor unkritisch auf pädagogische Bereiche übertragen wurden – auch wenn solche Tendenzen nicht völlig verhindert werden konnten. Dennoch entstanden in einem Projekt mit so komplexem Organisationsgefüge wie der VFH bei der Durchführung des skizzierten Vorgehens zur Qualitätssicherung und -entwicklung eine Reihe von Problemen.

Schwierige zeitliche Koordination

Eine Problemquelle lag in der schwierigen zeitlichen Koordination: Da viele Arbeitspakete ihre Arbeit zur selben Zeit aufnahmen, liefen einige Vorgänge parallel ab, die besser aufeinander aufbauend durchgeführt worden wären. Während beispielsweise die erste Fassung der didaktischen Leitlinien erarbeitet und der State-of-the-Art des E-Learnings an Hochschulen analysiert wurde, um Implementierungsbeispiele im Sinne von Best Practice zu liefern (ARNOLD 2001), begannen die Modulentwickler bereits ihre Arbeit – zunächst auf der Grundlage vorläufiger didaktisch-methodischer Empfehlungen und mündlicher Beratung.

Geringe Möglichkeit der Formalisierung

Erschwerend kam hinzu, dass auch mit ausgearbeiteten Leitlinien und entsprechenden Arbeitshilfen die Berufsfeldanalyse und die Ableitung der Lernaufgaben aus Berufsaufgaben nur in geringem Maße zu formalisieren und zu standardisieren war. Deshalb war oft eine Kombination von Fachexpertise und (Fach-)Didaktik im Rahmen einer Fallberatung notwendig (ARNOLD / THILLOSEN 2002).

Komplexe Organisationsstruktur in einem Verbundprojekt

Eine weitere Problemquelle in der Praxis bestand in der komplexen Organisationsstruktur in einem bundesländerübergreifenden Verbundprojekt. Hierdurch entstanden Spannungsfelder, die insbesondere die formative Evaluation erschwerten. Ein solches Spannungsfeld ergab sich beispielsweise aus der organisatorischen Trennung von Forschungs- und Entwicklungsprojekt VFH einerseits und dem durchführenden Hochschulverbund VFH andererseits. Das Streben nach einem einheitlichen Auftreten nach außen im Sinne einer Corporate Identity auf der einen Seite und der Autonomie sowie der gewünschten Profilbildung der beteiligten Verbundfachhochschulen auf der anderen Seite, ließ die Einführung von Qualitätsmanagement zu einer diffizilen Gratwanderung werden.

Es wurden an den einzelnen Hochschulen unterschiedliche Betreuungskonzepte und Kommunikationswerkzeuge eingesetzt und der einheitliche Lernraum „Blackboard" wurde unterschiedlich genutzt. Hinzu kamen bei einem modular organisierten Studienangebot die unterschiedlichen Fachdidaktiken und Vorstellungen der beteiligten Hochschullehrer, die untereinander und mit dem fachübergreifenden aufgabenorientierten

213

didaktischen Konzept in den didaktischen Leitlinien abgestimmt werden mussten. Die Evaluationskonzepte, die unter diesen Rahmenbedingungen zur Verbesserung des Studienangebots und seiner Organisation beitrugen, wurden entsprechend komplex und ihre Umsetzung in die Praxis gestaltete sich nicht immer reibungsfrei.

Schwierige Umsetzung der Evaluations- standards

Die Umsetzung der genannten Evaluationsstandards war angesichts dieser Spannungsfelder im Detail nicht immer durchzuhalten. Schon bei der Identifizierung der Beteiligten und Betroffenen sowie der Kommunikation des Evaluationszweckes ergaben sich Hindernisse. Organisiert wurden die formativen Evaluationen innerhalb des Leitprojektes VFH. Die Durchführung des Studienangebotes lag mit dem Hochschulverbund VFH aber außerhalb des Projektes. Schon die Suche nach den zuständigen Ansprechpartnern innerhalb des durchführenden Hochschulverbunds gestaltete sich daher aufwendig. Ebenfalls verkomplizierte sich die Kommunikation des Evaluationszweckes, wenn Studierende z. B. Fragebögen von einem ihnen unbekannten Projektpartner erhielten.

Darüber hinaus war es teilweise schwierig, den durchführenden Hochschulen das Evaluationskonzept hinreichend greifbar zu vermitteln: Obwohl der Evaluationszweck eindeutig in der Verbesserung des Studienbetriebs lag, befürchteten sowohl Dekanate als auch Mentoren häufig zunächst eine Bewertung der eigenen Hochschule bzw. der eigenen Betreuungsarbeit. Evaluation wurde hier traditionell mit Kontrolle konnotiert, die Skepsis und die Frage nach dem Mandat auslöste.

Rechtzeitigkeit und Vebreitung

Da die Evaluationskonzepte prozessbegleitend entwickelt wurden und mit den geschilderten organisatorischen Trennungen umgegangen werden musste, waren die Unterkriterien der Nützlichkeit nach den DeGEval-Standards – *Rechtzeitigkeit* der Evaluation und *Verbreitung* der Ergebnisse innerhalb des Projektes – teilweise nur schwer vollständig einzulösen.

Die Ergebnisse der Evaluationen der Pilotphasen lagen zwar rechtzeitig vor, waren aber in ihrer Aussagekraft begrenzt, da die Studienbedingungen nicht denen des realen Studienbetriebes entsprachen. Dagegen stellte die zeitnahe Rückkopplung der aussagekräftigeren Evaluationsergebnisse des realen Studienbetriebes eine Herausforderung dar. Eine umfassende Auswertung der Daten erforderte Zeit, während z. B. für die Betreuenden eine unmittelbare Rückmeldung direkt nach der Erhebung wünschenswert gewesen wäre. Zur Verbreitung der Ergebnisse innerhalb des Projekts und innerhalb des Verbundes fanden Workshops statt, jedoch war es schwierig, diese für alle Beteiligten während des laufenden Studienbetriebs zeitlich günstig zu koordinieren.

Durchführbarkeit

Hinsichtlich des Standards der *Durchführbarkeit* bestand eine spezielle Herausforderung darin, bei den vielfachen Evaluationsinteressen die Grenzen der Zumutbarkeit von Erhebungen für die Betroffenen richtig einzuschätzen und nicht zu überschreiten. Eine Absprache unter den an der Evaluation beteiligten Arbeitspaketen verringerte die Zahl der Befragungen für die einzelnen Studierenden, führte aber auch zu einer reduzierten Datenlage, die bestimmte Auswertungen nicht zuließ.

Fairness In Bezug auf *Fairness* ist Anonymität der Daten besonders wichtig. Da derzeit noch kein Online-Werkzeug zur Verfügung steht, das sowohl Datensicherheit als auch Datenanonymität garantiert, musste auf konventionelle Befragungsmethoden mit gedruckten Fragebögen zurückgegriffen werden. Dieser – für einige Studierende überraschende – ‚Medienbruch' erschwerte die organisatorischen Abläufe und die Akzeptanz der Evaluation aufseiten der Studierenden.

Fazit Die Vorteile eines ‚Hauskonzepts' zum Qualitätsmanagement, das im Zuge des Aufbaus von virtuellen Studiengängen parallel mit entwickelt wurde, waren die hohe Flexibilität und die Angemessenheit an den projektspezifischen Entwicklungsprozess. Auf der anderen Seite führte das Fehlen etablierter Verfahren und Routinen zu Verunsicherung sowie zu Parallelentwicklungen bzw. zu einem großen Abstimmungsbedarf. Ein zeitlicher Vorlauf für alle an der Qualitätssicherung konzeptuell beteiligten Arbeitspakete und ein eindeutiges Mandat für diese Aufgaben von Beginn an hätten hier Abhilfe schaffen können.

6.7 Schlussfolgerungen und Empfehlungen

Welche Schlussfolgerungen lassen sich aus den analysierten Prozesserfahrungen innerhalb der VFH für das Qualitätsmanagement von E-Learning-Projekten allgemein ziehen? Grundsätzlich kann die gegenwärtige Qualitätsdebatte im Bildungssektor dazu genutzt werden, innerhalb eines Projektes qualitätsichernden Verfahren mehr Durchsetzungskraft zu verleihen.

Dies gilt insbesondere für Arbeitspakete innerhalb großer Forschungs- und Entwicklungsprojekte, die bei der Entwicklung eines Studienangebotes prozessbegleitend Querschnittsaufgaben wahrnehmen und damit immer in der Gefahr stehen, eine Randstellung gegenüber den unmittelbar entwickelnden Arbeitspaketen einzunehmen. Dadurch werden didaktische Überlegungen manchmal zu wenig in den gesamten Entwicklungsprozess integriert. Das aktuelle Interesse an Qualitätsmanagement bietet die Möglichkeit, der didaktischen Beratung mehr Gewicht zu verleihen und Beratungsprozesse organisatorisch besser im Gesamtprojekt zu verankern.

Dabei muss aber im Detail darauf geachtet werden, dass auch die Grenzen des Qualitätsmanagements im Bildungsbereich genügend thematisiert werden. Qualität wird letztlich immer von den Lernenden mitproduziert und entzieht sich daher einer vollständig standardisierten Qualitätskontrolle.

Lehren, auch in der derzeit aktuellen Form mit Hilfe von virtuellen Kursmodulen, kann nur Voraussetzungen für Lernen schaffen, es aber nicht erzeugen oder garantieren.

Analog kann Qualitätsmanagement – und Evaluation als eines seiner wichtigsten Instrumente – unabhängig vom Grad der Formalisierung seiner Methoden und Prozesse keine *hinreichenden* Bedingungen für erfolgreiches Lernen zur Verfügung stellen. Qualitätsmanagement kann aber dazu beitragen, dass ,gute' (im Sinne von ,notwendige') Rahmenbedingungen für erfolgreiches Lehren und Lernen geschaffen werden.

Kapitel 7
Standardisierung

Im Internet nimmt, verstärkt durch dessen immer größere Verbreitung, die Bedeutung von Standards zu: Der Datenaustausch über das Word Wide Web verlangt nach standardisierten Datenformaten und -protokollen (z. B. HTML, POP3 oder TCP/IP). Ohne geeignete Standards des World Wide Web Consortiums (W3C) wäre die Erfolgsgeschichte des Internets nicht geschrieben worden.

E-Learning und Standardisierung
Auch für virtuelle Bildungsangebote wird Standardisierung ein immer wichtigeres Thema. Lernende tauschen untereinander Ergebnisse aus, greifen online auf Lernmaterialien zurück, kommunizieren im Chat miteinander oder nutzen unterschiedliche virtuelle Betreuungsangebote. Bildungsanbieter entwickeln Lernmaterialien, die sie den Lernenden anbieten und eventuell anderen Bildungseinrichtungen zur Verfügung stellen, oder sie kaufen von anderen Anbietern erstellte Angebote ein. Um diese Art des globalen Zusammenarbeitens, Kommunizierens und Kooperierens zu ermöglichen, sind Standards notwendig (LIBER 2002). Standardisierungsinitiativen im E-Learning beschäftigen sich aber längst nicht mehr nur mit der Frage, welche technischen Anforderungen standardisiert werden müssen. Vielmehr weiten sich die Standardisierungsbemühungen auf den Bereich der didaktischen und methodischen Gestaltung von virtuellen Lernszenarien aus. Dabei geht es sowohl um die Aufbereitung von Lerninhalten als auch um die Gestaltung von Lernhandlungen. Auch die Lernenden mit ihrem jeweiligen Vorwissen, ihren Lernpräferenzen und Lernzielen sollen durch die Standards im E-Learning erfasst werden.

Gliederung des Kapitels
Das folgende Kapitel beschäftigt sich zunächst mit der Bedeutung und dem Gegenstandsbereich von Standards im virtuellen Lehren und Lernen. Der Begriff „Standard" wird von anderen Begriffen abgegrenzt und die Funktionen von Standards im E-Learning dargestellt und kritisch hinterfragt (Abschnitt 7.1). Im Abschnitt 7.2 wird die Frage behandelt, was Metadaten sind, welche Funktionen sie haben und welche Vor- und Nachteile die Arbeit mit ihnen bietet. Im Anschluss daran werden praktische Hinweise dafür gegeben, wie Standards bei der Gestaltung virtueller Bildungsangebote bzw. im eigenen Projekt eingesetzt werden können, und es wird ein idealtypisches Modell für die Entwicklung und Integration von Metadaten in virtuelle Lernmodule vorgestellt (Abschnitt 7.3). Das Praxisbeispiel der „Virtuellen Fachhochschule für Technik, Informatik und Wirtschaft (VFH)" veranschaulicht die Rolle der Standardisierung in einem großen E-Learning-Projekt und

die Bedeutung der dabei erzielten Ergebnisse für die weitere Projektarbeit (Abschnitt 7.4). Schlussfolgerungen und Empfehlungen runden das Kapitel ab (Abschnitt 7.5).

7.1 Standards im E-Learning

7.1.1 Bedeutung der Standardisierung im E-Learning

Neuorientierung bei der Gestaltung von virtuellen Lernangeboten

Der starke Aufwind der „New Economy" in Kombination mit der Entwicklung leistungsfähiger und preiswerter Computer- und Internettechnologien führte Ende der 1990er Jahre zu einem Boom von E-Learning-Angeboten. Jedoch zeigte sich bald, dass der gewünschte (nicht nur kommerzielle) Erfolg oft nicht erreicht wurde. Es wurde deutlich, dass die bloße Produktion und Bereitstellung von E-Learning-Materialien nicht von selbst dazu führt, dass damit gut gelernt wird bzw. die Angebote von den Lernenden gut angenommen werden. Um auf dem Markt bestehen zu können, mussten sich viele E-Learning-Anbieter nach dem vorhergehenden ‚Wildwuchs' neu- und umorientieren.

Die neuen Faktoren

Notwendig sind dabei vor allem eine stärkere Orientierung an den Bedürfnissen der Lernenden, die ökonomischere Entwicklung von E-Learning-Angeboten, eine breitere Streuung der erstellten Inhalte sowie die Erschließung neuer Absatzmärkte.

Heterogene Entwicklungen

Auch an Hochschulen und bei anderen Bildungsanbietern gab es im vergangenen Jahrzehnt sehr heterogene Entwicklungen im Bereich des E-Learnings. Eine nahezu unüberschaubare Menge an Einzelinitiativen wurde gestartet, um Lernangebote virtuell aufzubereiten. Abhängig von der finanziellen und personellen Ausstattung sowie der Motivation der Einrichtungen und deren Mitarbeiter reichten die Ansätze von der Erstellung seminar- oder vorlesungsergänzender Unterlagen bis zu Versuchen, ganze Studien- und Lehrgänge virtuell abzubilden, wie etwa in der Virtuellen Fachhochschule. Jedoch wurde schnell deutlich, dass es schwierig war, einen Überblick über die vorhandenen E-Learning-Angebote zu bekommen. Mit dem Online-Informationssystem „Studieren im Netz" haben Bund und Länder in der Bund-Länder-Kommission für Bildungsplanung und Forschungsförderung (BLK) deshalb eine zentrale Anlaufstelle geschaffen, an der sich „Studierende, Hochschullehrer und Entwickler einen Überblick darüber verschaffen können, welche Studiengänge, -module und Lehrveranstaltungen im Internet angeboten werden und unter welchen Voraussetzungen diese genutzt werden können" (http://www.studieren-im-netz.de, Feb. 2004). Weitere Informationssysteme existieren auf Länderebene (z. B. http://www.vikar.de oder http://www.bildungsportal-thueringen.de, Feb. 2004).

Jedoch zeigte sich in allen zurzeit zur Verfügung stehenden Informationssystemen, dass die Beschreibung virtueller Lernangebote schwierig ist und von den jeweiligen Anbietern sehr unterschiedlich gehandhabt wird. Zwar existieren Fragebogenformulare zur Erfassung der Angebote, jedoch sind viele Angaben freiwillig, einige relevante Daten werden nicht erfasst oder sind durch Freitextangaben zu beantworten, sodass eine Vergleichbarkeit der Angebote weiterhin schwierig ist. Ob ein Angebot überhaupt erfasst wird, hängt außerdem von der Initiative des jeweiligen Anbieters ab.

Der Vorteil einer Erfassung von E-Learning-Angeboten liegt auf der Hand: Die entwickelten virtuellen Lernmodule bzw. Lernmaterialien finden eine größere Verbreitung, Lehrende können auf ein breiteres Repertoire an Lehrinhalten zurückgreifen, selbst erstellte Inhalte breiter streuen und Lernende finden eine gesammelte und strukturierte Übersicht virtueller Bildungsangebote, welche sie nutzen können. Zugleich sind damit jedoch offensichtlich auch Probleme verbunden.

Sammlung, Strukturierung und Verbreitung der Ergebnisse

Damit Lernangebote strukturiert beschrieben werden können und die Beschreibungen fremd entwickelter Lernangebote eindeutig interpretierbar sind, müssen im Vorfeld grundlegende Fragen geklärt werden. In erster Linie sind Lehrende und Lernende u.a. interessiert am Inhalt, am Umfang und an intendierten Lernzielen virtueller Bildungsangebote. Aber auch technische Informationen, wie das genutzte Datenformat (HTML, DOC, PDF etc.) oder die zur Darstellung und Bearbeitung des Lernmaterials benötigte Zusatzsoftware, wie Java, Flash usw., sind nicht unwesentlich. Im Zuge der Internationalisierung und der damit verbundenen Anerkennung von Lernleistungen gewinnen außerdem auch Fragen der Akkreditierung und Leistungszertifizierung virtueller Bildungsangebote zunehmend an Bedeutung (siehe Kapitel 6).

Zunehmende Bedeutung der didaktisch-methodischen Aufbereitung

Als ein wesentlicher Erfolgsfaktor für die Entwicklung und die Akzeptanz von E-Learning-Angeboten stellte sich die didaktisch-methodische Gestaltung der Kurse und Lernmaterialien heraus. Wie sich gezeigt hat, wird eine bloße Übertragung bewährter Methoden aus Präsenzveranstaltungen in virtuelle Lehr- und Lernangebote den Anforderungen der Lernenden nicht gerecht. Der unhinterfragte Einsatz von neuen Medien in Bildungsprozesse brachte nicht das erwartete „Schneller schlauer" (REIMANN / SCHULT 1996). Aufgrund der Besonderheiten des Lernens mittels Computer und Internet müssen Arbeits-, Kommunikations- und Kooperationsformen überdacht werden, die Bedeutung der Betreuung oder die Sicherung der Lernmotivation bekommen einen neuen Stellenwert. In der Folge wurden zahlreiche Ansätze entwickelt, die den Lernerfolg sichern oder die Lernmotivation steigern sollten. Es wurde u.a. deutlich, dass gerade soziale Aspekte von besonderer Bedeutung beim E-Learning sind (SALMON 2000; Kapitel 4 und 5). Didaktische Konzepte, wie beispielsweise das „Blended Learning" oder die zunehmende Bedeutung kollaborativen Lernens, verdeutlichen diese Entwicklung (ARNOLD 2003a).

Interoperabilität, Kompatibilität und Wiederverwertbarkeit von E-Learning-Materialien

Kooperations-ökonomie Aus ökonomischen Interessen heraus scheint es für Bildungsanbieter und Entwickler multimedialer Lernmaterialien sinnvoll, entwickelte Kurse oder E-Learning-Materialien verbreitet anzubieten und auf fremd erstellte Inhalte zurückzugreifen. Damit dies problemlos möglich ist, müssen die Materialien

1. interoperabel,
2. kompatibel und
3. wiederverwertbar sein.

Interoperabilität meint dabei „die Fähigkeit der Anwendungen zur verteilten Zusammenarbeit" (HOLZINGER 2001, Online), das heißt, dass Materialien verschiedener Anbieter und Entwickler problemlos zusammengeführt und von Lernenden gemeinsam bearbeitet werden können. *Kompatibilität* dagegen zielt auf die Vereinbarkeit oder Verträglichkeit verschiedener (vorgegebener) Systeme ab (http://glossary.ges-training.de, Feb. 2004). Unter *Wiederverwertbarkeit* wird der Einsatz erstellter Lernmaterialien in verschiedenen Lehr- und Lernkontexten über eine einmalige Benutzung hinaus verstanden.

Standards als Festschreibung zentraler Elemente Mit Standards können nun zentrale Elemente festgeschrieben werden, die virtuelle Bildungsangebote und multimediale Lernmaterialien enthalten müssen und die bereits bei der Konzeption von Kursen und deren multimedialer Umsetzung berücksichtigt werden sollten. Auf didaktisch-methodische Fragestellungen bezogen heißt das beispielsweise, dass Lernmodule nach einer beschriebenen Methode konzipiert sind oder dass sie für Lernende mit einem bestimmten Vorwissen, eine bestimmte Altersgruppe oder in einem bestimmten Kontext bereitgestellt sind. Mit solchen Informationen versehene Bildungsangebote können von Lehrenden und Lernenden für die eigene Arbeit gezielt ausgewählt werden, da es möglich wird, wesentliche didaktische Elemente einzusehen: Entspricht die Methode meinen Lehr- bzw. Lerngewohnheiten? Besitzen die Lernenden für die Arbeit mit dem Material das notwendige Vorwissen? etc.

Bedeutung von Standards für Hochschulen und Bildungszentren Bereits an diesen knappen Beispielen wird deutlich, welche Funktionen Standards im E-Learning übernehmen können. Dabei spielen Standards für eine Vielzahl von Beteiligten eine wichtige Rolle: Für Hochschul- bzw. Projektleitungen bedeutet die Einführung von Standards in virtuellen Lernangeboten längerfristig eine finanzielle Entlastung, da Lernmaterialien recherchierbar und wiederverwendbar werden. Darüber hinaus können Angebote anderer Anbieter besser im eigenen Projekt genutzt bzw. selbst erstelltes Material über die Grenzen des eigenen Projekts angeboten und vermarktet werden. Multimedia-Produzenten müssen bei ihrer Arbeit die in einem Projekt genutzten Standards berücksichtigen und in das Lernmaterial implementieren. Teletutoren und Lernende müssen zunächst über die eingesetzten Standards und deren Funktionen informiert werden, um dann z. B. gezielt nach gewünschten virtuellen Bildungsangeboten suchen und mit diesen arbeiten zu können. Der Verwaltung ist es durch geeignete Standards möglich, Lernerinformationen und -leistungen, aber auch Lernmaterialien oder Zugangsvoraussetzungen zu bearbeiten, um nur einige Aspekte zu nennen.

Schwierigkeiten bei der Abbildung pädagogischer Handlungsfelder in Standards

Die Beschreibung didaktisch-methodischer Entscheidungen im E-Learning durch einen Standard ist eine schwierige und bisher nur unzureichend gelöste Aufgabe. Die Ursachen dafür sind vielfältig. Pädagogisches Handeln, welches immer durch die Subjektivität der Lernenden und Lehrenden bestimmt ist, sich im Handlungsprozess trotz Planung verändert und im Ergebnis nicht sicher bestimmt werden kann, scheint nur schwer bzw. unzureichend durch Standards abgebildet werden zu können. Unterschiedliche kulturelle Hintergründe und Lerntheorien erschweren zum einen die Festlegung und zum anderen die Benennung von entscheidenden Elementen didaktisch-methodischen Handelns in einem Standard. Bevor deshalb die Funktionen, die (didaktische) Standards im E-Learning haben können, genauer erläutert und die mit der Standardisierung pädagogischer Handlungsfelder verbundenen Probleme diskutiert werden, soll deshalb im Folgenden zunächst der allgemeine Gegenstandsbereich von Standards umrissen und von (häufig synonym verwendeten) angrenzenden Begriffen unterschieden werden.

7.1.2 Gegenstandsbereiche der Standardisierung

Definitionen vom Kontext abhängig

Der Begriff Standard wird in vielfältigen Bereichen verwendet, von der konkreten Benennung festgelegter Eigenschaften eines Gegenstandes oder Prozesses über die Beschreibung einer Menge von Eigenschaften bis zu sozialen Normen und moralischen Werten (Jakobs 2000, 9). Um den Gegenstandsbereich eines Standards fassen zu können, ist es notwendig, seinen Kontext mitzubetrachten. Die breite Nutzung des Begriffs und seine Kontextabhängigkeit erlauben keine allgemein gültige Definition.

Definitionsversuch Standard

Jakobs (2000, 11f.) versteht nach einer Analyse verschiedener Definitionsvorschläge unter einem Standard eine als allgemein gültig definierte Spezifikation von Prozessen, Regeln und Voraussetzungen, die von einer legitimierten oder anerkannten Autorität durch einen Prozess der Konsensbildung erstellt wurde, in welchem die Grundlagen eines gemeinsamen Verständnisses über die Beschaffenheit eines gegebenen Systems oder Dienstes ausgehandelt werden. Standards stellen das Resultat eines Standardisierungsprozesses dar. Zwar ist der von Jakobs vorgestellte Definitionsansatz des Begriffs „Standard" weit gefasst, dennoch ist er für das folgende Kapitel Gewinn bringend, da er auf zwei Besonderheiten eingeht, die bei den Standards im E-Learning von Bedeutung sind: die Sammlung von Eigenschaften zum einen und der Standardisierungsprozess zum anderen.

Technische Standards

Standards werden häufig zunächst in Verbindung mit technischen Feldern gebracht. In diesem Bereich stellen sie ein beschreibendes Regelwerk dar, über Anforderungen, Beschaffenheit von notwendigen Bedingungen, Klassifikation von Komponenten, Spezifikationen von Materialien, Durchführungen oder Leistungen, Darstellung von Erstellungsprozessen oder Maße für Quantitäten und Qualitäten von Materialien, Produkten oder Verwendungen (JAKOBS 2000, 10). Standards beziehen sich also keineswegs nur auf Produkte, auch Prozesse können standardisiert werden.

Prozessstandards für den Bildungsbereich

Die Unterscheidung von Produkt- und Prozessstandards spielt gerade im Kontext pädagogischen Handelns eine wichtige Rolle. Die Planung und Durchführung von Lehre dient der Unterstützung von Lernprozessen. Dabei werden u.a. die Rahmenbedingungen, die Intentionen oder die angestrebten Lernziele bestimmt. Da Lernen immer ein subjektiver und damit individueller Prozess der aktiven Auseinandersetzung mit dem Lerngegenstand ist, kann bei der Planung und Durchführung von Bildungsveranstaltungen nicht von vornherein bestimmt werden, was im Endeffekt tatsächlich gelernt wird – der Lernerfolg ist maßgeblich von den Lernenden abhängig (ZIMMER / PSARALIDIS 2000). Damit soll allerdings nicht gesagt werden, dass eine Planung von Lehrveranstaltungen zwecklos ist. Im Gegenteil, eine didaktisch-methodische Aufbereitung von Lerngegenständen kann die Lernprozesse erheblich anregen und unterstützen, nur stellt sie keine Garantie für erfolgreiches Lernen dar.

Während bei der Diskussion um Bildungsstandards vorwiegend „Kompetenzen [beschrieben werden], die Schülerinnen und Schüler bis zu einem bestimmten Zeitpunkt der Schullaufbahn fachspezifisch erwerben sollen" (KMK 2003, Online), beschäftigen sich verschiedene im Bereich der Standardisierung von E-Learning gegründete Initiativen vor allem mit der Frage, wie didaktisch-methodische Prozesse abgebildet werden können. Das bedeutet, dass es neben inhaltlichen oder technischen Beschreibungen auch um die Abbildung von Methoden, der Rollenverteilung, der Bearbeitungszeit oder des für die Bearbeitung des Lernmaterials benötigten Vorwissens geht.

Abgrenzung des Standards von der Norm

Der Begriff „Standard" wird im Deutschen häufig synonym mit dem Begriff „Norm" verwendet (DUDEN FREMDWÖRTERBUCH 1990, 739), jedoch grenzt das Deutsche Institut für Normung e.V. (DIN) die dort stattfindende Normungsarbeit vom Standardisierungsprozess ab. Die Normungsarbeit des DIN ist in der DIN-Norm 820 festgeschrieben. Für sie gilt die Freiheit, Öffentlichkeit und Beteiligung aller interessierten Kreise. Eine Norm wird in einem Konsensverfahren der Beteiligten entwickelt (DIN 2001, 85ff.). Dabei darf eine Norm nicht dem Vorteil eines Einzelnen dienen, sondern muss der

Allgemeinheit von Nutzen sein (ebd.). Erstellte Normen werden vom DIN mit der Möglichkeit des Einspruchs auf nationaler Ebene veröffentlicht. Die von den Normungsgremien im DIN erstellten Normen müssen widerspruchsfrei zu bereits bestehenden Normen sein sowie in regelmäßigen Abständen auf ihre Aktualität hin überprüft und ggf. angepasst werden. Zwar können diese Anforderungen auch durch den Standardisierungsprozess erfüllt werden, jedoch sind sie hier nicht unbedingt notwendig. Bei der Entwicklung eines Standards bedarf es, im Gegensatz zur Norm, keiner staatlich anerkannten Institution. Auch das Konsensverfahren bei der Beteiligung aller Interessengruppen und die Widerspruchsfreiheit zu anderen Standards sind nicht verpflichtend (NIEDZIELLA 2000).

Im englischsprachigen Raum hat die Unterscheidung von Standard und Norm keine Entsprechung – dort wird der Begriff Standard verwendet. Das international tätige Normungsgremium nennt sich dementsprechend „International Organization for Standardization" (ISO).

Spezifikationen Der Bereich der Standardisierung von E-Learning, insbesondere auf dem didaktisch-methodischen Gebiet, ist noch relativ jung. Zwar strengte bereits 1988 das Aviation Industry CBT Committee (AICC) Versuche an, Standards für E-Learning zu entwickeln. Die meisten der Gremien, die sich inzwischen mit diesem Thema auseinander setzen, nahmen aber erst seit etwa Mitte der 1990er Jahre ihre Tätigkeit auf. Bisher ist es – bis auf die Learning Object Metadata (LOM) – noch nicht gelungen, einen anerkannten Standard zu entwickeln. Vorwiegend stellen die einzelnen Initiativen so genannte „Spezifikationen" bereit. Darunter versteht man eine Auflistung und Beschreibung von Elementen, die ggf. in Beziehung zueinander gesetzt werden. Eine Definition, die den Standard von der Spezifikation abgrenzt, gibt es nicht. Allerdings können im Prozess der Erstellung und Anwendung Unterscheidungskriterien gewonnen werden. So gehen Spezifikationen meist einem Standard voraus, häufig dienen sie als dessen Grundlage. Eine Spezifikation beschreibt wesentliche Elemente eines Produktes oder Prozesses, jedoch ist ihre Gültigkeit noch nicht allgemein anerkannt.

7.1.3 Funktionen von Standards im E-Learning

Rationalisierung und Ökonomisierung Es wurde bereits erwähnt, dass Standards zu einer ökonomischeren Erstellung von Produkten und Gestaltung von Prozessen beitragen sollen. Durch die Entwicklung und Einführung von Standards im Bereich des E-Learnings erhalten die Entwickler die Möglichkeit, ihre Lernangebote an diesen Standards auszurichten. Zur Verdeutlichung soll folgendes Beispiel dienen: Wenn in einem Standard für die didaktische Gestaltung von Lernmaterial beispielsweise die Elemente Bearbeitungszeit und Methode vorgegeben sind und Entwickler sich an diesem Standard orientieren, so müssen sie für die von ihnen erstellten Lernmaterialien diese beiden Elemente auch beschreiben. So beschriebene Lernmaterialien wiederum können von Bildungsanbietern leichter in ein Lernszenario eingebettet bzw. von den Lernenden ausgewählt werden, da ersichtlich ist, welches methodische Vorgehen für die Arbeit mit dem Lernmaterial geplant ist und welche Bearbeitungszeiten einzuplanen sind. Anhand dieser Informationen können die „Nutzer" entscheiden, ob das Lernmaterial mit diesen Merkmalen ihren Anforderungen entspricht.

Durch die Orientierung an einem Standard erhalten einerseits die Entwickler ein Gerüst, an dem sie sich bei der Gestaltung von Lernmaterialien orientieren können. Auf der anderen Seite können die Nutzer – sowohl die Bildungsanbieter als auch die Lernenden – dieses Lernmaterial besser auf seine Eignung prüfen und auswählen. Virtuelle Bildungsangebote werden vergleichbar und können einer größeren Anzahl von Interessenten zur Verfügung gestellt werden.

Erschließung neuer Märkte

Durch die Einführung und Nutzung von Standards ist es darüber hinaus möglich, neue Märkte zu erschließen. Beispielsweise werben eine Vielzahl von Lernplattformanbietern damit, dass ihre Produkte verschiedene Standards und Spezifikationen für E-Learning-Material unterstützen (Abschnitte 3.2.1 und 3.3.1). Wird ein solcher Lernraum genutzt, empfiehlt es sich, auch Lernmaterialien einzusetzen, die sich an diesen Standards orientieren. Für die Entwickler bedeutet dies, dass sie mit geeigneten Standards Lerninhalte aufbereiten können, die den Ansprüchen einer technischen Infrastruktur ebenso genügen wie einem geplanten virtuellen Lehr- bzw. Lernprozess.

Funktionen von Standards für die „Nutzer"

Auch für die Nutzer – die Teletutoren, Dozenten und Lernenden – bringen Standards wesentliche Vorteile, da sie sich darauf verlassen können, dass die jeweils festgelegten Mindestanforderungen erfüllt werden, z.B. in Bezug auf die methodische Aufbereitung, die Art und Dauer der Bearbeitung und die Betreuungsform. Zugleich steigt die Transparenz der Angebote und damit verbunden voraussichtlich auch deren Akzeptanz bei den Nutzern.

Verweigerung von Standards

Trotz zahlreicher Vorteile, die mit der Einführung und Nutzung von Standards einhergehen, finden sich doch Bereiche, in welchen sie nicht umgesetzt werden. Dies geschieht vor allem dort, wo Interessen oder Märkte vor ‚äußeren Zugriffen' geschützt werden sollen, oder die Umsetzung eines Standards zu große Veränderungen mit sich bringt, die insbesondere von den Nutzern nicht getragen werden wollen oder können, da für sie daraus Nachteile entstehen können. Auch die Weiterentwicklung von Produkten oder Prozessen kann dazu führen, dass existierende Standards für die neu entwickelten Produkte oder Prozesse ungeeignet sind.

Ein Beispiel aus jüngerer Zeit ist die Entwicklung von DVD-Formaten. Normale DVDs zum Speichern von Daten, wie Musik oder Filmen, halten in der Regel mehrere Jahre. Da Daten auf DVDs digital abgespeichert werden, bieten sie die Möglichkeit einer nahezu verlustfreien Reproduktion, die auch von Raupkopieren genutzt wird. Die Unterhaltungsindustrie versucht nun, Raubkopien durch geeignete Verfahren und Formate zu unterbinden. Eine entsprechende Weiterentwicklung des vorhandenen Standards besteht nun darin, solche DVD-Formate zu entwickeln, die die Möglichkeiten der unerlaubten Vervielfältigung einschränken. So wurden beispielsweise Datenträger mit zeitlich begrenzter Haltbarkeit entwickelt.

Entwicklung eigener Standards

Scheinen existierende Standards für Produkte oder Prozesse ungeeignet, ist es möglich, eigene Standards zu entwickeln. Hier wird noch einmal der Unterschied zwischen Standardisierung und Normung deutlich. Einzelne Gruppen können nicht in Eigeninitiative eine Norm entwickeln. Dazu bedarf es in Deutschland der Schirmherrschaft des DIN.

Die Entwicklung firmeneigener Standards ist im Alltag häufig zu beobachten. Verwiesen sei hier auf verschiedene Formate im Bereich der elektronischen Datenverarbeitung (PDF, DOC, RTF, TXT usw.) oder unterschiedliche Speicherformate für portable Endgeräte (Smart Media, Compact Flash, Memory Stick usw.). Neue Standards werden jedoch nicht nur entwickelt, weil vorhandene Ansätze unzureichend sind, sondern auch, um Nutzer an eine Produktpalette oder Firma zu binden.

Auch wenn Standardisierung im E-Learning in erster Linie nicht diese kommerzielle Ausrichtung aufweist, soll doch darauf hingewiesen werden, dass an den verschiedenen Standardisierungsinitiativen häufig auch Entwickler von elektronischen Lernsystemen (Lernraumsystemen, Lernsoftware etc.) beteiligt sind. Eine solche Beteiligung hat zwar den Vorteil, dass die entwickelten Standards einen praktischen Bezug haben, zugleich muss aber auch bedacht werden, dass sich die Interessen dieser Gruppen in den entwickelten Standards niederschlagen.

Entwicklungen in Deutschland

Derzeitige Standardisierungsansätze kommen fast alle aus dem US-amerikanischen Raum. Bei der Betrachtung der in den letzten Jahren entwickelten Spezifikationen zeigte sich, dass auch lernkulturelle Besonderheiten in den Ansätzen verankert sind. So hat sich etwa die in den USA vorherrschende Curriculumtheorie, welche die Lern*inhalte* in den Mittelpunkt stellt, auch auf die Standardisierungsansätze niedergeschlagen. Damit wurde die Frage, *was* vermittelt wird, der Frage, *wie* etwas vermittelt wird, vorangestellt (ALLERT / QU / NEIDL 2002). Solche Standards können an deutschen Hochschulen nur bedingt angewendet werden bzw. hiesige Anbieter müssten, um sie erfüllen zu können, ggf. ihre erstellten Lernangebote an diese Standards anpassen. Mit der unreflektierten Übernahme solcher Standards ginge indirekt eine Verschiebung der Lernkultur einher, die nicht bewusst vollzogen und didaktisch begründet ist, sondern aufgrund der Nutzung von für unsere Lernkultur inkompatiblen Standards erfolgt.

Aus diesem Grund werden im deutschsprachigen Raum seit 2001 eigene Entwicklungen vorangetrieben. Unter der Schirmherrschaft des DIN haben Experten aus Wissenschaft, Wirtschaft und pädagogischer Praxis ein „Referenzmodell für Qualitätsmanagement und Qualitätssicherung – Planung, Entwicklung, Durchführung und Evaluation von Bildungsprozessen und Bildungsangeboten" entwickelt, das in Form einer PAS (Publicly Available Specification) bereits der Öffentlichkeit zugänglich gemacht wurde (REGLIN U.A. 2004, PAS 1032-1). Ein „Didaktisches Objekt Modell" für das E-Learning (DIN-DOM; Abbildung 14), bei dem – in Abgrenzung von bereits existierenden Standards und Spezifikationen – das methodische Vorgehen sowie die Lehr- / Lernhandlungen im Vordergrund stehen, wird ebenfalls 2004 veröffentlicht (ALLERT U.A. 2004). Beide Modelle sind für Interessierte kostenlos verfügbar (http://www.beuth.de, Feb. 2004).

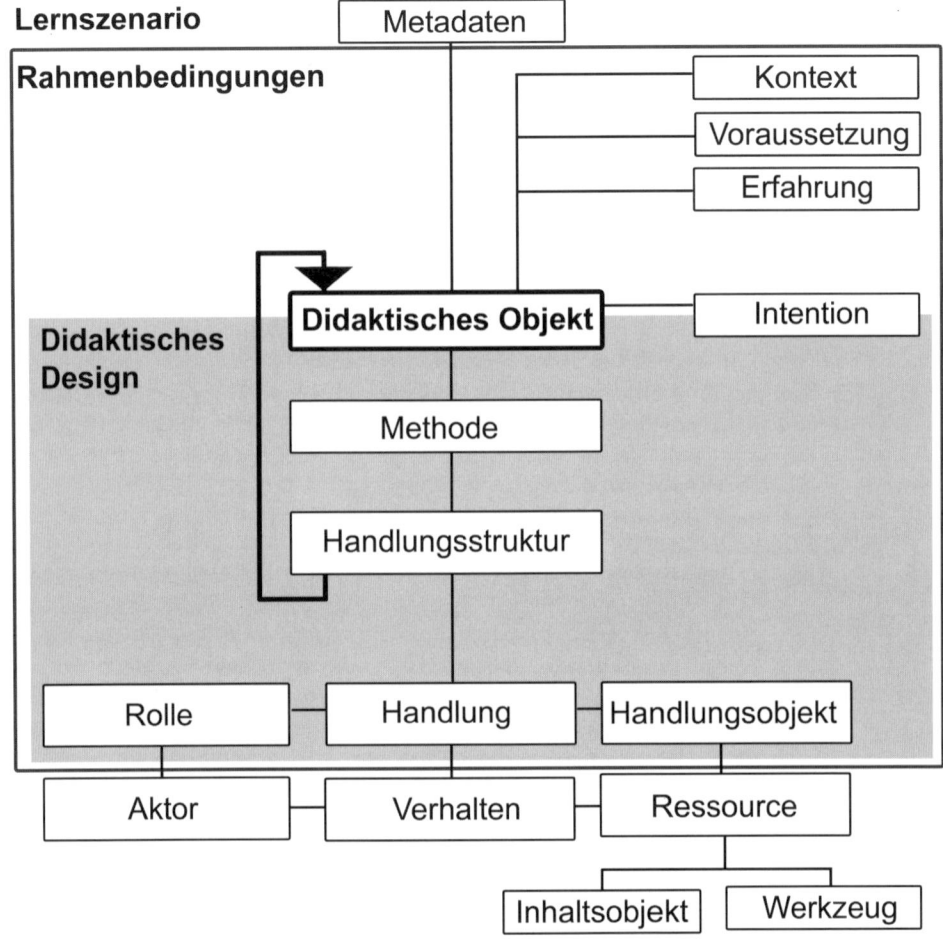

Abbildung 14   Das Didaktische Objekt Modell (DIN-DOM) der entwicklungsbegleitenden Normung des DIN nach ALLERT u.a. (2004, PAS 1032-2, Arbeitsentwurf, Stand: Februar 2004)

7.1.4 Probleme der Standardisierung in pädagogischen Handlungsfeldern

Eine standardisierte Didaktik?

Standardisierungsbemühungen sind weder darauf ausgerichtet, eine einheitliche, standardisierte Didaktik für E-Learning-Angebote zu entwickeln (Kapitel 4) , noch etwa die Anzahl der Tests, die Bearbeitungszeit, die Methodenwahl, die Art der Aufgabenbearbeitung oder die Aktionen der am Prozess Beteiligten festzulegen. Eine solche ‚Netz-Didaktik' wird es nicht geben, auch wenn es im virtuellen Lernen und Lehren eine Vielzahl didaktischer Besonderheiten zu berücksichtigen gibt. Vielmehr müssen bereits bekannte didaktische Ansätze auf ihre Funktionalität für das Lernen mit neuen Medien überprüft und ggf. auf diese abgestimmt bzw. um medienspezifische Elemente (wie Kommunikations- und Kollaborationsmöglichkeiten, Zugang zu Informationsquellen usw.) ergänzt oder ‚neu gedacht' werden.

Standardisierungsinitiativen haben das Ziel, einen Standard zu entwickeln, der es ermöglicht, alle notwendigen didaktischen Elemente und ihre Relationen zueinander zu beschreiben, die in einem Lernszenario eingesetzt werden. Sie wollen so ein universales Beschreibungsformat liefern, ohne ein didaktisches Modell zu favorisieren. Vielmehr sollen sich *alle* didaktischen und methodischen Entscheidungen in einem Standard abbilden lassen. Dieser Anspruch geht über den Bereich des E-Learnings hinaus und soll auch ‚klassische' Lehr- oder Lernsituationen abdecken können.

Aufgrund der vielfältigen Möglichkeiten, Lehr- und Lernprozesse didaktisch-methodisch zu modellieren, ist es bisher jedoch nicht gelungen, ein Beschreibungsmodell zu entwickeln, das diesem Anspruch gerecht wird.

IMS als Beispiel für Standardisierungsansätze

Aus der Vielzahl der Standardisierungsinitiativen kristallisierten sich mit der Zeit einige federführende heraus, andere schlossen sich zur Vermeidung von Redundanzen und der Bündelung von Know-how zusammen (einen umfassenden Überblick gibt Beetham 2001). Einen viel versprechenden Ansatz liefert das Instructional Management System Project (IMS), das eine ganze Reihe unterschiedlicher Spezifikationen für verschiedene Bereiche des E-Learnings anbietet. So gibt es derzeit unter anderem:

- das *Learning Design* (LD) für die Beschreibung der Lerneinheiten,

- das *Content Packaging* (CP) für die Definition der Anordnung von Lerneinheiten oder Lernelementen für individuelle oder zusammengestellte Kurse,

- die *Question and Test Interoperability* (QTI) für die Benennung des Aufbaus von Tests und Aufgaben sowie

- das *Learner Information Package* (LIP), in dem Lernerinformationen festgehalten werden sollen.

In den einzelnen Ansätzen geht es nicht nur darum, die (Lern-)Inhalte mit ihren jeweiligen Eigenschaften zu beschreiben, vielmehr werden auch verschiedene Prozesse in die Beschreibung aufgenommen. So sollen im LD beispielsweise die Personen mit ihren jeweiligen Rollen im Lernprozess sowie den dazugehörenden Aktivitäten in jeder Lehr- und Lernphase beschrieben werden. Diese können sich während des Lehr- bzw. Lernprozesses häufig ändern. Aus dem Hochschullehrer, der in einer Arbeitsphase die Lernaktivitäten durch eine vertiefende Erklärung leitet, wird in der nächsten Phase ein Betreuer, der die Lernenden bei der Gruppenbildung unterstützt. Die Lernenden sind während der Erläuterungen (aktive) Zuhörer und Zuschauer, während sie in der nächsten Phase z. B. den Arbeitsprozess in der Gruppe gestalten. Da bereits das IMS Learning Design (IMS LD) einen außerordentlich hohen Komplexitätsgrad aufweist, muss an dieser Stelle auf eine vertiefende Darstellung der von IMS entworfenen Spezifikationen verzichtet werden (ausführliche Informationen, Anwendungsbeispiele etc. bei IMS Learning Consortium 2003a, 2003b).

Probleme bei der Abbildung didaktisch-methodischer Inhalte

Auch wenn, wie beim IMS LD, zahlreiche Facetten didaktischer Entscheidungen abgebildet werden, so wird doch ersichtlich, dass ein komplettes didaktisches Design nicht abbildbar und reproduzierbar ist: „Es wird immer Aspekte der didaktischen Wirklichkeit geben, die ein einzelnes System oder Modell nicht erfassen kann" (Klebl 2003, 10). Glahn (2002, 10) bemerkt dazu unter Bezug auf Koper (2001), dass der Umstand „nicht ganz offensichtlich, aber wichtig ist [...], dass Didaktik kein integraler Bestandteil von IMS LD ist. Somit können Rollen, Aktivitäten und Handlungen entsprechend einer Didaktik beschrieben werden, obwohl IMS LD selbst kein didaktisches Modell vorsieht. Insbesondere unterstützt IMS LD nicht die Wahl einer geeigneten Didaktik. Damit obliegt die didaktische Reflexion auch weiterhin dem Pädagogen. Die ,didaktische Blindheit' geht so weit, dass es möglich ist, auch schlechten Unterricht mit IMS LD zu entwerfen. Der Einsatz standardisierter Technik ist also kein Garant für qualitativ hochwertigen Unterricht." Die damit gegebene Möglichkeit, einzelne Elemente zu benennen und auch in ihrer Relation zueinander zu bestimmen, ist zwar eine notwendige, aber noch keine hinreichende Grundlage für die didaktisch-methodisch gute Aufbereitung von Bildungsveranstaltungen.

Sicherung von Qualität durch Standards

Trotzdem sieht Glahn (ebd.) einen Vorteil im Nutzen von IMS LD für die Qualitätssicherung und das Qualitätsmanagement. Seines Erachtens liegt hier „das größte Potential eines Standards für die Beschreibung didaktischer Konzepte. Besonders organisatorische Fragen könnten anhand des Konzepts bereits vor der Einführung beantwortet werden." Durch die Orientierung an Standards können Entwickler von Lernmaterialien bereits im Vorfeld entscheidende Punkte in die Planung einer (virtuellen) Bildungsveranstaltung einbeziehen.

Im Falle von IMS LD beispielsweise werden einzelne Rollen (Lernende, Lehrende und Teletutoren) in den Arbeitsphasen bestimmt und in

Beziehung zueinander gesetzt. Dies beeinflusst u.a. die Organisation der Betreuung (Wann findet Betreuung statt? Welche Art der Betreuung?) oder die notwendigen Voraussetzungen für das methodische Vorgehen (Wie können Gruppen zusammenarbeiten? Welche Werkzeuge brauchen sie dazu? Welche Inhalte sollen bereitgestellt und bearbeitet werden?). Zwar kann damit weiterhin nicht garantiert werden, dass ein gewünschtes Lernergebnis erreicht wird, garantiert wird jedoch, dass wichtige Faktoren bei der Konzeption von Lernangeboten berücksichtigt werden.

Zukunftsszenario: der automatisch generierte Kurs?

Die Reichweite und die Grenzen von Standardisierungsansätzen zeigen, dass hinter virtuellen Bildungsangeboten immer Pädagogen stehen müssen, die das didaktisch-methodische Vorgehen planen. Diese Tatsache gewinnt vor dem Hintergrund besondere Relevanz, dass einige Anbieter die ökonomischere Gestaltung von E-Learning-Angeboten nicht auf die Wiederverwendbarkeit, Kompatibilität und Interoperabilität von Lernmaterialien beschränken wollen, sondern das erheblich weitergehende Ziel einer automatischen Generierung von Lerneinheiten entsprechend den Wünschen der Lernenden ermöglichen wollen. Hierfür wäre das Zusammenspiel verschiedener Komponenten notwendig, die u.a. vom IMS entwickelt werden.

Lernerrelevante Informationen

Im Learner Information Package (LIP) werden dazu lernerrelevante Informationen hinterlegt. Diese betreffen nicht nur Alter oder Wohnort, sondern können Vorwissen, Informationen über bereits belegte (E-Learning-)Kurse, erstellte Arbeiten und Arbeitsweisen und weitere Angaben enthalten. Diese Informationen sollen von automatischen Generatoren zu Hilfe genommen werden, um einen für die jeweiligen Lernenden optimal gestalteten Kurs bereitzustellen, der ihrem Vorwissen, bevorzugten Lernstil, Lernziel etc. entspricht. Ein solcher Kurs könnte wiederum aus einer Vielzahl einzelner Lernobjekte – kleinsten, didaktisch noch sinnvollen Lerneinheiten – zusammengestellt werden, die nicht unbedingt vom selben Anbieter kommen müssen. Dahinter steht die Vorstellung, dass das System sich anhand der Beschreibungen der einzelnen Lernobjekte die passenden heraussucht, sie zusammenfügt und den Lernenden präsentiert. Haben die Lernenden den Kurs bearbeitet, werden die entsprechenden Vermerke in ihre „Learner Information Packages" geschrieben.

Kritische Fragen

Diese stark verkürzte Darstellung macht deutlich, wie komplex – aber auch anfällig – ein solches System sein muss. Kann ein System situativ auf unterschiedliche Motivationen oder wechselnde Lernbedürfnisse eines Individuums reagieren? Können Lernobjekte so beschrieben werden, dass sie sich technisch, inhaltlich und vor allem didaktisch harmonisch zusammenführen lassen? Können auf diese Weise Kollaborations- und Kommunikationsstrukturen angeregt und begleitet werden, die offene Lernwege und Lernergebnisse ermöglichen? Kann Vorwissen in den Lernerinformationen erfasst werden, das nicht durch E-Learning-Systeme initiiert worden ist, sondern beispielsweise durch informelles Lernen im Alltag? Dies ist nur ein kleiner Ausschnitt von Fragen, die in Verbindung mit einer solchen Vision kritisch gestellt werden müssen.

Mit dem Versuch, Lernangebote automatisch zu generieren, würde eine Vielzahl pädagogisch wertvoller, aber nicht standardisierbarer Formen der Gestaltung von Lernprozessen außer Acht gelassen. Zu befürchten sind dabei u.a. die Dekontextualisierung von Lernobjekten sowie das Aneinanderreihen von Lernobjekten zu neuen Kursen ohne pädagogisches Konzept und damit verbunden das Ausbleiben des Lernerfolgs und eine Demotivation der Lernenden. Denn Lernen, das sich auf den Erwerb von Handlungskompetenzen für die Bearbeitung von sich immer wieder neu stellenden Aufgaben bezieht, ist ohne den Dialog mit den anderen Beteiligten nicht erfolgreich (siehe Kapitel 2).

Hochschulen als Bildungsträger oder Qualifikationsvermittler

Darüber hinaus stellt sich die Frage, welche Auswirkungen solche Entwicklungen auf die *Bildungslandschaft* haben werden. Es zeigt sich bereits heute, dass in Zeiten ‚knapper Kassen' für Bildungsausgaben die Gefahr besteht, Konzepte wie „just enough learning" (Prognose 2001), die zu kurzfristigen Lernerfolgen führen, propagiert werden. Trends wie die Bereitstellung von ‚Lernhäppchen', die auf jeweils ganz konkrete, sehr eng umrissene Bedürfnisse der Lernenden zugeschnitten sind, führen häufig zu einer Dekontextualisierung der Inhalte. Der fehlende Blick ‚über den Tellerrand' kann eine verkürzte Sicht oder mangelnde Kenntnisse über Zusammenhänge, in denen Lerninhalte stehen, zur Folge haben. ‚Lernhäppchen', die bezugslos angeeignet werden, führen zu einer Anhäufung *trägen Wissens* und sind in der Praxis nicht anwendbar. Gerade die Hochschulen haben neben der Vermittlung von Spezialwissen auch einen *Bildungsauftrag*. Diesen mittels solcher ‚Routinen' zu erfüllen, scheint schwierig, wenn nicht unmöglich, und Hochschulen wie auch Bildungszentren sollten sich vor diesem Hintergrund gerade auch ihres Bildungsauftrages bewusst sein (Kapitel 2).

Der Dekontextualisierung von Inhalten kann dadurch entgegengewirkt werden, dass sie von Lernaufgaben begleitet oder in kooperativen und kollaborativen Arbeitsformen bearbeitet werden, durch die der Kontext der Lerninhalte verdeutlicht wird. Wenngleich solche Lehr- und Lernformen nicht standardisiert abgebildet werden können, da sie eine umfassende Konzeption und Planung von Lernszenarien benötigen und vom nicht vorher bestimmbaren Dialog der Teilnehmenden leben, helfen sie doch, lebendiges Lernen sowie anwendbares und in Beziehung gesetztes Wissen zu fördern.

Fazit

Obwohl Standardisierungsbemühungen im E-Learning in erster Linie aus ökonomischen Interessen entstanden sind, gehen damit erhebliche ‚positive Nebeneffekte' einher, wie die Sicherung von Qualität bei der Erstellung von Lernmaterialien oder die Transparenz und damit Vergleichbarkeit von

Angeboten für die Nutzer. Während sich die Standardisierungsaktivitäte
n lange Zeit vorwiegend auf technische Aspekte konzentrierten, weitete
sich in den letzten Jahren das Verständnis für die Wirkungsbereiche von
Standards auch auf pädagogische Fragestellungen und die didaktische
und methodische Gestaltung von Lernmaterialien und Lernszenarien aus.
Aufgrund des hohen Komplexitätsgrades, den eine Standardisierung pädagogischer Handlungsfelder mit sich bringt, bleibt abzuwarten, ob sich diese
in der dargestellten Form durchsetzen werden.

Derzeit ringen die Entwickler von Standards noch mit eher technischen
Fragen, um die bereits entwickelten Modelle zu etablieren. So heißt es auf
der Website des IMS Learning Consortiums (2003a, Online): „Das Hauptproblem
von IMS ist, dass jedes der zu implementierenden Managementsysteme
(z. B. Nutzer Tracking, Nutzerprofilinformationen, Leistungsreporte etc.) auf
proprietären Wegen funktioniert" (aus dem Englischen durch Verf.). Von
einem Zusammenspiel der einzelnen Systeme kann also noch keine Rede
sein. Für den Einsatz in virtuellen Bildungsszenarien bedeutet dies, dass die
einzusetzenden Standards intensiv geprüft werden müssen, und zwar in
Bezug auf ihre Entstehungsgeschichte und die Motivation der Entwickler,
ihren Verbreitungsgrad und die Nutzbarkeit für das eigene Vorhaben
(bei der Gestaltung von Lernszenarien ebenso wie beim Einsatz eines
Lernraumsystems usw.) bis hin zu möglichen Weiterentwicklungen und der
Kompatibilität zu anderen Ansätzen.

7.2 Metadaten

Notwendigkeit von Metadaten

Um Standards in die Entwicklung von multimedialen Lerninhalten einfließen zu lassen und so den Nutzern (Studierenden, Dozenten, Teletutoren,
Entwicklern) und insbesondere auch Maschinen das Auslesen der Informationen zu ermöglichen, ist es notwendig, die Lerninhalte auf eine
geeignete Weise zu beschreiben. Dies geschieht über so genannte
Metadaten.

Zum Begriff Metadaten

Metadaten sind „Daten über Daten", also Beschreibungsformate, die
verschiedene Elemente vereinen und strukturieren und dadurch deren
Nutzbarkeit erhöhen. Das ist an sich nicht neu und wird in vielen alltäglichen Situationen genutzt (z. B. Fahrpläne, Katalogsysteme in Bibliotheken,
Telefonbüchern). Metadaten können beschrieben werden als die „Information und Dokumentation, welche Datensets für die Nutzer verstehbar
und gemeinsam nutzbar machen" (Moßgraber 1997, Online) und dienen
den Nutzern – häufig unbewusst – als Such- und Strukturierungshilfen
im Alltag, indem sie das schnelle Finden von gewünschten Informationen
erleichtern.

Funktion von Metadaten

Im E-Learning dienen Metadaten dazu, (Lern-)Objekte zu beschreiben,
wieder auffindbar, kompatibel, adaptierbar und interoperabel zu machen.

Durch die Beschreibung von Lernmodulen und Lernmaterialien wird also „Datenfitness" (MARUGG 2002, Online), gemeint ist damit „langfristige Werterhaltung" (ebd.), ermöglicht. Während Standards unter anderem *Voraussetzungen* festlegen, die ein Produkt oder Prozess haben muss, um einer Qualität zu entsprechen, dienen Metadaten dazu, einzelne Elemente *inhaltlich* zu füllen. Dazu werden zur Beschreibung von E-Learning-Materialien verschiedene Auszeichnungssprachen genutzt, beispielsweise XML (Extensible Markup Language).

XML als Beschrei-bungsformat

Wie kann man sich die Verwendung von XML zur – einem bestimmten Standard entsprechenden – Beschreibung von E-Learning-Elementen vorstellen? Ein Beispiel hierfür sind die Metadaten zur Beschreibung des Didaktischen Objekt Modells des DIN (DIN-DOM, vgl. Abbildung 14). Sie gliedern sich in mehrere Kategorien und sind teilweise an LOM (Learning Object Metadata; siehe Exkurs weiter unten) angelehnt. Sie dienen dazu, die Elemente des DIN-DOM inhaltlich zu beschreiben und sollen maschinell oder manuell ausgelesen werden können. Über Reduktion und Verallgemeinerung müssen die Entwickler des Metadatensatzes Beschreibungselemente finden, die das Modell auszeichnen. So wird u.a. der Lebenszyklus eines didaktischen Objektes beschrieben, indem die Version (z. B. „Version 0.7", „dritte Version"), der Bearbeitungszustand (z. B. „Entwurf", „vollständig"), die an der Bearbeitung Beteiligten (Name „Jens Müller", Funktion „Multimedia-Designer", Datum „2004-04-07" etc.) sowie die Validität (z. B. „nutzbar bis 2005") angegeben werden (Abbildung 15).

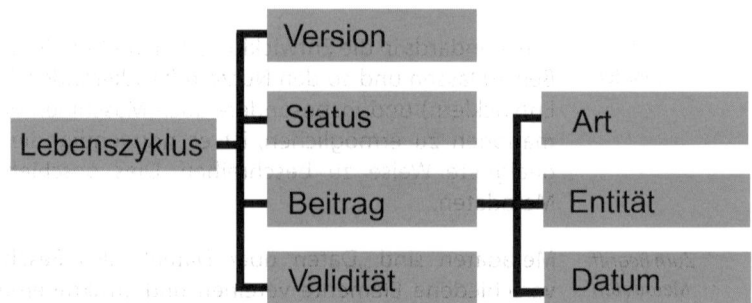

Abbildung 15 *Beispiel der Auszeichnung des Elements „Lebenszyklus" mit Metadaten im DIN-DOM nach ALLERT u.a. (2004)*

Probleme bei der Beschreibung mit Metadaten

Die Auszeichnung von Lernangeboten durch Metadaten ist schwierig. Die Entwickler eines Metadatenschemas müssen darauf achten, alle relevanten Elemente zu erfassen und geeigneten Kategorien zuzuordnen. Das Problem dabei besteht zum einen in der Benennung aller wichtigen Kategorien, zum anderen darin, dass aus der Vielzahl der pädagogischen Begriffe, deren Verwendung teilweise je nach der zugrunde liegenden Lerntheorie differiert und für die es keine normierten Beschreibungen gibt, die wesentlichen Elemente ausgewählt werden müssen. Weiterhin müssen die einzelnen Kategorien in eine Ordnung, ein Schema, gebracht und ggf. darüber hinaus Relationen zwischen ihnen erarbeitet werden (Abbildung 15).

Anforderungen an Kurs- und Multimedia-Entwickler

Entwickler arbeiten insbesondere bei der Erstellung von E-Learning-Materialien mit Metadaten. Für sie ist es vor allem notwendig, zu erfahren, welche Metadatensätze genutzt werden und wie sie genutzt werden. Entschließt sich eine Bildungseinrichtung zur Einführung von Standards, können die Entwickler eventuell auf einen mit dem Standard verbundenen Metadatensatz zurückgreifen. In diesem Fall müssen die Entwickler den vorgegebenen Metadatensatz ‚entschlüsseln', das heißt, seine inhaltliche Ausprägung und seine logische Struktur erfassen. Um die Anwendung eines Metadatensatzes zu unterstützen, liegen Metadatensatzentwicklern häufig Best-Practice-Beispiele vor, jedoch enthalten diese keine genauen Handlungsanweisungen.

Im nächsten Schritt werden die Elemente des Metadatensatzes dem eigenen Lernmaterial zugeordnet. Es kann passieren, dass der vorgegebene Metadatensatz nicht ausreicht, um die eigenen E-Learning-Angebote zufrieden stellend auszuzeichnen. In solchen Fällen können vorhandene Datensätze um eigene Elemente erweitert und ggf. auch eigene Metadatensätze entwickelt werden (WETTERLING / STEVENSON 2003; Abschnitt 7.3.2).

Anforderungen an Lehrende und Teletutoren

Auch die Lehrenden und die Teletutoren benötigen für ihre unterschiedlichen Tätigkeiten in einem virtuellen Lernangebot Kenntnisse über den eingesetzten Metadatensatz und dessen Elemente und Funktionen. Zum einen können sie weiterführende Lerninhalte konzipieren und mit den notwendigen Metadaten versehen, die dann von den Multimedia-Entwicklern bei der technischen Umsetzung integriert werden. Auch können sie mit Hilfe von Metadaten nach geeigneten Lernmaterialien zur Unterstützung von Lernenden bei der Erarbeitung von Inhalten suchen. Außerdem können Teletutoren und Lehrende ihre Erfahrungen mit Lernangeboten in die entsprechenden Felder eines Metadatensatzes eintragen und so zukünftigen Nutzern Hinweise für einen erfolgreichen Umgang liefern.

Durch ihre Erfahrungen bei der praktischen Nutzung eines Metadatensatzes können sie darüber hinaus Rückmeldungen über dessen Funktionalität geben und so dazu beitragen, den Datensatz an die spezifischen Bedürfnisse bei der Gestaltung virtueller Lernangebote anzupassen.

Anforderungen an Lernende

Lernende sind in den Gestaltungsprozess von Metadatensätzen meist nicht integriert. Dennoch nutzen auch sie die Metadatensätze. Insbesondere der Vergleich von Lernangeboten sowie die Auswahl weiterer Lernmaterialien vereinfachen sich für Lernende, wenn Materialien mit Metadaten ausgezeichnet worden sind. Hierfür ist es notwendig, dass sie – ebenso wie

Teletutoren und Lehrende – über die Art der eingesetzten Metadaten und deren Verwendung informiert werden. Bei der Verwendung von Fachtermini in den Datensätzen sollte den Lernenden eine Hilfe zur Verfügung gestellt werden, die die genutzten Begriffe erklärt. Elementare Kategorien, wie beispielsweise der Aufbau inhaltlicher Beschreibungen des Lernmaterials in einem virtuellen Lernangebot (Zuordnung von Lernmaterial mittels Kennziffer zu einem Lehrgang oder Studienangebot, Fachgebiet etc.), müssen den Lernenden erläutert werden und in einer Datenbank zum Abruf bereit stehen.

Anforderungen an Verwaltung und Administration

Für die Verwaltung spielen Metadaten auf vielfache Weise eine Rolle. So kann es beispielsweise hilfreich sein, den Lebenszyklus der angebotenen Inhalte auszuzeichnen, damit diese nach Ablauf ihrer Gültigkeit entfernt werden, etwa bei einer speziell auf eine Lerngruppe zugeschnittenen Aufgabe. Damit verbunden sind des Weiteren die Pflege von Datenbeständen und die Zuordnung von Lernmaterialien zu bestimmten Kursen, Lerngruppen und vieles andere mehr. Da der Umgang mit Metadaten im E-Learning nicht zu den eigentlichen Aufgaben einer Verwaltung zählt, besteht hier eine besondere Informationspflicht. Die Verwaltung muss durch die Personen, die die Metadatensätze (weiter-)entwickeln bzw. mit ihnen arbeiten, in die für sie relevanten Inhalte und deren Funktionen eingewiesen werden, zumal die Daten vielseitig sein und je nach Projekt variieren können. Wichtig für die Mitarbeiter der Verwaltung ist das Wissen über das Auslesen von Daten aus dem Material bzw. aus den Lernerinformationen usw., um gezielt Informationen zu finden und diese in ein Verwaltungssystem übertragen zu können.

Für die technische Administration sind insbesondere Metadaten bedeutsam, die für die technische Auszeichnung der Lernmaterialien zuständig sind und beispielsweise das Datenformat, die Größe, den Ort der Lagerung (in der Lerneinheit, als externe Ressource etc.), Installationshinweise oder auch Besonderheiten beim Einsatz in einem Lernraumsystem (Abschnitt 3.3.1) bezeichnen.

Exkurs: Die Learning Object Metadata (LOM)

Beschreibung von Lernobjekten

Einer der bisher bedeutendsten Schritte im Zuge der Standardisierung von E-Learning war die Bestätigung der vom Learning Technology Standards Committee des Institute of Electrical and Electronic Engineers (LTSC of IEEE) entwickelten Learning Object Metadata (LOM) als Standard für die Beschreibung von Lernobjekten durch das American National Standards Institute (ANSI; siehe LTSC of IEEE 1484.12.1-2002). Lernobjekte stellen kleinste, noch sinnvolle Lerneinheiten dar, aus welchen beispielsweise ein Kurs, ein Studienmodul etc., aufgebaut ist. Dies kann ein Test, eine Einführung in ein Thema oder auch ein Bild sein.

Neun Hauptele-
mente in LOM

Beschrieben werden die LOM durch neun Elemente:

1. *General* (grundlegende Informationen über das Lernobjekt),

2. *Life Cycle* (Lebenszyklus wie beispielsweise die Geschichte und den aktuellen Zustand des Lernobjekts),

3. *Meta-Metadata* (Informationen über die Metadaten-Instanz an sich),

4. *Technical* (Hinweise über die technischen Voraussetzungen),

5. *Educational* (pädagogische Merkmale des Lernobjekts),

6 *Rights* (Nutzungskonditionen etc.),

7. *Relation* (Beziehung des Lernobjekts zu anderen Lernobjekten),

8. *Annotation* (Hinweise über den Nutzen des Lernobjektes) und

9. *Classification* (Einordnung des Lernobjekts in ein Klassifizierungssystem).

Elf Unterelemente
des Elements
„Educational"

Diese Elemente sind in weitere Unterelemente aufgeteilt. So gliedern sich die Metadaten des Elements „Educational" in weitere elf Unterelemente auf (LTSC OF IEEE 2002, Online):

1. *Interactivity Type* beschreibt den Interaktivitätstyp des Lernobjekts (Elemente: active, expositive, mixed),

2. *Learning Ressource* beschreibt u.a. Art und Ort der Ressource (Elemente: graph, index, slide, table, narrative text, exam, experiment, problem statement, self assessment, lecture, figure, diagram, questionnaire, simulation),

3. *Interactivity Level* beschreibt den Grad der Interaktivität (Elemente: very low, low, medium, high, very high),

4. *Semantic Density* beschreibt die „semantische Dichte"; gemeint ist die subjektive Einschätzung der Größe des Lernobjekts im Vergleich zu seiner Bearbeitungsdauer (Elemente: very low, low, medium, high, very high),

5. *Intended End User Role* beschreibt die bei der Planung eines Lernobjektes intendierte Endnutzerrolle (Elemente: teacher, author, learner, manager),

6. *Context* beschreibt den geplanten Ort für den Einsatz des Lernobjekts (Elemente: school, higher education, training, other),

7. *Typical Age Range* beschreibt die Altersgruppe der Lernenden (keine festgelegten Elemente),

8. *Difficulty* beschreibt den (subjektiv geschätzten) Schwierigkeitsgrad (Elemente: very easy, easy, medium, difficult, very difficult),

9. *Typical Learning Time* legt die voraussichtliche Bearbeitungszeit fest (keine festgelegten Elemente),

10. *Description* für die Beschreibung der Nutzung des Lernobjekts (keine festgelegten Elemente),

11. *Language* ist ein Eintrag für die Muttersprache der Nutzer (Verweis auf Element Language der Klasse General in LOM).

Problematik der Beschreibung und fehlende Objektivität

Betrachtet man das Element „Educational" und dessen Unterelemente genauer, so stellt sich die Frage, inwieweit pädagogische bzw. didaktisch-methodisch relevante Informationen damit tatsächlich fassbar sind. Auch die Objektivität, die durch einen Standard gegeben sein sollte, scheint sich aufzulösen. Wie etwa lässt sich definieren, wann ein Lernobjekt einen „sehr geringen", „mittleren" oder „sehr hohen" Interaktivitätsgrad aufweist? Diese Entscheidung muss der Beschreibende (z. B. der Entwickler eines Lernangebots) treffen, sie ist somit stark von seiner subjektiven Beurteilung abhängig. Neben den von LOM vorgeschlagenen Kategorien lassen sich Entwicklungen ausmachen, die eine gezieltere Beschreibung von Lernobjekten zulassen. So schlägt SCHULMEISTER (2002b) vor, je nachdem, welche Handlungsoptionen die Nutzer haben, sechs unterschiedliche Interaktionsniveaus zu unterscheiden: (1) Objekte betrachten und rezipieren, (2) multiple Darstellungen betrachten und rezipieren, (3) die Repräsentationsformen variieren, (4) den Inhalt der Komponente modifizieren, (5) das Objekt bzw. den Inhalt der Präsentation konstruieren oder (6) den Gegenstand bzw. Inhalt der Repräsentation konstruieren und durch manipulierende Handlungen intelligente Rückmeldung vom System erhalten.

Während für einzelne Elemente noch graduelle Unterkategorien und damit eine gewisse Orientierung bei der Beschreibung gegeben ist, fehlt dies bei anderen. So ist die Bearbeitungsdauer komplett vom Beschreibenden einzuschätzen. Dieser kann allerdings nur für eine imaginäre, homogene Zielgruppe, die es so in der Realität nicht geben kann, eine Bearbeitungszeit bestimmen. Es wird also ständig Differenzen bei der Bearbeitungszeit geben, was durchaus problematisch sein kann. Wird beispielsweise die Bearbeitungszeit zu knapp eingeschätzt, so können die Lernenden überfordert bzw. frustriert werden, wenn sie sich zu viel Lernstoff für eine gewisse Bearbeitungszeit vorgenommen haben. Unschärfefaktoren, wie unterschiedliche Motivationen, differenziertes Vorwissen oder verschiedene Arbeitsweisen usw., können nicht abgebildet werden. Häufig dienen zur Beschreibung von einzelnen Elementen des Metadatensatzes Freitextfelder. Dadurch ist es zwar möglich, das Lernmaterial konkret auszuzeichnen, die Vergleichbarkeit nimmt aber ab.

Der Einsatz von Metadaten kann also den Mythos einer Objektivität und Vergleichbarkeit der Lernobjekte wecken, der aufgrund der subjektiven

Entscheidungen der Gestalter von Lernangeboten jedoch keineswegs haltbar ist.

Größe der Lernobjekte aufgrund wirtschaftlichen Kalküls

Aus pädagogischer Perspektive ist die Auflösung eines Kurses, einer Lerneinheit oder Studienmoduls in einzelne Lernobjekte mit Skepsis zu betrachten. Durch den Einsatz von Standards entsteht die Chance, die didaktische Aufbereitung multimedialer Lerninhalte qualitativ zu sichern, KRAUSE / KORTMANN (2002, 3) sehen jedoch zugleich „durch die Bemühungen der Standardisierung und den damit verbundenen Aufschwung der Lernobjekte wieder die Gefahr des Rückfalls in die Zeit, in der neue Medien nur zur Vermittlung von demjenigen Wissen eingesetzt wurden, das durch Kriterien wie Verstehen, Behalten und wortgetreuer Wiedergabe überprüft werden kann." Sie befürchten, die Größe der Lernobjekte werde sich nicht in der kleinsten, *noch sinnvollen* Lerneinheit abbilden, sondern „auf einen Wert einpendeln, bei dem der wirtschaftliche Vorteil der Wiederverwendbarkeit noch nicht durch erhöhte Kosten durch Katalogisierung und Verwaltung aufgehoben wird" (ebd., 2).

7.3 Implementierung und Anwendung von Standards und Metadaten

Um Standardisierungsansätze und die Auszeichnung mit Metadaten in E-Learning-Projekten erfolgreich zu etablieren, müssen verschiedene Faktoren beachtet werden, z. B., welche Personengruppen involviert sind oder welche Techniken sich eignen. Für solche Fragen kann es keine Universalantworten geben, da das Gebiet dafür noch zu jung ist, und Erfahrungen, auf die zurückgegriffen werden kann, erst noch gesammelt werden müssen. Die im Folgenden beschriebene idealtypische Vorgehensweise beruht auf eigenen Projekterfahrungen und Best-Practice-Beispielen verschiedener Standardisierungsinitiativen und muss im Einzelfall an die jeweiligen Bedingungen und Anforderungen ‚vor Ort' angepasst werden.

Sensibilität bei den Beteiligten schaffen

Auch wenn im Alltag viele Menschen bereits (unbewusst) mit Standards und Metadaten umgehen (beispielsweise mit standardisierten Dateiformaten bei der Nutzung des Internets oder bei der Recherche mittels Suchmaschinen), ist die Einführung von Standards in einem virtuellen Lernangebot und die damit verbundene Auszeichnung von Lernmodulen und -materialien mit Metadaten für die meisten ‚Neuland'. Vor der Planung und Einführung von Standards muss bei allen Beteiligten ein Bewusstsein für die Relevanz dieses Themas geschaffen werden. Die Administration des Projektes muss die Vorteile der Standardisierung erkennen und den Prozess unterstützen, Konzept- und Multimedia-Entwickler müssen sich mit der Funktionsweise von Standards und Metadaten vertraut machen, um das Lernangebot entsprechend kennzeichnen zu können, Teletutoren und Lehrende, aber auch Studierende müssen den Umgang mit diesen einüben. Vor allem der anfänglich größere Arbeitsaufwand kann abschreckend wirken. Dass dieser in Folge erheblich gesenkt werden kann und weitere Vorteile, wie die leichtere Auffindbarkeit und bessere Wiederverwendbarkeit (BRUGGER 2001) von Lernangeboten etc., damit verbunden sind, wird hierbei leicht übersehen.

7.3.1 Implementierung von Standards in E-Learning-Material

Welchem Standard folgen?

Aufgrund der breiten Anzahl von Standardisierungsansätzen (BEETHAM 2001) und den dynamischen Entwicklungen ist es derzeit nicht möglich, bestimmte Ansätze zu empfehlen, da noch nicht absehbar ist, welche sich im Endeffekt durchsetzen werden. Außerdem gibt es in jedem Projekt aufgrund unterschiedlicher Rahmenbedingungen Besonderheiten, die in einem allgemeinen Leitfaden zur Implementierung von Standards nicht berücksichtigt werden könnten. Deshalb sollten zunächst einzelne Standards miteinander verglichen und ihre Anwendbarkeit für das eigene Vorhaben geprüft werden. Neben der Analyse der Standards können auch andere Faktoren als Entscheidungshilfen dienen, z. B. ob es Implementierungshilfen gibt oder die Möglichkeit besteht, Standards mittels verschiedener Implementierungsstufen einzuführen (wie dies beispielsweise IMS Learning Design anbietet). Praxiserfahrungen anderer Projekte oder Nutzer können zudem über die Einführung und den praktischen Wert eines Standards Auskunft geben.

Trends bei den Standardisierungsinitiativen beobachten

Auch wenn die Bemühungen, Standards für die (didaktische) Beschreibung von E-Learning-Materialien zu entwickeln, breit gefächert sind, lassen sich einige Vorreiter auf diesem Gebiet ausmachen, deren Ansätze teilweise bereits angewendet werden. So sei hier exemplarisch auf die Spezifikationen des IMS Global Learning Consortium (http://www.imsglobal.org, Feb. 2004), Advanced Distributed Learning (http://www.adlnet.org, Feb. 2004), des Aviation Industry CBT Committee (http://www.aicc.org/, Feb. 2004) oder des Deutschen Instituts für Normung e.V. (http://www.din.de, Feb. 2004) verwiesen. Diese Standardisierungsansätze werden teilweise von Lernplattformanbietern in ihre Produkte integriert (ausführlich SCHULMEISTER 2003). Somit kann ggf. bereits bei der Auswahl eines Lernraumsystems (Abschnitt 3.3.) auf einen von diesem unterstützten Standard zurückgegriffen werden.

Eigenentwicklung nur bedingt möglich

Im Gegensatz zur Entwicklung bzw. Erweiterung von Metadatensätzen wird es für Hochschulen und Bildungszentren nur bedingt möglich sein, Standards für die pädagogische Beschreibung von Lernmaterial in Eigenregie zu entwickeln. Auch wenn eingangs auf diese Möglichkeit verwiesen wurde, zeigen doch die Ergebnisse der Standardisierungsinitiativen, dass die Arbeit an einem Standard zur Beschreibung pädagogischer Elemente im E-Learning ein langfristiger, arbeitsintensiver Prozess ist. Dennoch können einige Bereiche beim Aufbau eines virtuellen Bildungsangebots durch selbst gestaltete Standards abgebildet werden. Diese betreffen beispielsweise die

Organisation und Gestaltung des Arbeitsablaufs bei der Produktion von Lernmaterialien (Abschnitt 4.4) oder die Planung der Online-Betreuung (Abschnitt 5.4). Im Projekt „Virtuelle Fachhochschule" wurde hierfür unter anderem ein Styleguide entwickelt (Abschnitt 7.4). Auch die didaktischen Leitlinien (Abschnitte 4.4 und 4.6) halfen, anhand festgelegter Kriterien die Gestaltung von Lernangeboten zu vereinfachen und gaben zugleich den Entwicklern Instrumente in die Hand, die Angebote aus didaktisch-methodischer Sicht optimiert aufzubereiten.

Standards als Orientierungshilfe bei der Erstellung von E-Learning-Material

Durch die Orientierung an einem Standard bzw. einer Spezifikation erhalten die Entwickler bei der weiteren Arbeit ein Gerüst, das wesentliche Elemente zur Gestaltung des Lernmaterials bestimmt. Die oben in Abbildung 14 dargestellten Elemente und ihre Beziehungen zueinander zeigen, dass sich ein Großteil der didaktisch wichtigen Elemente für einzelne Lernschritte abbilden lassen, wenngleich nicht alle Aspekte bei der Beschreibung virtueller Lernangebote erfasst werden können.

Parallelen zum Multimedia-Drehbuch

Dabei ist die Beschreibung der einzelnen Elemente mit erhöhtem Arbeitsaufwand verbunden und sollte aufgrund des Neuigkeitscharakters eingeübt und besprochen werden. Bei diesem Prozess gibt es Parallelen zur Erstellung des Multimedia-Drehbuchs, das für die Produktion multimedialer Lernmaterialien notwendig ist (Abschnitt 4.4.5). So muss bei der Konzeption des Drehbuchs das komplette Lernszenario durchdacht und beschrieben werden. Anhand des Drehbuchs können die einzelnen Sequenzen (Lernobjekte) gut in einem Standard bzw. einer Spezifikation abgebildet werden und ggf. weitere relevante Informationen in das Drehbuch zurückfließen. Dieser Arbeitsschritt verdeutlicht noch einmal, dass mit der Orientierung an einem Standard auch Qualitätssicherung gewährleistet wird.

7.3.2 Beschreibung mit Metadaten

Ergänzung vorhandener und Entwicklung eigener Metadatensätze

Während die Entwicklung und Etablierung von Standards kaum durch die Mitarbeiter einer Bildungseinrichtung zu bewältigen sind, haben Planer und Entwickler die Möglichkeit, in vorgegebene Metadatensätze eigene Ideen einfließen zu lassen, diese weiter zu entwickeln oder neue zu finden, die die eigenen Inhalte und Lernszenarien besser abbilden. Somit können sie zum einen vorgegebene Anforderungen, wie die einzelnen Elemente in LOM, abbilden, darüber hinaus aber noch weitere Informationen erfassen. Das heißt, dass Metadatensätze entwickelt werden können, die den eigenen Bedürfnissen gerecht werden und trotzdem konform zu derzeitigen Ansätzen sind (Wuttke 2002; Wetterling / Stevenson 2003). Hochschulen oder Bildungszentren könnten beispielsweise ein Metadatenschema um spezifische Elemente ergänzen, etwa die Zugangsvoraussetzungen für ein Modul, die angebotenen Arten und Zeiten der Betreuung, die durch die Lernenden zu leistenden Aufgaben oder die zu erreichenden Leistungspunkte („Credit Points").

Prozess der Einbindung von Metadaten

Der nachfolgend dargestellte Prozess zur Implementierung von Metadaten in E-Learning-Angebote gliedert sich in vier Schritte bzw. Ebenen: die Analyse, die Erstellung, die Implementierung und die Nutzung. Darüber hinaus wird der gesamte Prozess durch Reviews bzw. Evaluationen begleitet. Dabei wird von einem Produzententeam mit jeweils eigenen Kompetenzbereichen ausgegangen. Abhängig von den konkreten Bedingungen in einem Projekt können die einzelnen Schritte zusammengefasst oder weiter ausdifferenziert werden.

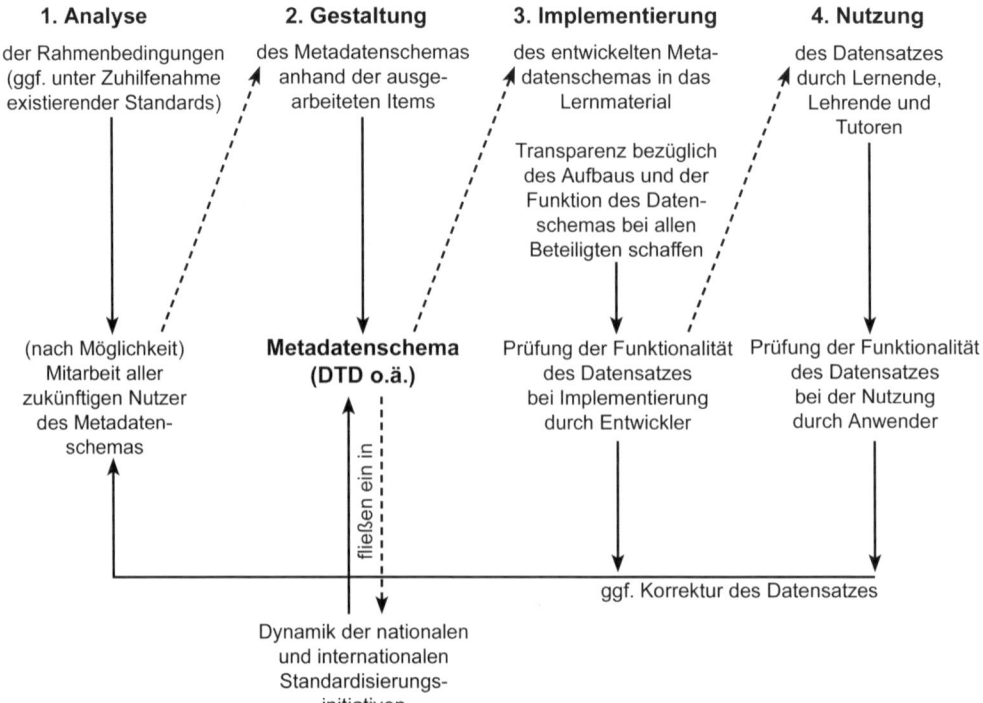

Abbildung 16   Entwicklungsstufen für ein Metadatenschema im E-Learning in Anlehnung an Arnold / Kilian / Thillosen *(2003a, 388)*

(1) Analyse: Was soll wofür beschrieben werden?

Um E-Learning-Angebote mit Metadaten zu versehen, ist die grundsätzliche Frage zu klären, was beschrieben werden soll und wofür die Beschreibung dient. Sollen ein gesamter Kurs bzw. ein Modul, eine Lerneinheit oder gar einzelne Lernobjekte beschrieben werden? Danach richtet sich auch der zu erwartende Arbeitsaufwand. Wird beispielsweise eine einsemestrige

Vorlesung in einzelne Lernobjekte gegliedert und differenziert beschrieben, bedeutet dies einen erheblichen Mehraufwand bei der Auszeichnung dieser Vorlesung durch Metadaten. Gleichzeitig erhöht sich damit aber auch die Möglichkeit, einzelne Lernobjekte (Sequenzen aus der Vorlesung) zu einem späteren Zeitpunkt zu suchen, zu separieren und in neue Kontexte einzubetten. Auch können so Lernende oder Teletutoren gezielt nach bestimmten „Ausschnitten" aus dieser Vorlesung suchen und sie für die eigene Nachbereitung nutzen. Die Entscheidung hängt in starkem Maße von der zukünftigen Verwendungsweise des E-Learning-Materials ab. Soll ein Lernobjekt nur einmal eingesetzt werden (beispielsweise ein einfaches Dokument mit speziellen Literaturhinweisen oder ein Aufgabentext), ist eine genaue Beschreibung wahrscheinlich nicht nötig, da es später keine Notwendigkeit geben wird, nach diesem Objekt zu suchen, es wiederzuverwenden oder in andere Kontexte einzubetten.

Solche Entscheidungen sollten mit allen am Entwicklungsprozess beteiligten Personen getroffen werden; dabei sind ggf. auch externe Auftraggeber mit einzubeziehen. Dies gewinnt an Bedeutung, wenn berücksichtigt wird, dass nicht nur technische Metadaten eine Rolle spielen, sondern die Beschreibung von didaktisch-methodischen über organisatorische bis hin zu rechtlichen Fragen reichen kann.

Analyse der Rahmenbedingungen

Vor der Gestaltung des eigenen Metadatensatzes ist es notwendig, die Rahmenbedingungen des zukünftigen virtuellen Bildungsangebots zu analysieren. Hierunter fallen beispielsweise die Zielgruppe, die Art der Betreuung, das didaktisch-methodische Konzept und die technischen Anforderungen. Dieser Schritt scheint auf den ersten Blick sehr umfassend zu sein. Jedoch muss ‚das Rad nicht neu erfunden werden'. Bereits existierende Metadatensätze können als Orientierungshilfe dienen, die eigenen Rahmenbedingungen abzubilden, und die Gefahr, dass wesentliche Kategorien übersehen werden, wird minimiert. Im Prozess der Analyse sollten die Kategorien gesucht werden, die später in den Metadatensatz aufgenommen werden. Für Hochschulen wären hier unter anderem Punkte wie die Zuordnung zu einem Studienfach oder Semester, die zu erreichenden Credit Points, die zu erbringenden Leistungsnachweise oder die Art und Zeit der Betreuung von Bedeutung. Didaktisch-methodisch relevante Kategorien für virtuelle Bildungsveranstaltungen sind beispielsweise Formen der Lehre (Vorlesung, Seminar, Laborübung) oder Arten der Stoffbearbeitung (Selbststudium, Gruppenarbeit usw.).

Einbindung aller Beteiligten

In diesen Prozess sollten nach Möglichkeit alle am virtuellen Lernen beteiligten Gruppen eingebunden werden, also Dozenten und Teletutoren, die virtuelle Lernmaterialien konzipieren und die Lehre begleiten, Multimedia-Entwickler, die Metadaten in Lernmaterialien implementieren, und Lernende, die später die Datensätze nutzen sollen, aber auch Vertreter der technischen Administration (Rechenzentrum) sowie Angehörige der Verwaltung.

(2) Gestaltung: Entwicklung eines Datensatzes

Der zweite Schritt, die Gestaltung eines Metadatensatzes, kann sich mit der Analyse der Rahmenbedingungen überschneiden bzw. einen fließenden Übergang bilden. Nachdem die Rahmenbedingungen analysiert worden sind, gilt es, die gewonnenen Kategorien zu ordnen und mit Elementen aufzufüllen. Konkret bedeutet dies, dass beispielsweise aus der Kategorie „Zielgruppe" Elemente wie „Schüler", „Studierende", „Berufstätige" etc. abgeleitet werden können. Je nach Bedarf und Intention des Projekts müssen weitere Verfeinerungen oder Zusammenfassungen vorgenommen werden, beispielsweise eine Aufteilung in Altersgruppen, geschlechtsspezifische Daten oder die Beschreibung der notwendigen Voraussetzungen der Zielgruppe. Da nicht alle Daten für alle Lernangebote relevant sind, kann hier auch eine Gewichtung der Elemente (Muss-, Soll- und Kann-Kriterien) vorgenommen werden.

Kooperation der Beteiligten

Die Kooperation aller Beteiligten bei diesem Prozess ist unbedingt notwendig. Während beispielsweise Multimedia-Entwickler großes Know-how bezüglich der Funktionsweise und Gestaltung von Metadaten in technischen Systemen haben können und darüber hinaus ihr Wissen über die technische Gestaltung von Lerninhalten in den Metadatensatz selbst einfließen muss, bringen Pädagogen ihre Kenntnisse in Bezug auf die didaktisch-methodische Aufbereitung virtueller Lernangebote in den Entwicklungsprozess ein. Gerade bei dem Transfer der didaktisch-methodischen Kategorien in ein technisches System sind erfahrungsgemäß große Verständigungsbarrieren zu überwinden. Jedoch erhöht eine Einigung der Beteiligten über den Aufbau eines Metadatenschemas und die notwendigen Beschreibungselemente dessen Qualität und spätere Akzeptanz erheblich.

Anwendbarkeit als grundlegendes Ziel

Da Metadaten keinem Selbstzweck dienen sollen, dürfen die Anwendungsfelder nicht außer acht gelassen werden, um das Schema für den zukünftigen Einsatz anzupassen und für die Zielgruppe (Lernende, Teletutoren usw.) nutzbar zu gestalten. Denn durch die Arbeit von Experten am Schema besteht die Gefahr, dass der Datensatz von „Externen" nicht mehr nachvollziehbar und damit nicht mehr nutzbar ist (durch Fachbegriffe, einen hohen Abstraktionsgrad etc.). So kann zwar ein theoretisch korrekter Datensatz entwickelt werden, der jedoch im Endeffekt für die eigentlichen Nutzer unbrauchbar ist. Auch um dem vorzubeugen, wird eine Einbindung aller am virtuellen Lehren und Lernen beteiligten Personen empfohlen.

(3) Implementierung: Unterstützung der Multimedia-Entwickler

Im dritten Schritt wird das entwickelte Metadatenschema in die E-Learning-Angebote implementiert. Dies geschieht vor allem durch die Multimedia-Entwickler, die Multimedia-Drehbücher umsetzen und Lernszenarien mit dem entworfenen Metadatenschema beschreiben. Die Anforderung an die Multimedia-Entwickler besteht darin, die einzeln zu beschreibenden Lernobjekte im Zusammenhang zur gesamten Lerneinheit zu sehen. Dazu ist es notwendig, den Blick von der einfachen Beschreibung zu lösen und das Objekt im Zusammenhang des zukünftigen Lernszenarios zu betrachten, da nur so die notwendigen Hinweise für eine umfassende, didaktisch sinnvolle Benennung und Beurteilung erfasst werden können. Darin liegt auch eine der Schwierigkeiten der Beschreibung von Lernobjekten mittels Metadaten: Einerseits sollen sie durch das Zuweisen von Eigenschaften wiederverwendbar werden und sich in andere Umgebungen einbinden lassen, andererseits bilden die einzelnen Objekte meist erst in ihrer Gesamtheit ein sinnvolles didaktisches Arrangement ab. Die Beschreibung eines einzelnen Objektes kann zu einem Kontextverlust führen, wenn es aus einem geplanten Lernszenario entfernt wird. Die Einbettung der Lernobjekte in einen Kontext und die Beschreibung mit Metadaten sollten deshalb durch ein gut formuliertes Multimedia-Drehbuch unterstützt werden.

Erste Revision des Metadatensatzes

Bei der ersten Überführung eines Metadatenschemas in E-Learning-Angebote können Unzulänglichkeiten des Datensatzes sichtbar werden. In diesem Fall müssen diese den Entwicklern des Metadatenschemas rückgemeldet und von ihnen überarbeitet werden. Unerlässlich ist es, die verschiedenen Versionen des Datensatzes, insbesondere die Änderungen, ausführlich zu dokumentieren (Was wurde geändert? Warum wurde es geändert? usw.). Der neu gestaltete Metadatensatz muss an die im Entwicklungsprozess beteiligten Akteure weitergegeben werden. Im Gesamtprozess, von der Gestaltung über die Implementierung und Rückmeldung bis zur Anpassung, wird der Metadatensatz kontinuierlich an den Bedarf eines E-Learning-Projekts angepasst.

(4) Nutzung: Anwendbarkeit der Metadaten?

Nach der Definition geeigneter Metadaten und deren Implementierung in ein virtuelles Lernangebot muss sich deren Anwendbarkeit im realen Einsatz beweisen. Metadaten werden durch Reduktion und Verallgemeinerung bestimmt. Somit können auch in standardisierten bzw. mit den dazugehörigen Metadaten beschriebenen Lehr- und Lernprozessen nur verallgemeinerte und reduzierte Handlungen und Handelnde abgebildet werden. Die Lernenden lassen sich aber nicht standardisieren. Sie bringen ihre individuelle Geschichte, ihre Motivationen, ihre Intentionen usw. in den Lernprozess ein. Zudem können die Lernenden als eigentliche Nutzer der Metadaten oft nicht in den Entwicklungsprozess eingebunden werden. Vor diesem Hintergrund zeichnen sich drei Aufgaben ab, die aus didaktischer Sicht bedeutsam sind:

Schaffung von Transparenz über Funktion und Aufbau der Metadaten

Erstens: Da es meist nicht möglich sein wird, alle Anwender in die Entwicklung eines Metadatenschemas einzubeziehen, muss Transparenz über die erstellten Metadaten bei den Nutzern geschaffen werden. Dazu ist es notwendig, den Aufbau und die Funktion ebenso wie die einzelnen Elemente zu beschreiben. Ohne das Wissen über die Struktur und Aussagekraft der Daten können diese kaum genutzt werden. Informationen über die Anwendung von Metadaten sollten vor der Arbeit mit dem Lernangebot zur Verfügung gestellt werden.

Reflexion des eige-
nen Lernverhaltens
in Verbindung mit
Metadaten

Zweitens: Da Metadaten teilweise fachspezifisches Vokabular enthalten, muss neben der Klärung der Inhalte des Metadatensatzes auch die Reflexion des eigenen Lernverhaltens aufseiten der Lernenden gefördert werden. Hierdurch erhalten die Lernenden Einsichten in ihre Lernstrategien, bevorzugte Arbeitsweisen, geeignete Aufgabentypen, die Lernfortschritte und anderes mehr. Dieses Wissen muss weiterhin mit dem im Metadatensatz verwendeten spezifischen Vokabular in Verbindung gebracht werden, sodass die Lernenden in der Lage sind, den eigenen Lernprozess zu analysieren und auf dieser Grundlage nach geeigneten Lerninhalten, Aufgabentypen, Betreuungsarten oder Bearbeitungsformen zu suchen und für sich auswählen zu können.

Der zweite
Reviewprozess der
Metadaten

Drittens gilt es, während der Arbeit mit den E-Learning-Materialien zu prüfen, inwieweit die erstellten Metadaten geeignet sind, den realen Lernprozess abzubilden und die Nutzer bei der Auswahl zu unterstützen. Gibt es Aspekte, die in den Metadaten nicht berücksichtigt bzw. nur unzureichend differenziert wurden? Punkte wie beispielsweise die ausreichende und verständliche Beschreibung des Vorwissens, die angesetzte Bearbeitungszeit oder auch die Abbildung von Nutzerrollen und -aktivitäten, könnten davon betroffen sein. Unschärfen sind dabei immer gegeben und es wird nicht möglich sein, hier die Wirklichkeit komplett abzubilden.

Auch eine formative Evaluation (Abschnitt 6.4.1) kann dazu beitragen, das Metadatenschema zu optimieren. Fallen große oder sich wiederholende Diskrepanzen bei der Nutzung des Datenschemas auf, so sollten diese erfasst und an die Entwickler des Schemas weiter gereicht werden. Auch hier sollte bei nachfolgenden Entwicklungen von E-Learning-Angeboten immer die neueste Version des Datenschemas eingesetzt und die Entwicklung dokumentiert werden.

Lohnt sich der
Aufwand?

Der hier vorgestellte Ansatz, wie E-Learning-Angebote an Standards angepasst werden und auf welche Art Metadaten entwickelt und implementiert werden können, scheint auf den ersten Blick sehr umfangreich zu sein. Jedoch müssen viele Arbeitsschritte nur einmal durchgeführt werden, danach bedarf es häufig nur noch einer einfachen Korrektur und Pflege der Datensätze. So kann bei der weiteren Arbeit auf vorhandene Metadaten zurückgegriffen werden, wenn sich diese als geeignet herausgestellt haben, und auch die Beschreibung der einzelnen Lernobjekte folgt weitestgehend einem einheitlichen Vorgehen. Diese Arbeiten sind zu Anfang ungewohnt und erfordern ein Mehr an Reflexion über den zukünftigen Einsatz des Materials, werden aber im Laufe der Tätigkeit zur Routine.

Trotz des Mehraufwandes bietet ein mit Metadaten ausgezeichnetes Lernmaterial Vorteile bei der weiteren Arbeit. Es lässt sich besser in Lernszenarien und technische Systeme integrieren, die Nutzbarkeit wird verbessert und die Auffindbarkeit und Wiederverwertbarkeit werden erhöht.

7.4 Praxisbeispiel: Standards und Metadaten in der Virtuellen Fachhochschule für Technik, Informatik und Wirtschaft

Die Entwicklung der virtuellen Fachhochschulstudiengänge im Bundes-leitprojekt „Virtuelle Fachhochschule für Technik, Informatik und Wirtschaft (VFH)" begann 1999. Zu diesem Zeitpunkt waren Standardisierungsbemühungen im E-Learning auf nationaler und internationaler Ebene noch ‚Neuland', insbesondere wenn es dabei nicht um die Beschreibung technischer Daten, sondern um pädagogische oder ergonomische Merkmale ging. Obwohl es also zunächst kaum Ansätze gab, die für die Entwicklung eigener Standards hätten genutzt werden können, bestand natürlich in einem so großen Kooperationsprojekt von Anfang an Interesse an diesem Thema, zumal damit zugleich auch Aspekte der Qualitätssicherung und der möglichen Wiederverwendbarkeit von erstellten Lernmaterialien verbunden waren.

Entwicklung projektinterner Standards in einem Styleguide

Zwar war zunächst nicht geplant, einen (durch die unterschiedlichen Standardisierungsinitiativen) vorgegebenen Standard zu nutzen oder einen eigenen Standard zu entwickeln, jedoch führte die intensive Zusammenarbeit von Mitarbeitern der modulentwickelnden, technischen und didaktischen Arbeitspakete mit der Zeit zur Diskussion und Beschreibung der verschiedenen Aspekte und Phasen bei der Modulentwicklung in der VFH. Die Ergebnisse dieser Diskussionen wurden durch eine zu diesem Zweck gegründete Arbeitsgruppe in einem Styleguide festgehalten, dessen Ziel „die Unterstützung der einzelnen Arbeitspakete bei der Entwicklung von Studienmodulen für die Virtuelle Fachhochschule" und „die Qualitätssicherung der Studienmodule der Virtuellen Fachhochschule" war (HARTWIG / TRIEBE / HERCZEG 2002c, 5). Die Arbeit nach den Richtlinien des Styleguides wurde „verpflichtende Grundlage für die Entwicklung von Studienmodulen innerhalb des Projektes VFH" (ebd., 6).

Wie in Abschnitt 4.6 ausführlich beschrieben, enthält der Styleguide nicht nur ergonomische Regeln (zur Gestaltung von Seiten und Lerneinheiten, zur Einbindung von Texten, Bildern, Multimedia, interaktiven Inhalten usw.) und technische Anforderungen (an den HTML-Code, Metadaten, Plug-ins, Dateiformate, Browserfähigkeiten usw.), sondern darüber hinaus auch didaktische Anforderungen an die Konzeption und Gestaltung der Studienmodule, die sich an die didaktischen Leitlinien anlehnen (zur Entwicklung und zum Inhalt des Styleguides ausführlich Abschnitt 4.6).

Der Styleguide unterscheidet Muss-, Soll- und Kann-Bestimmungen und bot damit den Modulentwicklern Anhaltspunkte, welche Arbeitsschritte und Elemente bei der Modulkonzeption unverzichtbar und welche sinnvoll und möglich, aber nicht unbedingt notwendig waren – ein Vorgehen, das auch bei verschiedenen Standardisierungsinitiativen praktiziert wird. So definiert beispielsweise auch IMS für das Learning Design (LD) von E-Learning-

245

Materialien drei unterschiedliche Komplexitätsgrade, die jeweils unterschiedliche Elemente enthalten und es Entwicklern ermöglichen, bereits mit geringerem Aufwand eine Kompatibilität zu IMS herzustellen. Dieses Vorgehen fördert den Einsatz von IMS LD und dient damit der Verbreitung und Akzeptanz.

Reviewprozess

In der VFH wurden die einzelnen Phasen der Modulentwicklung durch mehrere Reviews anhand im Styleguide beschriebener Regeln begleitet (Abschnitt 6.6). Die (kostspielige) Produktion von multimedialen Lernmaterialien wurde jeweils erst aufgenommen, wenn die Konzeption der Module durch die Reviews als Styleguide-konform beurteilt worden war. Außerdem standen den Entwicklern ständig weitere Hilfen zur Verfügung, so z. B. Arbeitsblätter zu den didaktischen Leitlinien, anhand derer die einzelnen Schritte bei der Modulentwicklung geplant werden konnten, sowie das Angebot einer individuellen Beratung durch Mitarbeiter der Arbeitspakete Didaktik, Ergonomie und Technik.

Metadaten in der VFH: Erstellung einer Dokumententyp-Definition (DTD)

Ein Arbeitspaket im Projekt VFH beschäftigte sich insbesondere mit Datenformaten. Zu den damit verbundenen Aufgaben gehörte auch die Erstellung einer Dokumententyp-Definition (DTD). DTDs definieren die Regeln für das Benutzen von Beschreibungen bei der Erstellung von XML-Dokumenten. Der Einsatz von XML wurde an der VFH seit 2000 intensiv angeregt und in verschiedenen Modulen umgesetzt. Bevor die DTD für die Nutzung im gesamten Projekt freigegeben wurde, wurden die Vor- und Nachteile bei verschiedenen Entwicklertreffen ausführlich diskutiert, Erfahrungen und Erkenntnisse der einzelnen Entwicklerteams wurden bei der Erarbeitung berücksichtigt und flossen ebenso in die Entwicklung der DTD ein wie standortspezifische Besonderheiten. Durch die hohe Transparenz bei der Gestaltung der DTD und die Berücksichtigung der Interessen der Modulentwickler in diesem Prozess entstand eine hohe Akzeptanz im gesamten Projekt.

Metadaten im Styleguide

Der Einsatz von Metadaten wurde auch im Styleguide berücksichtigt, der unter anderem folgende Kriterien enthält (HARTWIG / TRIEBE / HERCZEG 2002c, 20f.):

- Metadaten müssen im dafür vorgesehenen HTML- bzw. XML-Format spezifiziert werden,

- Titel und Untertitel von Lerneinheiten und Kapiteln sollen (durch so genannte „Class-Tags") eindeutig ausgezeichnet werden,

- Referenzen und Abschnitte sowie Literaturverweise und Zusammenfassungen sollen eindeutig markiert werden,

- für jedes Studienmodul und jede Lerneinheit sollen minimal folgende Metadaten angegeben werden: „author" (Entwickler), „id" (eindeutige Kennzeichnung des Moduls oder der Einheit), „keywords"

(Schlüsselwörter für den Inhalt), „version" (Versionsnummer), „creation time" (Zeitpunkt der Erstellung), „discipline" (Zugehörigkeit zum Studienfach), „copyright" (Rechte), „learning time" (geschätzte Bearbeitungszeit),„language" (Sprache des Moduls, der Lerneinheit).

Keine pädagogischen Metadaten

Obwohl auch pädagogische Mitarbeiter an der Entwicklung der DTD beteiligt waren, enthält sie keine pädagogischen Metadaten. Ein Grund dafür liegt darin, dass die DTD zeitgleich mit den speziell auf die Erfordernisse der VFH ausgerichteten didaktisch-methodischen Leitlinien entwickelt wurde, es also projektspezifische Abstimmungsschwierigkeiten zwischen beiden Prozessen gab. Wichtiger waren jedoch die Vorbehalte der pädagogischen Mitarbeiter gegen die Abbildung pädagogischer Kriterien in technischen Systemen. Dies lag nicht nur an der Unerfahrenheit in Bezug auf Funktion und Programmierung von XML oder daran, dass die Entwicklung von Metadaten für die Abbildung didaktisch-methodischer Inhalte (auch international) noch ein relativ neues Thema war. Vor allem schien es problematisch, die an den didaktisch-methodischen Leitlinien orientierte Vorgehensweise bei der Modulentwicklung mit der Idee der Beschreibung von Lernobjekten zu vereinbaren. Die Gefahr einer verkürzten,„technokratischen' Sicht auf die Abbildung von Lernszenarien wurde hier ebenso gesehen wie eine mögliche dekontextualisierte Nutzung einzelner Lernobjekte.

Metadaten erfordern permanente Aufmerksamkeit

Einer solchen missbräuchlichen Nutzung kann nur dadurch vorgebeugt werden, dass die Nutzung von Metadaten in einem Projekt nicht zu einem ‚automatisch ablaufenden' Prozess wird, sondern von allen Beteiligten einer kritischen Überprüfung und permanenten Revision unterzogen wird. Dabei müssen Metadaten sowohl der Anforderung der Anwendbarkeit durch die Benutzer als auch der ausreichenden Beschreibung der Lernmaterialien dienen und sollen technisch gesetzte Grenzen stets in Frage stellen. In der VFH nahm zwar, angeregt durch interne und externe Entwicklungen, im Projektverlauf das Verständnis der pädagogischen Mitarbeiter für die Relevanz auch pädagogischer Metadaten zu, jedoch standen sie diesen bis zum Projektschluss insgesamt kritisch gegenüber.

Wiederverwendbare Lerneinheiten

In der letzten Phase des Projekts wurden – angeregt durch eine Gruppe von Entwicklern – erste Schritte unternommen, wiederverwendbare Lernobjekte (so genannte Reusable Learning Objects) zu erstellen. Hierzu fanden intensive Diskussionen zwischen den pädagogischen Mitarbeitern und den Entwicklern statt. Inwieweit die Entwicklung und der Einsatz der wiederverwendbaren Lernobjekte dem pädagogischen Anspruch an die Gestaltung von Lerneinheiten gerecht werden, muss sich noch zeigen.

Ständige Weiterentwicklung des Styleguides

Der Styleguide als VFH-interner Standard und die DTD als VFH-interner Satz von Metadaten wurden während des Projektverlaufs kontinuierlich weiterentwickelt. Ihre Funktion und Vollständigkeit wurden ständig kritisch überprüft, Anregungen der Entwickler, Ergebnisse aus den Reviews und Evaluationen führten zu Überarbeitungen, wobei die jeweils neueste

Version den Modulentwicklern im virtuellen Dokumentationsraum des Projekts zeitnah für die weitere Arbeit zur Verfügung gestellt wurde. Diese Vorgehensweise entsprach in etwa dem in Abschnitt 7.3.2 vorgestellten Entwicklungsstufenmodell und erwies sich nicht nur als praxistauglich, sondern führte vor allem durch die Einbeziehung und Auseinandersetzung aller Beteiligten mit dem Thema schließlich zu einer großen Akzeptanz der entwickelten Regelwerke.

7.5 Schlussfolgerungen und Empfehlungen

Vorteile des Einsatzes von Standards und Metadaten

Die Ausrichtung von E-Learning-Angeboten an Standards und die Einbindung von Metadaten können eine ganze Reihe von Vorteilen mit sich bringen, von denen nicht nur die Anbieter, sondern auch die Nutzer – also die Lernenden – profitieren, z. B. die Sicherung der formalen Qualität der Angebote (Kapitel 6) sowie Transparenz und Vergleichbarkeit, die es Lernenden ermöglicht, gezielt auf ihre Bedürfnisse passende Angebote auswählen zu können. Dabei gewinnt die Beschreibung didaktisch-methodischer Aspekte zunehmend an Bedeutung.

Mangel an Standards für didaktisch-methodische Beschreibungen

Allerdings sind alle derzeit vorliegenden Standards zur didaktisch-methodischen Beschreibung von E-Learning-Angeboten noch unzureichend, auch wenn eine Vielzahl von Initiativen derzeit an Spezifikationen arbeiten, die es ermöglichen sollen, pädagogisch relevante Informationen abzubilden.

Intensive Vorbereitung der Einführung von Standards in E-Learning-Projekten

Um eigene Lernangebote zu standardisieren bzw. auf einen Standard vorzubereiten, sind intensive Planungs-, Koordinations-, Kommunikations- und Evaluationsschritte notwendig, deren Mehrwert aufgrund des zunächst erhöhten Arbeits- und Kostenaufwands aus unternehmerischer Sicht nicht immer sofort zu erkennen ist, die sich aber längerfristig auszahlen können.

Die Entwicklungen auf dem Markt und die Brisanz des Themas lassen die Hoffnung zu, dass neben technischen Standards bald auch geeignete Standards zur Verfügung stehen werden, die didaktisch-methodische Kriterien berücksichtigen, verständlich sind und sich leicht implementieren lassen. Wie diese aussehen und welche Chancen und Probleme mit ihnen verbunden sein werden, bleibt abzuwarten. Die zurzeit zur Verfügung gestellten Mittel, wie die Bereitstellung eines Modells, eines XML-Bindings (das heißt, einer Anleitung, wie die Metadaten in XML eingebunden werden) oder Best-Practice-Beispiele reichen jedenfalls für die Arbeit nicht aus und sind häufig selbst noch nicht miteinander kompatibel. Bereits die Nutzung, die Anbindung und die Arbeit mit den Standards auf verschiedenen technischen Systemen scheinen Probleme zu bereiten. GORDON (2002, Online) stellt mit Blick auf die Einführung und Nutzung von Standards und Metadaten zur Beschreibung von E-Learning-Materialien die berechtigte Frage: „Where oh where is Plug & Play?" Eine befriedigende Lösung wird wohl noch einige Zeit in Anspruch nehmen.

Kapitel 8
Nachhaltigkeit

Vorbemerkung *In den vorhergehenden Kapiteln wurden die Voraussetzungen, Bedingungen und Gestaltungsoptionen für die Konstruktion bildungsrelevanter virtueller Lernangebote in Hochschulen und Bildungszentren ausführlich dargestellt und diskutiert. In diesem Kapitel sollen die strategischen Optionen diskutiert werden, die zur Sicherstellung der Nachhaltigkeit der virtuellen Angebote notwendig sind. Dies geschieht am Beispiel der Studienangebote von Hochschulen. Denn aus dem relativ homogen strukturierten Bildungsraum Hochschule liegen dazu hinreichende Erfahrungen und Untersuchungen vor. Die Bildungsräume außerhalb der Hochschule sind erheblich heterogener strukturiert und hier liegen dementsprechend auch nur für partielle Bereiche und zudem unterschiedlich weit reichende Erfahrungsberichte und Untersuchungen vor. Gleichwohl gelten die grundlegenden Aspekte und Wirkungsweisen strategischer Optionen zur Sicherstellung der Nachhaltigkeit virtueller Lernangebote in ähnlicher Weise auch für Bildungszentren. Sie sind daher – mit entsprechenden Anpassungen – auf diese übertragbar.*

Nach vergangener Euphorie enttäuschte Erwartungen

Gegenwärtig sind noch immer Auffassungen zur Erreichung von Nachhaltigkeit vorherrschend, die den konstitutiven Faktoren erfolgreicher Bildungsprozesse mit virtuellen Studienangeboten in keiner Weise Rechnung tragen und daher nicht zielführend sind. In vielen aktuellen Presseartikeln und Kommissionsberichten wird zunehmend deutlicher festgestellt, dass die ursprünglich gehegten Erwartungen einer raschen Entwicklung und Studienstrukturen verändernden Verwendung virtueller Studienangebote nicht erfüllt, sondern vielmehr enttäuscht wurden. UHL (2003) hat das in seiner empirischen Untersuchung überaus deutlich aufgezeigt. Somit steht die Nachhaltigkeit virtueller Bildungsangebote noch aus.

Bisher Orientierung an technischer Machbarkeit

Offensichtlich waren die Erwartungen zu sehr an der technischen Machbarkeit und der kurzfristigen, zumindest aber mittelfristigen Erzielung ökonomischer Gewinne orientiert, während die Einbettung virtueller Studienangebote in Bildungsprozesse und daher vor allem deren didaktische Gestaltung weitgehend unbeachtet blieben. Dementsprechend fasst beispielsweise SCHULMEISTER (2001, 363) seine aktuellen Analysen kurz und knapp so zusammen: „Die Masse der Lernangebote im Netz, ob Programme oder Texte, werden einfach additiv zur herkömmlichen Lehre eingeführt und richten sich in der Regel nach altbekannten Lernkonzepten, häufig behaviouristischer Provenienz. Schon die Softwaretechnik kann mehr als heute realisiert wird, aber erst recht die Didaktik." „Die didaktische Phantasie bleibt der Schwachpunkt der virtuellen Lehre." (ebd., 357) „Noch ist die Präsenzausbildung der virtuellen Ausbildung in der Regel überlegen." (ebd., 363) Die virtuellen Studienangebote seien noch zu textlastig und zu sehr programmierte Unterweisung. SCHULMEISTER fordert daher eine „Korrektur falscher Einschätzungen" (ebd.).

Falsche Vorstellungen von Bildungsprozessen

Den gescheiterten Konzepten liegt die Vorstellung einer *Industrialisierung von Lernprozessen bzw. Bildungsprozessen* zugrunde, nämlich bisher personale pädagogische Handlungen durch technische Mittel – die programmierten Lehr- bzw. Lernmedien – ersetzen zu können. Die unverzagt Engagierten sehen nun seit einiger Zeit den Weg aus der Krise im „Blended Learning", also in der Entwicklung virtueller Module zur Kombination mit Präsenzanteilen. Für generalisierbare Lerninhalte scheint dies möglich zu sein. Jedoch wird dabei übersehen, dass generalisierte Lerninhalte nur dann von den Lernenden als bedeutsame wahrgenommen und nachhaltig gelernt werden, wenn sie eng mit dem eigentlichen Lerngegenstand verflochten sind. Insofern folgt auch das „Blended Learning" – solange es Medien und Präsenz nur additiv kombiniert – der Vorstellung einer Industrialisierung von Lernprozessen, allerdings mit dem Unterschied, dass es diese zunächst abschnittsweise realisieren möchte. Jedoch sind alle Versuche einer informationstechnisch basierten Industrialisierung von Bildungsprozessen zum Scheitern verurteilt, weil trotz der Erfahrung aller bisherigen bildungstechnologischen Misserfolge noch immer nicht berücksichtigt wird, dass der Diskurs für Bildungsprozesse konstitutiv ist und dieser sich prinzipiell nicht industrialisieren lässt.

Der Weg des Erfolgs virtueller Studienangebote ist vielmehr in einer grundlegenden didaktisch-methodischen Umstrukturierung des Studiums zu finden, die zentral von den konstituierenden Faktoren der Bildungsprozesse ausgeht. Bildungsprozesse sind immer subjektiv begründete Prozesse des Lernens im gesellschaftlichen Kontext mit anderen Menschen, z. B. Lehrenden, Experten, Lernenden, und vor allem auch nicht auf institutionell organisierte Prozesse begrenzt (HOLZKAMP 1993; ZIMMER 2004).

Orientierung virtueller wissenschaftlicher Studienangebote

Ein weiterer Aspekt ist bei der Diskussion um die Nachhaltigkeit von entscheidender Bedeutung: Auch wenn die Industrialisierung der Bildungsprozesse den Bedingungen und Faktoren erfolgreicher subjektiver Lernprozesse fundamental widerspricht, so gibt es doch mächtige wirtschaftliche und politische Interessen, dennoch die Industrialisierung von Bildungsprozessen voranzubringen, um einen neuen lukrativen ‚Bildungsmarkt' zu schaffen. Die Wege dorthin sind durchaus verschieden. Ein solcher wird auch durch die in ihrer Wirkung zynische Erzeugung von Knappheit an Präsenzlehre aufgrund der aufgezwungenen Sparhaushalte eröffnet. Denn die erzeugte Knappheit an Präsenzlehre erzeugt die Forderung nach Studiengebühren und erhöht die Nachfrage nach virtuellen Studienangeboten, die privatwirtschaftlich hergestellt und von den Studierenden zu erwerben sind. Die weitaus meisten Studierenden sind nicht in der Lage, die notwendig hohen Preise für qualitativ hochwertige virtuelle Studienangebote zu zahlen, die aber entstehen, weil die Medienhersteller die hohen Entwicklungskosten plus Gewinn zumindest mittelfristig wieder erwirtschaften müssen. Eine Senkung des Preises kann durch große Verbreitung oder durch Vereinfachung des virtuellen Studienangebotes erreicht werden. Beides führt zu Qualitätsverlusten, ersteres durch Gleichmachung, letzteres durch Niveauverlust.

Kosten-Nutzen-Kalkül

Mehr noch: Die Privatisierung virtueller Studienangebote führt zu einer grundlegenden Umorientierung von Lehre und Studium, die sich darin manifestiert, dass es in wissenschaftlicher Lehre und Forschung nicht mehr wie bisher um Wahrheitsfindung durch Erkenntnisgewinnung und Kritik, sondern um ökonomische Kosten-Nutzen-Kalküle geht, die mit Macht und weniger mit Wahrheit zu tun haben. Denn alle Beteiligten wollen mit minimalem Aufwand größtmöglichen Gewinn erzielen. Insofern werden die Studierenden zwischen den preiswertesten Angeboten und dem ‚guten Ruf' des erwerbbaren Zertifikats abwägen, die hinreichend erscheinen, um die Nutzbarkeit ihrer damit erworbenen Kompetenzen zu einem möglichst guten Preis auf dem Arbeitsmarkt verkaufen zu können. Mit Bildung als Entwicklung des notwendigen subjektiven Potenzials für zukünftige Aufgaben, sei es in innovativen Unternehmen oder in der Teilhabe an der demokratischen Gestaltung der Lebensverhältnisse in unserer Gesellschaft, ist eine sich solcher Art herausbildende Studienorientierung in keiner Weise mehr vereinbar.

Die Frage nach Strategien und Faktoren für Nachhaltigkeit

Wenn weder durch zynische Verknappung von Präsenzlehre oder Privatisierung virtueller Studienangebote noch durch mediale Substitution von Lehrenden oder Virtualisierung von Teilen des Studiums Nachhaltigkeit erzielt werden kann, dann stellt sich eine zentrale Frage: Wie müssen die konstitutiven Faktoren eines an wissenschaftlich fundierter Bildung orientierten Studiums, nämlich die Didaktik, die Infrastruktur, die Studienstruktur, die Lehr- und Lernkultur sowie die Evaluation bzw. Qualitätssicherung, virtuell restrukturiert werden?

8.1 Kostenführerschaftsstrategie oder Differenzierungsstrategie

Wir werden daher im Folgenden keine möglichen Geschäftsmodelle oder Modelle für Public-Private-Partnerships für private oder staatliche Hochschulen und Bildungseinrichtungen vorstellen, sondern jene Faktoren diskutieren, die für die Erzielung von Nachhaltigkeit virtueller Studienangebote eine fundamentale Bedeutung haben. Die Geschäftsmodelle selbst können auf der Grundlage dieser Faktoren immer nur entsprechend den spezifischen Zielen, den ins Auge gefassten Zielgruppen, den Strukturen und Gegebenheiten im Bildungssektor sowie den institutionellen Bedingungen und Ressourcen der Anbieter entwickelt werden. Auf die Vielfalt möglicher Geschäftsmodelle können wir im Folgenden nicht weiter eingehen. Doch zuvor müssen zwei fundamental unterschiedliche Strategien diskutiert werden, die allen Nachhaltigkeitsüberlegungen vorausgehen: nämlich die Kostenführerschaftsstrategie und die Differenzierungsstrategie. Zweifelsohne beherrscht die Kostenführerschaftsstrategie im derzeit hegemonialen öffentlichen Spardiskurs die hochschulpolitische Diskussion und dieser folgend auch die Diskussion um die Gestaltungsoptionen virtueller Studienangebote. Die Wahl einer Strategie und die Ausgestaltung der Nachhaltigkeitsfaktoren sind die entscheidenden Grundlagen für die Entwicklung eines erfolgreichen Geschäftsmodells.

Kostenführerschaftsstrategie

In den politischen Gremien, die über die Einführung virtueller Studienangebote entscheiden, spielt die Kostenreduktion eine entscheidende Rolle. Die politische Erwartung richtet sich dabei auf die wiederholte Nutzung von Material bei gleichzeitigem Anstieg der Studierendenzahl (SCHULMEISTER 2001, 360). Abgesehen davon, ob das dabei mitgedachte pädagogische Fundament dieser Erwartung aufgrund der konstitutiven Faktoren erfolgreicher virtueller Bildungsprozesse überhaupt realistisch ist (Kapitel 2), zielt diese Erwartung auf eine Kostenführerschaftsstrategie virtueller Hochschulen und damit auf einen mittel- oder langfristigen Ersatz von Präsenzhochschulen. Zweifellos eine Erwartung, die nichts weniger als eine revolutionäre Umwälzung des gesamten Bildungsbereichs im Auge hat. Zu prüfen ist, ob Kostenvorteile gegenüber dem Präsenzstudium erreichbar erscheinen und durch welche Strategien eventuell Kostenvorteile erreicht werden könnten. Zu beachten sind dabei die kritischen Kostengrößen: Inhaltsentwicklung, Video- bzw. Medienproduktion, didaktisch-methodische Konzeption und Medienprogrammierung.

Auch wenn alle bisherigen und zugänglichen Kostenkalkulationen noch sehr unsicher sind, weil nie deutlich wird bzw. noch nicht klar ist, welche Kostenarten insgesamt berücksichtigt wurden bzw. werden müssen, so soll doch zur Verdeutlichung der Problemlage eine sehr grobe Einschätzung erfolgen.

Globaler Effizienzvergleich zwischen Präsenz- und Fernstudium

Um die Problemlage zu verdeutlichen, hat UHL (2003, 160-161) zunächst einen globalen Effizienzvergleich zwischen zwei eingeführten Universitätstypen angestellt, nämlich den Präsenzuniversitäten in Nordrhein-Westfalen und der Fernuniversität in Hagen. Ergebnis ist (nach Aggregation der von UHL berichteten Daten), dass die Kosten der Lehre pro Studierenden an den Präsenzuniversitäten etwa 420% über den Kosten der Fernlehre an der Fernuniversität Hagen liegen. Dabei ist allerdings zu berücksichtigen, dass an den Präsenzuniversitäten die Integration von Lehre und Forschung als ein wesentlicher Qualitätsfaktor in den Kosten enthalten ist. Die Anzahl der Studienabschlüsse an den Präsenzuniversitäten liegt um etwa 860% über denen an der Fernuniversität. Somit erzielt auf den ersten Blick die Fernuniversität nur etwa 50% der Effizienz der Präsenzuniversitäten.

Bei diesem anscheinend mageren Ergebnis der Fernuniversität muss allerdings in Rechnung gestellt werden, dass die beiden Universitätstypen aufgrund der sehr unterschiedlichen Merkmale der jeweiligen Adressatengruppen im Grunde nicht miteinander verglichen werden können. Denn an der Fernuniversität sind viele Gasthörer und Zweithörer eingeschrieben, die später an Präsenzuniversitäten ihre Abschlüsse machen und ein hoher Prozentsatz der Studierenden sind Berufstätige und betreiben somit wissenschaftliche Weiterbildung. Zudem sind aufgrund der zeitlichen Belastungen der berufstätigen Studierenden lange Studienzeiten vorherrschend und viele brechen ihr Studium vorzeitig ab. Dennoch legt der globale Vergleich die Vermutung nahe, dass auf absehbare Zeit Präsenzuniversitäten noch effizienter sein werden als virtuelle Universitäten (SCHULMEISTER 2001, 357ff.).

Kostenführerschafts- strategie ist für virtuelle Hochschulen ungeeignet

Dieser globale Vergleich lässt bereits erkennen, dass eine Kostenführerschaftsstrategie rein virtueller Hochschulen gegenüber Präsenzhochschulen wahrscheinlich noch lange, wenn nicht überhaupt, unrealistisch bleiben wird. Denn hinzu kommt, dass gegenüber der noch weithin mit Printmedien arbeitenden Fernuniversität virtuelle Hochschulen mit sehr viel höheren Kosten für die Entwicklung und Pflege der virtuellen Medien sowie für die Betreuung über das Internet rechnen müssen.

An Präsenzuniversitäten sind die Kostenstrukturen wesentlich durch die Personalkosten bestimmt. Aufgrund der eigentlich festgeschriebenen Betreuungsrelationen wachsen die Personalkosten in der Regel proportional mit den Studierendenzahlen. In den vergangenen beiden Jahrzehnten wurden allerdings die Betreuungsrelationen vielerorts regelmäßig erheblich überschritten. Jedoch bleibt das Wachstum der Studierendenzahlen und vor allem der Zuwachs an Personal durch Stellenpläne und Raumgrößen letztlich begrenzt. Zudem ist die Integration von Lehre und Forschung ein nicht zu unterschätzender Qualitätsvorteil, der sich jedoch nicht in Erträgen quantifizieren lässt. An Fachhochschulen sind aufgrund der wesentlich intensiveren Betreuung der Studierenden die Kosten erheblich höher und die Betreuungsrelationen nicht flexibel (UHL 2003, 153).

Kostenstruktur virtueller Hochschulen

An virtuellen Hochschulen sind die Kostenstrukturen dagegen wesentlich durch die Fixkosten der virtuellen Studienmodule, der Pflege und Wartung, der Lernplattformen und der Netzkosten bestimmt. Beispielsweise an der „Virtuellen Fachhochschule für Technik, Informatik und Wirtschaft (VFH)" kostet die Produktion eines virtuellen Studienmoduls mit einem Umfang von vier Semesterwochenstunden ca. 200.000 EURO; für die Pflege und Wartung werden jährlich etwa 50.000 EURO veranschlagt (UHL 2003, 169). Die Hochschulrektorenkonferenz (HRK 2003a) kommt sogar zu deutlich höheren Kostenschätzungen: „Allein für die Inhaltsentwicklung eines multimedialen Web-Kurses werden gegenwärtig pro Semesterwochenstunde je nach Fach und Aufwand *zusätzlich* (Hervorh. durch Verf.) Beträge zwischen

30.000 EURO und 100.000 EURO aufgewandt. Hinzu kommen die Kosten für die Kursabwicklung, für die tutorielle Betreuung und die laufende Pflege des Kursmaterials. Dieser Aufwand ist höchstens für wenige, über längere Zeit stabile und für viele Nutzer einsetzbare Inhalte zu rechtfertigen."

Natürlich sind die Fixkosten wesentlich Kosten für Personal in der Medienerstellung, sie sind jedoch unabhängig von den Studierendenzahlen, sodass bei hinreichend großen Studierendenzahlen die Kosten pro Studierenden niedriger werden können als an Präsenzhochschulen. Hinzukommen die variablen Personalkosten für Mentoren, die nur einen Bruchteil der Personalkosten für Professoren betragen und zudem durch variable Arbeitsverträge flexibel an die eingeschriebenen Studierendenzahlen angepasst werden können. Zudem können die Arbeitsplatzkosten für Mentoren sehr gering gehalten werden, weil sie die Betreuung der Studierenden von zu Hause aus leisten können.

Kostenvorteil erst bei sehr großer Teilnahme

Ergebnis der groben Kostenschätzung ist, dass ein Kostenvorteil der VFH erst beginnt, wenn für ein Studienmodul mindestens 7.000 bis 8.000 Studierende eingeschrieben sind. Darin sind die einmaligen Produktionskosten des Moduls noch gar nicht enthalten, sondern nur die jährlichen Pflegekosten(UHL 2003, 169). Auch ist noch keine Differenzierung der Studieninhalte berücksichtigt, die bei dieser sehr großen Studierendenzahl aber dringend notwendig wäre, um Anforderungen des Arbeitsmarktes und individuellen Studieninteressen Rechnung zu tragen. Eine Differenzierung der Studienmodule würde wiederum zu höheren Fixkosten führen. Die variablen Kosten für die Mentoren dürften jedoch gleich bleiben, weil nur eine differenzierte Zusammenstellung der Mentoren entsprechend der erforderlichen Kompetenzprofile notwendig ist. Je nach Grad der Differenzierung müssten also weit über 10.000 Studierende für ein Studienmodul gewonnen werden, wenn ein Kostenvorteil gegenüber Präsenzhochschulen erreicht werden soll. Dies zu erreichen liegt gegenwärtig noch in sehr weiter Ferne.

Integration von Lehre und Forschung gefährdet

Zudem muss zumindest bei virtuellen Universitäten überlegt werden, durch welche neuartigen Maßnahmen die Integration von Lehre und Forschung, die ein zentrales Qualitätsmerkmal des universitären Präsenzstudiums ist und vor allem im direkten Diskurs im inhaltlichen Kontext der Präsenzveranstaltungen realisiert wird, beibehalten werden kann. Es ist eine Integration, die in den Präsenzveranstaltungen immer wieder neu und aktuell hergestellt wird. In virtuellen Studienmodulen wird dagegen die Integration von Lehre und Forschung mit der Produktion der Medien in denselben fixiert. Überdies tritt im Unterschied zum Präsenzstudium der Professor im virtuellen Studium dem Studierenden (fast) nur noch in Gestalt des Mediums gegenüber, während ihre bisherige Kommunikation mit den Studierenden nun (fast) ausschließlich von den Mentoren und zudem konzentriert auf eine unmittelbare Unterstützung der Medienbearbeitung wahrgenommen wird. Bei vielen Tausenden von Studierenden pro Modul ist eine Kommunikation mit der Professorin oder dem Professor auch gar nicht mehr möglich.

Schwieriger Weiterbildungs-markt

Überlegungen, die hohen Fixkosten durch die zusätzliche Erschließung des Weiterbildungsmarktes wenigstens zu einem guten Teil wieder herein zu bekommen, sind ebenfalls nicht sehr realistisch. Denn dort trifft das Angebot von Standardmodulen mit allen Merkmalen hochschulischer Aufbereitung von Lerninhalten auf eine hoch differenzierte und passgenaue Nachfrage vor allem in der betrieblichen, aber auch in der individuellen beruflichen Weiterbildung. Eher würde ein Angebot hochschulischer Studienmodule im weiterführenden Studium in Frage kommen, weil die Opportunitätskosten von berufstätigen Studierenden (Lohnausfall, Reisekosten, Mehrverpflegungsaufwand) wegfallen würden und die inhaltliche Differenzierung nicht passgenau sein muss. Jedoch sind in diesem Sektor kaum sehr große Teilnahmezahlen pro Studienmodul zu erreichen.

Eine Differen-zierungsstrategie ist Erfolg versprechender

Eine Kostenführerschaftsstrategie dürfte also auf absehbare Zeit kaum Erfolg versprechend sein. Somit bleibt im Folgenden noch zu prüfen, ob stattdessen eine Differenzierungsstrategie mehr Aussicht auf Erfolg haben könnte. Denn im Unterschied zur Kostenführerschaftsstrategie geht es ihr nicht um die Erzielung von Kostenvorteilen, sondern um neue Produkteigenschaften mit neuen Nutzungspotenzialen, die von den Studierenden nachgefragt werden. Bei der möglichen Vielgestaltigkeit von virtuellen Studienangeboten sind in Anlehnung an UHL (2003, 175-191) prinzipiell mehrere Differenzierungsstrategien unterscheidbar:

Reichweiten-erhöhung

- Eine Strategie *räumlicher Reichweitenerhöhung* durch virtuelle Parallelangebote für Studierende, die nicht oder nur selten zum Campus kommen können, aber dennoch an Lehrveranstaltungen teilnehmen möchten. Parallelangebote können zusätzlich auch zur individuellen Vor- und Nachbereitung von Präsenzveranstaltungen genutzt werden. Da für aufwendige Produktionen sehr wahrscheinlich keine kostendeckenden Teilnahmezahlen erreicht werden, empfehlen sich für Parallelangebote einfache Produktions- und Pflegeverfahren, beispielsweise Vorlesungsmitschnitte mit Indexierung der verwendeten Medien.

- Eine Strategie *sozialer Reichweitenerhöhung* beispielsweise durch Studieninhalte mit einem hohen Allgemeinheitsgrad, wie Erlernen einer Fremdsprache, Funktionsweisen des politischen oder wirtschaftlichen Systems etc., die für unterschiedliche Zielgruppen geeignet sind und nachgefragt werden. Aufgrund der wachsenden sozialen und beruflichen Differenzierungen in unserer Gesellschaft sinken allerdings die möglichen Erfolgsaussichten einer solchen Strategie zunehmend.

Kompensation von Knappheit

- Eine weitere Differenzierungsstrategie ist die *Kompensation von Knappheit*, beispielsweise wenn nicht genügend Praktikums- oder Laborplätze zur Verfügung stehen oder wenn es um die Simulation von Prozessen oder Entscheidungen geht, können dafür entsprechende virtuelle Studienmodule angeboten werden. Die Entwicklungs-, Produktions- und Pflegekosten für solche Module sind je nach Art der Inhalte sehr unterschiedlich zu veranschlagen. Allerdings sind sie durch Hochschulkooperationen leichter zu realisieren, weil zwar eine hochschulübergreifende Abstimmung, aber keine hochschulübergreifende Vereinheitlichung kompletter Lehrveranstaltungen erforderlich ist.

Differenzierung von Studienangeboten

- Eine Strategie der *Differenzierung von Studienangeboten* im weiterführenden Studium – ggf. auch im grundständigen Studium – kann den Erwerb differenzierter Kompetenzprofile entsprechend den individuellen Interessen und Fähigkeiten der Studierenden sowie den zunehmend differenzierteren Nachfragen auf dem Arbeitsmarkt Rechnung tragen. Eine Differenzierung von Studienangeboten kann aus mehrdimensionalen Vertiefungen von Themen oder aus Modulen zur individuellen Übung von Fähigkeiten, Fertigkeiten und Kenntnissen bestehen oder die kooperative Bearbeitung von Fallbeispielen mit mentorieller Betreuung trainieren.

Einrichtung virtueller Gemeinschaften

- Auch die *Einrichtung virtueller Gemeinschaften (Communities of Practice)* ist eine Differenzierungsstrategie, die durch die Ermöglichung eines aufgabenorientierten Dialogs den Erfolg von Bildungsprozessen sehr fördern kann (Kapitel 2). So können beispielsweise zur Durchführung von kooperativen oder partizipativen Studienprojekten virtuelle Gemeinschaften eingerichtet werden, um den Praxisbezug und die Effizienz des Studiums zu erhöhen.

Die Entwicklung einer geeigneten Differenzierungsstrategie hängt somit von einer Reihe institutioneller Gegebenheiten und einer möglichst empirisch fundierten Einschätzung der Realisierbarkeit möglicher Zielsetzungen ab.

8.2 Gestaltung einer aufgabenorientierten Didaktik

Didaktik des Präsenzstudiums

In der langen Geschichte der Hochschulen und Universitäten hat sich das „Lehrstuhlprinzip" herausgebildet und ist bis heute vorherrschend. Dies hat einige sehr bedeutsame Vorteile: Zum einen können beispielsweise wissenschaftliche Erkenntnisgewinnung und Wahrheitsfindung unabhängig von anderen Instanzen vorgenommen oder aktuelle Problemstellungen schnell aufgegriffen werden, zum anderen können Forschung und Lehre für ein problemorientiertes und aktuellen Anforderungen Rechnung tragendes Studienangebot integriert werden. Diesem „Lehrstuhlprinzip" entsprechen traditionell auch die vorherrschenden didaktischen Formen im

Präsenzstudium, wie z. B. Vorlesung, Seminar, Labor, die durch die Dominanz des Lehrenden charakterisiert sind, der die Ziele, Inhalte, Methoden, Erfolgskontrollen und zu erbringenden Leistungen der Studierenden festlegt, eventuell unter Berücksichtigung studentischer Wünsche (Kerres 2002).

Didaktik des virtuellen Studiums

Virtuelle Studienangebote bedürfen dagegen einer grundlegend anderen Didaktik, weil das pädagogische Verhältnis zwischen Lehrenden und Lernenden nicht mehr unvermittelt, sondern durch die vielfältigen Nutzungsformen von Computer und Internet technisch vermittelt hergestellt wird. Daraus muss nicht folgen, dass das „Lehrstuhlprinzip" an sich obsolet wird, aber wohl folgt daraus, dass die bisher damit verbundene ‚Präsenzdidaktik' nicht mehr angemessen ist.

Um die Vorteile des Lehrstuhlprinzips auch im virtuellen Studium zu erhalten, muss zuvorderst die Bestimmung des Studiengegenstandes in den Händen der Lehrenden und in gewisser Weise auch in den Händen der Studierenden bleiben. Allerdings ermöglicht das ‚Dazwischentreten' der Computervernetzung den Lehrenden, die Inhalte zunehmend medial zu präsentieren, und den Studierenden, die Inhalte zunehmend kooperativ und selbst organisiert zu erarbeiten, wobei die Lehrenden den Studienprozess moderierend und beratend begleiten. Damit diese sich auf der Basis der medialen Vermittlung herausbildenden neuen Arbeitsweisen, die örtlich getrennt und meist asynchron und mithin ohne direkten wechselseitigen Bezug selbstständig ablaufen, optimal entfalten können, müssen komplexere Studienaufgaben formuliert oder vereinbart werden. Denn diese Studienaufgaben vermitteln im virtuellen Studium das pädagogische Verhältnis zwischen Lehrenden und Lernenden in Zielen, Inhalten und Vorgehenswegen.

Aufgabenorientierte Didaktik fördert virtuelles Studieren

Diesen neuen didaktischen Anforderungen entspricht das Konzept der aufgabenorientierten Didaktik, wie in Kapitel 4 dargelegt. Das Konzept der aufgabenorientierten Didaktik (Zimmer 2003) bietet zugleich die Chance, dass die Lehrenden mit aktiver Beteiligung der Studierenden aus den aktuellen Problemen und Aufgaben in Wissenschaft und Praxis gemeinsam die relevanten Studienaufgaben ausgliedern können. Flexible und jederzeit änderbare Generalisierungen grundlegender Lerninhalte sind diesen Studienaufgaben zweckbezogen untergeordnet. Diese aufgabenorientierte didaktische Vorgehensweise bedeutet für das virtuelle Studium einen Gewinn an Qualität, Effizienz und Praxisbezug, und damit die Chance zu einer breiten Kompetenzentwicklung – und nicht nur zum Anhäufen abfragbaren Wissens.

Die von uns vorgeschlagene aufgabenorientierte Didaktik hat einen weiteren entscheidenden Vorteil: Sie fördert das selbst organisierte Studieren, indem sie den Studierenden komplexere Aufgaben zur Bearbeitung stellt und den dafür erforderlichen medial vermittelten pädagogischen Handlungen eine wirksame Struktur vorschlägt. Der selbst organisierten Bearbeitung von Studienaufgaben müssen logisch die Präsentation und Diskussion der studentischen Arbeitsergebnisse folgen. Durch die Rückmeldungen werden die Studierenden wie die Lehrenden in die Lage versetzt, die erbrachten Leistungen sowie die möglichen Defizite beurteilen und dementsprechend die nächsten Lernschritte bzw. erforderlichen Lehrangebote planen zu können. Diese unterstützte Selbstorganisation des Studiums fördert nicht nur die Herausbildung autodidaktischer Kompetenzen der Studierenden als wichtigem Erfolgsfaktor des virtuellen Studiums, sondern fördert auch die Entwicklung von Handlungsorientierungen, Interessen und Herangehensweisen für die wissenschaftlich fundierte innovative Teilhabe an wirtschaftlichen und gesellschaftlichen Entwicklungen.

Kooperation und Kommunikation

Die unterstützte Selbstorganisation der Bearbeitung von Studienaufgaben ist nicht ohne die Kooperation und Kommunikation der Studierenden in kleinen Studiengruppen durchführbar. Darin ist von zentraler didaktischer Bedeutung für den individuellen und gemeinsamen Studienerfolg, dass die Studierenden nach jedem vereinbarten Arbeitsabschnitt ihre Ergebnisse den Lehrenden und den anderen beteiligten Studierenden im Lernraum für Kommentare und weiterführende Diskussionsbeiträge präsentieren. Anders als in Präsenzveranstaltungen muss allerdings eine größere Verbindlichkeit der individuellen Beiträge eingehalten werden, weil zum einen die in Präsenzveranstaltungen direkte soziale Kontrolle aller Aktivitäten wegfällt und zum anderen die Herabsetzung der ‚Intimitätsschwelle' in der unmittelbaren Internet-Kommunikation leicht dazu verführt, Unterstützungen von anderen einzufordern, für die bislang Bibliotheken aufgesucht wurden. Hinzu kommt, dass durch die quasi weltweite Verfügbarkeit von Informationen über Internet-Suchmaschinen es leichter fällt, für die Studienaufgaben passende Informationen zu finden, die dann in der Studiengruppe für weitergehende Aufgabendefinitionen zur Diskussion gestellt werden können.

8.3 Organisation virtueller Lerngemeinschaften

Das Verschwinden informeller Studienprozesse

Lernen bzw. Studieren ist nicht nur ein formeller, didaktisch und methodisch gestalteter Prozess, sondern immer auch ein informeller Prozess, der vor, nach und neben den formalisierten Studienprozessen – oder auch unabhängig von diesen – stattfindet. Traditionell geschah und geschieht dies in Kopräsenz in oder vor den Hochschulen vor Beginn oder nach Beendigung von Lehrveranstaltungen oder an anderen Treffpunkten, z. B. in der Mensa, der Cafeteria, der U-Bahn oder bei einem Studierenden zu Hause. Diese begleitenden informellen Studienprozesse haben für die subjektiven Bildungsprozesse eine sehr wichtige Bedeutung. Sie dienen der Kommunikation von Erfahrungen im Studium und bei Prüfungen, von Ratschlägen und Hinweisen, von Einschätzungen und Orientierungen, von Informationen und Hilfen der Studierenden untereinander.

Vorteile des infor-
mellen Studiums

Diese wechselseitigen Kommunikations- und Austauschhandlungen der Studierenden stellen neben dem formellen Studium in didaktisch-methodisch gestalteten Lehr- bzw. Lernarrangements nicht nur eine wichtige weitere Lernressource dar, sondern helfen dem Einzelnen auch, die Anforderungen des formellen Studiums besser und erfolgreicher meistern zu können. Sie helfen ihnen bei der Reflexion der Anforderungen und erwarteten Leistungen, um mehr Transparenz über ihr Studium zu erlangen, eine bessere individuelle Orientierung für die eigenen Studieninteressen und Studienschwerpunkte zu finden, um so allmählich vielleicht auch persönliche Entwicklungsbahnen für ihre subjektiven Kompetenzprofile entsprechend ihren angestrebten späteren Berufsperspektiven herauszubilden.

Das informelle Studium findet im Gegensatz zum formellen Studium nicht in festen Organisationsformen statt. Viel mehr geschieht es zwischen Einzelpersonen bei gelegentlichen Treffen genauso wie in Lerngemeinschaften, die sich zu bestimmten Studienaufgaben, begleitend zu Lehrveranstaltungen oder zur wechselseitigen Unterstützung im Studienverlauf freiwillig zusammenfinden. Die sich dabei meist zufällig und spontan herausbildenden Organisationsformen informellen Lernens in Kopräsenz sind daher außerordentlich vielfältig und zu deren Gründung können natürlich auch keine allgemein gültigen Handlungsanweisungen aufgestellt werden. Sie können als Teilformen von Communities of Practice (Lave / Wenger 1991) angesehen werden, in denen Studieren als situierte soziale Praxis stattfindet, ohne dass die Studierenden selbst diese als eine von ihnen kooperativ selbst organisierte Studienpraxis begreifen müssen. Diese Prozesse spontaner Herausbildung von Studiengemeinschaften im Zusammenhang mit dem jeweiligen Studium werden öfter auch von politischen oder berufsständischen Organisationen genutzt, um Einfluss und kompetente Nachwuchskräfte zu gewinnen.

Die notwendige
Neustrukturierung
informeller
Studienprozesse

Diese informellen Studiengemeinschaften sind ein nicht zu unterschätzender Nachhaltigkeitsfaktor in traditionell organisierten Bildungsprozessen. Mit der Virtualisierung des Studiums und damit der (fast) gänzlichen Auflösung der Kopräsenz der Studierenden verschwinden auch alle wesentlichen traditionellen Gelegenheiten zur spontanen Bildung von Studiengemeinschaften. Und damit verschwindet zunächst eben auch ein wesentlicher Nachhaltigkeitsfaktor von subjektiven Bildungsprozessen. Allerdings eröffnet das Internet neben der Virtualisierung des formellen Studiums zugleich auch neue Möglichkeiten für informelles Studieren und damit auch für die Herausbildung virtueller Studiengemeinschaften (Arnold 2003a, 2003b).

Anders als das traditionelle informelle Studieren in Kopräsenz setzt das virtuelle informelle Studieren allerdings eine entsprechende telematische Infrastruktur und eine wie auch immer geartete Organisation der gemeinschaftlichen Studienaktivitäten voraus. Die möglichen Formen virtueller

Lerngemeinschaften sind nicht völlig neu zu entwickeln, sondern haben sich bereits im Laufe der Entwicklung und Verbreitung der Internettechnologie herausgebildet. Dies sind beispielsweise offene Diskussionsforen, lose Netzwerke von Teilnehmern, Mailinglisten, private Homepages, oder auch geschlossene Interessengruppen zu bestimmten Themen. Diese Formen eröffnen neue Möglichkeitsräume für informelles Studieren.

Die Mitgliedschaftsregelungen werden darin ebenso wie die Ziele, Inhalte, Arbeitsmethoden und Kommunikationsformen in kooperativer Selbstbestimmung festgelegt. Die Orts- und Zeitunabhängigkeit der Kommunikation und Kooperation macht allerdings mindestens eine technische Moderation notwendig, aber mit wachsender Intensität des Austausches auch eine Aufteilung der wahrzunehmenden Aufgaben innerhalb einer virtuellen Studiengemeinschaft. Aufgaben können z. B. darin bestehen, Sammlungen von Lernmaterialien, von wichtigen Internet-Links, von Vorlesungsskripten und Referaten oder von Diplomarbeits- und Prüfungshinweisen aufzubauen, um damit Studienressourcen zur Verfügung zu stellen.

Lehrende sind Anreger, aber keine Mitglieder

Lehrende können die Bildung virtueller Studiengemeinschaften anregen, aber nicht selbst anleiten. Sie dürfen auch nicht selbst in den virtuellen Studiengemeinschaften mitwirken, weder aktiv noch passiv, weil dies auf jeden Fall den offenen Austausch der Studierenden untereinander beeinflussen und damit stören würde. Aber selbstverständlich sollten sie auf Wunsch der Studierenden für Nachfragen und Diskussionen zur Verfügung stehen – und nur in einem so legitimierten Zusammenhang können sie an Studiengemeinschaften thematisch und zeitlich begrenzt teilnehmen. Allerdings müssen sie mit dafür Sorge tragen, dass in der einzurichtenden pädagogischen Infrastruktur (Kapitel 3) in den jeweiligen Abteilungen Räume eingerichtet werden, die ausschließlich den Studierenden zugänglich sind und dies auch garantiert und gesichert ist.

8.4 Schaffung einer pädagogischen Infrastruktur

Technische Voraussetzungen

Die technische Grundvoraussetzung virtueller Studienangebote ist eine stabile und leistungsfähige informations- und kommunikationstechnische Infrastruktur, deren Aufbau und Betrieb am besten durch das Rechenzentrum der Hochschule gewährleistet werden kann. Hier muss für die Einhaltung der allgemeinen technischen Standards innerhalb des hausinternen Netzes und dessen Anschluss an das Internet sowie für die Versorgung aller Plätze innerhalb der Hochschule und den jederzeitigen Zugriff aller Studierenden und Lehrenden auch vom häuslichen Schreibtisch aus gesorgt werden.

Aufgaben des Rechenzentrums – Sicherheit im Netz

Insbesondere muss sich das Rechenzentrum auch um die Sicherheit im Netz kümmern, der bislang oft noch zu wenig Aufmerksamkeit geschenkt wird. Dabei geht es nicht nur um das Abweisen unerwünschter E-Mails, sondern vor allem auch um die Verhinderung unerlaubter Zugriffe auf den Computer, z. B. um mittels eines Trojaners die Prüfungsfragen vor einer anstehenden Klausur zu erkunden. Die sichere Abgrenzung bzw. der Schutz der persönlichen Arbeitsbereiche auf vernetzten Computern sind zu einem großen Problem geworden, das deren unbeschwerte Nutzung im virtuellen Studium erheblich erschweren oder gar unmöglich machen könnte. Sicherheit im Netz ist genauso eine Grundvoraussetzung virtueller Studienangebote wie die Stabilität und Leistungsfähigkeit der Technik selbst.

Auswahl und Pflege des Lernraums

Auch die Auswahl und Pflege des Lernraumes (Kapitel 3), also der unmittelbaren Schnittstelle zum Nutzer virtueller Studienangebote, sollten ebenfalls durch das Rechenzentrum in Zusammenarbeit mit den Fachbereichen erfolgen. Von zentraler Bedeutung sind dabei die Funktionalitäten des Lernraumes, der zumindest neben dem zentralen Arbeitsbereich benutzerfreundliche Funktionen in den Abteilungen Angebot & Auskunft, Planung & Verwaltung, Mediathek & Ergebnisse, Schnittstelle zu Anwendungssoftware, Kommunikation & Kooperation sowie Prüfung & Evaluation zur Verfügung stellen sollte (ZIMMER 2000b, 2003, 12ff.). Für die Ermöglichung fachbereichsübergreifender Studienangebote wäre es zudem ein schwerwiegender Nachteil, wenn an einer Universität jeder Fachbereich seinen eigenen mehr oder weniger unterschiedlichen Lernraum betreiben würde. Dies ist höchstens in der Phase der vergleichenden Erprobung der Nutzungspotenziale und der Bedienerfreundlichkeit von Lernräumen sinnvoll, die für eine Beschaffung zur Auswahl stehen.

Aufgaben der Fachbereiche und Lehrstühle

Für das Einstellen und die Pflege der Inhalte, auf die über den Lernraum der Zugriff möglich sein soll, müssen mindestens zwei Hochschulbereiche zuständig sein: zum einen der Fachbereich bei allen Informationen zu Studien- und Prüfungsordnungen sowie zu Lehrveranstaltungen und Lehrveranstaltern, ebenso für die Studienberatung sowie für ein Forum für studentische Fragen und Hinweise. Zum anderen müssen jeder Lehrstuhl seine bzw. jede Fächergruppe ihre virtuellen Studienangebote einstellen und pflegen. Insbesondere müssen diese auch ihre Studierenden betreuen, also beispielsweise die eingeschriebenen Teilnehmer verwalten, Veranstaltungskalender pflegen, Informationen verteilen, aufgabenbezogene Studienberatung leisten, studentische Arbeitsergebnisse verteilen und kommentieren.

Diese neuen Aufgaben können aufgrund ihres Umfangs und erforderlichen Aufwands auf keinen Fall alle von den Lehrenden selbst übernommen werden. Vielmehr müssen die Lehrenden sich auf ihre inhaltlichen Kernaufgaben als Autoren und Dozenten konzentrieren, während die wissenschaftlichen Mentoren sich vor allem um die laufende Betreuung der virtuell Studierenden und der aufgabenbezogen arbeitenden Studiengruppen zu kümmern haben. Sie stellen eine neue Gruppe von Hochschulpersonal dar, die faktisch als „Lehrassistenten" fungieren und zwischen Lehrende und Studierende als Vermittler und Coach positioniert werden. Daneben können Aufgaben der technischen Unterstützung der Lernplattform beispielsweise auch von studentischen Hilfskräften übernommen werden.

Notwendige Medien-
kompetenzen und
die Integration
in „E-Teams"

Auch wenn die Lehrenden selbst medientechnisch wenig oder gar nicht eingreifen, so müssen sie doch Medienkompetenzen haben, damit sie die medientechnischen Realisierungsmöglichkeiten beurteilen und planen können. Ebenso sind mindestens Mediennutzungskompetenzen aufseiten der Studierenden notwendig. Es ist sehr empfehlenswert, für ein gutes Funktionieren der computer- und internetbasierten pädagogischen Infrastruktur auf Fachbereichs- oder Institutsebene ein oder mehrere „E-Teams" für Technik, Produktion, Pflege, Beratung, Schulung, Qualitätssicherung, Rechtsfragen etc., einzurichten. Um eine dauerhafte Nutzung der Infrastruktur zu erreichen, sind die Antworten auf zwei Fragen von entscheidender Bedeutung: Wie ist die Infrastruktur zu gestalten, damit sie die angestrebten Bildungsprozesse in ihren zentralen Dimensionen besser fördern kann, als dies in Präsenzveranstaltungen in der Regel geschieht? Wie müssen die pädagogischen Handlungsstrukturen, also die Lehrhandlungen der Professoren und die Lernhandlungen der Studierenden, neu angeordnet werden – beispielsweise durch Schulung – damit die Potenziale virtueller Studienangebote optimal genutzt werden?

8.5 Organisation der Produktion virtueller Bildungsangebote

Didaktische
Aufgaben der
Lehrenden

Die Konzeption und Herstellung von Medien für virtuelle Studienangebote (Kapitel 4) kann nur als ein arbeitsteiliger Prozess organisiert werden, in dem aufgrund des Primats der Studieninhalte vor ihren medialen und interaktiven Präsentationsformen notwendigerweise die Lehrenden die zentrale Rolle spielen müssen. Die Lehrenden müssen Konzepte für die Ziele, Inhalte und Methoden der Studienangebote entwickeln, die sie mit den Studierenden reflektieren und präzisieren, um für die Studierenden abgegrenzte Studienaufgaben aus dem reflektierten Problemfeld aus Wissenschaft und Praxis zur Bearbeitung in Studiengruppen auszugliedern. Diese Konzepte können bereits in einfachen medialen Formen, z. B. in Form von Texten, Folien, Bildern, Videos, präsentiert und zur Diskussion gestellt werden, wobei die Diskussion über die Vorschläge und die Ausgliederung von Studienaufgaben über die Kommunikationsfunktionen im Lernraum online oder in einer Präsenzveranstaltung geführt werden kann. Hierfür brauchen die Lehrenden zunächst nur Kompetenzen für die Nutzung von Standard-Office-Software und für die Nutzung der Lernraumfunktionen.

Zur Bearbeitung der im reflexiven Diskurs ausgegliederten Studienaufgaben sollten die Studierenden zum einen auf ausgewählte und bereitgestellte

Medien und eventuell auch über Suchmaschinen auf weitere erschließbare Informationen zugreifen können. Zum anderen werden die Lehrenden auch Medien anpassen oder ergänzen wollen oder auch eigens für die Bearbeitung der Studienaufgaben verfasste Inhalte in multimedialer und interaktiver Präsentationsform zur Verfügung stellen wollen. Bei der Anpassung, Ergänzung vorhandener oder der Erstellung eigener Medien geht es meist nicht nur darum, eine wirksamere und effizientere Bearbeitung der Studienaufgaben zu ermöglichen, sondern vielmehr die je spezifische Akzentsetzung der ausgegliederten Lernaufgaben für die Studierenden bearbeitbar zu machen.

Mediale Aufgaben der Lehrenden

Bei der Anpassung und Ergänzung vorhandener Medien wäre es vorteilhaft, wenn dies die Lehrenden selbstständig tun könnten. Dies erfordert jedoch, dass die entwickelten Medien so programmiert werden, dass dies möglich ist. Die komplette Erstellung eigener Medien werden die Lehrenden in absehbarer Zeit nicht selbst machen wollen und können. Dies werden sie, vorausgesetzt sie haben die notwendigen Kompetenzen der Medienproduktion, aufgrund des hohen Zeitaufwandes nur in Ausnahmefällen mit Hilfe von Autorensystemen tun können. Für die Medienproduktion benötigen sie daher die Unterstützung von Medienautoren, Mediendesignern und Medienprogrammierern. Damit sie jedoch die Inhalte für die Medienproduktion angemessen aufbereiten können, müssen sie selbst einiges Wissen über deren Arbeit und ihre Anforderungen an sie, die Inhaltslieferanten, besitzen (GLOWALLA / GROB / THOME 2000, 72).

Organisation arbeitsteiliger Strukturen der Medienproduktion

Die notwendigen Kompetenzen zur Mediennutzung und die notwendigen Kenntnisse über die Medienproduktion, erwerben die Lehrenden am besten in der Form kooperativer Zusammenarbeit in Produktionsteams. Diese Produktionsteams sollten vorzugsweise in universitären Medienzentren angesiedelt sein, die die erforderliche medientechnische Infrastruktur für die Produktion bereitstellen und pflegen können. Dabei sollten zumindest die Arbeitsplätze der Mediendesigner und Medienprogrammierer im Medienzentrum, lokalisiert sein, damit zwischen ihnen eine Abstimmung über einzuhaltende Standards und ein laufender Erfahrungsaustausch stattfinden können. Dies ist notwendig, um nicht nur innerhalb eines Fachbereichs, sondern auch fachbereichsübergreifend auf universitärer Ebene softwareergonomische Standards für eine in den Funktionsstrukturen weitgehend einheitliche benutzerfreundliche Oberfläche einhalten zu können sowie eine möglichst allen Produktionsanforderungen gerecht werdende Entwicklungsumgebung zur Verfügung zu haben.

Variation des Mediendesigns

Das Design der Medien kann durchaus in einem gewissen Rahmen variiert werden, um Unterscheidbarkeit und Wiedererkennbarkeit zu ermöglichen. Die Medienautoren müssen dazu sowohl mit den Lehrenden wie mit den Mediendesignern und Medienprogrammierern intensiv kooperieren. Sie müssen sowohl Kenntnisse in der jeweiligen Fachdisziplin als auch im Design und der Programmierung der Medien haben. Ihren Arbeitsplatz können sie wahlweise im Medienzentrum oder beim Lehrstuhl einrichten. Bei einem hohen Produktionsbedarf eines Lehrstuhls ist es zur Gewährleistung einer intensiven Kooperation und einer hohen Qualität der Medienproduktion angemessen, die Arbeitsplätze der Medienautoren besser beim jeweiligen Lehrstuhl anzusiedeln. Arbeiten sie jeweils für mehrere Lehrende eines Fachgebiets, ist es dagegen sinnvoller, ihre Arbeitsplätze im Medienzentrum zu konzentrieren.

Vor- und Nachteile hochschulexterner Medienproduktion

Soll die Medienproduktion insgesamt an Externe vergeben werden, ist möglicherweise mit einigen Erschwernissen zu rechnen. So ist die in den meisten Produktionen erforderliche laufende Kooperation mit den Lehrenden durch die räumliche Entfernung erheblich erschwert. Zudem birgt die externe Produktion die Gefahr differenter Entwicklungen im Mediendesign der verschiedenen virtuellen Studienangebote selbst innerhalb eines Fachgebietes oder Studienganges, zumal durch die notwendige Auftragsausschreibung unterschiedliche Firmen zum Zuge kommen werden. Andererseits können bei Externen möglicherweise aufwendigere Entwicklungsumgebungen und dementsprechend qualifiziertere Kompetenzprofile genutzt werden. Daher wird jeweils im konkreten Fall zu entscheiden sein – am sinnvollsten wegen der Tragweite der Entscheidung auf Universitätsebene – ob eine Vergabe an Externe oder eine Produktion im eigenen Medienzentrum erfolgen soll.

Begrenzung der Zugangskosten

Bei der Medienproduktion ist vor allem auch zu beachten, dass für die Studierenden, die diese vorwiegend am Computer zu Hause bearbeiten werden, keine langen und kostenträchtigen Online-Zeiten anfallen. Dies hat sich bisher als ein entscheidendes Hemmnis gezeigt, das sich auf die Akzeptanz virtueller Studienangebote stark negativ auswirkte. Mit dem wachsenden Angebot unterschiedlich umfangreicher Flatrates und schneller Internetzugänge wird dieses Hemmnis sicher bald überwunden sein.

Begrenzung der Produktionskosten

Zu bedenken ist auch, dass die Kosten für die Medienproduktion, die sehr unterschiedlich hoch sein können, wie zahlreiche Berichte in der Literatur zeigen, nur dadurch in Grenzen gehalten werden können, dass nicht versucht wird, ganze Lehrprozesse in interaktiven und multimedialen Medien abzubilden. Günstiger ist es, einzelne Lernmodule entsprechend den Studienaufgaben in kleineren, flexibel verwendbaren und erweiterbaren Einheiten zu erstellen. Die Nutzung der Medien wird ohnehin von den Lehrenden und den Studierenden entsprechend ihren jeweiligen aufgabenbezogenen Lehrinteressen und Lernbedürfnissen eigenständig bestimmt. Dafür macht es oft keinen Sinn, komplexe interaktive Studienmodule zu entwickeln.

8.6 Reorganisation der Lehr- und Studienstruktur

Verhinderung der Anonymisierung von Lehrenden und Lernenden

Mit einer aufgabenorientierten didaktischen Gestaltung der virtuellen Studienangebote soll eine infolge der wachsenden medialen Objektivierung von Lehr- und Lernhandlungen (ZIMMER 2001, 131ff.) zunehmende Anonymisierung der pädagogischen Verhältnisse verhindert werden. Denn eine Anonymisierung der Lehrenden und Lernenden würde die erwünschten Bildungsprozesse sehr behindern, weil sie den notwendigen Diskurs, der nicht nur online geführt werden kann, als Grundlage jeglicher Bildung erheblich erschwert oder gar unmöglich macht. Die Aufgabenorientierung, die eine größere Selbstorganisation des Studiums in kooperativ arbeitenden Studiengruppen fördert, ermöglicht gerade eine intensivere inhaltliche Zusammenarbeit – online und offline – sodass keine Anonymität entstehen kann. Zudem werden durch die Studiengruppen wie durch die teletutorielle Betreuung und die Beiträge, Informationen, Kommentare und Anregungen der Lehrenden in der laufenden Bearbeitung der Studienaufgaben, z. B. bei präsentierten Zwischenergebnissen, auch die sozialen Kompetenzen der Studierenden sehr gut gefördert, sicher besser als in Präsenzlehrveranstaltungen mit vielen Teilnehmern.

Aufbau aufgabenorientierter Studienmodule

Aufgabenorientierte virtuelle Studienangebote sind die didaktischen Bausteine modularisierter Studienstrukturen, wie sie gegenwärtig hochschulpolitisch gefordert und diskutiert werden. In einem Hochschulstudium, gleichgültig ob es sich um ein Diplom-, Bachelor- oder Master-Studium handelt, geht es nicht um den Erwerb einer Enzyklopädie des Wissens in einer Fachdisziplin oder in einem Praxisfeld, sondern um den Erwerb wissenschaftlich fundierter Handlungskompetenzen. Dafür ist zweifellos allgemeines wissenschaftliches Grundwissen erforderlich, damit die wachsende Teilhabe an Wissenschaft und Praxis überhaupt gelingen kann. Entscheidend ist jedoch das durch die Lehrenden angeleitete und unterstützte Hineinarbeiten in die aktuellen Problematiken in Wissenschaft und Praxis, um sich die erforderlichen Handlungskompetenzen zu ihrer Lösung zu erarbeiten.

Vermittlung von Kompetenzprofilen

In Wissenschaft und Praxis haben sich traditionell Schnittmengen vergleichbarer Problematiken herausgebildet, für die entsprechende Kompetenzprofile vermittelt und erworben werden können. Um die Entwicklung dieser Kompetenzprofile in der herausgebildeten Breite und Tiefe in einem virtuellen Hochschulstudium zu ermöglichen, ist eine Modularisierung nach inhaltlich gegliederten Studienabschnitten und Studiendifferenzierungen mit der Präsentation und Diskussion studentischer Arbeitsergebnisse jeweils am Ende eines Studienmoduls sinnvoll. Unter studentischen Arbeitsergebnissen sind dabei nicht Testergebnisse, sondern Problemlösungen von vereinbarten Studienaufgaben zu verstehen.

*Unterstützung
kooperativ selbst
organisierten
Studierens*

Den Lehrenden fällt dabei die wichtige Aufgabe zu, nicht nur die-se Studienmodule inhaltlich und organisatorisch entsprechend der Studienordnung zu bestimmen und laufend zu aktualisieren, sondern mehr noch die Studierenden, vermittelt über die Mentoren, in ihrem zunehmend kooperativ selbst organisierten Studium inhaltlich zu unterstützen. Den Teletutoren kommt hierbei eine wichtige inhaltliche Vermittlungsfunktion zu. Sie geben sowohl den Studierenden inhaltliche Hilfestellungen bei der Bearbeitung der Studienaufgaben als auch den Lehrenden bzw. Autoren und Dozenten Rückmeldungen über die Schwierigkeiten und Erfolge der Studierenden. Dafür ist vor allem die Herausbildung und Vereinbarung eines neuen Zeitmanagements des Lehrens, Vermittelns und Lernens im Studienverlauf und in den einzelnen Studienmodulen wichtig.

Die Förderung der Kompetenzen der Studierenden für ein kooperativ selbst organisiertes Studium ist nicht zuletzt auch deshalb notwendig, weil sonst bei virtuellen Studienangeboten die Personalkosten insgesamt (für Lehre, Online-Betreuung und Medienproduktion) erheblich ansteigen würden. Ziel der Reorganisation der Studienstruktur muss es sein, die Studierenden im Studienverlauf beim Aufbau eines eigenen Kompetenzprofils, also ihrer zunehmenden beruflichen Selbstpositionierung in Wissenschaft und Praxis, zu fördern.

Der Erfolg der Reorganisation der Studienstruktur als Nachhaltigkeitsfaktor wird somit auch entscheidend hervorgebracht durch die Entwicklung einer angemessenen virtuellen Lehr- und Lernkultur, wie sie in Abschnitt 2.4 dargelegt ist. Um Dauerhaftigkeit des Erfolgs virtueller Studienangebote zu erzielen, ist es darüber hinaus notwendig, sowohl zur Erfolgskontrolle wie auch zur Erneuerung regelmäßig eine qualitative Evaluation und Qualitätssicherung durchzuführen, wie sie in Kapitel 6 spezifiziert sind.

8.7 Entwicklung einer Fachbereichs- und Universitätsstrategie

*Spezifizierung der
Fragestellung*

Wie eingangs in Kapitel 2 festgestellt wurde, enden bedauerlicherwei-se die weitaus meisten virtuellen Studienangebote mit dem Ende der Projektförderung, wenn die Fachbereiche und Hochschulleitungen kei-ne Strategie für die Implementation der Projektergebnisse und deren Ausdehnung auf weitere Studienangebote entwickelt haben. Zweifellos bedeutet die Entwicklung einer Implementationsstrategie, im Grunde eine tief greifende Reorganisation des hochschulischen Lehrbetriebs. Das ist si-cher keine einfache Aufgabe, aber leichter ist eine relevante Umstellung des Studiums auf virtuelle Studienangebote nicht zu haben. Sicher wird es für eine mehrjährige Übergangsphase noch notwendig sein, über eine ausge-laufene Projektförderung hinaus zusätzliche Sach- und Personalmittel dafür zweckgebunden bereitzustellen. Im Folgenden soll die Frage diskutiert werden: Welche Elemente muss eine Strategie der Implementierung virtueller Studienangebote in der Hochschule enthalten?

Anrechnung des Mehraufwands auf das Lehrdeputat

Für die Verteilung der zweckgebundenen Sach- und Personalmittel ist es sinnvoll, entsprechende Anreizstrukturen, zu schaffen. Das heißt, nicht nur Mittel für die Entwicklung, Durchführung und Pflege virtueller Studienmodule zu vergeben, sondern in der Berechnung des Lehrdeputats auch die erheblichen andersartigen zeitlichen Belastungen, wie sie z. B. durch die asynchrone Kommunikation, die mediengerechte Aufbereitung der Lehrinhalte, die Kooperation bei der Medienproduktion verursacht werden, zu berücksichtigen. Wobei möglicherweise für die Durchführung aufgabenorientierter virtueller Lehrveranstaltungen in manchen Fällen mit einem geringeren zeitlichen Aufwand zu rechnen sein dürfte, aber zugleich könnte damit auch eine erhebliche Intensivierung der Lehrtätigkeiten verbunden sein. Für die absehbaren Belastungen und möglichen Einsparungen gibt es noch keine gesicherten Werte, jedoch werden über einige Jahre hinweg aufgrund der noch vorhandenen vielen Unwägbarkeiten die Belastungen größer und die Einsparungen geringer sein als später im Regelbetrieb zu erwarten ist. Daher können derzeit nur Schätzwerte in der Berechnung des Lehrdeputats berücksichtigt werden. Eine eher großzügige Berücksichtigung des erforderlichen Aufwands wäre für das notwendige außerordentliche Engagement der Lehrenden von nicht zu unterschätzender Bedeutung, wie Erfahrungen in Hochschulprojekten, auch in der VFH, zeigen.

Offenheit der Entwicklungen

Über die Schaffung dieser Anreizstrukturen hinaus muss durch die Offenheit der Entwicklungen und die Sicherung des Erfolgs virtueller Studienangebote die Akzeptanz in den Fachbereichen und der Hochschule insgesamt gefördert werden. Anreizstrukturen, Offenheit und Erfolgssicherung sind wichtige Voraussetzungen für das Entstehen von Institutskooperationen der Lehrenden, um virtuelle Studienangebote für ganze Studiengänge zu entwickeln.

Anpassung der Personalstrukturen

Institutskooperationen, Anreizstrukturen, Offenheit und Erfolgssicherung sind jedoch zwecklos, wenn nicht die Personalstruktur, im Bereich der Hochschullehre schrittweise den kapazitären Anforderungen virtueller Studienangebote angepasst wird. Dies erfordert erstens die Einrichtung eines leistungsfähigen Medienzentrums neben dem Rechenzentrum mit Mediendesignern und Medienprogrammierern. Zweitens erfordert dies die Schaffung von Stellen für Medienautoren im Medienzentrum oder bei den Lehrstühlen bzw. in den Instituten sowie die Schaffung von Stellen für Mentoren bei den Lehrstühlen. Medienautoren und Mentoren müssen auf jeden Fall im Fachgebiet wissenschaftlich qualifiziert sein. Diese Stellen können auch als Qualifizierungsstellen ausgelegt werden, vergleichbar den Stellen für wissenschaftliche Mitarbeiter.

Vorgehensweise bei der Virtualisierung von Studienangeboten

Sicherlich ist ein stufenweises Vorgehen bei der Virtualisierung des Studiums sinnvoll, weil noch Erfahrungen gesammelt und bewertet sowie Konzepte und Modelle korrigiert und weiterentwickelt werden müssen. Wenig sinnvoll erscheint es, Präsenzveranstaltungen einfach durch virtuelle Ergänzungen anzureichern, wenn zuvor keine explizite Differenzierungsstrategie (siehe oben) entwickelt wurde, weil diese Ergänzungen, wie Erfahrungen zeigen (Abschnitt 2.1), immer der Gefahr ausgesetzt sind, dass sie den Charakter des Nichterforderlichen behalten. Dadurch können keine substanziellen Erfahrungen in der Hochschullehre gemacht werden.

Erfolg versprechender für das Sammeln von Erfahrungen scheint es dagegen zu sein, ganze Abschnitte von Lehrveranstaltungen komplett in virtuelle Studienangebote zu transformieren. Denn damit können in allen substanziellen Aspekten Erfahrungen gesammelt und bewertet werden. Basis-Einheiten zum Erwerb von Grundlagen sind darin zu integrieren. Auf der Grundlage einzelner, aber im ersten Durchgang bewährter virtueller Studienangebote, können weitere virtuelle Studienangebote bis hin zu kompletten Studiengängen abschnittweise entwickelt werden. Dabei sollte immer eine begleitende Evaluation durchgeführt werden, die die Erfolgsfaktoren und Hemmnisse untersucht und entsprechende Gestaltungsoptionen vorschlägt. Diese Evaluation sollte am besten von den Lehrstühlen selbst durchgeführt werden, weil dafür eine ständige Beobachtung und Erhebung notwendig ist. Da zunächst noch keine Qualitätsmaßstäbe für virtuelle Studienangebote existieren können, muss bei der begleitenden Evaluation vor allem mit qualitativen Methoden gearbeitet werden.

Hochschulübergreifende Kooperationen

Bei der Entwicklung einer Fachbereichs- und Hochschulstrategie ist auch zu prüfen, ob nicht auch hochschulübergreifende Kooperationen bei der Erstellung flexibler virtueller Studienangebote möglich sind, um Kompetenzen zusammenzuführen, arbeitsteilig zu produzieren und dadurch Kosten zu sparen. Da Hochschullehrer meist einsame Vertreter einer Fachdisziplin mit eigenen wissenschaftlichen Schwerpunkten innerhalb von Instituten und Fachbereichen sind, was die notwendige Entwicklungskooperation im eigenen Institut oder Fachbereich erschweren könnte, bietet es sich durchaus an, hochschulübergreifende Kooperationen auf Lehrstuhlebene bzw. Fachebene ins Auge zu fassen. Allerdings ist dabei zu bedenken, dass die einzelnen Hochschulen durchaus eigene Fach- und Organisationskulturen herausgebildet haben, die für eine erfolgreiche Kooperation unbedingt vorher zu klären und durch Vereinbarungen zu berücksichtigen sind. Auch ist zu bedenken, dass bei hochschulübergreifenden Kooperationen der Zeitaufwand für die Koordination der Arbeiten stark ansteigt, was wiederum deren Akzeptanz beeinträchtigt.

Bei allen Überlegungen bezüglich der Entwicklung einer Fachbereichs- oder Universitätsstrategie sind zunächst – falls eine Kostenführerschaftsstrategie nicht in Frage kommt, was der Regelfall sein dürfte – immer die besonderen Differenzierungsmerkmale bzw. Vorteile der geplanten virtuellen Studienangebote gegenüber den bisherigen Präsenzangeboten herauszuarbeiten. Denn erst auf ihrer Grundlage werden die oben genannten Nachhaltigkeitsfaktoren ihre Wirksamkeit entfalten können.

8.8 Entwicklung einer hochschulübergreifenden Strategie

Die Entwicklung einer hochschulübergreifenden Strategie ist aufgrund der tradierten unterschiedlichen institutionellen Kulturen keineswegs einfach und unproblematisch, obwohl sie unter Kostengesichtspunkten durchaus als wünschenswert erscheint. Sie muss vor allem, wenn auch mit Unterstützung der beteiligten Hochschulleitungen, von den Trägern der Hochschullehre, also den Lehrstuhlinhabern, gewollt und getragen werden. Um dies zu erreichen, ist zunächst in jeder beteiligten Hochschule eine Fachbereichs- und Hochschulstrategie zu entwickeln, die die erforderlichen Anreizstrukturen sicherstellt.

Kooperation in der Medienproduktion unter Konkurrenzbedingungen

Eine hochschulübergreifende Strategie wird nur dann erfolgreich sein, wenn unterschiedliche Verwendungsweisen, Anpassungen und Ergänzungen der gemeinsam produzierten virtuellen Studienangebote entsprechend den spezifischen Bedürfnissen und Vorstellungen der jeweiligen Fachvertreter in den beteiligten Hochschulen möglich sind. Den beteiligten Hochschulen muss es weiterhin möglich sein, ihre hochschulspezifischen Studienprofile beibehalten und im zukünftigen Wettbewerb um Studenten weiterentwickeln zu können. Dies ist eine Voraussetzung der Akzeptanz hochschulübergreifender Medienentwicklungen.

Die aufgabenorientierte Gestaltung der Studienangebote, für deren Bearbeitung eine Reihe wählbarer Medienbausteine bereitgestellt und neu erstellt werden, ermöglicht gerade die gewünschten hochschulspezifischen Profilbildungen. Darüber hinaus können insbesondere Basis-Module zum Erwerb von Grundwissen, die in aufgabenorientierte Studienmodule integriert werden, vergleichbar der Integration von Lehrbüchern in Präsenzveranstaltungen, zwecks Kostenreduktion und Qualitätssicherung sehr vorteilhaft gemeinsam, also hochschulübergreifend, entwickelt und hergestellt werden. Allerdings ist es notwendig, durch geeignete Formen der Arbeitsteilung und geeignete Instrumente der Planung und Koordination, in den zu bildenden virtuellen Organisationsnetzwerken den notwendigen Kooperations- und Abstimmungsaufwand zwischen den beteiligten Hochschulen, also zwischen den Lehrstühlen und Medienzentren, effizient bewältigen zu können.

Hochschulübergreifende Anerkennung von Studienleistungen

Eine andere Ebene einer hochschulübergreifenden Strategie zur Etablierung virtueller Studienangebote wäre die Schaffung der Möglichkeit einer beschränkten Immatrikulation der Studierenden an den Partnerhochschulen

269

mit wechselseitiger Anerkennung von Studienleistungen. Diese Strategieebene hätte den großen Vorteil, dass die Entwicklung und Betreuung einzelner Studienmodule und damit die Kompetenzen und Ressourcen an einer Partnerhochschule konzentriert und damit erheblich effizienter genutzt werden könnten. Solange jedoch Zwischen- und Abschlussprüfungen immer nur an einer Hochschule abgelegt werden können, dürfte dieser Form hochschulübergreifender Kooperation kaum Erfolg beschieden sein. Ändern könnte sich dies allerdings bald, wenn die Studiengänge modularisiert und das European Creditpoint Transfer System (ECTS) eingeführt sind.

Hochschulübergreifende Studienagentur

Hochschulübergreifend bietet sich auch die Gründung einer Studienagentur an, die die hochschulübergreifende Entwicklung, Akkreditierung und Nutzung virtueller Studienmodule koordiniert, wobei die Partnerhochschulen die Studienmodule jeweils in ihre hochschultypischen Studienangebote einbauen. Gleichwohl erfordert dies Änderungen in den jeweiligen Studien- und Prüfungsordnungen zur wechselseitigen Anerkennung von Studienleistungen. Durch eine bundesweite oder europaweite Mehrfachnutzung kann eher ein ausreichender Kostendeckungsbeitrag erzielt werden als dies regionale Verbünde zu erreichen vermögen. Allerdings darf bei aller Euphorie für die Nutzung des Englischen als internationaler Wissenschaftssprache nicht übersehen werden, dass – wie die vergangenen Jahre gezeigt haben – dadurch die Nutzung der Muttersprache in der wissenschaftlichen Lehre nicht verdrängt wird. Im Zentrum jedes Studiums steht die Auseinandersetzung mit schwierigen Inhalten, die nicht mit dem gleichzeitigen Erlernen einer fremden Sprache zusätzlich erschwert werden sollte. Gleichwohl können fremdsprachliche Abschnitte ergänzend in virtuelle Studienmodule eingebaut werden, weil sie dann in einem muttersprachlichen Kontext stehen und so leichter verstanden werden.

Notwendige Klärung von Rechtsfragen

Ausdrücklich ist noch darauf hinzuweisen, dass bei hochschulübergreifenden Strategien der Entwicklung und Nutzung virtueller Studienmodule – wie auch bei Fachbereichs- und Universitätsstrategien – der Erwerb der Nutzungs- und Änderungsrechte an den erstellten virtuellen Studienmodulen vertraglicher Regelungen mit den Autoren, Designern und Programmieren auf den einschlägigen gesetzlichen Grundlagen bedarf. Dazu gehören in erster Linie das Urheberrecht, aber auch z. B. die Haftung für Informationen im Internet, das Telekommunikations- und Multimedia-Recht, rechtliche Regelungen bei E-Commerce (HAMANN / WEIDERT 2001; MANSSEN o.J.; STADLER 2002; AUER-REINSDORFF / BRANDENBURG 2003).

8.9 Aufbau einer Online-Weiterbildungs-Agentur für Kontaktstudienangebote

Drei Strategien für wissenschaftliche Weiterbildung im E-Learning

Da die Hochschulen zum einen in ihren Strukturen und Kulturen sehr unterschiedlich sind und – obwohl öffentliche Einrichtungen – durchaus in Konkurrenz zueinander stehen und sie zum anderen traditionell Lehre für das Erststudium anbieten, und dies seit einigen Jahren unter wachsenden finanziellen Einsparungen, ist der Aufbau eines Studienangebotes in der wissenschaftlichen Weiterbildung per E-Learning mit erheblichen Problemen behaftet. Drei Strategien sind aufgrund unserer Untersuchungsergebnisse denkbar:

(1) Virtuelle Studienmodule für das Erststudium auch in der Weiterbildung

Erstens: Jede Hochschule bietet die von ihr für das Erststudium entwickelten virtuellen Studienmodule auch in der Weiterbildung an. Da diese Studienmodule aufgrund der anderen Lernvoraussetzungen durch Berufs- und Lebenserfahrungen meistens nicht in allen Aspekten den Weiterbildungsinteressen entsprechen dürften, sind Anpassungen und Erweiterungen durch die Medienproduzenten der jeweiligen Hochschule notwendig. Um für die möglichen virtuellen Weiterbildungsangebote aus den Fachbereichen den Weiterbildungsmarkt zu erschließen, wird es vorteilhaft sein, hierfür eine hochschuleigene kleine Online-Weiterbildungs-Agentur einzurichten. Da auch die angepassten und erweiterten virtuellen Studienangebote in der wissenschaftlichen Weiterbildung sicher nicht ohne mentorielle Betreuung und den Diskurs mit den Lehrenden akzeptiert werden, müssen auch hier vergleichbare Anreizstrukturen für das Engagement in der Weiterbildung geschaffen werden. Diese können in der Bereitstellung von Ressourcen für die Anpassungen und Erweiterungen sowie in der Anrechnung auf das Lehrdeputat oder einer zusätzlichen Honorierung bestehen.

Möglich erscheint jedoch auch eine Teilnahme der Weiterbildungteilnehmer an den grundständigen virtuellen Studienangeboten, z. B. im Gasthörerstatus, mit Regelungen für die Zertifizierung des Teilnahmeerfolgs. Dies hätte den Vorteil, dass in die Studiengruppe aufgabenbezogen aktuelle Erfahrungen eingebracht werden, die wichtige Anregungen für das weitere Studium und auch für die Lehre geben können. Diese Generationen übergreifenden virtuellen Studiengruppen können somit für die Entwicklung praxisorientierter Kompetenzprofile sehr vorteilhaft sein.

(2) Hochschulübergreifende Koordination virtueller Weiterbildungsangebote

Zweitens: Hochschulen können eine Kooperation eingehen, um ihre jeweils entwickelten und für die Weiterbildung angepassten und erweiterten virtuellen Studienangebote zu kompletten Weiterbildungsangeboten mit zertifiziertem Abschluss zusammenzustellen. Aufgrund der unterschiedlichen Strukturen und Kulturen und der Konkurrenz der Hochschulen ist es aus gemachten Erfahrungen (Nisius / Laudahn 2000, 82f.) unbedingt ratsam, die einzubringenden Leistungen sowie die Verteilung der Kosten und Erträge (z. B. der erhobenen Teilnahmegebühren) vertraglich eindeutig zu regeln.

271

Sollte dies nicht einvernehmlich und verlässlich zu erreichen sein, ist es besser, die Kooperation auf die Abstimmung der jeweiligen Angebotsschwerpunkte der Kooperationspartner zu beschränken. Für die Weiterbildungsnachfrager hätte dies den Vorteil, ein virtuelles Weiterbildungsangebot für ein breiteres Themenspektrum zu haben. Für die kooperierenden Hochschulen hätte dies den Vorteil einer allgemein steigenden Nachfrage nach virtuellen Studienangeboten. Die Konkurrenz um die Teilnahmezahlen würde sich auch qualitätssteigernd auswirken. Offen bleibt dabei, wie und durch wen übergreifend Weiterbildungsabschlüsse zertifiziert werden können oder ob es bei einem Zertifikat für jede erfolgreiche Kursteilnahme durch die jeweils anbietende Hochschule bleibt, was eher einen chaotischen Eindruck, beispielsweise in einer Bewerbung bei einem Unternehmen, erzeugen würde.

(3) Eigenständige Online-Weiterbildungs-Agentur

Drittens: Hochschulen können per Kooperationsvertrag eine eigenständig arbeitende Online-Weiterbildungs-Agentur gründen. Dies hätte zweifellos den Vorteil, dass diese Agentur den Weiterbildungsmarkt erheblich engagierter und umfassender erschließen könnte, als dies die begrenzten Ressourcen einer Hochschule erlauben. Zudem hätten die Weiterbildungsteilnehmer mit nur einem Anbieter zu tun.

Des weiteren können alle virtuellen Studienangebote unter einer einheitlichen telematischen Infrastruktur angeboten werden, sodass die Teilnehmer nicht mit den unterschiedlichen von den Hochschulen jeweils bevorzugten Benutzeroberflächen konfrontiert sind, was die Benutzung und Akzeptanz deutlich erschwert. Allerdings zwingt dies die Kooperationspartner dazu, vereinbarte gemeinsame Standards der Entwicklung, Anpassung, Erweiterung und Produktion der virtuellen Studienangebote strikt einzuhalten. Dies findet aufgrund der unterschiedlichen Wertschätzung der verschiedenen Funktionalitäten der Entwicklungssoftware und des ausgewählten Lernraumes sicherlich nicht immer die ungeteilte Zustimmung aller Kooperationspartner. Ein Vorteil dieser Strategie ist jedoch, neben dem Nutzen für die Weiterbildungsteilnehmer, dass die Agentur für die mentorielle Betreuung und den Fachdiskurs mit den Mentoren und Lehrenden Nebentätigkeitsverträge abschließen kann, sodass seitens der Hochschulen keine eigenen Anreizstrukturen für die Tätigkeiten in der wissenschaftlichen Weiterbildung geschaffen werden müssen.

8.10 Praxisbeispiel: Nachhaltigkeit in der Virtuellen Fachhochschule für Technik, Informatik und Wirtschaft

8.10.1 Nachhaltigkeit durch Hochschulverbund

Gründung eines Hochschulver-bundes

Ausgehend vom Bundesleitprojekt VFH wurde am 30. April 2001 ein Kooperationsverbund von den sieben Fachhochschulen Brandenburg, Braunschweig / Wolfenbüttel, Bremerhaven, Lübeck, Oldenburg / Friesland /

Wilhelmshaven, Stralsund und der Technischen Fachhochschule Berlin für die dauerhafte Einrichtung der im Leitprojekt entwickelten Studienangebote gegründet: „Der Verbund hat im hochschulrechtlichen Sinne keine Rechtspersönlichkeit, er ist also keine selbstständige Hochschule. Für administrative Aufgaben wie Information, Koordinierung und Leistungsverrechnung bedient er sich eines zentralen Servicebüros. Der Vorsitz fällt im turnusmäßigen Wechsel einer der Verbundhochschulen zu." (SIEGL 2002, 70)

Die Studienzulassung, die Prüfungsdurchführung und die Studienabschlüsse verbleiben bei den jeweiligen Verbundhochschulen. Dennoch erfordert die gemeinsame Nutzung der entwickelten virtuellen Studienangebote nicht nur eine Einigung auf gemeinsame Studien- und Prüfungsordnungen, sondern auch eine Einigung auf gemeinsame, zumindest aber auf kompatible curriculare Inhalte, was nach Grundgesetz, Artikel 5, Absatz 3 (Freiheit von Forschung und Lehre), nur auf freiwilliger Basis möglich ist. Zudem hat sich gezeigt, dass die Studierenden Flexibilität in der Bewerbung, der Zulassung, der Aufnahmekapazität und der Prüfung fordern und zudem die Immatrikulation über das Internet vornehmen möchten und nicht mehr persönlich erscheinen wollen. Diese studentischen Erwartungen sprengen nicht nur den Rahmen der traditionellen Studienorganisation, sondern auch alle längerfristigen Planungen der dafür erforderlichen personellen Kapazitäten (ebd., 71).

Vorhaltung der notwendigen Ressourcen

Wie oben bereits diskutiert, bedarf es bei virtuellen Studienangeboten zusätzliche Personalkapazitäten an Mentoren und entsprechende Deputatanrechnungen bei den beteiligten Professoren. Dazu sind aber etliche Fachhochschulen aufgrund der öffentlichen Sparhaushalte gar nicht in der Lage. Das größte Problem der Nachhaltigkeit des Bundesleitprojekts besteht daher in der Vorhaltung und Finanzierung der notwendigen Ressourcen für den Dauerbetrieb der entwickelten virtuellen Studienangebote (ebd., 73). Wobei die jährlichen Pflegekosten zur Aktualisierung der Studienmodule noch gar nicht berücksichtigt sind. Zur Sicherung eines dauerhaften Betriebs wären Änderungen in der Personalstruktur und in der Kostenstruktur notwendig, wie sie in Abschnitt 8.1 diskutiert wurden, die aber aufgrund der Sparhaushalte nicht realisiert werden können. Insofern bleibt zu hoffen, dass die Nachhaltigkeit der Ergebnisse demnächst doch noch erreicht werden kann.

Übertragung der Nutzungs-, Verwertungs- und Bearbeitungsrechte

Ein erhebliches, aber nach einigen Verhandlungen vertraglich gelöstes Problem war die Übertragung der Nutzungs- und Verwertungsrechte sowie der Bearbeitungsrechte der entwickelten Studienmodule an die jeweiligen Hochschulen. Das Urheberrecht und die Verantwortung für die Inhalte bleiben gesetzlich selbstverständlich bei den Autoren und Konzeptionisten. Das bedeutet, dass die inhaltliche Integrität der geschaffenen Werke auch dann gewahrt bleiben muss, wenn spätere aktualisierende Bearbeitungen nicht mehr von den eigentlichen Urhebern durchgeführt werden können oder diese – aus welchen Gründen auch immer – eine Bearbeitung nicht mehr vornehmen wollen.

Verwertungsrechte für Weiterbildungs- angebote

Ein weiteres Problem stellt ein Angebot der entwickelten Studienmodule in der Weiterbildung dar, wenn damit Einnahmen erzielt werden und somit möglicherweise Honorarzahlungen an die Urheber zu leisten sind. Hinzukommt die Einholung und Vergütung von Rechten Dritter bei der Verwendung von Fremdmaterialien, die anders als bei der Verwendung wissenschaftlicher Literatur in Präsenzveranstaltungen nicht einfach in größerem Umfange in die eigenen Studienmodule eingebaut und mit diesen möglicherweise gegen Geld verkauft werden können. Selbstverständlich bleibt die Verwendung wissenschaftlicher Zitate davon unberührt.

Nutzungs- und Verwertungsrechte vor Beginn der Medienproduktion klären

Viele rechtliche Fragen wurden erst im Laufe der Entwicklung der virtuellen Studienmodule als relevante erkannt und bedurften nachträglicher Verhandlungen. Da inzwischen Multimedia-Recht und Urheberrecht den neuen Gegebenheiten entsprechend weiter entwickelt worden sind, haben es neue Projekte erheblich einfacher und können die erforderlichen vertraglichen Regelungen bereits vor Projektbeginn treffen.

Zur Nachhaltigkeit haben die mehrfach durchgeführten formativen und summativen Evaluationen ebenso wie die Schulungen der Mentoren und die Verfahren der Qualitätssicherung bei den entwickelten Studienmodulen beigetragen (Abschnitte 5.5, 5.7 und 6.6).

8.10.2 Nachhaltigkeit durch Angebote in der Weiterbildung

Aufbau virtueller Weiterbildungs- angebote braucht Zeit

Eine Online-Weiterbildungs-Agentur für Kontaktstudien und zertifizierte wissenschaftliche Weiterbildung mit Service-Leistungen für die anbietenden Hochschulen und die betrieblichen und privaten Nachfrager sollte bereits nach zwei Jahren arbeitsfähig aufgebaut sein. Dies stellte sich als nicht machbar heraus. Zum einen, weil so schnell doch keine vermarktungsfähigen Module entwickelt werden konnten wie ursprünglich angenommen und die Weiterbildungsnachfrage auch nicht so bereitwillig und rasch auf neue multimediale Angebote umschwenkte, wie dies in der Euphorie Ende der 1990er Jahre noch geglaubt wurde. Zum anderen konnten sich die im Bundesleitprojekt kooperierenden Fachhochschulen nicht darauf einigen, zumindest über die fünfjährige Laufzeit des Leitprojektes eine weitere Kostendeckung zu übernehmen, bis mit wachsender Vermarktung der entwickelten Studienmodule die erzielten Einnahmen die Kostendeckungshöhe erreicht haben würden.

Die intensiven zweijährigen Entwicklungsarbeiten der Online-Weiterbildungs-Agentur ergaben, dass eine solche Agentur auf dem gegenwärtigen Entwicklungsstand virtueller Studienangebote und in der aktuellen Weiterbildungssituation noch mit ungelösten Problemen beladen und mittelfristig noch Pilotcharakter haben wird (NISIUS / LAUDAHN 2000, 82-87). Lebenslange wissenschaftliche Weiterbildung und Kontaktstudium werden zwar seit langem gefordert und breit diskutiert, aber beide sind noch keine gewichtigen und dauerhaften Bestandteile der ‚Wissensgesellschaft' und des Wissensmanagements in Unternehmen geworden. Die Akzeptanz und Verbreitung von E-Learning in Großunternehmen wächst nur langsam (MMB / PSEPHOS 2001), in Klein- und Mittelunternehmen sowie bei privaten Nachfragern dürfte die Akzeptanz und Verbreitung noch geringer sein.

Für die Entwicklung allgemein zugänglicher Weiterbildungsangebote mit E-Learning kommt erschwerend hinzu, dass die Großunternehmen in der Regel die E-Learning-Angebote nur für den eigenen Weiterbildungsbedarf entwickeln lassen und eine außerbetriebliche Vermarktung nicht stattfindet und meist wohl auch aufgrund der betrieblichen Spezialität der Themen nicht erfolgen kann und soll. Für Angebote wissenschaftlicher Weiterbildung und Kontaktstudien dürfte daher wohl am ehesten das Marktsegment der privaten individuellen Nachfrager in Frage kommen.

Einzelne als Nachfrager wissenschaftlicher Weiterbildung

Die privaten Nachfrager werden sich nicht nur E-Learning-Module von einer Datenbank herunterladen wollen, sondern werden auch Beratungs- und Mentorenleistungen brauchen und darüber hinaus gelegentlich auch den Kontakt zu Experten für einen inhaltlichen Diskurs benötigen. Sie werden zudem an Praxisorientierung und Aufgabenorientierung der virtuellen Weiterbildungsangebote interessiert sein und Hilfen für selbst organisiertes Lernen erwarten (NISIUS / LAUDAHN 2000, 83). Darüber hinaus dürfte für sie eine Teilnahme an einer moderierten Community of Practice (ARNOLD 2003a) zur Unterstützung ihres selbst organisierten Lernens interessant sein.

Insofern kam das entwickelte Geschäftsmodell für den Betrieb einer Online-Weiterbildungs-Agentur der VFH zu früh. Und die vorgesehene Aufbauzeit von zwei Jahren war deutlich zu kurz bemessen. Dennoch wurden wegweisende Ergebnisse für einen zukünftigen Aufbau einer Online-Weiterbildungs-Agentur in Hochschulen und Universitäten gewonnen, die im vorhergehenden Abschnitt 8.9 dargestellt wurde.

Literatur

ALLERT, HEIDRUN (2001a): Rolle und Aufgaben einer Tele-Tutorin / eines Tele-Tutors. 3. Studienmodul des Online-Kurses „Tele-Tutor-Training" der Teleakademie Furtwangen (unveröffentlichtes Manuskript).

ALLERT, HEIDRUN (2001b): Betreuung, Kommunikation und Kooperation mit Groupware (BSCW). 6. Studienmodul des Online-Kurses „Tele-Tutor-Training" der Teleakademie Furtwangen (unveröffentlichtes Manuskript).

ALLERT, HEIDRUN / BRENNSTEIN, ELKE / VON DER HAND, GERHARD / KILIAN, LARS u.a. (2004): Aus- und Weiterbildung unter besonderer Berücksichtigung von e-Learning – Teil 2: Didaktisches Objektmodell – Modellierung und Beschreibung didaktischer Szenarien (PAS 1032-2). Berlin: Beuth (kostenlos abrufbarer Entwurf, URL: http://www.beuth.de).

ALLERT, HEIDRUN / QU, CHANGTAO / NEIDL, WOLFGANG (2002): Theoretischer Ansatz zur Rolle der Didaktik in Metadaten Standards [Online]. URL: http://www.rz.uni-frankfurt.de/neue_medien/standardisierung/allert_text.pdf [zuletzt abgerufen: 25.11.2002].

APEL, HEINO (2003): Das Forum als zentrales Instrument asynchroner Online-Seminare. In: Apel, Heino / Kraft, Susanne (Hrsg.): Online lehren. Planung und Gestaltung netzbasierter Weiterbildung. Bielefeld: W. Bertelsmann, S. 93-116.

APEL, HEINO / KRAFT, SUSANNE (Hrsg.) (2003): Online lehren. Planung und Gestaltung netzbasierter Weiterbildung. Bielefeld: W. Bertelsmann.

ARNOLD, PATRICIA (2001) (unter Mitarbeit von ROGNER, LARISSA / THILLOSEN, ANNE): Didaktik und Methodik telematischen Lehrens und Lernens. Lernräume – Lernszenarien – Lernmedien. State-of-the-Art und Handreichung mit Hinweisen für die Entwicklung der telematischen Lernkultur von Gerhard Zimmer. Münster u.a.: Waxmann (Medien in der Wissenschaft, Bd. 17).

ARNOLD, PATRICIA (2003a): Einführung in das Online-Lernen. Modul: Grundlagen I, Lerneinheit: Online Lernen. (Studienbrief im Rahmen des postgradualen Masterstudiengangs „Medien & Bildung" der Universität Rostock). Rostock: Universität.

ARNOLD, PATRICIA (2003b): Kooperatives Lernen im Internet. Qualitative Analyse einer Community of Practice im Fernstudium. Münster u.a.: Waxmann (Medien in der Wissenschaft, Bd. 23).

ARNOLD, PATRICIA / HORNECKER, EVA (im Druck): CSCL in selbst organisierten Szenarien. In: Haake, Joerg / Schwabe, Gerd / Wessner, Martin (Hrsg.): Das CSCL-Kompendium. Ein deutschsprachiges Hand- und Lehrbuch zur Einführung in CSCL. München u.a.: Oldenbourg.

ARNOLD, PATRICIA / KILIAN, LARS / THILLOSEN, ANNE (2002a): „So lonely!?" – Online-Betreuung als kritische Erfolgsbedingung beim telematischen Studieren. Ergebnisse einer Befragung von Studierenden und Mentoren in der Virtuellen Fachhochschule für Technik, Informatik und Wirtschaft (VFH). In: Bachmann, Gudrun / Haefeli, Odette / Kindt, Michael (Hrsg.): Campus 2002. Die virtuelle Hochschule in der Konsolidierungsphase. Münster u.a.: Waxmann (Medien in der Wissenschaft, Bd. 18), S. 334-344.

ARNOLD, PATRICIA / KILIAN, LARS / THILLOSEN, ANNE (2002b): Tele-Tutoren in der virtuellen Fachhochschule für Wirtschaft, Informatik und Technik. In: Bernath, Ulrich (Hrsg.): Online-Tutorien. Beiträge zum Spezialkongress „distance learning" der AG-F im Rahmen der LEARNTEC. Oldenburg: Bibliotheks- und Informationssystem der Carl von Ossietzky Universität Oldenburg, S. 63-75.

ARNOLD, PATRICIA / KILIAN, LARS / THILLOSEN, ANNE (2002c): Training of Online-Facilitators as a Key Issue in Implementing Virtual Learning: Organizational Approach and Course Design within the Virtual University of Applied Science, Germany. In: Proceedings, World Congress Networked Learning in a Global Environment, Challenges and Solutions for Virtual Education. Technical University of Berlin, May 1-4, 2002. Canada / Netherlands: ICSC-NAISO Academic Press [Full-paper on CD-ROM].

ARNOLD, PATRICIA / KILIAN, LARS / THILLOSEN, ANNE (2003a): Pädagogische Metadaten im E-Learning. Allgemeine Problemfelder und exemplarische Fragestellungen am Beispiel der Virtuellen Fachhochschule. In: Kerres, Michael / Voß, Britta (Hrsg.): Digitaler Campus. Vom Medienprojekt zum nachhaltigen Medieneinsatz in der Hochschule. Münster u.a.: Waxmann (Medien in der Wissenschaft, Bd. 24), S. 379-390.

ARNOLD, PATRICIA / KILIAN, LARS / KLOCKMANN, UTE / THILLOSEN, ANNE (2003b): Didaktik und Methodik telematischen Lehrens und Lernens – DIMETELL. Abschlussbericht des Arbeitspaketes 2-1 im Bundesleitprojekt „Virtuelle Fachhochschule für Technik, Informatik und Wirtschaft". Hamburg: Universität der Bundeswehr Hamburg, Projektleitung: Univ.-Prof. Dr. Gerhard Zimmer, Professur für Berufs- und Betriebspädagogik.

ARNOLD, PATRICIA / PUTZ, PETER (2000): Communities of Practice als Orientierungsrahmen für die Gestaltung virtueller Lernumgebungen. In: Scheuermann, Friedrich (Hrsg.): Campus 2000. Lernen in neuen Organisationsformen. Münster u.a.: Waxmann (Medien in der Wissenschaft, Bd. 10), S. 97-109.

ARNOLD, PATRICIA / SMITH, JOHN (2003): Adding connectivity and losing context with ICT: contrasting learning situations from a community of practice perspective. In: Huysman, Marleen / Wenger, Etienne / Wulf, Volker (Eds.): Proceedings of the International Conference on Communities and Technologies (C&T 2003). Dordrecht: Kluwer, S. 465-484.

ARNOLD, PATRICIA / THILLOSEN, ANNE (2002): Aufgabenorientiertes Lernen in telematischen Studienmodulen: Aufgabenformen, Aufgabentypen und Aufgabengestaltung. In: Zimmer, Gerhard (Hrsg.): High-Tech or High-Teach. Lernen in Netzen zwischen Aktualität und Potenzialität. Dokumentation der Beiträge im Workshop 7 der Hochschultage Berufliche Bildung 2002 an der Universität zu Köln. Bielefeld: W. Bertelsmann, S. 35-45.

ARNOLD, PATRICIA / THILLOSEN, ANNE (2003): Gestaltung von Teletutoren-Schulungen am Beispiel der Virtuellen Fachhochschule. In: Hohenstein, Andreas / Wilbers, Karl (Hrsg.): Handbuch E-Learning. Expertenwissen aus Wissenschaft und Praxis. Köln: Deutscher Wirtschaftsdienst (Loseblattsammlung, Grundwerk 2001), Beitrag 6.1.3, S. 1-4.

ARNOLD, ROLF (1997): Qualität durch Professionalität – zur Durchmischung von Utilität und Zweckfreiheit in der Qualität betrieblicher Weiterbildung. In: Arnold, Rolf (Hrsg.): Qualitätssicherung in der Erwachsenenbildung. Opladen: Leske und Budrich, S. 51-61.

ASSELBORN, ANNETTE / HOFFSCHROER, MICHAEL (2000): Die Tätigkeitsmatrix. Ansatz zur Systematisierung der Handlungen von Teledozenten. In: Esser, Friedrich H. / Twardy, Martin / Wilbers, Karl (Hrsg.):

E-Learning in der Berufsbildung. Telekommunikationsunterstützte Aus- und Weiterbildung im Handwerk. Markt Schwaben: Eusl, S. 303-340.

AUER-REINSDORFF, ASTRID / BRANDENBURG, ANDREA (2003): Urheberrecht und Multimedia. Eine praxisorientierte Einführung. Berlin: Erich Schmidt.

BAACKE, DIETER (1999): Medienkompetenz als zentrales Operationsfeld von Projekten. In: Baacke, Dieter u.a. (Hrsg.): Handbuch Medien: Medienkompetenz. Modelle und Projekte. Bonn: Bundeszentrale für politische Bildung, S. 31-35.

BACHER, CHRISTIAN / MÜLLER, RAINER / OTTMANN, THOMAS (1997): Ein Weg zur Integration von Live-Vorlesung, Teleteaching und Lehrsoftwareproduktion. In: Arbeitskreis Hochschule und Weiterbildung e.V. (Hrsg.): Elektronische Medien in der wissenschaftlichen Weiterbildung. Braunschweig: Technische Universität Braunschweig, Zentralstelle für Weiterbildung, S. 261-272.

BACK, ANDREA (2002): Chief-Learning-Officer-Projektagenda 200x. In: Schubert, Sigrid / Reusch, Bernd / Jesse, Norbert Jesse (Hrsg.): Informatik bewegt: Informatik 2002. 32. Jahrestagung der Gesellschaft für Informatik e.V. (GI), 30. Sept. – 3. Okt. 2002 in Dortmund. GI-Edition: Lecture Notes in Informatics (LNI) – Proceedings. Series of the German Informatics Society (GI), P-19 (2002), Bonn: Köllen, S. 83-89.

BALLI, CHRISTEL / KREKEL, ELISABETH M. / SAUTER, EDGAR (Hrsg.) (2002a): Qualitätsentwicklung in der Weiterbildung. Zum Stand der Anwendung von Qualitätssicherungs- und Qualitätsmanagementverfahren bei Weiterbildungsanbietern. Bonn: Bundesinstitut für Berufsbildung.

BALLI, CHRISTEL / KREKEL, ELISABETH M. / SAUTER, EDGAR (2002b): Qualitätsentwicklung in der Weiterbildung aus der Sicht von Bildungsanbietern – Diskussionsstand, Verfahren, Entwicklungstendenzen. In: Balli, Christel / Krekel, Elisabeth M. / Sauter, Edgar (Hrsg.): Qualitätsentwicklung in der Weiterbildung. Zum Stand der Anwendung von Qualitätssicherungs- und Qualitätsmanagementverfahren bei Weiterbildungsanbietern. Bonn: Bundesinstitut für Berufsbildung, S. 5-24

BATINIC, BERNAD / WERNER, ANDREAS / GRÄF, LORENZ u.a. (Hrsg.) (1998): Online Research. Methoden, Anwendungen und Ergebnisse. Göttingen u.a.: Hogrefe.

BAUMGARTNER, PETER / PAYR, SABINE (1994): Lernen mit Software. Innsbruck: Österreichischer StudienVerlag.

BAUMGARTNER, PETER (1999): 10 Todsünden in der Evaluation interaktiver Lehr- und Lernmedien. In: Lehmann, Klaus (Hrsg.): Studieren 2000 – Alte Inhalte in neuen Medien? Münster u.a.: Waxmann (Medien in der Wissenschaft, Bd. 8), S. 199-220.

BAUMGARTNER, PETER (2002): Pädagogische Anforderungen für die Bewertung und Auswahl von Lernsoftware. In: Issing, Ludwig J. / Klimsa, Paul (Hrsg.): Information und Lernen mit Multimedia und Internet. Lehrbuch für Studium und Praxis. Weinheim: Beltz PVU (3., vollst. überarb. Aufl.), S. 427-444.

BAUMGARTNER, PETER / HÄFELE, HARTMUT / MAIER-HÄFELE, KORNELIA (2002): E-Learning Praxishandbuch. Auswahl von Lernplattformen. Marktübersicht – Funktionen – Fachbegriffe. Innsbruck u.a.: StudienVerlag.

BEETHAM, HELEN (2001): Background to the development and implementation of the RESL: metadata, vocabularies and cognate projects [Online]. URL: http://kn.open.ac.uk/public/getfile.cfm?documentfileid=2253 [zuletzt abgerufen: 21.06.2003].

BEHRENDT, ERICH / ULMER, PHILIPP / MÜLLER-TAMKE, WOLFGANG (2004): Netzbasiertes Lernen in der beruflichen Praxis: Zur Bedeutung des Bildungspersonals. Ergebnisse einer qualitativen empirischen Erhebung. In: Wissenschaftliche Diskussionspapiere, Heft 68, Bonn: Bundesinstitut für Berufsbildung.

BEHRENS, ULRIKE (2001): Teleteaching is easy!? Pädagogisch-psychologische Qualitätskriterien und Methoden der Qualitätskontrolle für Teleteaching-Projekte. Landau: Empirische Pädagogik.

BENDEL, OLIVER (2003): Pädagogische Agenten im Corporate E-Learning. Bamberg: Difo-Druck (Dissertation an der Universität St. Gallen / Schweiz) [Online]. URL: http://verdi.unisg.ch/org/iwi/iwi_pub.nsf/wwwPublRecentEng/05535D23A73EF464C1256D0A003572E5/$file/Paedagogische_Agenten.pdf [zuletzt abgerufen: 05.05.2004].

BERTELSMANN STIFTUNG / HEINZ NIXDORF STIFTUNG (Hrsg.) (2000): Studium online. Hochschulentwicklung durch neue Medien. Gütersloh: Bertelsmann Stiftung.

BEUSCHEL, WERNER (2002): Ubiquitous e-Learning: Zwischen Lernen mit Spiel und Spaß und lebenslanger Überforderung. In: Britzelmaier, Bernd / Geberl, Stephan / Weinmann, Siegfried (Hrsg.): Der Mensch im Netz – Ubiquitous Computing, 4. Liechtensteinisches Wirtschaftsinformatik-Symposium. Stuttgart: Teubner (Reihe Wirtschaftsinformatik), S. 83-91.

BLAKOWSKI, GEROLD / HINZE, UDO (2000): Hinweise zur Konzeption virtueller Gruppenarbeit. Fachhochschule Stralsund (projektinternes Dokument).

BLAKOWSKI, GEROLD / HINZE, UDO (2001): Hinweise zur Gestaltung virtueller Gruppenarbeit. Fachhochschule Stralsund (projektinternes Dokument).

BLUMSTENGEL, ASTRID (1998): Entwicklung hypermedialer Lernsysteme [Online]. URL: http://dsor.upb.de/de/forschung/publikationen/blumstengel-diss/ [zuletzt abgerufen: 24.08.2003].

BODE, RUDOLF (1986): Berufsausbildung in Lernortsystemen. In: Linke, Hans (Hrsg.): Lernplätze in der Berufsausbildung. Didaktisch-organisatorische Lernzusammenhänge. Ergebnisse der Hochschultage Berufliche Bildung 1984. Alsbach / Bergstraße: Leuchtturm-Verlag, S. 9-23.

BORTZ, JÜRGEN / DÖRING, NICOLA (2002): Forschungsmethoden und Evaluation: für Human- und Sozialwissenschaftler. Berlin: Springer.

BRANSFORD, JOHN D. / SHERWOOD, ROBERT D. / HASSELBRING, TED S. / KINZER, CHARLES K. / WILLIAMS, SUSAN M. (1990): Anchored Instruction: Why We Need It and How Technology Can Help. In: Nix, Don / Spiro, Rand J. (Eds.): Cognition, Education and Multimedia: Exploring Ideas in High Technology. Hillsdale NJ: Lawrence Erlbaum, S. 115-142.

BREHM, KARL-HEINZ (2000): Qualitätsmanagement und Qualitätsstandards in der beruflichen Bildung. In: Grundlagen der Weiterbildung, 11. Jg., Heft 6, S. 270-273.

BREUER, JENS (2001): Kooperative Lernformen beim E-Learning einsetzen. In: Hohenstein, Andreas / Wilbers, Karl (Hrsg.): Handbuch E-Learning. Expertenwissen aus Wissenschaft und Praxis. Köln: Deutscher Wirtschaftsdienst (Loseblattsammlung, Grundwerk 2001), Beitrag 4.2, S. 1-20.

BRITAIN, SANDY / LIBER, OLEG (1999): A Framework for Pedagogical Evaluation of Virtual Learning Environments (JTAP Report) [Online]. URL: http://www.jtap.ac.uk/reports/htm/jtap-041.html [zuletzt abgerufen: 06.03.2001].

BROWN, JOHN S. / DUGUID, PAUL (1996): Universities in the digital Age. In: AAHE (American Association for Higher Education): Change: The Magazine of Higher Learning, vol. 28, Nr. 4, S. 10-19.

BRUGGER, ROLF (2001): Die Erstellung von wiederverwendbaren Inhalten für Web-basierte Kurse. In: Wagner, Erwin / Kindt, Michael (Hrsg.): Virtueller Campus. Szenarien – Strategien – Studium. Münster u.a.: Waxmann (Medien in der Wissenschaft, Bd. 14), S. 239-247.

BRUNS, BEATE / GAJEWSKI, PETRA (2002): Multimediales Lernen im Netz. Leitfaden für Entscheider und Planer. Berlin u.a.: Springer (3., vollst. überarb. Aufl.).

BUBENZER, ARNDT (2001a): Betreuung und Kommunikation mit synchronen Werkzeugen: Chat. 5. Studienmodul des Online-Kurses „Tele-Tutor-Training" der Teleakademie Furtwangen (unveröffentlichtes Manuskript).

BUBENZER, ARNDT (2001b): Lernkontrolle und Feedback. 8. Studienmodul des Online-Kurses „Tele-Tutor-Training" der Teleakademie Furtwangen (unveröffentlichtes Manuskript).

BUSCH, FRANK / MAYER, THOMAS B. (2002): Der Online-Coach. Wie Trainer virtuelles Lernen optimal fördern können. Weinheim, Basel: Beltz (Beltz-Weiterbildung).

CAPAUL, ROMAN (2002): Planspiele erfolgreich einsetzen. In: Hohenstein, Andreas / Wilbers, Karl (Hrsg.): Handbuch E-Learning. Expertenwissen aus Wissenschaft und Praxis. Köln: Deutscher Wirtschaftsdienst (Loseblattsammlung, Grundwerk 2001), Beitrag 4.11, S. 1-13.

CETIS (Centre For Educational Technology Interoperability Standards) (2002): Learning Technology Standards: An Overview [Online]. URL: http://www.cetis.ac.uk/static/standards.html [zuletzt abgerufen: 14.03.2003].

CHINA, RALF (2002): E-Learning-Produkte im Vergleich. In: Hohenstein, Andreas / Wilbers, Karl (Hrsg.): Handbuch E-Learning. Expertenwissen aus Wissenschaft und Praxis. Köln: Deutscher Wirtschaftsdienst (Loseblattsammlung, Grundwerk 2001), Beitrag 2.5, S. 1-24.

COLLINS, ALLAN / BROWN, JOHN S. / NEWMAN, SUSAN E. (1989): Cognitive Apprenticeship: Teaching the Crafts of Reading, Writing and Mathematics. In: Resnick, Lauren B. (Hrsg.): Knowing, Learning, and Instruction. Essays in Honor of Robert Glaser. Hillsdale, NJ: Lawrence Erlbaum. S. 453-494.

DEGEVAL (Deutsche Gesellschaft für Evaluation e.V.) (2002): Standards für Evaluation. Köln: Deutsche Gesellschaft für Evaluation.

DGQ (Deutsche Gesellschaft für Qualität e.V.) (Hrsg.) (2001): Qualitätsmanagement in der Weiterbildung. Ein Leitfaden für Weiterbildungsanbieter und Weiterbildungsnachfrager. DGQ-Band 30-21. Berlin: Beuth. (Siehe auch: URL: http://www.dgq.de/schrift/doku/30-21_30-21r.pdf)

DIN (Deutsches Institut für Normung e.V.) (2001): DIN-Normenheft 10. Grundlagen der Normungsarbeit des DIN. Berlin u.a.: Beuth (7., überarb. Aufl.).

DIPPL, ZORANA / ELSTER, FRANK / ZIMMER, GERHARD (Hrsg.) (2003): Wer bestimmt den Lernerfolg? Leistungsbeurteilung in projektorientierten Lernarrangements. Bielefeld: W. Bertelsmann.

DOERR, KLAUS / ORRU, ANDREAS (2000): Zwischenbilanz zum Qualitätsmanagement. In: Grundlagen der Weiterbildung, 11. Jg., Heft 2, S. 82-84.

DÖRR, GÜNTER / STRITTMATTER, PETER (2002): Multimedia aus pädagogischer Sicht. In: Issing, Ludwig J. / Klimsa, Paul (Hrsg.): Information und Lernen mit Multimedia und Internet. Lehrbuch für Studium und Praxis. Weinheim: Beltz PVU (3., vollst. überarb. Aufl.), S. 29-43.

DROLSHAGEN, BIRGIT / KLEIN, RALPH (2003): Barrierefreiheit – eine Herausforderung für die Medienpädagogik der Zukunft. In: Kerres, Michael / Voß, Britta (Hrsg.): Digitaler Campus. Vom Medienprojekt zum nachhaltigen Medieneinsatz in der Hochschule. Münster u.a.: Waxmann (Medien in der Wissenschaft, Bd. 24), S. 25-35.

DUDEN FREMDWÖRTERBUCH (1990): Mannheim u.a.: Bibliographisches Institut (Duden, Bd. 5); 5., neu bearb. und erw. Aufl.).

EHLERS, ULF (2002): Qualität beim E-Learning: Der Lernende als Grundkategorie bei der Qualitätssicherung. In: MedienPädagogik. Online-Zeitschrift für Theorie und Praxis der Medienbildung [Online]. URL: http://www.medienpaed.com/02-1/ehlers1.pdf [zuletzt abgerufen: 01.04.2004], S. 1-20.

EHSES, CHRISTIANE / HEINEN-TENRICH, JÜRGEN / ZECH, RAINER (2001): Das lernerorientierte Qualitätsmodell für Weiterbildungsorganisationen. Hannover: Expressum.

EULER, DIETER (1992): Didaktik des computerunterstützten Lernens. Praktische Gestaltung und theoretische Grundlagen. Nürnberg: BW Bildung und Wissen.

EULER, DIETER (1999): Multimediale und telekommunikative Lernumgebungen zwischen Potenzialität und Aktualität: Eine Analyse aus wirtschaftspädagogischer Sicht. In: Gogolin, Ingrid / Lenzen, Dieter (Hrsg.): Medien-Generation. Beiträge zum 16. Kongress der Deutschen Gesellschaft für Erziehungswissenschaft. Obladen: Leske und Budrich, S. 77-97.

EULER, DIETER (2001): Selbstgesteuertes Lernen mit Multimedia und Telekommunikation gestalten. In: Hohenstein, Andreas / Wilbers, Karl (Hrsg.): Handbuch E-Learning. Expertenwissen aus Wissenschaft und Praxis. Köln: Deutscher Wirtschaftsdienst (Loseblattsammlung, Grundwerk 2001), Beitrag 4.1, S. 1-20.

EULER, DIETER / WILBERS, KARL (2002): Selbstlernen mit neuen Medien didaktisch gestalten. St. Gallen: Universität, IWP-HSG (Hochschuldidaktische Schriften, Bd. 1).

FISCHER, GERHARD (2002): Beyond „Couch Potatoes": From Consumers to Designers and Active Contributors. First Monday, vol. 7, Issue 12 [Online]. URL: http://www.firstmonday.dk/issues/issue7_12/fischer/ [zuletzt abgerufen: 23.03.2004].

FLECHSIG, KARL-HEINZ (1996): Kleines Handbuch didaktischer Modelle. Eichenzell: Neuland.

FRICKE, REINER (2000): Qualitätsbeurteilung durch Kriterienkataloge. In: Schenkel, Peter / Tergan, Sigmar-Olaf / Lottmann, Alfred (Hrsg.): Qualitätsbeurteilung multimedialer Lern- und Informationssysteme. Evaluationsmethoden auf dem Prüfstand. Nürnberg: BW Bildung und Wissen, S. 75-88.

FRIEDRICH, HANS (2002): Qualitätssicherung der Lehre im Europäisierungsprozess. In: Reil, Thomas / Winter, Martin (Hrsg.): Qualitätssicherung an Hochschulen. Theorie und Praxis. Bielefeld: W. Bertelsmann, S. 72-79.

GAISER, BIRGIT (2002): Die Gestaltung kooperativer telematischer Lernarrangements. Aachen: Shaker.

GEYKEN, ALEXANDER / MANDL, HEINZ / REITER, WILFRIED (1998): Selbstgesteuertes Lernen mit Tele-Tutoring. In: Schwarzer, Ralf (Hrsg.): Multimedia und Telelearning. Lernen im Cyberspace. Frankfurt a.M.: Campus, S. 181-196.

GLAHN, CHRISTIAN (2002): Wie Bildungsprozesse standardisiert beschrieben werden können. Konzepte, Perspektiven und Grenzen von IMS Learning Design [Online]. URL: http://www.learninglab.de/elan/kb3/pratical/lom/docs/abstractbildungsprozessestandard-christian-glahn.pdf [zuletzt abgerufen: 14.05.2003].

GLASERSFELD, ERNST VON (1987): Wissen, Sprache und Wirklichkeit. Arbeiten zum radikalen Konstruktivismus. Braunschweig: Vieweg (1992) (Wissenschaftstheorie, Wissenschaft und Philosophie, Bd. 24; autorisierte deutsche Fassung von Wolfram K. Köck).

GLOGER, AXEL (2003): Eliteschulen mit Südblick. Im kleinen Kreis zum Erfolg: Das bieten das Hochschulinstitut Lindau und die Munich Business School – nur Ausgewählten. In: WELT am SONNTAG, Nr. 31, 03.08.2003, S. 47.

GLOWALLA, ULRICH / GROB, HEINZ LOTHAR / THOME, RAINER (2000): Qualitätssicherung interaktiver Studienangebote. In: Bertelsmann Stiftung / Heinz Nixdorf Stiftung (Hrsg.): Studium online. Hochschulentwicklung durch neue Medien. Gütersloh: Bertelsmann Stiftung, S. 51-73.

GONON, PHILIPP (1999): Qualitätssysteme auf dem Prüfstand. Die neue Qualitätsdiskussion in Schule und Bildung. Aarau: Bildung Sauerländer.

GORDON, JACK (2002): Where oh Where is Plug & Play? [Online]. URL: http://www.elearningmag.com/elearning/article/articleDetail.jsp?id=41961 [zuletzt abgerufen: 03.04.2003].

GÖRLITZ, GUDRUN / MÜLLER, STEFAN (2003a): Vom Seminar zur Lerneinheit – und zurück. In: Kerres, Michael / Voß, Britta (Hrsg.): Digitaler Campus. Vom Medienprojekt zum nachhaltigen Medieneinsatz in der Hochschule. Münster u.a.: Waxmann (Medien in der Wissenschaft, Bd. 24), S. 401-410.

GÖRLITZ, GUDRUN / MÜLLER, STEFAN (2003b): Formatvorlage für ein Storyboard mit Produktionsanweisungen. Technische Fachhochschule Berlin (projektinternes Dokument).

GRAF, JOACHIM (2003): Trainer entdecken das e-Learning. Train the e-Trainer. In: managerSeminar, Heft 68, S. 8-15.

GRIESBACH, HEINZ / LEWIN, KARL / HEUBLEIN, ULRICH / SCHREIBER, JOCHEN / SOMMER, DIETER (1998): Studienabbruch – Typologie und Möglichkeiten der Abbruchsbestimmung. Hannover: HIS-Kurzinformation A 5/98.

GROTLÜSCHEN, ANKE (2003): Widerständiges Lernen im Web – virtuell selbstbestimmt? Eine qualitative Studie über E-Learning in der beruflichen Erwachsenenbildung. Münster u.a.: Waxmann.

GUSSENSTÄTTER, ASTRID (2003): Internationales Monitoring. Lernkultur Kompetenzentwicklung: Lernen im Netz und mit Multimedia. Statusbericht 7. Schwerpunkt: Teletutoring [Online]. URL: http://www.abwf.de/content/main/programm/befunk/Monitoring/LiNe/92_Mon_LiNe_7_2003.pdf [zuletzt abgerufen: 05.05.2004].

HAGENHOFF, SVENJA / SCHUHMANN, MATTHIAS / SCHELLHASE, JÖRG (2001): Lernplattformen auswählen. In: Hohenstein, Andreas / Wilbers, Karl (Hrsg.): Handbuch E-Learning. Expertenwissen aus Wissenschaft und Praxis. Köln: Deutscher Wirtschaftsdienst (Loseblattsammlung, Grundwerk 2001), Beitrag 5.1, S. 1-21.

HAHNE, KLAUS (2003): Für ein anwendungsbezogenes Verständnis von E-Learning. E-Learning zwischen formellen Kursangeboten und Unterstützung des Erfahrungslernens in der Arbeit. In: Berufsbildung in Wissenschaft und Praxis (BWP), 32. Jg., Heft 4, S. 35-39.

HAMANN CHRISTIAN / WEIDERT, STEFAN (2001): E-Commerce und Recht. Ein Leitfaden für Unternehmen. Berlin: Erich Schmidt.

HARDENBERG, CORNELIA VON (2001): Qualitätsmanagement in sozialen Organisationen. In: Kreuzhage, Stephanie (Hrsg.): Praxishandbuch SozialManagement. Soziales Engagement professionell managen. Bonn: VNR Verlag für die Deutsche Wirtschaft, Beitrag Q29.

HARKE, DIETRICH (2001): Von der Lernproblemdiagnose zur Lernberatung. Ansätze zur Förderung des Lernens in der Weiterbildung. Bönen: Verlag für Schule und Weiterbildung.

HARKE, DIETRICH (2003): Lernförderung durch Lernberatung: Materialien. Bönen: Verlag für Schule und Weiterbildung.

HARNEY, KLAUS (2000): Zwischen Arbeit und Organisation. In: Grundlagen der Weiterbildung, 11. Jg., Heft 6, S. 285-288.

HÄRTA, RENÉ (2002): Didaktisches Design multimedialer Lern- und Arbeitsumgebungen. Hamburg: Verlag Dr. Kovac.

HARTWIG, RONALD / TRIEBE, JOHANNES / HERCZEG, MICHAEL (2002a): Ergonomie-Handbuch zur Gestaltung virtueller Lerneinheiten – Version 1.0.4. Universität zu Lübeck – Institut für Multimediale und Interaktive Systeme [Online]. URL: http://www.imis.mu-luebeck.de/de/forschung/publikationen.html#20022002 [zuletzt abgerufen: 03.04.2003].

HARTWIG, RONALD / TRIEBE, JOHANNES / HERCZEG, MICHAEL (2002b): Software-ergonomische Evaluation im Kontext der Entwicklung multimedialer Lernmodule für die virtuelle Lehre. In: Herczeg, Michael / Prinz, Wolfgang / Oberquelle, Horst (Hrsg.): Mensch & Computer 2002. Vom interaktiven Werkzeug zu kooperativen Arbeits- und Lernwelten. Stuttgart: B.G. Teubner, S. 313-322.

HARTWIG, RONALD / TRIEBE, JOHANNES / HERCZEG, MICHAEL (2002c): Styleguide – Richtlinien zur Qualitätssicherung bei der Realisierung von Studienmodulen im Projekt VFH. Universität zu Lübeck – Institut für Multimediale und Interaktive Systeme [Online]. URL: http://www.imis.mu-luebeck.de/de/forschung/publikationen.html#20022002 [zuletzt abgerufen: 03.04.2003].

HARTWIG, RONALD / TRIEBE, JOHANNES / HERCZEG, MICHAEL (2002d): Usability Engineering as an Important Part of Quality Management for a Virtual University. In: Proceedings, World Congress Networked Learning in a Global Environment, Challenges and Solutions for Virtual Education. Technical University of Berlin, May 1-4, 2002: Canada / Netherlands: ICSC-NAISO Academic Press, Abstract on p. 92 [Fullpaper on CD-ROM].

HASEBROOK, JOACHIM (1995): Multimedia-Psychologie. Eine neue Perspektive menschlicher Kommunikation. Heidelberg u.a: Spektrum.

HAUSMANN, BEATE (1999): Das Aufgabenprofil von Online-ModeratorInnen. In: Bundesministerium für Bildung und Forschung (Hrsg.): Selbstgesteuertes Lernen. Dokumentation zum KAW-

Kongreß in Königswinter vom 4.-6. November 1998. Bonn: Bundesministerium für Bildung und Forschung, S. 209-215.

HEGNER, MARKUS (2003): Methoden zur Evaluation von Software. Arbeitsbericht Nr. 29 des Informationszentrums Sozialwissenschaften der Arbeitsgemeinschaft Sozialwissenschaftlicher Institute e.V. (ASI). Bonn: Informationszentrum Sozialwissenschaften.

HELLBUSCH, JAN ERIC (2001): Barrierefreies Webdesign – wie Menschen mit Behinderungen WWW-Seiten lesen können. Osnabrück: Bonner Presse Vertrieb (KnowWare EXTRA, Nr. 8).

HEMSING-GRAF, SABINE (2003): Technisches Know-How – Anforderungen an Anbieter und Nachfrager von Online-Seminaren. In: Apel, Heino / Kraft, Susanne (Hrsg.): Online lehren. Planung und Gestaltung netzbasierter Weiterbildung. Bielefeld: W. Bertelsmann, S. 205-218.

HENSGE, KATHRIN / SCHLOTTAU, WALTER (2001): Lehren und Lernen im Internet. Organisation und Gestaltung virtueller Zentren. Bielefeld: W. Bertelsmann.

HENSGE, KATHRIN / ULMER, PHILIPP (Hrsg.) (2004): Kommunizieren und Lernen in virtuellen Gemeinschaften. Neue Wege der Qualifizierung des Bildungspersonals. Bielefeld: W. Bertelsmann.

HESSE, FRIEDRICH W. / GARSOFFKY, BÄRBEL / HRON, AEMILIAN (2002): Netzbasiertes kooperatives Lernen. In: Issing, Ludwig J. / Klimsa, Paul (Hrsg.): Information und Lernen mit Multimedia und Internet. Lehrbuch für Studium und Praxis. Weinheim: Beltz PVU (3., vollst. überarb. Aufl.), S. 283-298.

HETTRICH, ALEXANDER / KOROLEVA, NATALIA (2003): Marktstudie Learning Management Systeme (LMS) und Learning Content Management Systeme (LCMS). Fokus deutscher Markt. Stuttgart: Fraunhofer-Institut für Arbeitswissenschaft und Organisation (IAO).

HINZE, UDO / BLAKOWSKI, GEROLD (2002): Anforderungen an die Betreuung im Onlinelernen: Ergebnisse einer qualitativen Inhaltsanalyse im Rahmen der VFH. In: Bachmann, Gudrun / Haefeli, Odette / Kindt, Michael (Hrsg.): Campus 2002: Die virtuelle Hochschule in der Konsolidierungsphase. Münster u.a.: Waxmann (Medien in der Wissenschaft, Bd. 18), S. 323-333.

HOFMANN, JEANETTE (1998): „Let A Thousand Proposals Bloom" – Mailinglisten als Forschungsquelle. In: Batinic, Bernad / Werner, Andreas / Gräf, Lorenz / Bandilla, Wolfgang (Hrsg.): Online Research. Methoden, Anwendungen und Ergebnisse. Göttingen u.a.: Hogrefe, S. 179-199.

HOHENSTEIN, ANDREAS / WILBERS, KARL (Hrsg.) (2001): Handbuch E-Learning. Köln: Deutscher Wirtschaftsdienst (Loseblattsammlung).

HOLMBERG, BÖRJE / SCHUEMER, RUDOLF (1997): Lernen im Fernstudium. In: Weinert, Franz E. / Mandl, Heinz (Hrsg.): Enzyklopädie der Psychologie. Göttingen: Hogrefe (Pädagogische Psychologie), S. 507-566.

HOLZINGER, ANDREAS (2001): Interoperabilität und Metadaten. Workshop am 2. Business Meeting „Forum Neue Medien". Wien am 07.06.2001 [Online]. URL: http://www.serverprojekt.fh-joanneum.at/sp/thema/meta/metadaten.pdf [zuletzt abgerufen: 24.07.2003].

HOLZKAMP, KLAUS (1993): Lernen. Subjektwissenschaftliche Grundlegung. Frankfurt a. M., New York: Campus.

HONOLD, PIA (2000): Interkulturelles Usability Engineering. Eine Untersuchung zu kulturellen Einflüssen auf die Gestaltung und Nutzung technischer Produkte. Düsseldorf: Verein Deutscher Ingenieure (VDI).

HRK (Hochschulrektorenkonferenz) (2000): Evaluation der Lehre – Sachstandsbericht mit Handreichungen. Vom 190. Plenum am 21./22. Februar 2000 zur Kenntnis genommen [Online]. URL: http://www.hrk.de/1885.htm [zuletzt abgerufen: 26.04.2004].

HRK (Hochschulrektorenkonferenz) (2003a): Entwurf einer Entschließung „Zum Stand der Neuen Medien in der Hochschullehre". Bonn, Stand: 09.01.2003.

HRK (Hochschulrektorenkonferenz) (2003b): Zum Einsatz der Neuen Medien in der Hochschullehre. Entschließung des 199. Plenums vom 17./18.02.2003 [Online]. URL: http://www.hrk.de/downloads/Neue_Medien.pdf [zuletzt abgerufen: 26.04.2004].

IMS Learning Consortium (2003a): IMS Learning Design Specification V 1.0 Final Specification [Online]. URL: http://www.imsglobal.org/learningdesign/ldv1pO/imsldjnfov1pO.html [zuletzt abgerufen: 04.06.2003].

IMS Learning Consortium (2003b): IMS Frequently Ask Questions [Online]. URL: http://www.imsglobal.org/faqs/imsnewpage.cfm7numbers5 [zuletzt abgerufen 21.06.2003].

Institut für Strukturpolitik und Wirtschaftsförderung Halle-Leipzig e.V. (o.J.): Was oder wer ist ein Teletutor? [Online]. URL: http://www.isw-online.org/infosys/ [zuletzt abgerufen: 23.03.2004].

Issing, Ludwig / Klimsa, Paul (Hrsg.) (2002): Information und Lernen mit Multimedia und Internet. Lehrbuch für Studium und Praxis. Weinheim: Beltz PVU (3., vollst. überarb. Aufl.)

Issing, Ludwig J. (2002): Instruktions-Design für Multimedia. In: Issing, Ludwig J. / Klimsa, Paul (Hrsg.): Information und Lernen mit Multimedia und Internet. Lehrbuch für Studium und Praxis. Weinheim: Beltz PVU (3., vollst. überarb. Aufl.), S. 151-176.

Jakobs, Kai (2000): Standardisation Processes in IT. Impact, Problems and Benefits of User Participation. Braunschweig, Wiesbaden: Vieweg.

Jechle, Thomas (2001a): Merkmale und Elemente des Telelernens. 1. Studienbrief des Online-Kurses „Tele-Tutor-Training" der Teleakademie Furtwangen (unveröffentlichtes Manuskript).

Jechle, Thomas (2001b): Formen des Telelernens. 2. Studienbrief des Online-Kurses „Tele-Tutor-Training" der Teleakademie Furtwangen (unveröffentlichtes Manuskript).

Jelitto, Marc (2003): Digitale Medien in der Hochschullehre: Gender Mainstreaming & Evaluation. Forschungsbericht des Fachbereichs Elektrotechnik. Fernuniversität in Hagen: Online-Publikation [Online]. URL: http://www.ice-bachelor.fernuni-hagen.de/Forschung/forschungsbericht1_2003.pdf [zuletzt abgerufen: 04.12.2003].

Johns, Henry (2001): Qualitätsmanagement im Kooperationsverbund „Hochschulen für Gesundheit". In: Wagner, Erwin / Kindt, Michael (Hrsg.): Virtueller Campus. Szenarien – Strategien – Studium. Münster u.a.: Waxmann (Medien in der Wissenschaft, Bd. 14), S. 285-292.

Joseph, Brian (2001): What is Lateral Mentoring? In: Lateral Mentoring [Online]. URL: http://hale.pepperdine.edu/~mentorct/cadre2/Lateral_Mentoring.pdf [zuletzt abgerufen: 01.12.2003].

Kawalek, Jürgen (1997): Unterricht am Bildschirm. Der Einsatz von Videokonferenzen in EDV-Schulungen. Frankfurt a.M. u.a.: Peter Lang.

KERRES, MICHAEL (1998): Multimediale und telemediale Lernumgebungen. Konzeption und Entwicklung. München u.a.: Oldenbourg.

KERRES, MICHAEL (2001a): Multimediale und telemediale Lernumgebungen. Konzeption und Entwicklung. München u.a.: Oldenbourg (2., vollst. überarb. Aufl.).

KERRES, MICHAEL (2001b): Online- und Präsenzelemente in Lernarrangements kombinieren. In: Hohenstein, Andreas / Wilbers, Karl (Hrsg.): Handbuch E-Learning. Expertenwissen aus Wissenschaft und Praxis. Köln: Deutscher Wirtschaftsdienst (Loseblattsammlung, Grundwerk 2001), Beitrag 4.5, S. 1-19.

KERRES, MICHAEL (2001c): Von der Pionierleistung in den Alltag. Nachhaltige Implementierung mediengestützter Lehre. In: Wissenschaftsmanagement – Zeitschrift für Innovation, Heft 5, S. 17-20.

KERRES, MICHAEL (2002): Medien und Hochschule. Strategien zur Erneuerung der Hochschullehre. In: Issing, Ludwig J. / Stärk, Gerhard (Hrsg.): Studieren mit Multimedia und Internet. Ende der traditionellen Hochschule oder Innovationsschub? Münster u.a.: Waxmann (Medien in der Wissenschaft, Bd. 16), S. 57-70.

KERRES, MICHAEL / DE WITT, CLAUDIA (2002): Quo vadis Mediendidaktik? Zur theoretischen Fundierung von Mediendidaktik In: MedienPädagogik. Online-Zeitschrift für Theorie und Praxis der Medienbildung [Online]. URL: http://www.medienpaed.com/02-2.htm [zuletzt abgerufen: 04.12.2003].

KERRES, MICHAEL / JECHLE, THOMAS (2000): Betreuung des mediengestützten Lernens in telemedialen Lernumgebungen. In: Unterrichtswissenschaft, 28. Jg., Heft 3, S. 257-277, zitiert nach URL: http://www.kerres.de/articles/betreuung.pdf, S. 1-13 [zuletzt abgerufen: 05.05.2004].

KERRES, MICHAEL / JECHLE, THOMAS (2002): Didaktische Konzeption des Tele-Lernens. In: Issing, Ludwig J. / Klimsa, Paul (Hrsg.): Information und Lernen mit Multimedia und Internet. Lehrbuch für Studium und Praxis (3., vollst. überarb. Aufl.). Weinheim: Beltz PVU, S. 267-281.

KIEDROWSKI, JOACHIM VON (2001a): Lernplattformen für e-learning Prozesse beruflicher Weiterbildungsträger. Bewertung und Auswahl mit Methoden des Total Quality Managements. Köln: Botermann und Botermann (Wirtschafts-, Berufs- und Sozialpädagogische Texte, Bd. 36).

KIEDROWSKI, JOACHIM VON (2001b): Qualifizierungsmaßnahmen für Teletutoren – bedarfsorientierte Planung und Auswahl. In: Hohenstein, Andreas / Wilbers, Karl (Hrsg.): Handbuch E-Learning. Expertenwissen aus Wissenschaft und Praxis. Köln: Deutscher Wirtschaftsdienst (Loseblattsammlung, Grundwerk 2001), Beitrag 6.1., S. 1-18.

KIEDROWSKI, JOACHIM VON / SCHAUMANN, UWE (2000): Teledozenten-Schulung. Problematisierung, Konzeptualisierung, Operationalisierung. In: Esser, Friedrich H. / Twardy, Martin / Wilbers, Karl (Hrsg.): E-Learning in der Berufsbildung. Telekommunikationsunterstützte Aus- und Weiterbildung im Handwerk. Markt Schwaben: Eusl, S. 343-369.

KIEREN, THORSTEN (2003): Warum scheitern CMS-Projekte? In: contentmanager.de das content management portal [Online]. URL: http://www.contentmanager.de/magazin/artikel_283-51_scheitern_von_cms-projekten.html [zuletzt abgerufen: 24.03.2004].

KINAST, ANKE (2001): Betreuung und Kommunikation per Videokonferenz. 5. Studienmodul des Online-Kurses „Tele-Tutor-Training" der Teleakademie Furtwangen (unveröffentlichtes Manuskript).

KLEBL, MICHAEL (2003): Markup mit Methode: Von der Educational Modelling Language EML zu IMS Learning Design [Online]. URL: http://www1.ku-eichstaett.de/PPF/Arbeitswiss/lab004/modules.php?op=modload&name=Downloads&file=index&req=getit&lid=26 [zuletzt abgerufen: 20.06.2003].

KLEIN, RALPH (1994): Barrierefreie Gestaltung von Benutzeroberflächen: Speziallösungen oder eine Benutzungsoberfläche für Alle? In: Display, 9. Jg., Heft 2, S. 93-110.

KLEIN, RALPH (2002): Gestaltungshinweise für barrierefreie Webseiten der Hochschulen und Studentenwerke. Vortrag auf der Tagung „Barrierefreie Hochschulen und Studentenwerke", Heidelberg 27./28.02.2002 (unveröffentlichtes Manuskript).

KLEINEMEYER, JENS (1998): Standardisierung zwischen Kooperation und Wettbewerb. Eine spieltheoretische Betrachtung. Frankfurt a.M. u.a.: Peter Lang (Schriften zur Wirtschaftstheorie und Wirtschaftspolitik, Bd. 10).

KLUGE, JÜRGEN (2003): Schluss mit der Bildungsmisere. Ein Sanierungskonzept. Frankfurt a.M., New York: Campus.

KMK (Ständige Konferenz der Kultusminister der Länder in der Bundesrepublik Deutschland) (2003): Nationale Bildungsstandards: Konkrete Entwürfe liegen vor. Pressemitteilung. Bonn, 9.7.2003 [Online]. URL: http://www.kmk.org/aktuell/pm030709.htm [zuletzt abgerufen: 07.03.2004].

KNOLL, JÖRG (2002): „Wie hältst du's mit der Qualität?" – Neuer Umgang mit einem vertrauten Thema. In: Bastian, Hannelore / Beer, Wolfgang / Knoll, Jörg (Hrsg.): Pädagogisch handeln – wirtschaftlich handeln. Zur Verknüpfung von Ökonomie und Profession in der Weiterbildung. Bielefeld: W. Bertelsmann, S. 72-90.

KOLLOCK, PETER (1999): The economies of online cooperation. Gifts and public goods in cyberspace. In: Smith, Marc / Kollock, Peter (Eds.): Communities in Cyberspace. London, New York: Routledge, S. 220-239.

KONRAD, KLAUS / TRAUB, SILKE (1999): Selbstgesteuertes Lernen in Theorie und Praxis. München u.a.: Oldenbourg.

KOPER, ROB (2001): Modelling units of study from a pedagogical perspective [Online]. URL: http://eml.ou.nl/introduction/docs/ped-metamodel.pdf [zuletzt abgerufen: 17.06.2003].

KRAUSE, STEFAN / KORTMANN, ROLF-DIETER (2002): Standardisierung im E-Learning oder Vom schleichenden Untergang der Didaktik [Online]. URL: http://www.medienpead.com/02-2/krause_kortmann1.pdf [zuletzt abgerufen: 12.03.2003].

KRECKEL, REINHARD (2002): Externe und interne Impulse zur Erneuerung der Qualitätssicherung in den Hochschulen. Einige einführende Überlegungen. In: Reil, Thomas / Winter, Martin (Hrsg.): Qualitätssicherung an Hochschulen. Theorie und Praxis. Bielefeld: W. Bertelsmann, S. 16-20.

KREMER, H.-HUGO / SLOANE, PETER F.E. (2001): Virtuelle Seminare gestalten. In: Hohenstein, Andreas / Wilbers, Karl (Hrsg.): Handbuch E-Learning. Expertenwissen aus Wissenschaft und Praxis. Köln: Deutscher Wirtschaftsdienst (Loseblattsammlung, Grundwerk 2001), Beitrag 4.3, S. 1-18.

KROMREY, HELMUT (2000): Die Bewertung von Humandienstleistungen. Fallstricke bei der Implementations- und Wirkungsforschung sowie methodische Alternativen. In: Kromrey, Helmut (Hrsg.): Qualität von Humandienstleistungen. Opladen: Leske und Budrich, S. 19-57.

KROMREY, HELMUT (2001): Evaluation – ein vielschichtiges Konzept. Begriff und Methodik von Evaluierung und Evaluationsforschung. Empfehlungen für die Praxis. In: Sozialwissenschaften und Berufspraxis, 24. Jg., Heft 2, S. 105-131.

KROMREY, HELMUT (2002): Empirische Sozialforschung. Modelle und Methoden der standardisierten Datenerhebung und Datenauswertung. Opladen: Leske und Budrich.

KRÖPELIN, PHILIPP (2003): Mit Geschäftsmodellen für E-Learning den dauerhaften Projekterfolg sicherstellen. In: Hohenstein, Andreas / Wilbers, Karl (Hrsg.): Handbuch E-Learning. Expertenwissen aus Wissenschaft und Praxis. Köln: Deutscher Wirtschaftsdienst (Loseblattsammlung, Grundwerk 2001), Beitrag 3.5, S. 1-26.

KRÖPELIN, PHILIPP / SPECHT, MARCUS (2002): Die Zukunft der E-Learning-Software. In: Management & Training. Magazin für Human Resources Development. Sonderheft E-Learning, Nr. 11.

KÜCHLER, FELICITAS VON (2000): Worin besteht die Qualität eines pädagogischen Produkts? In: Grundlagen der Weiterbildung, 11. Jg., Heft 6, S. 277-280.

LAMNEK, SIEGFRIED (1995a): Qualitative Sozialforschung. Band 1: Methodologie. Weinheim: Beltz PVU (3., korr. Aufl.).

LAMNEK, SIEGFRIED (1995b): Qualitative Sozialforschung. Band 2: Methoden und Techniken. Weinheim: Beltz PVU (3., korr. Aufl.).

LANGER, INGHARD / SCHULZ VON THUN, FRIEDEMANN / TAUSCH, REINHARD (2002): Sich verständlich ausdrücken. München: Reinhardt (7., erw. Aufl.).

LAVE, JEAN (1997): On learning. In: Forum kritische Psychologie, Heft 38, S. 120-135.

LAVE, JEAN / WENGER, ETIENNE (1991): Situated Learning: Legitmate Peripheral Participation. Cambridge / USA: Cambridge University Press.

LEUTNER, DETLEV (1992): Adaptive Lernsysteme. Instruktionspsychologische Grundlagen und experimentelle Analysen. Weinheim: Beltz PVU.

LEUTNER, DETLEV (2002): Adaptivität und Adaptierbarkeit multimedialer Lehr- und Informationssysteme. In: Issing, Ludwig J. / Klimsa, Paul (Hrsg.): Information und Lernen mit Multimedia und Internet. Lehrbuch für Studium und Praxis. Weinheim: Beltz PVU (3., vollst. überarb. Aufl.), S. 115-125.

LIBER, OLEG (2002): The Revolutionär Possibilities Of E-Learning Standards. In: Bachmann, Gudrun / Haefeli, Odette / Kindt, Michael (Hrsg.): Campus 2002. Die virtuelle Hochschule in der Konsolidierungsphase. Münster u.a.: Waxmann (Medien in der Wissenschaft, Bd. 18), S. 197-208.

LINDER, UTE / TILKE, MARTIN (2001): Spezifische Betreuungssituationen mit Telelernenden. 7. Studienmodul des Online-Kurses „Tele-Tutor-Training" der Teleakademie Furtwangen (unveröffentlichtes Manuskript).

LTSC OF IEEE 1484.12.1-2002 (2002): Draft Standard for Learning Object Metadata. Institute of Electrical and Electronics Engineers [Online]. URL: http://ltsc.ieee.org/doc/wg12/LOM_1484_12_1_v1_FinaLDraft.pdf [zuletzt abgerufen: 18.05.2003].

MAIER, WOLFGANG (1998): Grundkurs Medienpädagogik, Mediendidaktik. Ein Studien- und Arbeitsbuch. Weinheim: Beltz.

MANDL, HEINZ / GRUBER, HANS / RENKL, ALEXANDER (2002): Situiertes Lernen in multimedialen Lernumgebungen. In: Issing, Ludwig J. / Klimsa, Paul (Hrsg.): Information und Lernen mit Multimedia und Internet. Lehrbuch für Studium und Praxis. Weinheim: Beltz PVU (3., vollst. überarb. Aufl.), S. 139 –148.

MANDL, HEINZ / TERGAN, SIGMAR-OLAF / BALLSTAEDT, STEFFEN-PETER (1982): Textverständlichkeit – Texteverstehen. In: Treiber, Bernhard / Weinert, Franz E. (Hrsg.): Lehr-Lern-Forschung. Ein Überblick in Einzeldarstellungen. München u.a.: Urban und Schwarzenberg (U-&-S-Psychologie: Forschung), S. 66-88.

MANSSEN, GERRIT (Hrsg.) (2002): Telekommunikations- und Multimediarecht. Loseblattkommentar. Berlin: Erich Schmidt.

MARKOWSKI, KAREN / NUNNENMACHER, UTE (2003): Das Kompetenzprofil von Online-Tutoren. In: Apel, Heino / Kraft, Susanne (Hrsg.): Online lehren. Planung und Gestaltung netzbasierter Weiterbildung. Bielefeld: W. Bertelsmann, S. 158–169.

MARUGG, THOMAS (2002): Metadaten für Content-Indizierung und Wissenssicherung (1) [Online]. URL: http://www.internetmanagement.ch/index.cfm/fuseaction/shownews/newsid/351/ [zuletzt abgerufen: 12.03.2003].

MATHES, MARTIN (2002): E-Learning in der Hochschullehre: Überholt Technik Gesellschaft? In: MedienPädagogik. Online-Zeitschrift für Theorie und Praxis der Medienbildung [Online]. URL: http://www.medienpaed.com/02-1/mathes1.pdf [zuletzt abgerufen: 01.04.2004].

MAYRING, PHILIPP / HURST, ALFRED (im Druck): Zur Evaluation der akademischen Medienkompetenz. In: Vogel, Rose (Hrsg.): Didaktische Konzepte der netzbasierten Hochschullehre – Ergebnisse des Verbundprojekts „Virtualisierung im Bildungsbereich". Münster u.a.: Waxmann.

MEDER, NORBERT (1995): Multimedia oder McLuhan in neuem Licht. In: GMK Rundbrief – Zeitschrift der Gesellschaft für Medienpädagogik und Kommunikationskultur, 6. Jg., Heft 37/38, S. 8-18.

MEDIEN-BILDUNG.NET (2003): Portal des Projektträgers „Neue Medien in der Bildung + Fachinformation" des gleichnamigen Förderprogramms des BMBF für Hochschulen; Spezialthema: Gender Mainstreaming [Online]. URL: http://www.medien-bildung.net/gender_mainstreaming/gender_mainstreaming_18.php/spezialthemen/gender_mainstreaming [zuletzt abgerufen: 05.05.2004].

MEIER, ANNE (2000): MEDA und AKAB: Zwei Kriterienkataloge auf dem Prüfstand. In: Schenkel, Peter / Tergan, Sigmar-Olaf / Lottmann, Alfred (Hrsg.): Qualitätsbeurteilung multimedialer

Lern- und Informationssysteme. Evaluationsmethoden auf dem Prüfstand. Nürnberg: BW Bildung und Wissen, S. 164-188.

MEIFORT, BARBARA / SAUTER, EDGAR (1991): Qualität in der beruflichen Weiterbildung. Ergebnisse eines Workshops des Bundesinstituts für Berufsbildung. Berlin: Bundesinstitut für Berufsbildung

MEISEL, KLAUS (2000): Qualitätssicherung und Qualitätsentwicklung in der Weiterbildung – konkret. In: Küchler, Felicitas von / Meisel, Klaus (Hrsg.): Herausforderung Qualität. Dokumentation der Fachtagung Qualitätssicherung in der Weiterbildung 2.-3. November 1999. Frankfurt: Deutsches Institut für Erwachsenenbildung, S. 9-15.

MMB / PSEPHOS (Michel Medienforschung und Beratung / Institut für Wahlforschung und Sozialwissenschaft) (2001): eLearning zwischen Euphorie und Ernüchterung – Eine Bestandsaufnahme zum eLearning in deutschen Großunternehmen, Zusammenfassung der Studienergebnisse [Online]. URL: http://www.mmb-michel.de/New_Learning_Zusammenfassung.pdf [zuletzt abgerufen: 01.04.2004].

MOßGRABER, JÜRGEN (1997): Konzeption, Entwurf und Umsetzung eines Metadatenmodells zur Interpretation und Verwaltung von Informationen mit geographischem Bezug [Online]. URL: http://aragon.iitb.fhg.de/Work/Publications/Diplomarbeit/Diplomarbeit.pdf [zuletzt abgerufen: 01.04.2004].

MÜLLER, KLAUS (1979): Zur Gestaltung von Skripten für den Hochschulunterricht. In: Berendt, Brigitte / Gralki, Heinz-Otto / Hecht, Heidemarie / Hoefert, Hans-Wolfgang (Hrsg.): Hochschuldidaktik. Lehren und Lernen im Hochschulalltag. Salzburg: Otto Müller, S. 214-220.

MÜLLER-BÖLING, DETLEF (2001): Uni-www.ersity.de: Lehren und Lernen im Cyberspace. Vortrag auf der LEARNTEC, Karlsruhe 31.01.2001 [Online]. URL: http://www.studieren-im-netz.de/redaktion/download.htm?KMID=35 [zuletzt abgerufen: 01.04.2004], S. 1-13.

MÜNDEMANN, FRIEDHELM (2002): e-Moderation: Der Trainer als Lernermöglicher. In: Bernath, Ulrich (Hrsg.): Online-Tutorien. Beiträge zum Spezialkongress „distance learning" der AG-F im Rahmen der LEARNTEC. Bibliotheks- und Informationssystem der Carl von Ossietzky Universität Oldenburg, S. 7-19.

MÜNDEMANN, FRIEDHELM (2003): Methodik und Didaktik synchroner Online-Seminare. In: Apel, Heino / Kraft, Susanne (Hrsg.): Online lehren. Planung und Gestaltung netzbasierter Weiterbildung. Bielefeld: W. Bertelsmann, S. 51–75.

MURCH, RICHARD / JOHNSON, TONY (2000): Agententechnologie. Die Einführung. Intelligente Softwareagenten auf Informationssuche im Internet. München u.a.: Addison-Wesley.

NATHAN, M.J. / RESNICK, LAUREN B. (1994): Less Can Be More: Unintelligent Tutoring Based on Psychological Theories an Experimentation. In: Vosniadou, Stella / De Corte, Erik / Mandl, Heinz (Eds.): Technology-Based Learning Environments: Psychological and Educational Foundations. Berlin u.a.: Springer (NATO ASI Series, Series F: Computer and System Sciences, vol. 137), S. 183-192.

NIEDZIELLA, WOLFGANG (2000): Wie funktioniert Normung? Eine Einführung in die nationale (DIN / DKE), europäische (CENELEC) und internationale (IEC) Elektronische Normung. Berlin, Offenbach: Verein Deutscher Elektroingenieure (VDE).

NISIUS, HOLGER / LAUDAHN, ANDREA (2000): Online-Weiterbildungsagentur. Abschlussbericht des Arbeitspaketes 1-2: Online-Weiterbildungsagentur im Bundesleitprojekt „Virtuelle Fachhochschule für Technik, Informatik und Wirtschaft". Hamburg: Universität der Bundeswehr Hamburg, Projektleitung: Univ.-Prof. Dr. Gerhard Zimmer, Professur für Berufs- und Betriebspädagogik.

NÖTZOLD, WOLFGANG (2002): Werkbuch Qualitätsentwicklung. Bielefeld: W. Bertelsmann.

OELKERS, JÜRGEN (1991): Theorie der Erziehung. Ein vernachlässigtes Thema. In: Zeitschrift für Pädagogik, 37. Jg., S. 13-18. (Siehe auch: URL: http://www.beltz.de/html/frm_Zfpaed.htm)

OMMERBORN, RAINER / SCHUEMER, RUDOLF (2001): „Neue Medien" und Internet – Chance oder Risiko für behinderte Studierende? In: HSW (Hochschulwesen), Heft 6, S. 184-192.

PALLOFF, RENA M. / PRATT, KEITH (1999): Building learning communities in cyberspace: effective strategies for the online classroom. San Francisco: Jossey-Bass Publishers.

PETERS, OTTO (1999): Neue Lernräume. In: Grundlagen der Weiterbildung – Praxishilfen 34 (Loseblattwerk), Nr. 5.150, S. 1-30.

PETERS, OTTO (o.J): Ein didaktisches Modell für den virtuellen Lernraum [Online]. URL: http://www.uni-bielefeld.de:8081/paedagogik/agn/ag9/Graessner/texte [zuletzt abgerufen: 17.08.2003].

PROGNOSE (2001): Durchbruch für E-Learning erst in vielen Jahren. [Online]. URL: http://www.golem.de/0109/15969.html [zuletzt abgerufen: 7.4.2003].

PROGRAMMBEIRAT DER VIRTUELLEN HOCHSCHULE BADEN-WÜRTTEMBERG (2001): Leitlinien für die Medienentwicklung an den Hochschulen in Baden-Württemberg, Dezember 2001 (unveröffentlichtes Arbeitspapier).

RAMLOW, ELKE / REISSE, WILFRIED / ZIMMER, GERHARD (1995): Normen zum Qualitätsmanagement – DIN EN ISO 9000. Informationsvorlage für den Hauptausschuß des Bundesinstituts für Berufsbildung 1995. In: Bundesinstitut für Berufsbildung (Hrsg.): Qualitätssicherung in der beruflichen Weiterbildung. Ergebnisse, Veröffentlichungen und Materialien aus dem BIBB. Berlin, Bonn: Bundesinstitut für Berufsbildung, S. 7-23.

RAUTENSTRAUCH, CHRISTINA (2001): Tele-Tutoren. Qualifizierungsmerkmale einer neu entstehenden Profession. Bielefeld: W. Bertelsmann (Wissen und Bildung im Internet, Bd. 1).

RECHENZENTRUM DER UNIVERSITÄT FREIBURG (o.J.): Systemevaluation von Lehr- / Lernplattformsystemen [Online]. URL: http://www.mmk.uni-freiburg.de/vlebewertungskatalog.htm [zuletzt abgerufen: 23.11.2003].

REGLIN, THOMAS / VON DER HAND, GERHARD / OPPITZ, SUSANNE U.A. (2004): Referenzmodell für Qualitätsmanagement und Qualitätssicherung – Planung, Entwicklung, Durchführung und Evaluation von Bildungsprozessen und Bildungsangeboten (PAS 1032-1). Berlin: Beuth [Online]. URL: http://www.beuth.de/sc/pas1032-1 [zuletzt abgerufen: 14.03.2004].

REIL, THOMAS (2002): Weiterentwicklung des Akkreditierungswesens. In: Reil, Thomas / Winter, Martin (Hrsg.): Qualitätssicherung an Hochschulen. Theorie und Praxis. Bielefeld: W. Bertelsmann, S. 64-71.

REIL, THOMAS / WINTER, MARTIN (Hrsg.) (2002): Qualitätssicherung an Hochschulen. Theorie und Praxis. Forum der Hochschulpolitik. Bielefeld: W. Bertelsmann.

REIMANN, PETER / SCHULT, THOMAS J. (1996): Schneller schlauer. Bildung im Multimediazeitalter. In: c't, Heft 9, S. 178-186.

REINMANN-ROTHMEIER, GABI (2003) (unter Mitarbeit von VOHLE, FRANK / ADLER, FREDERIC / FAUST, HEIDI): Didaktische Innovation durch Blended Learning. Leitlinien anhand eines Beispiels aus der Hochschule. Bern u.a.: Huber.

REINMANN-ROTHMEIER, GABI / MANDL, HEINZ / PRENZEL, MANFRED (1994): Computerunterstützte Lernumgebungen: Planung, Gestaltung und Bewertung. Erlangen: Publicis-MCD.

ROGALLA, IRMHILD / HANSES, PETRA (2001a): Kommunikation und Betreuung mit asynchronen Werkzeugen: Mail. 4. Studienmodul des Online-Kurses „Tele-Tutor-Training" der Teleakademie Furtwangen (unveröffentlichtes Manuskript).

ROGALLA, IRMHILD / HANSES, PETRA (2001b): Kommunikation und Betreuung mit asynchronen Werkzeugen: Foren. 4. Studienmodul des Online-Kurses „Tele-Tutor-Training" der Teleakademie Furtwangen (unveröffentlichtes Manuskript).

ROSSI, PETER H. / FREEMAN, HOWARD E. (1993): Evaluation: a systematic approach. Newbury Park / USA u.a.: Sage.

RUSCH-FEJA, DIANN (2000): Dublin Core Educational Metadata. Entwicklungen bei Metadaten für den Bildungsbereich. In: Zeitschrift für Bibliothekswesen und Bibliographie, 4. Jg., Heft 1, S. 20-25.

SALMON, GILLY (2000): E-moderating. The key to teaching and learning online. London u.a.: Kogan Page.

SALMON, GILLY (2002): E-tivities. The key to active online learning. London u.a.: Kogan Page.

SAUTER, ANNETTE M. / SAUTER, WERNER (2002): Blended Learning. Effiziente Integration von E-Learning und Präsenztraining. Neuwied u.a.: Luchterhand.

SAUTER, EDGAR (2000): Qualitässicherung und Qualitätsmanagement in der beruflichen Aus- und Weiterbildung. In: Bundesinstitut für Berufsbildung (Hrsg.): Qualitätsentwicklung in der beruflichen Aus- und Weiterbildung. Bonn: Bundesinstitut für Berufsbildung, S. 7-14.

SCHEFFER, UTE / HESSE, FRIEDRICH W. (Hrsg.) (2003): E-Learning. Die Revolution des Lernens gewinnbringend einsetzen. Stuttgart: Klett-Cotta (2. Aufl.).

SCHENKEL, PETER (2000): Ebenen und Prozesse der Evaluation. In: Schenkel, Peter / Tergan, Sigmar-Olaf / Lottmann, Alfred (Hrsg.): Qualitätsbeurteilung multimedialer Lern- und Informationssysteme. Evaluationsmethoden auf dem Prüfstand. Nürnberg: BW Bildung und Wissen, S. 52-74.

SCHENKEL, PETER / TERGAN, SIGMAR-OLAF / LOTTMANN, ALFRED (Hrsg.) (2000): Qualitätsbeurteilung multimedialer Lern- und Informationssysteme. Evaluationsmethoden auf dem Prüfstand. Nürnberg: BW Bildung und Wissen.

SCHINZEL, BRITTA (2001): e-learning für alle: Gendersensitive Mediendidaktik [Online]. URL: http://www.uibk.ac.at/leitung/fem/nmtagung/downloads/schinzel.pdf [zuletzt abgerufen: 04.05.2004].

SCHINZEL, BRITTA / RUIZ BEN, ESTER (2002): Gendersensitive Gestaltung von Lernmedien und Mediendidaktik: von den Ursachen für ihre Notwendigkeit zu konkreten Checklisten [Online]. URL: http://mod.iig.uni-freiburg.de/users/schinzel/publikationen/Info+Gesell/PS/BMBFGenderNM.pdf [zuletzt abgerufen: 04.12.2003].

SCHLUTZ, ERHARD (2000): Qualitätssicherung in der Weiterbildung – Rückblick und Ausblick. In: Grundlagen der Weiterbildung, 11. Jg., Heft 1, S. 20-23.

SCHNOTZ, WOLFGANG (1997): Zeichensysteme und Wissenserwerb mit neuen Informationstechnologien. In: Gruber, Hans / Renkl, Alexander (Hrsg.): Wege zum Können. Determinanten des Kompetenzerwerbs. Bern u.a.: Huber (Psychologie-Forschung), S. 218-235.

SCHNOTZ, WOLFGANG (2002): Wissenserwerb mit Texten, Bildern und Diagrammen. In: Issing, Ludwig J. / Klimsa, Paul (Hrsg.): Information und Lernen mit Multimedia und Internet. Lehrbuch für Studium und Praxis. Weinheim: Beltz PVU (3., vollst. überarb. Aufl.), S. 65-81.

SCHNOTZ, WOLFGANG / SEUFERT, TINA / BANNERT, MARIA (2001): Lernen mit Multimedia: Pädagogische Verheißungen aus kognitionspsychologischer Sicht. In: Silbereisen, Rainer K. / Reitzle, Matthias (Hrsg.): Psychologie 2000. Bericht über den 42. Kongress der Deutschen Gesellschaft für Psychologie in Jena. Lengerich u.a: Pabst Science, S. 457-467.

SCHÖNWALD, INGRID / EULER, DIETER / SEUFERT, SABINE (2004): Supportstrukturen zur Förderung einer innovativen eLearning-Organisation an Hochschulen. SCIL-Arbeitsbericht 3. St. Gallen: Swiss Centre for Innovations in Learning, Universität.

SCHREITERER, ULRICH (2003): Was bedeutet E-Learning für die Hochschulen: Perspektiven nach dem Hype. Vortrag beim 2. E-Learning Camp Hamburg, 3. Juli 2003 [Online]. URL: http://www.mmkh.de/newsanddates/news_91.html [zuletzt abgerufen: 31.04.2004].

SCHULMEISTER, ROLF (1997): Grundlagen hypermedialer Lernsysteme. Theorie – Didaktik – Design. München u.a.: Oldenbourg (2. Aufl.).

SCHULMEISTER, ROLF (1999): Virtuelles Lernen aus didaktischer Sicht. In: Zeitschrift für Hochschuldidaktik (ZSfHD), Heft 3, S. 1-27.

SCHULMEISTER, ROLF (2000): Gutachten für das BM:BWK. Selektions- und Entscheidungskriterien für die Auswahl von Lernplattformen und Autorenwerkzeugen [Online]. URL: http://serverprojekt.fh-joanneum.at/noflash/thema/lernpl/material/Plattformen.pdf [zuletzt abgerufen: 02.12.2003].

SCHULMEISTER, ROLF (2001): Virtuelle Universität – Virtuelles Lernen. München u.a.: Oldenbourg.

SCHULMEISTER, ROLF (2002a): Grundlagen hypermedialer Lernsysteme. Theorie – Didaktik – Design. München u.a.: Oldenbourg (3., korr. Aufl.).

SCHULMEISTER, ROLF (2002b): Taxonomie der Interaktivität von Multimedia – Ein Beitrag zur aktuellen Metadaten-Diskussion. In: it+ti – Informationstechnik und Technische Informatik, Heft 4, S. 193-199.

SCHULMEISTER, ROLF (2003): Lernplattformen für das virtuelle Lernen. Evaluation und Didaktik. München u.a.: Oldenbourg.

SEUFERT, SABINE / BACK, ANDREA / HÄUSLER, MARTIN (2001): E-Learning – Weiterbildung im Internet: das „Plato-Cookbook" für internetbasiertes Lernen. Kilchberg: SmartBooks.

SEUFERT, SABINE / EULER, DIETER (2003): Nachhaltigkeit von eLearning-Innovationen. SCIL-Arbeitsbericht 1. St. Gallen: Swiss Centre for Innovations in Learning, Universität.

SEUFERT, SABINE / EULER, DIETER (2004): Nachhaltigkeit von eLearning-Innovationen. Ergebnisse einer Delphi-Studie. SCIL-Arbeitsbericht 2. St. Gallen: Swiss Centre for Innovations in Learning, Universität.

SIEGL, ELKE (2002): Die Virtuelle Fachhochschule – vom Leitprojekt zum realen Studienbetrieb im Hochschulverbund. In: Bachmann, Gudrun / Haefeli, Odette / Kindt, Michael (Hrsg.): Campus 2002. Die Virtuelle Hochschule in der Konsolidierungsphase. Münster u.a.: Waxmann (Medien in der Wissenschaft, Bd. 18), S. 68-78.

SIMPSON, ORMOND (2000): Supporting Students in Open and Distance Learning. London: Kogan Page.

SPARKES, JOHN J. / KAYE, ANTHONY R. / HITCHCOCK, CHERYL (1992): State of the Art in Open and Distance Learning: An Analysis of the Effectiveness. In: Zimmer, Gerhard / Blume, Dieter (Eds.): Open learning and Distance Education with Computer Support. Nürnberg: BW Bildung und Wissen (Multimediales Lernen in der Berufsbildung, Bd. 4), S. 99-112.

SPIRO, RAND J. / FELTOVICH, PAUL J. / JACOBSON MICHAEL J. / COULSON RICHARD L. (o.J.): Cognitive Flexibility, Constructivism, and Hypertext. Random Access Instruction for Advanced Knowledge Acquisition in Ill-Structured Domains [Online]. URL: http://www.ilt.columbia.edu/ilt/papers/Spiro.html [zuletzt abgerufen: 01.04.2004].

SPIRO, RAND J. / FELTOVICH, PAUL J. / JACOBSON, MICHAEL J. / COULSON, RICHARD L. (1988): Cognitive flexibility theory. Advanced knowledge acquisition in ill-structured domains. In: Patel, Vimla L. (Ed.): Tenth Annual Conference of the cognitive Science Society. Hillsdale NJ: Lawrence Erlbaum, S. 375-383.

SPIRO, RAND J. / JEHNG, JIHN-CHANG (1990): Cognitive flexibility, random access instruction and hypertext: Theory and technology for the nonlinear and multidimensional traversal of complex subject matter. In: Nix, Don / Spiro, Rand J. (Eds.): Cognition, education and multimedia: Exploring ideas in high technology. Hillsdale NJ: Lawrence Erlbaum. S. 163-206.

STADLER, THOMAS (2002): Haftung für Informationen im Internet. Berlin: Erich Schmidt.

STOCKMANN, REINHARD / SCHÄFFER, ERIK (2002): Konzept zur Evaluation von E-Learning Angeboten im Rahmen von VISU (Virtuelle Saar-Universität). CEval-Arbeitspapiere. Saarbrücken: Centrum für Evaluation.

STRITTMATTER, PETER / NIEGEMANN, HELMUT M. (2000): Lehren und Lernen mit Medien. Eine Einführung. Darmstadt: Wiss. Buchgesellschaft.

SWERTZ, CHRISTIAN (2002): Konzepte und Methoden zur Qualitätssicherung bei der Produktion von hypertextuellen Online-Lernumgebungen. In: MedienPädagogik. Online-Zeitschrift für Theorie und Praxis der Medienbildung [Online]. URL: http://www.medienpaed.com/02-1/swertz1.pdf [zuletzt abgerufen: 01.04.2004].

TERGAN, SIGMAR-OLAF (2000a): Grundlagen der Evaluation. Ein Überblick. In: Schenkel, Peter / Tergan, Sigmar-Olaf / Lottmann, Alfred (Hrsg.): Qualitätsbeurteilung multimedialer Lern- und Informationssysteme. Evaluationsmethoden auf dem Prüfstand. Nürnberg: BW Bildung und Wissen, S. 22-51.

TERGAN, SIGMAR-OLAF (2000b): Vergleichende Bewertung von Methoden zur Beurteilung der Qualität von Lern- und Informationssystemen. Fazit eines Methodenvergleichs. In: Schenkel, Peter / Tergan, Sigmar-Olaf / Lottmann, Alfred (Hrsg.): Qualitätsbeurteilung multimedialer Lern- und Informationssysteme. Evaluationsmethoden auf dem Prüfstand. Nürnberg: BW Bildung und Wissen, S. 329-347.

TERGAN, SIGMAR-OLAF (2002): Hypertext und Hypermedia: Konzeption, Lernmöglichkeiten, Lernprobleme und Perspektiven. In: Issing, Ludwig J. / Klimsa, Paul (Hrsg.): Information und Lernen mit Multimedia und Internet. Lehrbuch für Studium und Praxis. Weinheim: Beltz PVU (3., vollst. überarb. Aufl.), S. 99-112.

TERGAN, SIGMAR-OLAF / ZENTEL, PETER (2003): Lernplattformen und die Zukunft des e-Learning. In: Bett, Katja / Wedekind, Joachim (Hrsg.): Lernplattformen in der Praxis. Münster u.a.: Waxmann (Medien in der Wissenschaft, Bd. 20), S. 223-240.

TERHART, EWALD (1999): Konstruktivismus und Unterricht. In: Zeitschrift für Pädagogik, 45. Jg., Heft 5, S. 629-647.

THILLOSEN, ANNE / ARNOLD, PATRICIA (2001): Entwicklung virtueller Studienmodule im Rahmen des Bundesleitprojekts „Virtuelle Fachhochschule für Technik, Informatik und Wirtschaft" – Evaluationsergebnisse. In: Wagner, Erwin / Kindt, Michael (Hrsg.): Virtueller Campus – Szenarien – Strategien – Studium. Münster u.a.: Waxmann (Medien in der Wissenschaft, Bd. 14), S. 402-410.

TRAHASCH, STEFAN / KRAUS, GABRIELE / EFFERTH, THOMAS (2002): Lernplattformen – Entscheidungen mit Weitblick. In: Bachmann, Gudrun / Haefeli, Odette / Kindt, Michael (Hrsg.): Campus 2002. Die virtuelle Hochschule in der Konsolidierungsphase. Münster u.a.: Waxmann (Medien in der Wissenschaft, Bd. 18), S. 251-261.

TUCKMANN, BRUCE W. (1965): Developmental Sequence in Small Groups. In: Psychological Bulletin, vol. 63, S. 384-399.

TUCKMANN, BRUCE W. / JENSEN, MARY ANN (1977): Stages of small group development revisited. In: Group and organisational studies, vol. 2, S. 419-427.

UESBECK, MECHTHILD (2001): Effiziente Strategien und Werkzeuge zur Generierung und Verwaltung von e-Learning-Systemen. Tübingen: Universität [Online]. URL: http://w210.ub.uni-tuebingen.de/dbt/volltexte/2001/247/ [zuletzt abgerufen: 23.04.2004].

UHL, VOLKER (2003): Virtuelle Hochschulen auf dem Bildungsmarkt. Strategische Positionierung unter Berücksichtigung der Situation in Deutschland, Österreich und England. Wiesbaden: Deutscher Universitäts-Verlag.

ULMER, PHILIPP / BAHL, ANKE (2004): Die Bedeutung von Tele-Tutorinnen und Tele-Tutoren für das netzgestützte Lernen – Ein Tätigkeits- und Anforderungsprofil. In: Hensge, Katrin / Ulmer,

Philipp (Hrsg.): Kommunizieren und Lernen in virtuellen Gemeinschaften. Neue Wege der Qualifizierung des Bildungspersonals. Bonn: Bundesinstitut für Berufsbildung, S. 77-91.

Unz, Dagmar (1998): Didaktisches Design für wissenschaftliche Weiterbildung. In: Scheuermann, Friedrich / Schwab, Frank / Augenstein, Heinz (Hrsg.): Studieren und Weiterbilden mit Multimedia. Perspektiven der Fernlehre in der wissenschaftlichen Aus- und Weiterbildung. Nürnberg: BW Bildung und Wissen, S. 308-334.

Unz, Dagmar (2000): Lernen mit Hypertext. Informationssuche und Navigation. Münster u.a.: Waxmann.

VFH-Projektantrag (1998): VFH – Virtuelle Fachhochschule für Technik, Informatik und Wirtschaft. Anlage III, Teilvorhaben 2: Lehr- und Lernformen für die Virtuelle Fachhochschule, S. 1-38.

Weidenmann, Bernd (2002a): Abbilder in Multimediaanwendungen. In: Issing, Ludwig J. / Klimsa, Paul (Hrsg.): Information und Lernen mit Multimedia und Internet. Lehrbuch für Studium und Praxis. Weinheim: Beltz PVU (3., vollst. überarb. Aufl.), S. 83-96.

Weidenmann, Bernd (2002b): Multicodierung und Multimodalität im Lernprozess. In: Ludwig J. / Klimsa, Paul (Hrsg.): Information und Lernen mit Multimedia und Internet. Lehrbuch für Studium und Praxis. Weinheim: Beltz PVU (3., vollst. überarb. Aufl.), S. 45-62.

Wendt, Matthias (2003): Praxisbuch CBT und WBT: konzipieren, entwickeln, gestalten [mit CD-ROM]. München u.a.: Hanser.

Wetterling, Joachim M. / Stevenson, Ian (2003): Guidelines / Performance Support (final version). Internal project deliverable. CANDLE Project (IST-1999-11276). Enschede: University of Twente.

Wiesner, Heike u.a. (Hrsg.) (2003): Gender Mainstreaming-Leitfaden [Online]. URL: http://www.medien-bildung.net/forum/themen.php/alle/alle/0/0/0/0/0/forum_num=13 [zuletzt abgerufen: 04.12.2003].

Wilbers, Karl (2001a): Didaktik des E-Learning im Spannungsfeld von Wissensmanagement, elektronischem Management der Humanressourcen und E/M-Commerce. In: Krekelau, Carsten / Siegers, Josef (Hrsg.): Handbuch der Aus- und Weiterbildung. Politik, Praxis, Finanzielle Förderung. Köln: Deutscher Wirtschaftsdienst.

Wilbers, Karl (2001b): E-Learning didaktisch gestalten. In: Hohenstein, Andreas / Wilbers, Karl (Hrsg.): Handbuch E-Learning. Expertenwissen aus Wissenschaft und Praxis. Köln: Deutscher Wirtschaftsdienst (Loseblattsammlung, Grundwerk 2001), Beitrag 4.0, S. 1-42.

Wilbers, Karl (2003): Blended Learning. In: Berufsbildung, 57. Jg., Heft 80, o.S., und [Online]. URL: http://www.karl-wilbers.de/download/wilbers2003i.PDF [zuletzt abgerufen: 04.05.2004].

Wiley, David A. / Edwards, Erin K. (2002): Online self-organizing social systems. The decentralized future of online learning. Quarterly Review of Distance Education [Online]. URL: http://wiley.ed.usu.edu/doc/osossos.pdf [zuletzt abgerufen: 15.02.2003].

Winter, Martin (2002): Studienqualität durch Evaluation und Akkreditierung – vier Entwicklungsszenarien. In: Reil, Thomas / Winter, Martin (Hrsg.): Qualitätssicherung an Hochschulen: Theorie und Praxis. Bielefeld: W. Bertelsmann, S. 110-124.

Wottawa, Heinrich (2001): Evaluation. In: Krapp, Andreas / Weidenmann, Bernd (Hrsg.): Pädagogische Psychologie. Ein Lehrbuch. Weinheim: Beltz, S. 649-674.

Wottawa, Heinrich / Thierau, Heike (1990): Lehrbuch Evaluation. Bern u.a.: Huber.

Wunder, Helmut (2000a): ISO 9000-Familie. In: Grundlagen der Weiterbildung, 11. Jg., Heft 6, S. 268-270.

Wunder, Helmut (2000b): Qualitätsmanagement in der Praxis. Eine Einschätzung zu Nutzen und Entwicklungen. In: Grundlagen der Weiterbildung, 11. Jg., Heft 6, S. 302-305.

Wuttke, Heinz-Dietrich / Schmidt, Karsten / Kratz, Michael u.a. (2002): Metadaten für das Bildungsportal Thüringen. In: Bachmann, Gudrun / Haefeli, Odette / Kindt, Michael (Hrsg.): Campus 2002. Die virtuelle Hochschule in der Konsolidierungsphase. Münster u.a.: Waxmann (Medien in der Wissenschaft, Bd. 18), S. 231-240.

Zentel, Peter / Bett, Katja / Meister, Dorothee M. / Rinn, Ulrike / Wedekind, Joachim (2002): Trends und Perspektiven der virtuellen Hochschule in Deutschland. In: it + ti – Informationstechnik und Technische Informatik, 44. Jg., Heft 4, S. 223-229.

Zimmer, Gerhard (1997): Konzeptualisierung der Organisation telematischer Lernformen. In: Aff, Josef / Backes-Gellner, Uschi / Jongebloed, Hans-Carl / Twardy, Martin / Zimmer, Gerhard: Zwischen Autonomie und Ordnung. Perspektiven beruflicher Bildung. Köln: Botermann & Botermann (Wirtschafts-, Berufs- und Sozialpädagogische Texte, Sonderband 7), S. 105-121.

Zimmer, Gerhard (1998): Aufgabenorientierte Didaktik. Entwurf einer Didaktik für die Entwicklung vollständiger Handlungskompetenzen in der Berufsbildung. In: Markert, Werner (Hrsg.): Berufs- und Erwachsenenbildung zwischen Markt- und Subjektbildung. Baltmannsweiler: Schneider, S. 125-166.

Zimmer, Gerhard (2000a): Gestaltung einer Pädagogischen Infrastruktur für telematische Lehr- und Lernformen. In: Straka, Gerald A. / Bader, Reinhard / Sloane, Peter F.E. (Hrsg.): Perspektiven der Berufs- und Wirtschaftspädagogik. Forschungsberichte der Frühjahrstagung 1999 (DGfE, Sektion Berufs- und Betriebspädagogik). Opladen: Leske und Budrich, S. 171-182.

Zimmer, Gerhard (2000b): Konzeptualisierung der Pädagogischen Infrastruktur für die telematischen Lehr- und Lernformen an der „Virtuellen Fachhochschule". In: de Cuvry, Andrea / Haeberlin, Friedrich / Michl, Werner / Breß, Hartmut (Hrsg.): Erlebnis Erwachsenenbildung. Zur Aktualität handlungsorientierter Pädagogik. Neuwied u.a.: Luchterhand, S. 98-109.

Zimmer, Gerhard (2001): Ausblick: Perspektiven der Entwicklung der telematischen Lernkultur. In: Arnold, Patricia: Didaktik und Methodik telematischen Lehrens und Lernens. Lernräume, Lernszenarien, Lernmedien. State-of-the-Art und Handreichung. Münster u.a.: Waxmann (Medien in der Wissenschaft, Bd. 17), S. 126-146.

Zimmer, Gerhard (2002): E-Learning führt zu einer anderen Kultur des Lehrens und Lernens. Folgen für die didaktische Gestaltung. In: Zimmer, Gerhard (Hrsg.): High-Tech or High-Teach. Lernen in Netzen zwischen Aktualität und Potenzialität. Bielefeld: W. Bertelsmann, S. 7-21.

ZIMMER, GERHARD (2003): Aufgabenorientierte Didaktik des E-Learning. In: Hohenstein, Andreas / Wilbers, Karl (Hrsg.): Handbuch E-Learning. Expertenwissen aus Wissenschaft und Praxis. Köln: Deutscher Wirtschaftsdienst (Loseblattsammlung, Grundwerk 2001), Beitrag 4.15, S. 1-14.

ZIMMER, GERHARD (2004): Aufgabenorientierung: Grundkategorie zur Gestaltung expansiven Lernens. In: Faulstich, Peter / Ludwig, Joachim (Hrsg.): Expansives Lernen. Baltmannsweiler: Schneider, S. 54-67.

ZIMMER, GERHARD / DIPPL, ZORANA (2003): Beurteilung der Kompetenzentwicklung – Probleme, Fragen und Kriterien handlungsorientierter Prüfungen. In: Elster, Frank / Dippl, Zorana / Zimmer, Gerhard (Hrsg.): Wer bestimmt den Lernerfolg? Leistungsbeurteilung in projektorientierten Lernarrangements. Bielefeld: W. Bertelsmann, S. 5-23.

ZIMMER, GERHARD / PSARALIDIS, ELENA (2000): „Der Lernerfolg bestimmt die Qualität einer Lernsoftware!" Evaluation von Lernerfolg als logische Rekonstruktion von Handlungen. In: Schenkel, Peter / Tergan, Sigmar-Olaf / Lottmann, Alfred (Hrsg.): Qualitätsbeurteilung multimedialer Lern- und Informationssysteme. Evaluationsmethoden auf dem Prüfstand. Nürnberg: BW Bildung und Wissen, S. 262-303.

ZIMMER, GERHARD / ROGNER, LARISSA / THILLOSEN, ANNE (2001): Virtuelle Fachhochschule für Technik, Informatik und Wirtschaft (VFH). Evaluation der Pilotmodule im Bundesleitprojekt. In: AUE – Informationsdienst Hochschule und Weiterbildung, Heft 1, S. 51-58.

ZINK, KLAUS / BEHRENS, STEFAN (2000): Ansätze für Bewertung und Qualitätsmanagement. In: Grundlagen der Weiterbildung, 11. Jg., Heft 6, S. 274-276.

ZINKE, GERT / FOGOLIN, ANGELA (2004): Nutzung von Online-Communities für arbeitsplatznahes, informelles Lernen. Endbericht der Online-Befragung. Bonn: Bundesinstitut für Berufsbildung und SALSS – Sozialwissenschaftliche Forschungsgruppe.

ZINKE, GERT / HÄRTEL, MICHAEL (Hrsg.) 2004 : E-Learning: Qualität und Nutzerakzeptanz sichern. Beiträge zur Planung, Umsetzung und Evaluation multimedialer und netzgestützter Anwendungen. Bielefeld: W. Bertelsmann.

ZÜRCHER, REINHARD (2002): Vom Kurs zur Lernumgebung 2: Alternative Lernräume. Förderungsstelle des Bundes für die Erwachsenenbildung für das Burgenland [Online]. URL: http://www.pib-wien.ac.at/content/more/lehrlern/n_lernformen/content/k_lu_2.pdf [zuletzt abgerufen: 06.05.2004].

Anhang

Abkürzungen

AG	Arbeitsgruppe
AICC	Aviation Industry → CBT Committee
ANSI	American National Standards Institute
BAföG	Bundesausbildungsförderungsgesetz
BGG	Behindertengleichstellungsgesetz vom 01.05.2002; es verpflichtet in § 11 alle Bundesbehörden, ihre Informationen barrierefrei anzubieten. Die Umsetzung wird durch die → BITV geregelt.
BIBB	Bundesinstitut für Berufsbildung
BITV	Barrierefreie Informationstechnik-Verordnung zu § 11 des → BGG; detaillierte Informationen finden sich unter URL: http://www.wob11.de
BLK	Bund-Länder-Kommission für Bildungsplanung und Forschungsförderung
BMBF	Bundesministerium für Bildung und Forschung
BSCW	Basic Support for Cooperative Work
CBT	Computer Based Training
CD-ROM	Compact Disc Read Only Memory
CEN	Europäisches Komitee für Normung (Comité Européen de Normalisation)
CERTQUA	Gesellschaft der Deutschen Wirtschaft zur Förderung und Zertifizierung von Qualitätssicherungssystemen in der Beruflichen Bildung
CMS	Content Management System
CP	Content Packaging (des Instructional Management System Project)
CSS	Cascading Style Sheets
DeGEval	Deutsche Gesellschaft für Evaluation
DGQ	Deutsche Gesellschaft für Qualität
DIMETELL	Arbeitspaket „Didaktik und Methodik telematischen Lehrens und Lernens" der → VFH
DIN	Deutsches Institut für Normung
DIN-DOM	Didaktisches Objekt Modell des DIN
DOC	Word Document der Firma Microsoft (Dateiformat)

DTD	Dokumententyp-Definition
EFQM	European Foundation for Quality Management
EQA	European Quality Award
FAQ	Frequently Asked Question
FernUSG	Fernunterrichtsschutzgesetz vom 24.08.1976, in der Fassung vom 04.12.2000, zuletzt geändert am 23.07.2002
FTP	Abkürzung für „File Transfer Protocol", Protokoll für die Übermittlung von Dateien im Internet, das auf → TCP aufbaut
GUI	Graphic User Interface
HRK	Hochschulrektorenkonferenz
HTML	Hypertext Markup Language
HTTP	Abkürzung für „HyperText Transfer Protocol", ein vom World Wide Web Consortium entwickeltes Protokoll für die Übertragung von Daten, das auf → TCP/IP aufbaut
ICQ	„I seek You" (= kostenloses Instant Messaging System)
IEEE	Institut of Electrical and Electronic Engineers
IKT	Informations- und Kommunikationstechnik
ILIAS	Integriertes Lern-, Informations- und ArbeitskooperationsSystem
IMS LD	Learning Design (des Instructional Management System Project)
IMS	Instructional Management System Project
ISO	International Organization for Standardization
IT	Informationstechnik
ITS	Intelligente Tutorielle Systeme
KMK	Ständige Konferenz der Kultusminister der Länder in der Bundesrepublik Deutschland
LAN	Local Area Network
LCMS	Learning Content Management System
LD	Learning Design (des Instructional Management System Project)
LIP	Learner Information Package (des Instructional Management System Project)
LMS	Learning Management System
LOM	Learning Object Metadata
LTSC	Learning Technology Standards Committee

MOO	Multi User Domain Object Oriented
MSN	Microsoft Network Systems
MUD	Multi User Domain
PAS	Publicly Available Specification
PC	Personal Computer
PDF	Portable Document Format der Firma Adobe (Dateiformat)
POP3	Post Office Protocol 3, Übertragungsprotokoll für den Abruf von E-Mails
QTI	Question and Test Interoperability (des Instructional Management System Projects)
RLO / LO	Reusable Learning Object / Learning Object
RTF	Rich Text Format (Dateiformat)
SMS	Short Message Service
TCP/IP	Transmission Control Protocol / Internet Protocol
TQM	Total Quality Management
TÜV	Technischer Überwachungsverein
TXT	Text (Dateiformat)
URL	Abkürzung für Uniform Resource Locator (dt. „einheitliche (Internet-) Ressourcenadresse", die zur Lokalisierung von Rechner und Speicherort einer Datei im Internet dient
VFH	Bundesleitprojekt „Virtuelle Fachhochschule für Technik, Informatik und Wirtschaft"
VK	Virtuelles Klassenzimmer
VR	Virtual Reality
W3C	World Wide Web Consortium
WAI	Web Accessibility Initiative des ➜ W3C
WBT	Web Based Training
XML	Extensible Markup Language
ZFU	Staatliche Zentralstelle für Fernunterricht

Abbildungen und Tabellen

Kapitel 2:

Abbildung 1   Arbeitsfelder des Arbeitspakets DIMETELL im Bundesleitprojekt VFH   S. 45

Kapitel 3:

Abbildung 2   Sechs Funktionsbereiche eines Lernraums nach ZIMMER (2003)   S. 49

Kapitel 4:

Tabelle 1   Drei Varianten des E-Learnings in Anlehnung an
REINMANN-ROTHMEIER (2003, 35)   S. 82

Abbildung 3   Modell einer aufgabenorientierten Didaktik nach ZIMMER (2003)   S. 111

Abbildung 4   Planungsphasen und Arbeitsschritte zur Konzeption virtueller
Lernmodule   S. 112

Tabelle 2   Beispiel für das Zusammenspiel von Lernaufgaben, Arbeitsformen
und Inhalten im Studienmodul „Mediendidaktik"   S. 120

Tabelle 3   Beispiel zur Feinstrukturierung einer Lerneinheit
(erweiterte Darstellung in Anlehnung an die Lerneinheit
„Bestellung eines Abfallbeauftragten" aus dem Studienmodul
„Umweltorientiertes Management" der VFH von
Prof. Dr. MICHAEL BISCHOFF und Dr. PETRA DEY / FH Lübeck)   S. 123

Abbildung 5   Beispielhaftes Formular einer Drehbuchseite nach GÖRLITZ /
MÜLLER (2003b)   S. 128

Kapitel 5:

Abbildung 6   Teletutoren als ‚organisationale Vermittler' nach ARNOLD / KILIAN /
THILLOSEN (2002c) und ARNOLD (2003a, 17)   S. 143

Abbildung 7   5-Stufen-Modell des Online-Lernens in Anlehnung an SALMON
(2000, 26)   S. 148

Abbildung 8   Beispiel zur Aufwandsplanung eines Online-Brainstorming
in Anlehnung an BUSCH / MAYER (2002, 76)   S. 150

Tabelle 4   Konzepte der Online-Betreuung an unterschiedlichen VFH-Standorten nach ARNOLD / KILIAN / THILLOSEN (2002a)   S. 165

Tabelle 5   Übersicht über den Ablauf der Teletutoren-Schulung an der VFH
nach ARNOLD / KILIAN / THILLOSEN (2002c)   S. 169

Kapitel 6:

Abbildung 9	Erfolgreiches Lernen als Zentrum der Qualitätsentwicklung in Anlehnung an EHSES / HEINEN-TENRICH / ZECH (2001, 14)	S. 190
Abbildung 10	Testierung nach dem Lernerorientierten Qualitätsmodell (Quelle: http://www.artset-lqw.de)	S. 191
Abbildung 11	Qualitätszyklus in Anlehnung an NÖTZOLD (2002, 140)	S. 194
Abbildung 12	Evaluationen in allen Phasen in Anlehnung an EHLERS (2002, 14)	S. 199
Tabelle 6	Evaluationsgegenstände in Anlehnung an EHLERS (2002) und TERGAN (2000a)	S. 200
Tabelle 7	Methoden der Produktevaluation durch Experten nach SCHENKEL (2000, 65)	S. 204
Abbildung 13	Reviewprozess bei der Produktion virtueller Studienmodule nach HARTWIG / TRIEBE / HERCZEG (2002d)	S. 210

Kapitel 7:

Abbildung 14	Das Didaktische Objekt Modell (DIN-DOM) der entwicklungsbegleitenden Normung des DIN nach ALLERT U.A. (2004, PAS 1032-2, Arbeitsentwurf, Stand: Februar 2004)	S. 226
Abbildung 15	Beispiel der Auszeichnung des Elements „Lebenszyklus" mit Metadaten im DIN-DOM nach ALLERT U.A. (2004)	S. 232
Abbildung 16	Entwicklungsstufen für ein Metadatenschema im E-Learning in Anlehnung an ARNOLD / KILIAN / THILLOSEN (2003a, 388)	S. 240

Weiterführende Internet-Verbindungen

(Für die im Folgenden benannten Internet-Verbindungen kann keinerlei Gewährleistung übernommen werden. Die Liste beansprucht keine Vollständigkeit und stellt keine systematische Auswahl dar. Es sind Internet-Verbindungen, auf die wir im Laufe unserer Arbeiten gestoßen sind. Stand: Mai 2004.)

Informationsportale:

Umfassendes Portal mit Sammlungen von nationalen und internationalen Bildungsservern und Bildungsportalen sowie Datenbanken, Themenlinksammlungen usw.
URL: http://www.bildungslinks.de

Von Bund und Ländern getragenes Portal, das im Internet Informationen zum Thema Bildung insgesamt, auch zum Thema E-Learning, bereitstellt; mit adressatenbezogener Suchmaschine
URL: http://www.bildungsserver.de

Portal „Neue Medien in der Bildung" zum Förderprogramm des Bundesministeriums für Bildung und Forschung (BMBF)
URL: http://www.medien-bildung.net

Projektträger „Neue Medien in der Bildung + Fachinformation" der DLR (Deutsches Zentrum für Luft- und Raumfahrt e.V.)
URL: http://www.pt-dlr.de/PT-DLR/nmb

„Neue Medien in der Lehre" an Universitäten und Fachhochschulen – eine Initiative des österreichischen Bundesministeriums für Bildung, Wissenschaft und Kultur
URL: http://www.nml.at

eLearning-Portal des österreichischen Bundesministeriums für Bildung, Wissenschaft und Kultur
URL: http://www.bildung.at

Portal des Virtuellen Campus Schweiz
URL: http://www.virtualcampus.ch

Kommentierte Sammlung von Weiterbildungsdatenbanken und E-Learning-Anbietern (2001 und 2002)
URL: http://www.stiftung-warentest.de

E-Learning-Anbieter:

Überblick über Studienangebote im Internet, Informationsangebot der Bund-Länder-Kommission für Bildungsplanung und Forschungsförderung (BLK)
URL: http://www.studieren-im-netz.de

„Neue Medien in der Bildung" – Hochschulen
URL: http://www.medien-bildung.net

Fernuniversität Hagen
URL: http://www.fernuni-hagen.de

Virtuelle Fachhochschule für Technik, Informatik und Wirtschaft
URL: http://www.oncampus.de

Kursdatenbank für Aus- und Weiterbildung der Bundesagentur für Arbeit
URL: http://infobub.arbeitsagentur.de/kurs/index.jsp

Datenbank für Aus- und Weiterbildung des deutschen Industrie- und Handelskammertags
URL: http://www.wis.ihk.de/index.asp

Marketingservices und Fachinformationen für Interessenten und Anbieter
URL: http://www.global-learning.de

Anbieterdatenbank, in die sich Dozenten, Trainer und Seminaranbieter mit ihren Angeboten eintragen können
URL: http://www.weiterbildung.de

Anbieterdatenbank des Fachverbandes für Fernlernen und Lernmedien (hervorgegangen aus dem Deutschen Fernschulverband)
URL: http://www.forum-distance-learning.de

Bildungssoftwareatlas – Datenbank für Bildungssoftware
URL: http://www.bs-atlas.de

Virtueller Lernraum (Kapitel 3):

Einen Überblick über die am Markt befindlichen Lernplattformen gibt
URL: http://www.virtual-learning.at/community

Reichhaltige Sammlung zu „Lernplattformen" auf dem deutschen Bildungsserver
URL: http://www.bildungsserver.de/zeigen.html?seite=1571

Projektträger „Neue Medien in der Bildung" zu Lernplattformen
URL: http://www.pt-dlr.de/PT-DLR/nmb/Bereich_Hochschulen/Lernplattformen.htm

Zusammenfassung der Materialen des „kevih-Workshops" zum Thema „Lernplattformen in der Praxis" (kevih = Konzepte und Elemente virtueller Hochschulen)
URL: http://www.iwm-kmrc.de/kevih/workshops/lernplattformen.php3

e-Learning Communitiy, die sich unter anderem auch mit dem Thema Lernplattformen auseinandersetzt
URL: http://www.wissensplanet.com

Didaktische Konzeption (Kapitel 4):

Informationen und Beratung zu virtuellen Studienangeboten

Nicht-kommerzielle Plattform mit umfangreicher Materialsammlung zum Thema Telelernen und Internet in der (Hochschul-)Lehre mit zahlreichen Verweisen auf Artikel und Journale, Beispiele, Linksammlungen, Bücher und Tagungen
URL: http://www.edulinks.de

Kompetenznetzwerk für das Lehren und Lernen mit Neuen Medien mit einem Angebot methodischer Beratung und Unterstützung („Projekt Forum New Learning", gegründet Ende 2000 im Rahmen des Swiss Virtual Campus)
URL: http://www.fnl.ch

Umfangreiches Informationsangebot und Beratungswerkzeug für (tele-)mediale Hochschullehre
URL: http://www.e-teaching.org

Zum barrierefreien Webdesign

Arbeitskreis Behinderte im Internet e.V. (AKBI)
URL: http://www.akbi.de

Barrierefreies Internet, Jan Eric Hellbusch
URL: http://www.ftb-net.de

Deutscher Verein der Blinden und Sehbehinderten in Studium und Beruf e.V. (DVBS)
URL: http://www.dvbs-online.de

Verein zur beruflichen Integration und Qualifizierung behinderter Menschen e.V. (Vbl)
URL: http://www.webforall-heidelberg.de

Zum Gender Mainstreaming

Leitfaden „Gender Mainstreaming in den Neuen Medien"
URL: http://www.medien-bildung.net/forum/themen.php/alle/alle/0/0/0/0/0/forum_num=13

„Neue Medien in der Bildung", Gender Mainstreaming im gleichnamigen Förderprogramm des Bundesministeriums für Bildung und Forschung (BMBF)
URL: http://www.medien-bildung.net/gender_mainstreaming/gender_mainstreaming_uebersicht_db.php/spezialthemen

„Neue Medien in der Bildung", Projektträger des gleichnamigen Förderprogramms des Bundesministeriums für Bildung und Forschung (BMBF) zum Thema „Gender Mainstreaming"
URL: http://www.pt-dlr.de/PT-DLR/nmb/Gender/Gender_Mainstreaming.html

Online-Betreuung (Kapitel 5):

Anbieter von Tutoren-Schulungen, kommerzielles Portal
URL: http://www.global-learning.de

Anbieter von Tutoren-Schulungen, nicht-kommerzielles Portal
URL: http://www.wissensnetz.de

Internationales Tele-Tutoren-Netzwerk
URL: http://groups.yahoo.com/group/onlinefacilitation

Qualitätsmanagement und Evaluation (Kapitel 6):

Staatliche Zentralstelle für Fernunterricht (ZFU)
URL: http://www.zfu.de

Zum Qualitäts-
management

Akkreditierungsrat
URL: http://www.akkreditierungsrat.de

CertQua (Zertifizierungsgesellschaft, die auf die Auditierung und Zertifizierung von Qualitätsmanagementsystemen in Bildungs- und Dienstleistungsorganisationen spezialisiert ist)
URL: http://www.certqua.de

Deutsche Gesellschaft für Qualität (DGQ)
URL: http://www.dgq.de

Deutsches Institut für Normung e.V. (DIN)
URL: http://www.din.de

European Foundation for Quality Management (EFQM)
URL: http://www.efqm.org

Lernerorientiertes Qualitätsmodell in der Weiterbildung
URL: http://www.artset-lqw.de

Projekt „Qualität" an der Universität Bielefeld
URL: http://www.lernqualität.de

Projekt „Qualitätssicherung" (Projekt Q) der Hochschulrektorenkonferenz (HRK)
URL: http://www.hrk.de/156.htm

Qualitätsmanagement-InfoCenter
URL: http://www.qm-infocenter.de

Zur Evaluation

Das Evaluationsnetz – Information, Erfahrungsaustausch und Prozessanleitung für die Qualitätsbewertung multimedialer Lernprogramme
URL: http://www.evaluationsnetz.de

Deutsche Gesellschaft für Evaluation e.V. (DeGEval)
URL: http://www.degeval.de

Erik Clearinghouse on Assessment and Evaluation
URL: http://www.ericae.net

Evaluation im Bereich digitaler Medien (privat betriebene, umfangreiche Website zum Thema)
URL: http://www.evaluieren.de

Informationspool Evaluations-Netzwerk
URL: http://evanet.his.de

Standardisierung (Kapitel 7):

Advanced Distributed Learning
URL: http://www.adlnet.org

Aviation Industry CBT Committee (AICC)
URL: http://www.aicc.org

Golem.de – IT News für Profis
URL: http://www.golem.de

IMS Global Learning Consortium, Inc.
URL: http://www.imsglobal.org

Informationstechnik Begriffsdatenbank der Gesellschaft für elektronische Systemforschung mbH (GES)
URL: http://glossary.ges-training.de

Open Course Ware des Massachusetts Institute of Technology (MIT) Boston/USA
URL: http://ocw.mit.edu/index.html

Standards for Information Technology, Learning, Education and Teaching (ISO/IEC
JTC1 SC36)
URL: http://jtdsc36.org

The Dublin Core Metadata Initiative
URL: http://dublincore.org

Working Group 12 des Learning Technology Standards Committee (LTSC; Entwickler der Learning Object Metadata – LOM)
URL: http://ltsc.ieee.org/wg12

Sachwortregister

A

Adaptivität von Lernsystemen	58, 85, 95ff. 101ff.
Administration	61, 70f., 234, 260f.
Akkreditierung	178f., 180
Akronym	160
Akzeptanz	
- der Evaluation	201ff.
- des Styleguides	133
- virtueller Bildungsangebote	21ff.
- virtueller Lernräume	60ff., 64f., 75
- von Standards	246ff.
Anchored Instruction	86ff.
Animation	99
Annotation	51, 58, 101
Audio-Einsatz	99, 105ff.
Audiokonferenz	160, 166
Audit	179
Aufgaben	
siehe auch: Lernaufgabe	
- Aufgabenbewertung	91f., 120
- aufgabenorientierte Didaktik	32f., 40, 89f., 109ff., 118, 168f., 257f., 265
- automatisch auswertbare	90, 104, 118
- der Administration	61, 70f., 234, 260f.
- der Konzeptentwickler	79ff., 109, 127, 136, 233, 242f.
- der Lehrenden	32f., 67ff., 233, 261ff., 266
- der Teletutoren	140ff., 145ff., 150ff., 162f., 233, 261
Autorenwerkzeuge	52, 56, 109, 124
Avatar	56, 102
Awareness unterstützende Werkzeuge	52f., 160

B

Barrierefreiheit	106ff.
- gesetzliche Grundlagen	108

- notwendige Kenntnisse	107
- zentrale Anforderungen	107
Behaviorismus	24, 83f., 88
Betreuung	
siehe auch: Online-Betreuung	
- Betreuungskonzept	165f.
- Betreuungsrelation	253
- im Fernstudium	140
- mentorielle/tutorielle	21ff., 139, 145ff., 163ff., 261
Bewertungskompetenz	38, 90, 115ff., 123
Bilder/Grafiken	98f., 106
Bildungsprozesse	**19**, 230
- beteiligte Personen	25, 35, 60
- Erfolgsfaktoren E-Learning	30ff., 37ff., 139, 250
- Industrialisierung	250
- konstituierende Faktoren	24ff.
- Nachhaltigkeit	**249**
- Privatisierung	250f.
- Virtualisierung	19f., 259, 268
Bildungsstandards	222
Blended Learning	29, 94f., 250

C

Chat	160
Coach siehe: Teletutoren	
Cognitive Apprenticeship	87f.
Cognitive Flexibility	87
Cognitive Overload	98
Computer als pädagogisches Arbeitsmittel	30ff.
Content Management System (CMS)	55
Corporate Design	50

D

Darstellungselemente	95ff., 133

- Alternativen 106f.
- Auswahl 103
- im Multimedia-Drehbuch 127

Datensicherheit 206

Design
- barrierefreies 106
- Corporate Design 50
- didaktisches 42, 89, 96, 125
- Evaluationsdesign 196, 201
- Instruktionsdesign 24, 88
- Lernraum 50, 54, 60
- Screen-Design 50, 96, 109, 125, 263f.

Deutsche Gesellschaft für
Evaluation 201, 207, 211f.

Deutsches Institut für
Normung (DIN) 175, 187, 222f., 225f.

Didaktik 24ff., 40f., **77**, 256ff.
siehe auch: Konzeption virtueller
Lernmodule/Online-Betreuung
- aufgabenorientierte 32f., 40, 89f., 109ff., 118,
168f., 257f., 265
- Leitbild 113, 131ff.
- Lernraum 57f., 72
- Lerntheorien 24, 83ff.
- Mediendidaktik 89, 96, 142
- Standardisierung 220, 227ff.

Differenzierungsstrategie 255f.

DIN-DOM 226, 232

DIN EN ISO 9000ff. 175, 177, 187f.

Diskurs 25f., 31, 139
siehe auch: Selbst organisiertes Lernen
- gemeinschaftlicher 35, 91, 111, 162
- Moderation 33, 39

Dokumententyp-Definition (DTD) 246

E

E-Learning **19**
siehe auch: Lernmodul, virtuelles/Lernraum,
virtueller/Nachhaltigkeit virtueller Bildungs-
angebote/Online-Betreuung/Qualität virtueller
Bildungsangebote/Standardisierung virtueller
Bildungsangebote

- Akzeptanz 21ff.
- Barrierefreiheit 106ff.
- Begriffsbestimmung 15f.
- Didaktik 24ff., 32f., 40f., **77**, 109ff., 168f.,
227ff., 257f., 265
- Erfolgsfaktoren 19, 30ff., 37ff., 94, 139, 219, 250
- Evaluation 21ff., 166f., 178f., **196**, 207, 268
- Gender Mainstreaming 104ff.
- Infrastruktur 49ff., 54f., 60ff., 71, 260ff.
- Kompetenzerwerb 25ff., 32ff., 41, 110ff., 122ff.
- Kundenorientierung 24ff., 60ff., 176, 182
- Qualität 31, **173,** 252f.
- Standardisierung 38, **217**
- Weiterbildung 29, 189ff., 255, 271f., 274f.

E-Mail 158

Erfolgsfaktoren
- des E-Learnings 19, 30ff., 37ff., 94, 139, 219, 250
- des Lernens 25ff., 94, 222

E-Team 262

Evaluation virtueller Bildungsangebote 21ff., 178f.,
196, 268
siehe auch: Qualität virtueller Bildungs-
angebote
- Akkreditierung 178f., 180
- Akzeptanz 201ff.
- Begriff 178
- Datenerhebung 203, 206
- Evaluationsdesign 196, 201
- Evaluationsgegenstand 198f.
- formative 197, 199
- Gender Mainstreaming 208
- Konzeption 201f.
- Methoden 196, 203ff.
- Online-Betreuung 166f., 171
- Produktevaluation 198, 204
- Prozessevaluation 198
- Ressourcenplanung 200
- Standardisierung 240, 243f.
- Standards 201f., 207, 211f.
- summative 197
- virtueller Lernmodule 131
- virtueller Lernräume 54, 74

Exploration 85

F

Fachkompetenz 115f., 162
Featuritis 60
Fernlehren 92f.
Fernstudium 29, 140, 142, 252f.
Fernunterrichtsschutzgesetz (FernUSG) 173
Flaming 161
Frequently Asked Questions (FAQs) 50, 66

G

Gemeinschaftsperspektive des Lernens 35
Gender Mainstreaming 104ff., 208
Grafiken/Bilder 98f., 106
Groupware-Programme 159
Gruppenarbeit 92, 120
siehe auch: Lerngruppe/Lerngemeinschaft
- Betreuung 152ff.
- Gruppenaufgaben 153
- Gruppengröße 153
- Gruppenphasen 154
- Gruppenwahrnehmung 52f., 160

H

Handlungskompetenz 35, 39, 110ff., 113ff., 118ff., 122ff., 202, 265
Hochschulverbund 272ff.
Hybrides Lernen 94f.
Hypertext 97f.

I

Informations- und Austauschroutinen 70f., 75, 145
Informationsflut 38
Infrastruktur
- pädagogische 49ff., 54ff., 261f.
- technische 60ff., 71, 260
Instruktionsdesign 24, 88

Intelligente Tutorielle Systeme (ITS) 25, 30, 85, 101ff.
Interaktion Mensch und Maschine 30f.
Internet als Arbeitsmittel 31ff., 34f.

K

Klassenzimmer, virtuelles (VK) 56
Kognitivismus 84f.
Kommunikation 21ff., 25
- asynchrone 21, 39, 53, 55, 66, 157
- Kommunikationskompetenz 156ff.
- Kommunikationsprobleme 161f.
- Kommunikationsregeln 22, 70f., 75, 159
- Kommunikationswerkzeuge 53, 55f., 66, 68, 124, 154, 156ff.
- synchrone 53, 55f., 59, 157, 160
Kompetenzen
- autodidaktische 41
- Bedeutungswissen 110ff., 115ff.
- Bewertungskompetenz 38, 115ff.
- Entscheidungskompetenz 110ff., 115ff.
- Fachkompetenz 115f., 162
- Handlungsinteresse 110ff., 115ff.
- Handlungskompetenz 35, 39, 110ff., 118ff., 202, 265
- Kommunikationskompetenz 156ff.
- Kompetenzerwerb 25ff., 32ff., 41, 110ff., 122ff.
- Konzeptentwickler 83, 107, 130
- Lernkompetenz-Förderung 195
- Medienkompetenz 32, 41, 154f., 196, 262
- Methodenkompetenz 110ff., 115ff.
- Sozialkompetenz 110ff., 115ff.
- Teletutoren 146ff., 154ff., 162
Konstruktivismus 85ff.
Kontextualisierung durch E-Learning 31, 35, 38ff.
Konzeptentwickler
- Aufgaben 79, 82f., 109, 127, 136, 233, 242f.
- Grundlagen 82ff., 109
- Kompetenzen 83, 107, 130
- Qualifizierung 130
Konzeption virtueller Lernmodule **77**, 136
- aufgabenorientierte Didaktik 32f., 89f., 109ff.
- barrierefreies Design 106
- beteiligte Personen 78f., 79ff., 109, 127, 132, 237

- Darstellungselemente 95ff., 103, 106ff., 127, 133
- Design   88, 96, 106, 109, 125
- didaktische Struktur   119
- didaktisches Leitbild   113f., 131, 133
- Gender Mainstreaming   104
- Grundlagen   78ff., 82ff., 109, 241
- Gruppenarbeit   92, 120
- Kompetenzerwerb   110ff., 113ff., 118, 122ff.
- Lernaufgabe   89f., 110f., 114, 118f., 119ff.
- Lerneinheiten   120f., 122ff.
- Lernszenarien   91ff., 119
- Lerntheorien   83ff.
- Metadaten   232ff., 239ff.
- Multimedia-Drehbuch   125ff., 239
- Navigation   98, 101, 105, 108, 125
- Planungsphasen   111ff.
- Projektteam   81
- Prüfungsformen   92, 119
- Standardisierung   220ff., 237ff.
- Styleguide   132ff., 209f., 245f.
Kooperation, hochschulübergreifende   268, 269ff.
Kooperationsökonomie   39, 220, 223
Kooperatives Lernen   31, 94, 152f., 266
Kosten
    siehe auch: Nachhaltigkeit virtueller
    Bildungsangebote
- Kosten-Nutzen-Effizienz   27, 251
- Kostenführerschaftsstrategie   251ff.
- Kostenkalkulation   252ff.
- Kostenreduktion   269
- Personalkosten   253f.
- Pflegekosten   253f.
- Produktionskosten   254, 264
- virtueller Lernraum   61

L

Landkarte, kognitive/mentale   85, 98
Learning Content Management System
    (LCMS)   55, 63
Learning Management System (LMS)   55, 63
Learning Object Metadata (LOM)   234ff.
Lehren und Lernen, virtuelles siehe: E-Learning

Lehrlernkurzschluss   25, 88
Lehr- und Lernkultur, virtuelle   33, 34ff., 39ff., 77
Leitbild, didaktisch-methodisches   113, 131, 133
Lernabenteuer   100
Lernaufgabe   40, 89ff., 110ff., 118ff., 130, 149
- Ausgliederung   31, 111, 118, 262
- Bedeutung   89
- Eigenschaften   90
- Testerstellung   53
Lernbegleitung   142, 162
Lerneinheiten   78, 119ff., 122ff., 229, 242
Lernen
- asynchrones   92
- defensives   36, 87
- Erfolgsfaktoren   25ff., 94, 222
- expansives   36, 40, 87
- Gemeinschaftsperspektive   35
- hybrides   94f.
- kooperatives   31, 94, 152f., 266
- mit Behinderung   106
- Modularisierung   28
- selbst gesteuertes   85, 97, 150f.
- selbst organisiertes 28, 31, 35, 38, 93, 257f., 266
- situiertes   86
- synchrones   92
- verteiltes   92f.
Lerngegenstand   26ff.
Lerngemeinschaft   26, 35, 256, 258f.
Lerngründe   25, 36
Lerngruppe   31, 35, 92, 94, 120, 152ff., 162, 258f.
Lerninhalt   27f., 67, 95ff., 101, 120, 230
Lernkompetenzen, Förderung der   195
Lernmodul, virtuelles   28, **77**
    siehe auch: Konzeption virtueller Lernmodule
- Barrierefreiheit   106ff.
- Begriffsbestimmung   16, 78
- Darstellungselemente 95ff., 103, 106ff., 127, 133
- Design   96, 106, 109, 125
- didaktische Struktur 119, 265
- Durchführungsplan   125, 127
- Evaluation   131
- Gender Mainstreaming 104ff.
- Grundlagen   78ff., 82ff.

- Lernaufgabe   89ff., 110ff., 118ff.
- Lerneinheiten   78, 119ff., 122ff.
- Lernszenarien   91, 95, 119
- Multimedia-Drehbuch   125, 129
- Navigation   98, 101, 105, 108, 125
- Styleguide   132ff.
Lernobjekte (Learning Objects) 28, 229f., 234ff., 242
Lernplattform   49f., 55ff., 72, 262
    siehe auch: Lernraum, virtueller
- Komponenten   57
- Standards   224
Lernraum, virtueller   **47**, 261
- Administration   61, 64, 70f., 260f.
- Akzeptanz   60ff., 64f., 75
- Annotation   51, 58
- Ansprechpartner   66, 68, 70
- Arbeitsroutinen   65, 68, 70, 74
- Aufgaben der Lehrenden   69f., 261ff.
- Auswahl   57, 60ff., 64, 72f., 261
- Autorenwerkzeuge   52, 56, 109, 124
- Avatar   56
- Awareness unterstützende Werkzeuge   52f.
- Design   50, 54, 60
- Didaktik   57f., 72
- Evaluation   54, 74
- Funktionsbereiche   49f.
- Glossar   51
- Hilfefunktionen   66, 68, 70
- Implementierung   61, 64, 74
- Kalender   51ff.
- Kommunikationsregeln   70f., 75
- Kommunikationswerkzeuge   53, 55f., 66, 68,
                                       124, 156ff.
- Kosten   61
- Lesezeichen   51
- Lizenzen   61
- Mediathek   51
- Nutzung   54, 60, 64ff., 74, 124
- Open-Source-Produkte   62, 64
- Perspektive der Lehrenden   67ff.
- Perspektive der Lernenden   65ff.
- Präsentation der Arbeitsergebnisse   51f., 66
- Protokoll- und Archivierungsfunktion 52f., 55
- Rechte   51, 53, 66f., 71

- Standardisierung   62
- Suchfunktion   51
- Testbetrieb   63, 73
- Testerstellung   53, 67
- Verlaufsübersicht   52
Lernraumsystem   55ff., 72
    siehe auch: Lernraum, virtueller
- Komponenten   57
- Standards   224
Lernstrategie   22f., 67
Lernsysteme   55, 63
Lernszenarien   91ff., 119, 146, 242
- Auswahl/Planung   95, 122, 127
- Gestaltung   147
- Grundformen   92
- Standardisierung   226
Lerntheorien
- Behaviorismus   83f.
- Grundlagen   24, 83
- Kognitivismus   84f.
- Konstruktivismus   85ff.
- subjektwissenschaftliche   87f., 89f., 109
Lernumgebung   54, 59f., 65, 67, 86f.
Lernziele   24f.
Lesezeichen   51, 101
Log Files   205
Lost in Hyperspace   98, 101, 125

M

Mailinglisten   158
Medien-
- design   125, 263f.
- didaktik   89, 96, 142
- kompetenz   32, 41, 154f., 196, 262
- produktion   263f., 269
- zentrum   263
Mentor *siehe:* Teletutoren
Mentorentätigkeit, laterale   162
Metadaten   **231**
- Begriff   231
- Funktion   231

- Implementierung   239ff.
- Learning Object Metadata   234ff.
- Styleguide   246f.
- XML   232
Mikrowelt   100
Modell, mentales   84, 98, 103f.
Modul *siehe:* Lernmodul, virtuelles
Modularisierung des Lernens   28
Multimedia-Drehbuch   125ff., 239
Multimedia-Entwickler *siehe:* Konzeptentwickler

N

Nachhaltigkeit virtueller Bildungsangebote   **249**
- Anerkennung von Studienleistungen   269f.
- beteiligte Personen   260ff.
- Betreuung   259
- Didaktik   256ff., 265f.
- Differenzierungsstrategie   255f.
- Evaluation   268
- Fachbereichsstrategie   266ff.
- Hochschulstrategie   266ff.
- hochschulübergreifende Strategie   268, 269ff.
- Hochschulverbund   272ff.
- Implementationsstrategie   266ff.
- Infrastruktur   260ff.
- Kostenführerschaftsstrategie   251ff.
- Kostenkalkulation   252ff., 264
- Lerngemeinschaft   256, 258f.
- Medienproduktion   263f., 269
- Personalstruktur   267
- Präsenzstudium   252ff., 256, 258f.
- Privatisierung   250f.
- Rechte   270, 273f.
- Reichweitenerhöhung   255
- Sicherheit im Netz   260f.
- Virtualisierung   259, 268
- Weiterbildung   255, 271f., 274f.
Navigation   98, 101, 105, 108, 125
Netiquette   156
Newsgroup   158
Norm   222f.

O

Objektivierung pädagogischer
    Handlungen   36, 142
Online-Betreuung   **139**
    siehe auch: Teletutoren
- Audiokonferenz   160, 166
- Aufgaben   140ff., 145ff., 150ff., 162f., 233, 261
- Begriffsbestimmung   140f.
- Beschimpfung   161
- beteiligte Personen   140f., 143f.
- didaktische Grundlagen   141f., 146ff.
- Evaluation   166, 171
- Gruppenarbeit   152ff., 159f.
- Kommunikationsregeln   159
- Kommunikationsprobleme   161f.
- Kommunikationswerkzeuge   154, 156ff.
- Kompetenzen   146ff., 154ff., 156ff., 162
- Konzeption   163f., 164ff.
- Lernaufgabengestaltung   149
- Moderation   160
- Netiquette   156
- organisationale Vermittlung   143f.
- Phasenverlauf   147, 163f.
- Routinen   160, 164f.
- Tätigkeitsmatrix   163ff.
- Taktung von Lernmaterialien   147
Online-
- Coach *siehe:* Teletutoren
- Erhebung   206
- Kurs   65, 147f., 163f.
- Registrierung   51, 71
- Weiterbildungs-Agentur   272, 274
OpenCourseWare   37
Open-Source-Produkte   62, 64

P

Pädagogische Infrastruktur   49ff., 54, 57, 261f.
Pädagogisches Verhältnis   20, 30, 257, 265
Planspiel   100
Präsentation der Arbeitsergebnisse   51f., 66
Präsenzstudium   21ff., 28f., 31, 78, 252ff., 256, 258f.

Professionalisierung der Lehrenden 33, 41

Programmierte Instruktion 24, 84, 102

Prüfungen im Lernraum 53

Prüfungsformen 92, 119

Pull- und Push-Medien 157

Q

Qualifizierung
- Konzeptentwickler 130
- Teletutoren 167ff.

Qualität virtueller Bildungsangebote **173**
- Akkreditierung 178f., 180
- Begriffsbestimmung 174f.
- DIN EN ISO 9000ff. 175, 177, 187f.
- EFQM-Modell 186, 188f., 192, 195
- Evaluation 178f., 180, **196**, 207
- Fernunterrichtsschutzgesetz (FernUSG) 173f.
- ISO-Modell 186ff.
- Ko-Produzenten-Verhältnis 176, 183
- Kundenorientierung 182
- lernerorientiertes Qualitätsmodell 189ff.
- Lernerorientierung 184f., 192, 195
- Produktorientierung 177
- Prozessorientierung 176
- Qualitätsbeauftragte 184
- Qualitätsebenen 175, 192
- Qualitätsentwicklung 177f., 183ff., 194
- Qualitätsmanagement 176ff., 179ff., 185, 186ff., 196, 206ff., 228
- Qualitätspolitik 182
- Qualitätssicherung 177, 180f., 228
- Qualitätsstandards 187, 192ff.
- Qualitätsteam 184
- Qualitätszyklus 194f.
- Testierung 191f.
- Total Quality Management 188
- Zertifizierung 179, 190f.

R

Rechenzentrum 70f., 234, 260

Reichweitenerhöhung, räumliche/soziale 255

Rollenspiel 100

S

Schriftlichkeit im E-Learning 65f., 68, 156, 159f.

Screen-Design 50, 96, 106, 109, 125, 263f.

Selbst gesteuertes Lernen 85, 97, 150f.

Selbst organisiertes Lernen 28, 31, 35, 93, 257f., 266

Simulation 100

Softwareagent 102

Sozialforschung, empirische 203ff.

Standards **218**
- Begriffsbestimmung 221f.
- Bildungsstandards 222
- Evaluationsstandards 201f., 207, 211f.
- Implementierung 237f.
- Metadaten 231ff.
- Produktstandards 222
- Prozessstandards 222
- Qualitätsstandards 187, 192ff.

Standardisierung virtueller Bildungsangebote 38, **217**
- beteiligte Personen 220, 233f., 237, 241f.
- Didaktisches Objekt Modell 226, 232
- Funktionen 223
- Implementierung 237ff., 242f.
- IMS-Modell 227f.
- Interoperabilität 220
- Kompatibilität 220
- Lernobjekte 229f., 234ff., 236
- Lernplattform/Lernraum 62
- Metadaten 231ff., 239ff., 246ff.
- Norm 222f.
- Spezifikationen 223
- Standardisierungsmodelle 225f., 227ff., 238
- Standardisierungsprozess 221f.
- Styleguide 245ff.
- Wiederverwertbarkeit 220

Storyboard 125ff.

Studien-
- angebot, virtuelles *siehe:* E-Learning
- aufgabe *siehe:* Lernaufgabe
- gegenstand *siehe:* Lerngegenstand

- gemeinschaft *siehe:* Lerngemeinschaft
- gruppe *siehe:* Lerngruppe
- inhalt *siehe:* Lerninhalt
- modul *siehe:* Lernmodul, virtuelles

Studium
- Erfolgsfaktoren   25
- formelles   258
- informelles   258f.
- in Präsenz *siehe:* Präsenzstudium
- Integration von Lehre und Forschung   27, 254ff.
- Modularisierung   28
- Qualität und Effizienz   31, 252ff.
- selbst organisiertes *siehe:* Lernen, selbst organisiertes
- Virtualisierung   19f., 259, 268
- virtuelles *siehe:* E-Learning

Styleguide   132ff., 193, 209f., 245ff.

Subjektwissenschaftliche Lerntheorie   87ff., 109

Support
- (nicht-)akademischer   140
- technischer   155

Symbole *siehe:* Zeichen

T

Technische Infrastruktur   60ff., 71, 260
telematisch, Begriff   15
Teletutoren   **143**
    siehe auch: Online-Betreuung
- Aufgaben   140ff., 143ff., 145ff., 162f., 233, 261
- Begriff   140f.
- Kompetenzen   146ff., 154ff., 156ff., 162
- Lernaufgabengestaltung   149
- organisationale Vermittler   143f.
- Schulung   167ff.

Text
- Hypertext   97ff.
- linearer   96f.

Total Quality Management   188

Trainer *siehe:* Teletutoren

Transportperspektive   34

U

Untersuchung, empirische   205
User Tracking   205

V

Verteiltes Lernen   93f.
virtuell(e/er/es)
- Begriffsbestimmung   15f.
- Bildungsangebot *siehe:* E-Learning
- Lehr- und Lernkultur *siehe:* Lehr- und Lernkultur, virtuelle
- Lernmodul *siehe:* Lernmodul, virtuelles
- Lernraum *siehe:* Lernraum, virtueller
- Studienmodul *siehe:* Lernmodul, virtuelles
- Studium *siehe:* E-Learning

W

Weiterbildung   29, 189ff., 271f., 274f.
Weiterbildungsmarkt   255
Wissen
- erwerben   26ff., 35, 83ff.
- träges   85, 87

Z

Zeichen   33, 37, 42
- Darstellungselemente 95ff., 103, 106ff., 127, 133
- Emoticon   160
- Grafiken/Bilder   98f., 106
Zeitstruktur, virtuelle   33, 37, 42
Zertifizierung   179, 190f.

Autorenhinweise

Patricia Arnold

Dr. phil., Gymnasiallehrerin, geb. 1958.

Studium der Erziehungswissenschaft, Mathematik und Sportwissenschaft an den Universitäten Hamburg und London, langjährig in Erwachsenenbildung, IT-Training und Projektmanagement transnationaler Bildungsprojekte tätig, anschließend didaktische Beratung und Begleitforschung in E-Learning-Projekten an Hochschulen und in der betrieblichen Weiterbildung.

Arbeitsschwerpunkte u. a.: E-Learning an Hochschulen und in der betrieblichen Weiterbildung, Lernen in (virtuellen) Communities of Practice, Qualitätsmanagement und Evaluation.

Veröffentlichungen und Vorträge zu mediendidaktischen Themen; Lehraufträge im Bereich Medienproduktion / Lehren und Lernen mit Neuen Medien an Fachhochschulen und in der postgradualen wissenschaftlichen Weiterbildung; aktive Mitarbeit in einer selbst organisierten, interdisziplinären und internationalen Forschungsgruppe zu Communities of Practice.

Lars Kilian

Dipl.-Päd., geb. 1972.

Studium der Erziehungswissenschaft, Erwachsenenbildung und Bildungsplanung an der Universität Erfurt, Tätigkeiten als IT-Trainer im Bereich der Erwachsenenbildung, seit 2001 Beratung und Begleitforschung in E-Learning-Projekten, Mitarbeit in der Entwicklungsbegleitenden Normung des DIN e. V.

Arbeitsschwerpunkte: didaktisch-methodische Gestaltung von und Standardisierung im E-Learning.

Veröffentlichungen und Vorträge zu Themen im Bereich des E-Learning; aktive Mitarbeit bei der Gestaltung einer Spezifikation zur Beschreibung didaktischer Objekte im E-Learning am DIN e. V.

Anne Thillosen

Dipl. Theol., 1. Staatsexamen in Theologie und Germanistik, geb. 1964.

Studium in Bonn und Jerusalem, seit 1998 wissenschaftliche Mitarbeiterin an der Professur für Berufs- und Betriebspädagogik der Helmut-Schmidt-Universität, Universität der Bundeswehr Hamburg, in verschiedenen E-Learning-Projekten, zuvor mehrjährige Tätigkeiten als Koordinatorin eines interkulturellen Graduiertenkollegs an der Universität Bonn sowie in der Erwachsenenbildung.

Arbeitsschwerpunkte u.a.: Konzeptualisierung und Konzeptionierung multimedialer und telematischer Lehr- / Lernszenarien, Evaluation virtueller Lehr- / Lernangebote, Literalität und neue Medien.

Veröffentlichungen und Vorträge zu mediendidaktischen Themen; Arbeit an einer Dissertation zum Thema: „Veränderung der Literalität durch die neuen Medien".

Gerhard Zimmer

Univ.-Prof. Dr. phil. habil., Dipl.-Psych., Ing. (grad.), geb. 1943.

Seit 1996 Inhaber der Professur für Berufs- und Betriebspädagogik im Fachbereich Pädagogik der Helmut-Schmidt-Universität, Universität der Bundeswehr Hamburg. Bis 1996 Leiter der Abteilung „Fernunterricht und offenes Lernen" im Bundesinstitut für Berufsbildung in Berlin und Privatdozent am Psychologischen Institut der Freien Universität Berlin.

Arbeitsschwerpunkte u.a.: Gestaltung und Evaluation von Telelernen und Telekooperation in der beruflichen Bildung, im Hochschulstudium und in der wissenschaftlichen Weiterbildung, Reform der Berufsbildung und neue Methoden beruflicher Bildung.

Zahlreiche Veröffentlichungen und Vorträge; Lehraufträge an Universitäten in Berlin, Bielefeld, Kassel und Wien; Forschungsreisen nach China, Finnland und den Niederlanden; Leitung einer Reihe großer Drittmittelprojekte.